清华大学法学院凯原中国法治与义理研究中心论文集

轩辕黄帝研究（第三卷）

黄帝思想与中华引擎（一）

廖凯原 主编
张少瑜 执行主编

社会科学文献出版社
SOCIAL SCIENCES ACADEMIC PRESS (CHINA)

2015年11月29日,"法治与由KQID引擎提供动力的轩辕文化文明2.0"学术研讨会在陕西省黄陵县召开。与会代表合影。

2015年11月28日,廖凯原教授向王振民院长颁发"轩辕奖"。左起苏亦宇、杜钢建、王晓安、王振民、廖凯原、薛引娥、徐炳和施天涛。

2015年4月19日，廖凯原教授发表演讲《轩辕召唤：轩辕4712中华共识拟稿》。

2015年8月15日，廖凯原教授在中国法律史学会年会期间同部分与会专家合影。

2015年7月4日，廖凯原教授与最高人民法院院长周强、常务副院长沈德咏进行交流。

2015年10月10日，廖凯原教授、徐炳教授与清华大学校长邱勇、法学院院长王振民进行交流。

2014年，清华大学时任校长陈吉宁会见廖凯原教授，商讨清华大学法学院法律图书馆建设方案及凯原中心工作。左起王振民、廖凯原、陈吉宁、徐炳。

目 录

由 KQID 引擎（道）提供动力的轩辕法治与义理 …………… 廖凯原 / 1
XuanYuan Rule of Law and Principle Powered by KQID Engine (Dao)
　　…………………………………………… by Prof. Leo KoGuan / 28
廖凯原道治思想述评 ………………………………………… 张少瑜 / 71
道治：《黄帝四经》卓越的治理思想
　　——兼议廖凯原先生的"道治文明"观点 ………… 艾永明 / 102
论古代宪法的天宪观
　　——兼论廖凯原教授的天命大宪章理论 …………… 杜钢建 / 143
法律激励和取予得当的反熵治理 …………………………… 倪正茂 / 162
熵与反熵：黄帝思想的辩证内核及后世影响 ……………… 蒋海松 / 182
先予后取原则与五项天命 …………………………………… 陈海峰 / 193
从自组织理论看《黄帝四经》中的序与法 ………………… 张　伟 / 210
《黄帝四经》法思想中的人性论 …………………………… 曹　峰 / 226
早期道家"统治术"的转变：黄老学的"法治"与
　　老子的"道政" ………………………………………… 王中江 / 245
轩辕谱系与上古"四方"治法 ……………………………… 杜文忠 / 272
论"德"的意义
　　——兼谈黄帝的"德" ………………………………… 张茂泽 / 294
关于设立轩辕纪年（XY）的建议 ………………… 廖凯原　张其成 / 304
关于设立中华父亲节、母亲节的建议 …………… 廖凯原　张其成 / 308

由 KQID 引擎（道）提供动力的轩辕法治与义理[*]

廖凯原[**]

由 KQID 引擎提供动力的轩辕文化文明 2.0

---

[*] 本文是作者于轩辕 4712 年（公元 2015 年）11 月 14 日在"法治与改革国际高端论坛"上所作的主旨演讲、于轩辕 4712 年 8 月 15 日在中国法律史学会轩辕 4712 年年会所作主旨演讲和轩辕 4712 年 7 月 4 日在由最高人民法院举办的"首届中华司法研究高峰论坛"所作演讲的更新版本。后者改自作者于轩辕 4712 年 4 月 19 日在"第九届黄帝文化国际论坛"所作的主旨演讲。它们都基于作者于轩辕 4705 年 4 月 30 日在复旦大学所作演讲《探寻中式法治之道》和同年 9 月 20 日在上海交通大学凯原法学院所作演讲《中国特色的法治与礼治》。

[**] 作者为清华大学教授，兼任中华黄帝文化促进会副会长、中华司法研究会理事、清华大学凯原中国法治与义理研究中心主任、北京大学廖凯原法治与义理研究中心主任、上海交通大学凯原法学院凯原国际法治与义理研究中心主任。

导言：中华文化文明只有一个原则，那就是道治。道创造并分配万物

习近平教导我们：中华文化是中华民族之魂。"思想文化是一个国家、一个民族的灵魂。"学而思之，他补充道："无论哪一个国家、哪一个民族，如果不珍惜自己的思想文化，丢掉了思想文化这个灵魂，这个国家、这个民族是立不起来的。"① 例如，他曾清晰地阐述中国性之魂："我很不赞成把古代经典诗词和散文从课本中去掉，'去中国化'是很悲哀的。应该把这些经典嵌在学生脑子里，成为中华民族文化的基因。"②

同样，我也侧重中华魂和魂之源：轩辕道治。轩辕是世界上首个法治与德治政府和文化共同体的创始人。他的源自道的法治与德治至今依然是最优且最先进的。他的道治通过形名统一③和实事求是，④ 使天地人和。为了做到这一点，我们必须结合人文与科学文化。我们必须通过统一形名和实事求是发展可证伪的文化，使之形成和谐的大乐章。为了规避人工超级智能人类2.0对于人类1.0的生存危机，我们必须用比特波—大脑皮层范式⑤在人类1.0和人工人类2.0间架起另一座桥梁，把人类1.0和人工人类2.0、外星人、半机械人和有自我意识的机器人都纳入有感知生物的大家庭之中。

七年前，在轩辕4705年9月20日的冠名仪式上，上海交通大学法学院正式更名为上海交通大学凯原法学院。在这个重要的场合上，我第一次以"中国特色的法治与礼治"为题发表演讲，而这也是直接源于我们祖先轩辕的思想。轩辕教导我们，中华文化共同体不能只靠法家法治或只靠儒家礼治。轩辕在其教义中明确表明，治理中华文化共同体需将法与礼融为一体。法像太阳，礼像月亮，两者相辅相成、互相促进。只有法或礼都是不够的，因此，我遵从轩辕思想，并提倡中式法治与义理科学观，这也是我主张的由

---

① 《习近平：要尊重别国别民族的思想文化》。新华网：http://news.xinhuanet.com/english/china/2014-09/24/c_133669157.htm，最后访问日期：2014年11月16日。
② 《习近平：我很不赞成把古代经典诗词和散文从课本中去掉》。人民网：http://politics.people.com.cn/n/2014/0909/c1024-25628978.html，最后访问日期：2015年10月30日。
③ "循名复一，民无乱纪。"参见《黄帝四经·十大经·成法》；"欲知得失情，必审名察形。"参见《黄帝四经·十大经·名形》。
④ "逆顺有形，情伪有实。"参见《黄帝四经·经法·四度》。
⑤ 大脑皮层是人类诸如人类语言、复杂逻辑和抽象思维之类的超级认知能力所在之处。

KQID引擎提供动力的轩辕反熵运行体系2.0中的五大要素之一。

《黄帝四经·十大经·观》："凡谌之极，在刑与德。刑德皇皇，日月相望，以明其当。"《十大经·姓争》："望失其当，环视其殃。天德皇皇，非刑不行；缪缪天刑，非德必倾。刑德相养，逆顺若成。"

习近平也肯定轩辕法治与德治。《中国共产党章程》中写道："中国共产党……实行依法治国和以德治国相结合。"习近平还表示要："做到法治和德治相辅相成、相互促进。"①

一　伟大的轩辕

轩辕是我们的赫赫始祖、文化英雄、中华文化与文明的缔造者和赋予者、现代中华文化共同体的创始人。他是自轩辕元年起我们伟大中华文化共同体的标志，也象征一个团结的中华民族。轩辕思想不仅是中国诸子百家思想的本源，也是近五千年来亿万华夏子孙的多元化思想的本源。

作为中华文明的始祖，轩辕对文化共同体政府这一先进理念和治国之道进行了清晰的和全面的阐释。《黄帝四经·称》："善为国者，太上无刑，其次正法，其下斗果讼果，太上不斗不讼不果。夫太上争于化，其次争于明，其下救患祸。"

他建立了良好的治理体系，并传承了对"老虎"、"苍蝇"的适当惩罚和对有德行之人的奖赏，不论地位高低。②《黄帝四经·六分》："文德究于轻细，武刃及于当罪。"

他施行任人唯贤的用人策略，通过组建最佳可能政府来为人民服务。任人唯贤的贤能政府就意味着唯有贤者方能治国。轩辕反对任人唯亲。他爱护人民，并任人唯贤，"收天下豪杰骠雄"。③因此，我们必须对高层领导设有两届任期和年龄的限制，并永远地禁止任何不受限制的终身职位，并明令禁止高干子弟子继父权。这是为了避免大禹的历史错误，他传位于子，开启了

---

① 《习近平强调司法独立》。新华网：http://news.xinhuanet.com/english/china/2013-02/24/c_132189230.htm，最后访问日期：2014年9月5日。
② 参见《黄帝四经·经法·四度》；另见《习近平：把权力关进制度的笼子里》。新华网：http://news.xinhuanet.com/english/china/2013-01/22/c_132120363.htm，最后访问日期：2014年9月8日。
③ 《黄帝四经·经法·君正》。

中国的封建制度。

轩辕明确了道治、执政党之治、民治、法治和五项天命之治的观念。道治就是先予后取之治，其中治国的核心要义便是"爱民"，帮助每个天命人实现各自的梦想和愿望。《黄帝四经·君正》说："父母之行备，则天地之德也。三者备，则事得矣。能收天下豪杰骠雄，则守御之备具矣。审于行文武之道，则天下宾矣。号令合于民心，则民听令；兼爱无私，则民亲上。"

轩辕下令建立国家法律与秩序，人人均须遵循道治。《黄帝四经·经法·国次》说："国失其次，则社稷大匡。夺而无予，国不遂亡。……毋阳窃，毋阴窃。……阳窃者天夺其光，阴窃者土地芒荒。……阳窃者疾，阴窃者饥。……毋故执，人执者失民，人执者流之四方。毋党别，党别者乱，党别者外内相攻。"

轩辕主张男女生而平等，"柔刚相成，牝牡若形"。① 他更表扬了女性的态度（雌节）："是谓吉节，是谓绔德。"② 例如，轩辕的妻子嫘祖，发现蚕丝可以用来制造丝绸，从而发明了缫丝方法并开创了养蚕业。她是世界上丝织业的先驱，也令中国文化与文明伴随着丝绸享誉世界。中国丝绸出口到世界各地，连凯撒时期罗马的贵妇也以身着中国的优雅丝织品为傲。

轩辕重视修养自身心智，培养自控能力，曾在博望之山长达三年之久，方开始为各部落重建和平繁荣。他的下臣兼师父阉冉建议他："始在于身，中有正度，后及外人。外内交接，乃正于事之所成。"③

作为首位科学家，轩辕运用了轩辕—波普尔的证伪主义，即只有"唯一不失"的理论才是正确的。④ 他坚持邓小平的实事求是路线："情伪有实。"⑤ 他通过观测和计算日月星辰的运行发明了轩辕历法，大大改善了人们的生活。他将伏羲的八卦从文字变成符号（☰☱☲☳☴☵☶☷），并将其发展成我们今天所熟悉的八卦。轩辕已发展出一个源自道的关于科学的创造与分配存在的深奥故事。⑥

---

① "行法循道，是为牝牡。牝牡相求，会刚与柔。柔刚相成，牝牡若形。""刚柔阴阳，固不两行。两相养，时相成。"参见《黄帝四经·十大经·观》、《黄帝四经·十大经·行争》。
② 《黄帝四经·十大经·雌雄节》。
③ 《黄帝四经·十大经·五正》。
④ 《黄帝四经·十大经·成法》。
⑤ 《黄帝四经·经法·四度》。
⑥ 参见《黄帝四经·十大经·观》、《黄帝四经·十大经·成法》、《黄帝四经·称》、《黄帝四经·道原》。

作为首位全科医学家，①轩辕以大慈大悲的胸怀为人民治病。他建立了当时的科学医学，使人民保持健康、度过百岁、同登寿域。他倡导"法于阴阳，和于术数"。②他教导人们要施用预防性药物，积极预防疾病，增强免疫系统以抵抗任何潜在疾病：③"是故圣人不治已病治未病，不治已乱治未乱，此之谓也。夫病已成而后药之，乱已成而后治之，譬犹渴而穿井，斗而铸锥，不亦晚乎。"④

作为首位环境学家，轩辕敬爱大地。作为所有部落的核心首领，他接受了神圣天命，并向世人宣告，他"畏天、爱地、亲民"，以统治中华文化共同体，并帮助每个人追寻其人生目标。⑤他使天地人和。人若是损害了地，就必定会损害天和人。他宣布："毋土敝"，"土敝者亡地"，"土敝者天加之以兵。"⑥所以，我们必须重视环境保护和利用，这也是任何科学发展观中很重要的一部分。《黄帝四经·称》："宫室过度，上帝所恶；为者弗居，唯居必路。减衣衿，薄棺椁，禁也。疾役可发泽，禁也。草丛可浅林，禁也。聚宫室堕高增下，禁也；大水至而可也。"⑦

作为人类首位人权律师，轩辕宣扬并践行"爱民"和"民本"原则，并有三大理由。

其一，正如上文言其人生使命所述，轩辕主张人有不可剥夺的权利以追求个人生活目标，这比1776年写下著名的美国《独立宣言》的伟大人权律师托马斯·杰斐逊早了四千多年。轩辕热爱人民，提倡神圣的生命和人类的自由。他于轩辕元年宣布并制定了关于轩辕大同的使命："我禀赋于天，受意于大地，得力于人心……我谨畏天，敬爱大地，爱护人民，我帮助迷惑的人们找到他们正确的人生方向……我帮助已有目标的人们实现其人生理想，我使他们富足。"⑧

其二，接受天命后，轩辕向人们颁布了他的天命大宪章，这是世界上最

---

① 张其成院长提出建议：轩辕是首位医学家。
② 《黄帝内经·素问·上古天真论》。
③ 《黄帝内经·素问·四气调神大论》。
④ 《黄帝内经·素问·四气调神大论》。
⑤ 《黄帝四经·十大经·立命》，原文此处由译者陆寿筠及本文作者意译。
⑥ 《黄帝四经·经法·国次》。
⑦ 《黄帝四经·称》。
⑧ 《黄帝四经·十大经·立命》，原文此处由译者陆寿筠及本文作者意译。

早的书面大宪章，授予人们推翻并诛杀暴君的权力。① 例如《黄帝四经·正乱》讲述了我们的英雄轩辕是如何亲自擒杀蚩尤的故事，并详细阐述了轩辕和他的人民如何对待蚩尤，并以儆效尤的："剥其皮革以为干侯，使人射之，多中者赏。翦其发而建之天，名曰蚩尤之旌。充其胃以为鞠，使人执之，多中者赏。腐其骨肉，投之若醢，使天下咥之。"②

轩辕忠告人类遵循其天命大宪章："谨守吾正名，毋失吾恒刑，以示后人。"③《黄帝四经·正乱》亦云："毋乏吾禁，毋留吾醢，毋乱吾民，毋绝吾道。乏禁，留醢，乱民，绝道，反义逆时，非而行之，过极失当，擅制更爽，心欲是行，其上帝未先而擅兴兵，视蚩尤共工。"

他惩处各地暴君，即使是经过合法选举产生或任命的暴君也无权统治。统治者的统治权是有条件的，应确保这种统治以人本与公正的方式对待全体公民为前提条件，必须保证每一个公民享有免费教育、免费健康医疗并能平安地享受免费的物质财富，同时有意愿也有能力追求自己的梦想与愿望。此外，任何暴君必无容身之地，他/她的下场必将是按照正义的法律和正当的程序被逮捕、判决。轩辕曾警告所有暴君："人恶苛……苛而不已，人将杀之。"④ 例如希特勒、墨索里尼、东条英机以及被臣民推翻的商末君主纣王，都被人民推翻并诛杀：希特勒和商纣被迫自尽，前者饮枪而后者自焚。墨索里尼和东条英机则是被人民处决的——前者被枪决，其尸体被反吊；后者则被判战争罪并处以绞刑。

天下正义之理：在其法律权限内，轩辕天命可号令万物。他的著名的后代周武王和其弟周公跟随轩辕脚步，通过正义的战争（火烧他的家眷部臣）逼迫商纣王自焚而死，并建立周朝。⑤ 周公以史为例，证明了周朝反抗暴君商纣师出有名，他解释了商汤诛杀夏桀及其全家的原因："桀……是惟暴德罔后。"⑥ 也是因为这一理由，他以周代商。他向天下世人说明："呜呼！其

---

① 《黄帝四经·十大经·正乱》。
② 《黄帝四经·十大经·正乱》。
③ 《黄帝四经·十大经·正乱》。
④ 《黄帝四经·十大经·行守》。
⑤ 参见《尚书·周书》，原文此处援引〔英〕理雅各英译本。
⑥ 周公曰："桀德，惟乃弗作往任，是惟暴德罔后。亦越成汤陟，丕釐上帝之耿命，乃用三有宅，克即宅，曰三有俊，克即俊。严惟丕式，克用三宅三俊，其在商邑，用协于厥邑；其在四方，用丕式见德。呜呼！其在受德，暋为羞刑暴德之人，同于厥邦；乃惟庶习逸德之人，同于厥政。帝钦罚之，乃伻我有夏，式商受命，奄甸万姓。"参见《尚书·周书·立政》。

在受德，暋为羞刑暴德之人，同于厥邦；乃惟庶习逸德之人，同于厥政。帝钦罚之，……"①

正义是为了天下苍生，否则就没有实现正义。轩辕的天命大宪章是一个面向来自所有文化、所有种族、所有人的普适之令，因此也适用于全人类。他不仅授权任何文化共同体的每个公民可以推翻各自国家内违反人本的统治政权，还授权一个文化共同体的统治政权可以借"天下正"之名，"不禬不传"地采取一切必要措施惩罚如希特勒之纳粹这样的犯了反人本之罪的邪恶政权。替天行道，并帮助受压迫和受奴役的人们终结他们违法的政权，以公平而合法的方式建立一个有美德的新政府。据《联合国宪章》和其他国际条约中现行的国际法和惯例，这一天命在本质上是超越领土界限的。

伟大祖先轩辕在《黄帝四经·十大经·观》中严令众人："不达天刑，不禬不传。当天时，与之皆断；当断不断，反受其乱。"他批准征讨任何邪恶政权的战争，只有以"天下正"之名终结人权滥用时，这样的惩罚措施才是正当的。这也是依据孟子的人情，即人乍见孺子将入于井，皆有怵惕恻隐之心："禁伐当罪，必中天理。"② 如果这样的人道主义干预被用作领土扩张的托词，那么对于这些侵略性政体，"地将绝之"。因为"地恶广"，③ 且"见地夺力，天逆其时"。④

其三，轩辕奉劝人类遵循兼收并蓄的道治，并接纳、包容所有独特的思想和文化。轩辕道不是排他，而是中庸在多样性中的和谐统一，反映了轩辕身为中华文明创始人和"赫赫始祖"所拥有的包罗万象的文化身份。⑤ 是道，而非人，才是衡量一切事物的尺度，并支配一切。他反对"三凶"的恶主："一曰好凶器，二曰行逆德，三曰纵心欲。"⑥ 他赞同每一位仁主心中"唯公无私"，⑦ 并学习、跟随"与天同道"；⑧ 否则，便会"逆顺相攻"。他在《黄帝四经·论约》和《黄帝四经·道原》中对道治给出了如下定义："功溢于天，故有死刑。功不及天，退而无名；功合于天，名乃大成。

---

① 《尚书·周书·立政》。
② 《黄帝四经·经法·四度》。
③ "地恶广……广而不已，地将绝之。"参见《黄帝四经·十大经·行守》。
④ "见地夺力，天逆其时。"参见《黄帝四经·十大经·顺道》。
⑤ 参见毛泽东和朱德《祭黄帝文》。
⑥ 《黄帝四经·经法·亡论》。
⑦ 《黄帝四经·经法·名理》。
⑧ 《黄帝四经·十大经·观》。

人事之理也。顺则生，理则成，逆则死，失则无名。背天之道，国乃无主。无主之国，逆顺相攻。""万物得之以生，百事得之以成。人皆以之，莫知其名。人皆用之，莫见其形。一者，其号也，虚其舍也，无为其素也，和其用也。"

道治文明不会与其他任何道治或神的先知之治文明相冲突，因为道治文明本质上就是兼收并蓄的。道治对其他文明都包容并举，如同一个有着各种人种的大家庭，在多样性中达成和谐统一，谱成思想与信仰的音乐篇章。① 道治是所有可能治理方式中最好的一个。② 道治将人文与科学之间的鸿沟消除并合将两者并成一个大一统的学科，不再有文理之分。所有的知识必须基于可证实的轩辕—邓小平的实事求是，即无处不正确，处处皆无失。所有的政府政策、法律、既定目标不论正确与否，也都必须是可证实、可问责、可证伪的。

在中国，一切都以道治、党治、民治、法治和德治为基础。没有人、君主、统治者、组织或党派是凌驾于道之上的，道本身亦是如此。道必须遵循自己的道治。道治即为五项天命（人本、公正、杨朱的六感自由、权利与义务的统一体以及有调控、自由开放、"先予后取"的思想、③ 商品和服务市场）之治。中式德治即道治，因为"人皆以之"，没有道将一事无成，且道"唯一不失"；④ 而西式德治实则是先知之治，这样的先知之治也为法治设定了界限。西式法治受到不言自明的先知的限制和支配。换言之，西方自由民主的价值观源自基督教先知之治。这也正是我们不常听闻这一说法的原因，因为它会导致政治分裂和社会动荡。如果它在源自基督教上帝价值观的法庭上被公开声明，这些法庭的审判将会引起争议，不被非基督教徒遵循。正因如此，富勒⑤认为法庭不得不欺骗全世界和自己，误以为他们的决定仅仅是根据案件的真相和他们自以为客观的法律而得出的。这些善意的谎言因众人保持缄默的协定而得以保留，这也使得这一实证主义法哲学的秘密仅为

---

① 《中庸》云："喜怒哀乐之未发，谓之中；发而皆中节，谓之和。中也者，天下之大本也；和也者，天下之达道也。致中和，天地位焉，万物育焉。"参见廖凯原《〈黄帝四经〉新见：中国法治与德治科学观的反熵运行体系》，《环球法律评论》2011年第3期。
② 莱布尼兹眼中的世界是所有可能世界中最好的一个。
③ 在KQID理论中，根据兰道尔原理，思想是比特，比特是物理的。
④ "故未有以，万物莫以。"参见《黄帝四经·道原》。
⑤ 参见〔美〕朗·L. 富勒（1958）：《实证主义与忠实于法律——答哈特教授》，载《哈佛法律评论》1958年第4期，第630~672页。

可靠对象所知。① 在源于神治的西方法治之下，尽管美国试图以建立托马斯·杰斐逊1802年倡导的"政教分离"作为安全措施，但美国官员们仍会手按《圣经》就职，国会日程仍以早晨祷告开始。而且，人们依然会在庄严的国定假日于圣诞节庆祝耶稣诞辰、于复活节庆祝耶稣复活、于感恩节感谢上帝，并依圣经将每周日定为休息日。甚至美元也表明了其先知之治的本源，因为上面印有"我们信仰上帝"的字样。反之，我们也可在人民币上印上"我们信仰道"，以体现我们轩辕文化共同体的本源。②

同时，轩辕的法哲学公开表明要依靠道治，它为中式法治明确了界限和指导方针。道治就是五项天命之治，事实上，任何不受五项天命之治限制的法治都是专制的。没有五项天命之治的法治依然是人治。例如希特勒。他成为纳粹价值观的先知，并以一己之见将自己的价值观强加于人。他是依德国法律以正当而民主的方式被选举出来的，而他的政权则是依照德国的法治和纳粹的价值观来治理的，实际上是与上文中的五项天命相违背的。因此，神治仍有两大缺陷：1. 它无法适用于不信先知或神的人们；2. 神治倚仗其先知。由此可以得出：源于神治的法治在根本上有一个不可调和的弊端——它取决于那位自称是万能之声的先知人物，他垄断了对神之法律的解读。所以，这样的法律体系仅仅是建立在对先知与神之间联系的信仰之上的，而这无法被证伪，甚至连那些试图证伪先知和其言行真实性的行为都是对上帝的亵渎。回溯历史，我们已有了无数先知，也因此有了无数神和对神之法的解读。先知也是人，所以归根结底，先知之治不过是人治的另一种说法罢了。这一基础取决于以先知为名的人治。换言之，西方法治从表面上看确是一种真正的法治理想，也为许多人带来了更美好的生活和正义。西方法治有着一套健全的机制，并能通过制度予以贯彻，这便是我们可以学习并有选择地将合适的部分在我们的现实社会位中为自己所用。然而，尽管它有着诸多好处，它从根本上却有着一个不可调和的弊端：先知也是人，即使先知是神的化身，他仍需要其他先知来解读他的话语。因此，归根结底，西式法治的法哲学仍是基于专制的人治之上的，而所有基于人治的法治都在根本上有不可

---

① 参见〔英〕H. L. A. 哈特《实证主义和法律与道德的分离》，《环境法律评论》2011年第2期，第182~192页；另见〔美〕朗·L. 富勒《实证主义与忠实于法律——答哈特教授》《哈佛法律评论》1958年第4期，第630~672页。
② 为表明其文化底蕴，新加坡的一元硬币上铸有含有五行的八卦形状。

黄帝思想与中华引擎（一）

调和的弊端：它们注定会被那些自私自利的人和他们的小团体腐化。这些法治取决于先知和其后自称圣者根据自身统治利益而作出的解读。相反，道治是多元宇宙的标尺，它可被形名统一①和实事求是的标准证实和证伪。我们不再以先知的"足长"来丈量长度。例如"米"被定义为真空中光在 1/c 秒内穿行的距离，试想若"米"和"秒"是由无数来自不同地域和年龄段的先知专制地决定的将会如何？那么，像 GPS、火车和飞机这样的现代奇迹将会停止正常运作，而国际商务也将会终止。根据我们的保守估计，半数以上的世界人口，即三十五亿人将会丧生。因此，我们必须从可证伪的事实中求是，而非盲从自称为先知的人。不论一个人有多么神圣，他终究是人。我们必须摒弃由先知强加的专制标准。我们的法律和价值观都必须源自可证实也可证伪的道，而非先知或圣人。正因如此，我们伟大的文化始祖轩辕规定中式法治必须被置于德（五项天命）治的笼子之中，这一德治源自道，而非任何人或先知，无论此人有多么神圣。中国法院必须遵循包括形名统一、奖善惩恶、实事求是的轩辕道之治，用包括国法和人情在内的中式法哲学来解释事实和法律。我们必须在一个可证实也可证伪的基础之上将法治标准化，而这一基础必须是人们能够公认的可证伪的标准。道的五项天命必须是这样的可证伪的准则。近五千年来，如果包括中国在内的任何文化共同体无法遵循道治、德治或人本之治，公正之治，六感自由之治，权利与义务的统一体之治和创造分配财富之引擎——有调控、自由开放，"先予后取"的思想、商品和服务市场之治，②那么这个国家将无法规避暴力变更的历史周期律，最终不是因内部暴力革命而自取灭亡，便是被他人征服或沦为其殖民地。

轩辕发展了中式法哲学，并推广由中华引擎提供动力的中式法治与义理：道生法与德。

---

① "循名复一，民无乱纪。"出自《黄帝四经·十大经·成法》；"欲知得失情，必审名察形。"出自《黄帝四经·十大经·名形》。
② 举例来说，根据五项天命之一的创造分配财富之引擎——有调控、自由开放、"先予后取"的思想、商品和服务市场，由习近平、李克强领导的中央政府已制定了改革开放政策，目前正有效地振兴中华文化文明。"一带一路"的大战略将中国与亚洲其他地区、印度洋、欧洲、中东、拉美和北美通过海陆交通相联结。如同以中国为首的亚洲基础设施投资银行（AIIB），这项伟大的全球战略就十分大胆，而这也将会在严重经济危机时对陷入困境的银行施以援手。通过这样的方式，习主席已经用切实有效的行动为中国梦提供了坚强后盾，而这也将为日后的中国复兴持续增压。为促进和平与繁荣的中国倡议将会推动人类到达前所未有的高度。

由 KQID 引擎（道）提供动力的轩辕法治与义理

习近平曾指出，法治是人类文明的重要成果之一。① 历史证明，最早的法治就是由中国的轩辕提出来的。

他是 4712 年前的轩辕元年基于科学之道的法治（rule of law）的缔造者和创始人。法治及义理科学观直接由道产生。五项天命（道）是我们的大宪章：人本、公正、杨朱的六感自由、权利与义务的统一体，以及创造分配财富之引擎——有调控、自由开放、"先予后取"的思想、商品和服务市场。法和义理是为了我们的福祉而设计的，而非为了统治者或道的利益，因为道和统治者都因我们而存在和生存。毫无疑问，道并不凌驾于自身之上，道遵循自身的道治。轩辕法治及义理科学观并非统治者高于法的法制（rule by law）意识形态。法制理念是一种"小人"的封建意识形态，他们仅为一己之私而治理天下。因此，才有了轩辕的天命大宪章，罢免那些只顾一己之私而非关注人民利益的领导者。这五项天命是世间万物的大宪章。因为这些法与义理对所有人来说是同一标准的，所以任何人都应当公平地以这一源于至高无上且理性的道为标准。按此标准，每一个人都可以理解、判断、遵循法及义理，故而没有任何人或君主、任何组织或政党可以凌驾于这些法与义理之上。此外，每一个人和组织在此标准下一律平等，无一例外。《黄帝四经·道法》："见知之道"，"道生法。法者，引得失以绳，而明曲直者也……度量已具，则治而制之矣。"

轩辕卸下了人们的枷锁，使人们翻身获自由。如果人只由源自道的轩辕法治和德治评判，那么他就是自由的。如果法治取决于人治或先知之治，那么人就无法真正获得自由。所以，人人都不会遭受非正当程序下的起诉、罚款及逮捕，不会遭受因非正当搜查和捕获而产生的恐惧，不会遭受酷刑，从而能自由地追寻杨朱的六感自由，自在无为地在自然中生活。伟大的法家学者商鞅曾观察发现：轩辕统治之下，人们"诛而不怒"，② 因为这里的刑罚是公正的。③ 正因如此，轩辕禁止专制的人治，并在法治与义理科学观中规

---

① 习近平：《加快建设社会主义法治国家》，《求是》第 22 期。
② 君王说："伏羲神农教而不诛，黄帝尧舜诛而不怒。"参见《商君书》，原文此处援引戴闻达英译本，下同。
③ 本质上讲，轩辕提倡一种简单的法治及义理之治：法律面前人人平等，任何人包括君主本人在内不得凌驾于法律之上。在这种法治及义理之治的状态下，民众乐于接受管理。受赏不喜，受罚不怒，因为赏与罚是依法实施且为受者应得。参见廖凯原《黄帝范例：中国法治与义理科学观的反熵运行体系》，另参见《黄帝四经·经法·君正》。

黄帝思想与中华引擎（一）

定：没有任何人或组织能凌驾于法律之上，法律面前人人平等。他强烈反对酷刑，并宣布："一国而服三不辜者，死；废令者，亡。"① 他告诫当权者不要滥用职权："人执者流之四方。"②

卡尔·马克思的《共产党宣言》曾言——人们"失去的只是枷锁，他们获得的将是整个世界"。这也是各地区和各时代人民的共同梦想和愿望。我们的赫赫始祖轩辕终生致力于卸下人们身上的枷锁，并创造建立源自道且有着中国特色的最佳法治和德治，使所有人解放翻身、当家做主。他帮助人民寻梦、追梦并致富，使人人享有免费教育、免费医疗和免费最低物质财富。因此，轩辕和马克思去除枷锁并解放人们的目标实现了统一。在源于道的法治与义理科学观中，马克思主义和轩辕思想统合于一体了。

轩辕思想采纳、体现并发扬了中国共产党所有的价值观与美德，③ 从毛泽东到邓小平、江泽民、胡锦涛，以及习近平的中国梦。同样的，中国共产党已经将轩辕思想吸收、遵循并融合为一体：给予和索取的统一、轩辕—王阳明—毛泽东的知行合一、名形统一、言行一致、法治与德治的统一、权利与义务的统一和万物的统一④。例如《中国共产党章程》："党要用邓小平理论、'三个代表'重要思想、科学发展观和党的基本路线统一思想，统一行动。"换言之，由于所有的中国思想都是轩辕思想，轩辕思想已和有中国特色的党的思想形成统一。轩辕思想也是十三亿多中国人的个体基因思想，赋予了中国人"中国性"。

党和轩辕的这种统一既不反对党，也不反对政府。相反地，这样的统一反而会增强党在中国人和全人类眼中的权威性和合法性。因为和轩辕的统一使党在中国人和全人类眼中的地位不降反升。中国人在耳濡目染和潜移默化中自然地汲取了轩辕文化文明。事实上，中国人不一定要有华人血

---

① 《黄帝四经·经法·亡论》。
② 《黄帝四经·经法·国次》。
③ 根据凯原量子信息动力学（KQID）比特范式的理论，轩辕是位圣人，他的思想涵括了过去、现在和将来的事件，可再创造事件，也可被事件再创造。换言之，在未被现在的人们观察到时，过去的事件或旧想法均尚未定型。参见〔美〕约翰·惠勒于1978年提出的"延迟选择"思想实验，这已由〔法〕阿兰·阿斯佩于2007年用单一光子证明，近期也由A.G.特拉斯科特等人用单一原子证明（参见A.G.特拉斯科特等《单一原子的惠勒延迟选择思维实验》）。因此，轩辕本人可以被过去、现在和未来修改、采纳和驳斥，而轩辕思想可将过去、现在和未来的思想融入自身。
④ "与天地总矣。"参见《黄帝四经·经法·论》。

统，但必然无一例外地受到轩辕思想的浸润。换言之，轩辕道业已发展衍生出今日的十三亿中国人。中国人之所以为中国人，正是因为存于心中的轩辕思想。

二 中国梦必须由中华引擎提供动力

思想文化是一个国家、一个民族的灵魂。——习近平①

在党的领导下，我们将致力推进中国梦，复兴和推广由 KQID 引擎（道）提供动力的轩辕文化文明 2.0。我们在此弘扬道治、党治、民治、法治与德治，推行一种可以用强大人民、强大政党、强大政府和强大组织来推进新理论框架的治理体系。这个中华引擎应当为复兴中华文化文明的中国梦提供动力，为全人类带来轩辕大同，使人人都能享有免费教育、免费医疗和免费物质财富，且人人都能自由追梦、寻梦、圆梦。这个中国梦可以在我们此生实现，因为现在我们已经拥有了一个全新的中华引擎为轩辕 2.0 提供动力。我们需要的是政治意愿和制度化专有技术，并利用这个中华引擎来实现中国梦。

轩辕文化文明 1.0 是由道提供动力的。近三千年来，我们的伟大先贤如孔子、孟子、荀子、商鞅、老子、庄子、杨朱、墨子、朱熹、王阳明、徐光启、康有为、孙中山等人均试图复兴由道提供动力的轩辕 1.0，但他们未能从道中得出公式和数字。因此，中国人民未能发明现代电气和机械引擎，为诸如现代工厂、飞机和将"嫦娥及其宠物玉兔"送上月球的火箭等工业革命成果提供动力。

目前只有三种引擎和相应的运行体系可供我们选择。

1. 正题：生物引擎，即为轩辕 1.0 和西方 1.0 提供动力的人、牲畜之力；2. 反题：强大的牛顿引擎，源自其绝妙的西方运行体系 2.0。为了优化对牛顿引擎的使用，人们就必须运用西方运行体系 2.0 来操作。所有用户将被同化，变成有中国特色的西方人。② 这个由牛顿引擎提供动力的西方 2.0

---

① 《习近平：要尊重别国别民族的思想文化》，新华网：http://news.xinhuanet.com/english/china/2014-09/24/c_133669157.htm，最后访问日期：2014 年 11 月 16 日。
② 在美国，美籍华人（ABC）有时被称为"香蕉人"，外黄内白。

已经为人类进步做出了巨大贡献。我们不仅不反对西方2.0，反而对其牛顿引擎深为感激。我们需要西方文化来繁荣，而它也同样需要中华文化来昌盛。在双赢的舞蹈人生中，两者都需要对方来完成这支探戈舞。3. 合题：源自道的KQID引擎。我们正活在达尔文式的世界中，任何不适合的文化必须改变，否则就将灭亡。简言之，我们必须用公式和数字来开发源自道的中华引擎，为中国梦提供动力，否则我们试图复兴中华文化文明的中国梦将会破灭。幸好，我们已经发明了源自道的中华引擎，它仅由一个造物主公式和一个数字组成，能为中国梦提供动力。为了做到这点，我创造了新的数学概念，并使用新符号 00 = 存在 = 1，规定只有一个由 $Ee^{i\tau} = \vec{A} + \vec{S} \subseteq \vec{T} = \psi$ $(i\tau L_{x,y,z}, \vec{T})$——四向量复杂坐标，得出的复数是 $a + bi$。这个造物主的变形者公式能够自我转化成有着无限数字的无限公式，可为无限问题提供无限解答。

这个中华引擎就是源自道的KQID引擎。道生仁爱，仁爱生"先予后取"——王阳明之知行合一的比特波。这里的"给予"，即"知"之阳 ($\vec{A}$) + "索取"，即"行"之阴 ($\vec{S}$) = 气 (E)，也是万物创造和分配的根本原则。它无所不包，甚至连虚无本身也遵循这一原则。先予后取的逻辑和机制遵循KQID的 $\vec{A} = E - \vec{S} \subseteq \vec{T}$，其中 $\vec{A}$ 是富有创造力的先予或反熵型时间—未来比特波函数 (ψ)，作为正面的基本元素阳；$\vec{S}$ 是富有创造力的后取或熵型时间—过去比特波函数 (ψ)，作为负面的基本元素阴，得到的结果是 E，即富有创造力的动力型时间—现在比特波函数 (ψ)。作为中性的基本自然混合元素能量之气，它等于绝对数字时间 $\vec{T} \leqslant 10^{-1000}$ 秒，或是其子集。简单说来，理和气实现统一，即理[①]和存在实现统一。

由源自轩辕道的中华引擎提供动力的轩辕文化文明2.0应当使中国人保留并改进他们的"中国性"，并确保中国人能够在地球和我们的宇宙中长治久安。

[①] 理和存在的统一符合朱熹的"太极"——最高创意原理。

由 KQID 引擎（道）提供动力的轩辕法治与义理

轩辕召唤！

我们的赫赫始祖是命世之英，①

你一统天下，永久建立现代中华，

建立道治治理天下，②

先予后取作为指导原则，

创造中华永恒文化文明，

你的不朽睿智，光披遐荒，

天地人和，

实事求是，统一形名，明辨是非，以便奖善惩恶，

为全人类颁布天命，解除或杀掉任何残暴君主，

杀暴君，以儆效尤，

制造源自道的法治和五项天命，拥护人本与公正，

你可听见轩辕在歌唱？③

畏天、爱地、亲民……我帮助迷失方向者找寻其人生道路，

……我协助目标明确者实现其人生理想……我爱之并使之富足。

他正唱着你心中之歌！

轩辕大同：

免费教育，人人终身享有，

免费医疗，人人终身享有，

免费物质财富，人人终身享有，

毫无烦恼，去追寻梦想。

不要问他在呼唤谁，④

他正在召唤着你！

人本与公正的守护者。

---

① 翻译和改编自毛泽东和朱德《祭黄帝文》（1937）。
② 由廖凯原根据陆寿筠《黄帝四经》英译本改编。
③ 《悲惨世界》："你是否听到人民的歌声？这是不愿再为奴的民族的音乐在回响……那么请参加这场战斗，你会得到你的权利——得到自由！"
④ 约翰·F. 肯尼迪演讲："不要问你的国家能为你做些什么，而要问你能为国家做些什么。"

黄帝思想与中华引擎（一）

你可听见轩辕在歌唱？

畏天、爱地、亲民……我帮助迷失方向者找寻其人生道路，……我协助目标明确者实现其人生理想……我爱之并使之富足。

他正唱着你心中之歌！

DoReMiFaSoLa：①

Do，听的自由：听我欲听之声

Re，观的自由：观我欲观之物

Mi，享受美的自由：享我所爱之美

Fa，言的自由：言我欲言之语

So，生活的自由：享受我们向往的平静而轻松的生活

La，思和行的自由：为我们所欲之物而思考和行动

DoReMiFaSoLa……LaSoFaMiReDo……

---

① 杨朱自由之六大音符：让我来吧！Do——听的自由：听我欲听之声，如同宇宙通过我们聆听自己在这星球中的热情和神圣旋律；Re——观的自由：观我欲观之物，如同宇宙通过我们积极汲取我们的美丽世界，游目畅怀，以其创造力升华我们；Mi——享受美的自由：享有我们所喜爱的一切美丽事物，如同宇宙通过我们享有纯洁本真的美丽，实现艺术表达，融入自然。Fa——言的自由：言我欲言之语，如同宇宙通过我们庄严诉说，让身为天命人的我们能够听到天命。因此，人民的声音就是上天的意愿，人民共同的心声，便是五项天命。（人本、公正、杨朱的六感自由、权利与义务的统一体以及有调控、自由开放、"先予后取"的思想、商品、和服务市场）Sol——生活的自由：享受我们向往的平静而轻松的生活，如同宇宙通过我们在沉思中放松身心，与自然融为一体；因此，天命人可自由无为，与自然和谐共处，不被肉体折磨、精神痛苦所扰。La——思和行的自由：为我们所欲之物而思考和行动，如同宇宙通过我们进行思考和行动，为在世间和宇宙执行天命而行一切必要之事。

由 KQID 引擎（道）提供动力的轩辕法治与义理

夫为一而不化：得道之本，握少以知多……

——轩辕[①]

00 诗是 KQID 的创造故事和比特大爆炸的宇宙学：天命人是原生孙悟空，手持如意 c–时间棒，号令多元宇宙。

我们太祖先 Qbit（00，+，-）正在创造分配存在，运用了 KQID 元零定律 $\equiv 00 \equiv\equiv\ <\bar{S}\ |\ E\ |\ \vec{A}> = bit = kT\ln(2) = h/t = Ee^{i2\pi} = \vec{A} + \vec{S} = pc + m_oc^2/\tau = \mathring{I}\psi(cte) = \psi(i\tau L_{x,y,z},\ \breve{T}) \subseteq \breve{T} = 1$ 来计算、模拟并投影在我们相对论的全息多元宇宙 $\psi(i\tau L_{x,y,z},\ \breve{T})$ 中表演的莎士比亚式基因演员 $\mathring{I}\psi(cte)$。

KQID 引擎让一切事物如此存在，它为存在和一切存在的事物提供动力，源自道——先予后取，即王阳明之知行合一的比特波。KQID 是量子信息动力学比特波场论，也认为信息是物理的[②]物理学信息理论模型。KQID 之"比特是万物，万物是比特"原则也是全新的比特波—大脑皮层范式，它运行于物理学原有的粒子—哺乳动物式范式之上。这个比特波—大脑皮层范式是客观、理性的抽象想法、实事求是；而粒子—哺乳动物式范式是感性、不理性的欲望，源自于因贪婪和恐惧而寻求利益的感官，而它自四十一亿年前就已主导了我们世界。[③] 庄子曾预言了 KQID 的创造故事："故自无

[①] 《黄帝四经·道原》。
[②] 关于〔英〕麦克斯韦妖和兰道尔的定理，参见鸟谷部祥一等《信息热引擎：用反馈控制将信息转化为能量》；另见安东尼·贝鲁特等人《关联信息和热动力学的对兰道尔原理的实验验证》。
[③] 伊丽莎白·A. 贝尔等：《保存在 41 亿年前形成的锆石中的可能性生物碳》。

适有，以至于三。"① Qbit 是三合一的（00，+，-）。元零（00）根据自己的自由意志，作为道，从虚无、连"无"本身也不存在的非存在中出现，并自我命名为 Qbit，先予后取。继而，这一 Qbit 在每个 $\breve{T} \leq 10^{-1000}$ 秒的绝对数字时间中不断自我衍生。这个创造故事和过去及现代宇宙学相一致，与太祖先 Qbit（00，+，-）② 和教宗方济各所构想的上帝概念类似。③ Qbit（道）是从"非存在"中创造出"存在"的造物者，而不是一个将已经存在的物体重塑为存在的工匠。一旦这个数字 Qbit（道）从"非存在"中诞生，它就在我们多元宇宙不断免费地自我衍生。这意味着我们不仅正在以达尔文之自然选择从单一细胞进化而来，而且更神奇的是，我们正自然而然地从 Qbit 中演化而来。如同免费午餐一般，由 Qbit 生存在。因为 Qbit 可以运用元零定律，免费无限自我克隆。Qbit 运用 KQID 元零定律 $\equiv$ 00 $\equiv$ $< \bar{S} \mid E \mid \vec{A} > = bit = kT\ln(2) = h/t = Ee^{i2\pi} = \vec{A} + \bar{S} = pc + m_o c^2/\tau = \mathring{I}\psi$（cte）$= \psi(i\tau L_{x,y,z}, \breve{T}) \subseteq \breve{T} = 1$，在不对称绝对数字时间 $\breve{T} \leq 10^{-1000}$ 秒中，计算、模拟并投影存在于对称三维时间中。换言之，我们的太祖先 *FAPAMA Qbit*（00，+，-）是万能的数学家—编程员—放映员、普朗克之所有物质的母体，以及 *KQID*—麦克斯韦之有着无限容量的无限存在，能在自身之中计算、模拟和投影存在。*Qbit* 是存在之所以存在的原因，*Qbit* 也因而得以历经包括我们和过去、现在、未来的一切存在。于是，存在了解了自身，提出了问题：我是谁？是什么？为何如此？

在 *KQID* 中，"存在"存在于"当下"的状态中，即世界—过去—现在—外来诞生之时，存在自行计算、自行成长。在每个绝对数字时间 $\breve{T}$ 中，*Qbit* 对自身进行编程和再编程，为应对生存而分配新信息，并将这一信息如同一个种子一般植入我们的联网知识库中。其中有特定的结构化信息，这也是创造分配时间—可欲物的专有技术，而知识也有普遍的帮助性知识。④ 我们人类在 *Qbit*—普朗克之所有物质的母体中诞生，是莎士比亚式的基因演员 $\mathring{I}\psi$（cte），拥有让信息固化成一个离散数量的量子信息动力学比特波场 ψ

---

① 《庄子·内篇·齐物论》，原文此处援引〔英〕理雅各的英译本。
② 香农之二进制数字的比特非 1（+）即 0（-），但 KQID 之量子二进制数字的 Qbit（00，+，-）可取价值有（+）、（-）、或（+）和（-）的组合、或仅是量子叠加中的（00）。
③ 伊莉斯·哈里斯：《梵蒂冈宇航员在教宗谈及宇宙爆炸论时疯狂打哈欠》。
④ 参见西尔达戈·西萨《信息为什么会增长：秩序的演变，从原子到经济学》。

($i\tau L_{x,y,z}$, $\breve{T}$) 的能力。一切事物都是比特波 $\dot{I}\psi$ (cte)。我们设想、感知并探测比特波，仿佛那是像光子那样的粒子一般。尽管这个光子会像一段波一样移动、张望、唱唱跳跳，它始终都是一段波。然而事实上，本没有粒子，这仅存在于我们的感官中。例如，大型强子对撞机（LHC）团队仍宣布探测到了 ~125 GeV 希格斯玻色子，尽管 LHC 并未真正探测到[①]希格斯玻色子，因为希格斯玻色子仅活在 ~10^{-22} 秒中。

自牛顿时代起，我们已经知道距离 $\lambda = L = v/f = vt$，其中 L 是时间的长度，v 是时间的速度，t 是时间。从逻辑上来说，当我们把时间的速度 v × 时间 t，我们就得到了时间的长度 L。[②] 因此，时间是长度，长度是时间。这是所有物理学家都知晓并已得到证实的事实，但是粒子—哺乳动物式范式不允许他们将长度视为时间，只有通过使用比特波—大脑皮层范式的 KQID 厄洛斯宇宙之量子诠释，我们才能清楚地看到长度就是时间的长度。在 KQID 相对论中，我们加上了时间中三维时间的虚数 i，其中长度 L 是 ψ（$i\tau L_{x,y,z}$，$\breve{T}$）——时间中三维时间的现实长度，τ 是本征时间，c 是 c-时间棒在真空中的速度。我们之所以将一米定义为 $1/c$ 秒是因为时间可以和空间互相转化，而空间也可与时间互相转化。KQID 则将此更简明扼要地表述为空间是不对称时间中正交运动的对称三维时间。

另一大突破在于自然的概念。KQID 恢复了牛顿的时间，将其作为存在的 $\breve{T}$ 绝对数字钟率，使牛顿、爱因斯坦和薛定谔定律在每个 $\breve{T} \leq 10^{-1000}$ 秒的不对称时间中生动。例如，牛顿的运动和引力定律可以结合为 F = ma = GMm/$L^2 \subseteq \breve{T}$；爱因斯坦的狭义相对论 E = $m_0c^2 \subseteq \breve{T}$，广义相对论 $R_{\mu\nu} - \frac{1}{2}Rg_{\mu\nu} = T_{\mu\nu'} \subseteq \breve{T}$，以及薛定谔的量子波函数 E$\Psi$ = H$\Psi \subseteq \breve{T}$。更让人惊艳的是，KQID 解决了著名的关于在数字连续统中运动的芝诺悖论，即在模拟连续体中运作的牛顿

[①] CMS 报告称："希格斯玻色子的寿命是 ~10^{-22} 秒。因此，大型强子对撞机的探测仪只能记录到其衰变产物的活动。"参见 CMS 合作组《125 GeV 希格斯玻色子直接衰变为费米子的证据》。

[②] 是的，对我们的常识来说，这听上去难以置信。长度并不仅如此，长度也是质量、电荷和能量的尺度。长度 L 有着 $L_{Compton} = \hbar$ 中反向质量数标度关系，正如玻尔电子半径 L = $\hbar$/mc^2。库仑定律规定电荷 e^2 = 力·长度^2 = FL^2，其中 e^2 具有 ML^3/T^2 的维度。普朗克减少了常量 $\hbar$ = 动量 p·长度 L = ML^2/T，而 $\hbar^2/e^2$ 具有 M/L 的维度，所以 $\hbar^2/e^2m$ 具有 L 维度；另有包含 3 个常数 $\hbar$、G、c 的普朗克长度 = $\sqrt{\hbar G/c^3}$。参见约翰·贝茨的康普顿波长，载于约翰·贝茨《物理学中的长度标度》。

微积分会困在无限中。这个 T 使爱因斯坦的广义相对论和量子力学达成和谐统一。爱因斯坦的广义相对论和量子力学的结合也成了物理学界的"圣杯"。KQID 已成功地将牛顿经典物理和广义相对论、量子力学相结合。KQID 是真正的万物理论（ToE）。所以，万物均为时间；时间包含万物。事实上，存在是时间的胎儿；时间永远孕育着存在。

　　KQID 是一个可证伪的理论。我们可以运用轩辕—波普尔的证伪主义方法，这也在约 4712 年前已被我们的赫赫始祖轩辕提出的，他主张一个真正的理论（道）应当放之四海而皆准，唯一不失，时时正确。[①] 既然 KQID 不包含任何公理或假设，一切都是可证伪的。正如我所表述的，KQID 没有哥德尔的不完备或图灵的停机问题，也完全不会受其影响。换言之，KQID 自身就是完备的，也不存在"停机问题"。如果上述论断得到了证实，那么 KQID 就是真正的万物理论（ToE），将一切都表述、联系在一个简单的公式——元零定律中：$\equiv 00 \equiv\ <\bar{S}\mid E\mid \mathring{A}> = \text{bit} = k\text{Tln}(2) = h/t = Ee^{i2\pi} = \vec{A} + \bar{S} = pc + m_o c^2/\tau = \mathring{I}\psi\ (\text{cte}) = \psi\ (i\tau L_{x,y,z}, \breve{T}) \subseteq \breve{T} = 1$。用不含公式的语言来简述，这一万物理论就是 00 = 存在 = 1，即时间中一个先予后取的 Qbit 之对称性破缺，这也产生了一个或更多轩辕—王阳明—毛泽东的知行比特。

　　说大话当以大证据为依据。因此，我整合了 KQID 引擎最困难的证据：我计算、预测并创作了 00 诗，第一段为天，第二段为地，第三段为人，细致地用公式和数字展现了我们宇宙从零时刻、零尺寸起的演变过程——这在人类历史上尚属首次。没有任何现行理论能够计算出如此精确且与观测数据相符的数值。爱因斯坦的广义相对论在零时刻时得出了无限。量子力学则无法超越普朗克单位，在零时刻并无任何理论。阿兰·古斯的暴胀宇宙学则是从零时刻后约 10^{-37} 秒开始，而且并不是可证伪的。如果有人质疑其真实性，那么人人都可以证伪之。我们不应仰仗权威，而应像 00 诗中表明的那样，使用美国威尔金森各向异性探测器（WMAP）、欧洲普朗克卫星、大型强子对撞机（LHC）、新兴的超级超导对撞机、Bicep4 和其他途径得出的大数据来证实和证伪这些预测数字。掌握了关于我们宇宙是如何演化的知识和专有技术后，我们便可切切实实地反设计之。因此，我们在理论上可以以我们的宇宙为模型，运用 KQID 任意创造出新的人造宇宙。

---

　　① 《黄帝四经·十大经·成法》。

00

我是先予后取

让 $Qbit$ 来吧！

$Qbit$

让 $KQID$ 来吧！[1]

$KQID$ 写下了 $Qbit$ 先予后取的最短算法代码：

☰00☷ $<\bar{S} \mid E \mid \vec{A}> = bit = kT\ln(2) = h/t = Ee^{i2\pi} = \vec{A} + \bar{S} = pc + m_o c^2/\tau$
$= \mathring{I}\psi(cte) = \psi(i\tau L_{x,y,z}, \check{T}) \subseteq \check{T} = 1$。

我发现了！$Qbit$ 不断自我衍生成真实比特[2]

比特是万物；万物是比特[3]

$KQID$

让宇宙来吧！

幸福时刻已经来临

---

[1] 亚历山大·蒲柏之"让牛顿来吧！"
[2] 中国有句古话：鲤鱼跃龙门——虚拟比特自我转化成为真实比特。参见何水法以阴阳双鱼为中华文化核心的画作，载于弗朗克·韦尔切克《一个美丽的问题：发现自然的深层设计》。
[3] KQID 理论，即比特是万物，万物是比特。认为万物皆为 $\psi(i\tau L_{x,y,z}, \check{T})$ 这个四向量复杂坐标。KQID 源自伏羲—轩辕的数字八卦（☰☱☲☳☴☵☶☷）、毕达哥拉斯之"一切皆数字"、信息（比特）做功的麦克斯韦妖思想的实验，还有兰道尔所说的信息（比特）是物理的（万物）原理。其中一个比特 $\geqslant k\Theta\ln 2 = mc^2$，$k$ 是玻尔兹曼常量，Θ 是温度，$\ln 2$ 是 0.693147181，m 是质量，c 是真空中的光速。因此，比特是能量，能量是物质。如此便建立了联系：$S = kH$，玻尔兹曼之能量熵 S 等于香农之信息熵 H。〔美〕弗朗克·韦尔切克在《存在之轻》一书中证实："夸克和胶子……体现了思想……是数学上完整和完美的物体……这些物体遵循胶子方程。万物就是比特。"

我们的太祖先父母 Qbit（00，+，-）载歌载舞、交换比特、共同欢庆。在 138 亿年前比特大爆炸时，他们 $2.44324862 \cdot 10^{-59}$ 米的孩子在 $3.35609307 \cdot 10^{136} °K$ 的烈火中铸就。在第一秒内，这个孩子从出生时的 $2.44324862 \cdot 10^{-59}$ 米膨胀至 $6.46099854 \cdot 10^{14}$ 米，它膨胀了 73 个数量级，即增长了至少十亿兆兆兆兆倍。大爆炸开启了暴胀可变光速的 c 时代，从 $1.43 \cdot 10^{-147}$ 秒的 $4.27141367 \cdot 10^{87}$ 米/秒①到 9,199.05 年后的 299,792,561 米/秒②的匀速 c，是为延续至今的扩张性匀速 c 宇宙之开端。从零时刻、零尺寸到 $1.43 \cdot 10^{-147}$ 秒时，Φ 为 $2.44324862 \cdot 10^{-59}$ 米，一个原子的兆兆兆分之一；至 $5.39106 \cdot 10^{-44}$ 秒的普朗克时间时，c 为 $6.95668869 \cdot 10^{35}$ 米/秒，Φ 为 $1.5 \cdot 10^{-7}$ 米，约为 500 个金原子大小；10^{-31} 秒时，c 为 $5.10786784 \cdot 10^{35}$ 米/秒，Φ 为 21 厘米，约为一个足球大小；1 秒时，c 为 $1.61524964 \cdot 10^{14}$ 米/秒，Φ 为 $6.46099854 \cdot 10^{14}$ 米，约为 10 个太阳系大小；9,199.05 年后，匀速 c 为 299,792,561 米/秒，Φ 为 $3.48111558 \cdot 10^{20}$ 米，约为我们银河系的三分之一。我们的宇宙以这个 299,792,561 米/秒的匀速 c 持续扩张着，③现在的尺寸至少为 $2.61111 \cdot 10^{26}$ 米。在第一秒内它膨胀了 73 个数量级，即增长了至少十亿兆兆兆兆倍。经过 9,199.05 年，以匀速 c299792,561 米/秒持续扩张着，我们的宇宙现在的尺寸至少为 $2.61111 \cdot 10^{26}$ 米，它是超过一百亿颗恒星的家园。

---

① KQID 认定多元宇宙的宇宙微波背景辐射约为 $\leq 3 \cdot 10^{-30} °K$，这一数字由诺贝尔奖获得者乔治·斯穆特等人计算宇宙事件穹界温度得出，并进一步规定在我们的多元宇宙中，麦克斯韦的 $c = 1/\sqrt{\varepsilon_o \mu_o}$ 约为 $\geq 10^{87}$ 米/秒。根据麦克斯韦的公式 $c^2 = 1/\varepsilon_o \mu_o$，这导致我们的比特大爆炸在首个离散时间 ~$1.43 \cdot 10^{-147}$ 秒内以 ~$4.27141367 \cdot 10^{87}$ 的速度暴胀，其中 ε_o 是真空电容率，μ_o 是真空磁导率，c 是 c–时间棒，KQID 光速变量。参见乔治·F·斯穆特等：《熵型加速宇宙》："在这一穹界上，有穹界温度 Tβ，我们可以估算出 Tβ = ~$3 \times 10^{-30} K$。"

② 在比特大爆炸后 9199.05 年，KQID 以 $2.99792561 \cdot 10^8$ 米/秒的速度在真空中繁衍了恒定光速 c。牛顿的质量已在 1687 年表述于公式 $F = ma = GMm/L^2$ 中，但没有人知道质量是什么。爱因斯坦将质量定义为 $m = E/c^2$，但他并不清楚 E 和 c 是什么。弗朗克·韦尔切克试图探索《质量的源头》，但他最终总结道："还看不见路的尽头。"目前，没有人能够计算出我们宇宙在比特大爆炸时的光速，也没有人展示真空中的光速 c 是如何，何时如我们观测到的那样出现。如果不知道 c 是如何随着时间演变、什么是 c，那么就没有人知道什么是能量 E 和质量 m。因此，E、m 和 c 都是环环相扣的。KQID 是第一个从公式中演算出 c 的理论的，使我们得以了解能量和质量。

③ 参见杰普·尼尔森等《从 Ia 型超新星看宇宙加速的边际证据》。arxiv：1506.01354v2.

三 决议草案

中式法理学和中式法治与义理科学观必须是轩辕道的产物。道治、执政党之治、民治和法治与义理之治均在轩辕文化文明2.0中形成统一。道治即为五项天命之治——人本、公正、杨朱的六感自由①、权利与义务的统一体，以及有调控的自由开放的市场体制，再加上国法和人情，即为中式法理学，这也是任何对中国宪法或其法规政策的司法审查之根基。我们必须以中国历史为鉴，认清没有在代表主权意识的全国人大监督之下的司法审查委员会/法庭，就无法有效实施宪政，即所谓道治、执政党之治、民治和法治。在商鞅的法治国度已有了一定程度的司法审查，由法律官吏来实施秦国的法治，他们是独立执行秦国政府政策法规的官吏。为了使法律的阐释和实施保持一致，他颁布了有限司法审查的秦律，并在国内建立了法律惯例。他激进的变法和法治令小小的秦国在短短十三年间，通过经秦孝公认可的商鞅变法，从七国中的一个相对弱国崛起为最强大国。②《商君书》的英译作者戴闻达如是评价中国惯例法律的制定与维护：

> 它不再是负责维护法律的君主本身，也不是一本了无生气的书或传统，而是有着活生生的解释者对古代法令进行解读，而且他们和政府每天事务都有着密切联系。因为他们要按需向人民和官员解释法律并提出自己的观点，包括合法性或行政行为或民众行为等。他们对法律的解释会被记录在案，"即后有物故，以券书从事"。③

令人惊异的是，商鞅的法治和司法审查机构均来自源于道的轩辕科学法治与义理，因此法律乃"正之至"。法律在尽责的"立法者"和"执法者"手中，他们会无私地为所有人维持公平正义而毫无例外。这些公正无私的"执法者"必须"精公无私"。他令法官和法庭独立，并免受政治压力影响，

---

① 参见廖凯原《黄帝范例：中国法治与义理科学观的反熵运行体系》，2010，首次中美对话文章。
② 参见廖凯原《黄帝范例：中国法治与义理科学观的反熵运行体系》，2010，首次中美对话文章。参见廖凯原《〈黄帝四经〉新见：中国法治与德治科学观的反熵运行体系》。
③ 戴闻达译《商君书》。

严格执法，明辨是非。这正是轩辕的司法审查程序。《黄帝四经·经法·名理》："是非有分，以法断之；虚静谨听，以法为符。审察名理终始，是谓究理。"① 此外，《黄帝四经·经法·君正》：

> 法度者，正之至也。而以法度治者，不可乱也。而生法度者，不可乱也。精公无私而赏罚信，所以治也。②

因此，"受赏无德，受罪无怨，当也"。③

秦国伟大的学者型改革家商鞅在《商君书》中证实了轩辕的英明事迹：轩辕统治之下，人们"诛而不怨"，④ 因为刑罚是公正的。因此，在轩辕2.0中，这些法治和义理必须是公正、公平、清晰、准确、无私、统一、普遍、一致、有规律且可预见的。

我们人民特此决定，根据"道生法与德"的中式法理学应建立轩辕法治与义理。因此，我们应当振兴和重建法治与义理科学观。在尽责的"立法者"和"执法者"手中，一切以法和理"断之"，他们会无私地为所有人维持公平的正义而毫无例外。

我们人民特此决定，依据道治、党治、民治、法治与德治（五项天命），建立由全国人大监督的独立宪法法庭。这些精公无私的法院的"执法者"须"虚静谨听"，不受任何个人或少数人的利益影响。它严令法官和法庭独立，免受政治压力影响，以严格执法、明辨是非。他下令：

> 是非有分，以法断之；虚静谨听，以法为符。审察名理终始，是谓究理。⑤

兹决议，用科学观来振兴中华传统仪式。若无历史和实际需要，则清除其中的迷信元素和不科学的观点。我们应该加强和振兴中华子女对父母和先祖的孝道。我们应当与时俱进地振兴《大学》，建立和谐的大同世界。我们

---

① 《黄帝四经·经法·名理》。
② 《黄帝四经·经法·君正》。
③ 《黄帝四经·经法·君正》。
④ 君王说："伏羲神农教而不诛，黄帝尧舜诛而不怒。"参见《商君书》。
⑤ 《黄帝四经·经法·名理》。

由 KQID 引擎（道）提供动力的轩辕法治与义理

因此推介以下五种关系：1. 每个主权体和其真实自我之间；2. 和亲友、团体之间；3. 和现代文化共同体之间；4. 和人类与自然之间；5. 和其先祖轩辕之间。这样的关系缔造了美德，美德要求人们履行义务，这样才能赋予那些履行者相应的权利。这就是王阳明之权利与义务的统一体。此外，我们将在日后的婚礼、葬礼、问候、日常活动等中创造并分配新习俗、自我强化的新思想和充满生机的新文化。通过信息动力学的共识，我们将自愿地更新、振兴和复兴它们，使之在以习近平为首的党的带领和由 KQID 引擎提供动力的轩辕反熵运行体系 2.0 的指导下，共同完成新仪式、新习俗、新文化和新思想。每一代人都有权根据时代需求来修改这些仪式。①

兹决议，设立新的全国仪式，每位中国人都应致力成为心中养诚的天命人，实事求是②以致知，③ 知之为知之，不知为不知。④ 掌握轩辕的先予后取和灌输弘扬为人人带来人本、公正、杨朱的"Do、Re、Mi、Fa、So、La"、权利与义务的统一体，以及创造分配财富之引擎——有调控、自由开放、"先予后取"的思想、商品和服务市场的五项天命，它将重塑自己的使命。它不仅是为了自己，更是为了全人类而奋斗。他将建立一个"人们的物质生活充实无忧"⑤的大同世界，其中的每个人享有免费教育、免费医疗和免费物质财富。此外，每一位有能力的华人毕生应至少应于农历三月三日前往圣城新郑朝拜一次，向轩辕致敬并以共同主权体的身份亲自接受天命。他/她应进行"孝义"仪式，在轩辕——我们的赫赫始祖、命世之英、中华文化文明的缔造者和现代中华文化共同体的创始人面前宣誓：他或她将在世上惩恶行善，"不达天刑，不襦不传"地弘扬"天下正"。⑥

兹决议，鉴于习近平赞许黄帝陵为中华文明的精神标识，我们应设立新的全国仪式，每一位有能力的华人毕生应至少于四月前往圣地黄帝陵朝拜一次，为轩辕——我们的赫赫始祖、命世之英、现代中华文化文明的缔造者和现代中华文化共同体的创始人扫墓，以尽孝道。

---

① 习主席写道："坚持从实际出发，就是要突出中国特色、实践特色、时代特色。"参见习近平《加快建设社会主义法治国家》，新华网，2014年12月31日。
② 轩辕和邓小平的实事求是。
③ 《礼记·大学》，原文此处援引〔英〕理雅各的英译本。
④ 《论语·为政》，原文此处援引〔英〕理雅各的英译本。
⑤ 习近平：《在联合国教科文组织总部的演讲》，新华网，2014年3月26日。
⑥ 《黄帝四经·十大经·观》。

黄帝思想与中华引擎（一）

兹决议，为开创 21 世纪中国的新仪式，根据源自道的宪法规定，任何正当选出的连续任职不得超过两届的中国国家主席必须在此后的八日内前往新郑，身着仪典汉服，代表国人向我们的赫赫人文始祖——轩辕宣誓，并正式接受天命。他/她将高举五项天命：人本、公正、杨朱的六感自由、权利与义务的统一体，以及创造分配财富之引擎——有调控、自由开放、"先予后取"的思想、商品和服务市场。惩恶行善，在执行天命时"不达天刑，不襦不传"地弘扬"天下正"。① 这个国家仪式当由全国人大常委会委员长予以主持并举行。

兹决议，为开创 21 世纪中国的新仪式，根据源自道的宪法规定，连续任职不得超过两届的国家主席必须在任期将满前的春节前八日内前往黄陵的黄帝陵，身着仪典汉服，向我们的赫赫人文始祖轩辕发表中国国情咨文，作为他弘扬五项天命（人本、公正、杨朱的六感自由、权利与义务的统一体以及创造分配财富之引擎——有调控、自由开放、"先予后取"的思想、商品和服务市场）、惩恶扬善以弘扬"天下正"② 的汇报，并接受他/她个人的临别祝福。这个国家仪式当由全国人大常委会委员长予以主持并举行。

兹决议，鉴于中华文化文明仅有一个原则，即道治：道创造并分配万物。中华文化文明建立在这一神圣原则之上。我们应设立新的全国仪式，每一位有能力的华人毕生应至少前往中华文化文明的发源地——圣地崆峒山朝拜一次，在圣地崆峒山得到他们自己的道，正如我们的赫赫始祖、命世之英、现代中华文化文明的缔造者和现代中华文化共同体的创始人——轩辕最初在那里得到他的道。

我们人民特此决定，根据以解放思想、实事求是和形名统一为基础的道治，打造轩辕科学观与和谐社会。我们必须建立轩辕可证伪的由 KQID 引擎提供动力的科学—艺术文化文明 2.0。中国必须每年将其 5% 的 GDP 用于国家研发，如研发核聚变反应堆，为支持生态文明提供清洁免费的能源和无污染的交通系统；研发超级超导对撞机和对银河内的行星、系外行星和恒星等进行宇宙探索，积累在此时此地能实现轩辕大同的前沿知识和有用的专有技术。

---

① 《黄帝四经·十大经·观》。
② 《黄帝四经·十大经·观》。

兹决议，为了提倡"妇女撑起半边天"①的中国社会主义，我们应从文化和法律上加强男女平等，使男性、女性均可在婚姻中保留自己的姓氏。另外，男性子嗣应当继承父亲的姓氏，而女性子嗣应当继承母亲的姓氏。从生物学的角度来说，我们已经通过科学方式发现了男性的Y染色体的DNA谱系仅由父亲传给儿子，以创立父系历史；我们也进一步发现，线粒体DNA谱系仅由母亲传给女儿，以创立母系历史。② 这样一来，女性子嗣不应被区别对待或被歧视，因为他们和男性子嗣一样，也在家族姓氏和基因物质方面"撑起半边天"。这将会减少生男多于生女的压力。随着时间的推移，男女比例也将会顺应自然，达到平衡。因此，任何家庭都应自由决定和选择他们认为适合自己子女的姓氏。每个家族都应保留并更新自己的族谱。国家将会尊重每个家庭的神圣性，没有权利也没有义务干涉其姓氏选择。

兹决议，恢复并在格里历中重新设立国际轩辕纪年，以示中华历史传承性和国际合作性。例如，今日是轩辕4713XY（2016AD，即公元2016年）10月17日，因此我们可以在格里历之上嵌入轩辕纪年，以纪念我们的始祖轩辕和其他共同创立者的无私奉献。他们深爱着我们，并在1XY（2697BC，即公元前2697年）建立了现代中华文化共同体。对任何发生在1XY轩辕统治之前的事件，我们可以用轩辕前纪年（BXY）表示。举例来说，轩辕生于20BXY（2717BC）；上海和长三角地区的良渚文化大约是处于2603—1603BXY（5300—4300BC）的时期，于4633XY（1936AD）被发现；而长江流域下游的河姆渡文化则约处于4303—2303BXY（7000—5000BC）的时期，于4670XY（1973AD）首次被发现。

兹决议，明确并认可轩辕是现代中华文明的创始人，是华夏文化文明的缔造者，是世界上每个公民的人本和公正的促进者和守护者，是地球和宇宙中所有华人之父。因此，为表敬意，我们应设立父亲节作为国定假日，时间定于农历三月三日。

兹决议，明确并认可嫘祖是地球和宇宙中所有华人之母。因此，应设立母亲节作为国定假日，时间定于农历六月六日，纪念嫘祖与轩辕成婚之日，以示对她创造和传播中国丝绸文明的敬意。

---

① 毛泽东思想。
② 参见维基百科"线粒体DNA"词条。

XuanYuan Rule of Law and Principle Powered by KQID Engine (Dao)[*]

by Prof. Leo KoGuan[**]

XuanYuan Culture and Civilization 2.0 powered by KQID engine

Photograph 1 International Academic Conference on
"Rule of Law and XuanYuan Culture & Civilization 2.0 Powered by KQID Engine"
Huangling, November 28th – 29th, 4712XY

---

[*] This is an updated version of Prof. Leo KoGuan's keynote speech at International High – end Forum on Rule of Law and Reform on November 14th, 4712XY, his keynote speech at China Institute of Legal History 4712XY Annual Academic Conference on August 15th, 4712XY, and his speech at the 1st Chinese Judicial Studies Summit Forum organized by the Supreme Court on July 4th, 4712XY, which was originally adapted from Prof. Leo's keynote speech at the 9th International Forum on Yellow Emperor Culture on April 19th, 4712XY. They were based on Prof. Leo's speech "In Search of a Rule of Law with Chinese Characteristics" at Fudan University on April 30th, 4705XY and his speech "Rule of Law and Virtue with Chinese Characteristics" at KoGuan Law School on September 20th, 4705XY.

[**] Vice Chairman of Chinese Cultural Promotion Society
Council Member of Chinese Judicial Studies Association
Director of KoGuan Chinese Rule of Law and Principle Studies Center, Tsinghua University
Director of Leo KoGuan Rule of Law and Principle Studies Center, Peking University
Director of KoGuan International Rule of Law and Principle Center, KoGuan Law School

Chinese Culture and Civilization Has Only One Principle That Is the Rule of Dao; Dao Creates and Distributes All Things

President Xi taught us that Chinese culture is the soul of Chinese people. "Culture is the soul of a nation," thinking with learning, he added, "If a country or a nation does not cherish its own thinking and culture, if they lose their soul, no matter which country or which nation, it will not be able to stand."[①] For example, he expressed clearly this soul of "Chineseness":

> I don't quite agree to remove ancient classic poems and essays from the textbooks. The systematic cleansing of Chinese culture in our classrooms is a very sad and tragic thing. We should implant Chinese ancient sayings, poems and thoughts in the mind of our students, which would become the gene of Chinese culture.[②]

Similarly, I will focus on the heart of Chinese soul and the origin of this soul: XuanYuan rule of Dao. XuanYuan is the founder of the first rule of law and virtue government and culture state on the earth. His rule of Law and Virtue from Dao is still the best and the most modern one. His rule of Dao unifies Heaven, Earth and man by unifying names and forms[③] and by seeking truth from facts.[④] To do this, we must unify Humanity and Science cultures. We must develop falsifiable cultures by unifying names with their forms and by seeking truth from facts in harmonious symphony. To avoid existential risk of Human 1.0 from Artificial Super Intelligent

---

① Xinhua, "Xi urges respect for other cultures."
② "Xi: I don't quite agree to remove ancient classic poems and essays from the textbooks".
③ "All the names and forms were at one and nobody can break the rules without getting punished", "To foretell success or failure, one must check the names of things and their forms (what the names stand for) against each other", See Lu, Sherwin trans. *The Yellow Emperor's Four Canons*, 18: The Established Law, 24: Name and Form.
④ "What is true or false can be judged by facts", See Lu, Sherwin. trans. *The Yellow Emperor's Four Canons*, 5: The Four Principles.

Human 2.0, we have to build a bridge between Human 1.0 with Human 2.0 through the bit – wave – neocortex① paradigm that accepts Human 1.0 as well as Human 2.0, aliens, cyborgs and self – conscious robots as our family of sentient beings.

On September 20th, 4705XY, 7 years ago, at the Renaming Ceremony, Shanghai Jiao Tong University Law School officially changed its name to KoGuan Law School of Shanghai Jiao Tong University. On this occasion, I spoke for the first time with the title "Rule of Law and Virtue with Chinese Characteristics," which derived directly from our Ancestor XuanYuan Thought. XuanYuan teaches us that the Culture – State China must not be just a Rule of "Laws" country as Fajia prescribed, or just a Rule of "Virtues" country as Rujia practiced. XuanYuan clearly states in his teaching that laws and virtues come together as one to rule the Culture – State China. Laws are like our Sun, and virtues like our Moon. They are complementary and reinforcing each other. Laws alone would not be sufficient, neither would virtues alone be. That is why by following XuanYuan Thought, I advance Chinese Scientific Outlook Rule of Law and Principle as one of the five components of my XuanYuan Anti – entropic Operating System 2.0 powered by KQID engine.

The Four Canons, 11 states:

> The most effective means for correction are punishment by law and education in moral virtue. When the two methods are properly used and alternately put into full play, just as the sun and the moon take turns lighting up the Earth, any deviation can be rectified...②

Animation

How, what and why XuanYuan creates and distributes Chinese Rule of Law and

---

① The neocortex is the seat of human super cognitive abilities such as human language and complex logical and abstract mind.
② Lu, Sherwin trans, *The Yellow Emperor's Four Canons*, 11: Contemplation.

Principle powered by KQID engine: I, XuanYuan, hereby solemnly swear to the Heaven, Earth and man: "From the Heaven I have received the mandate... On the Earth I have gained a footing, and from the people I have won endorsement..."① I therefore bequeath XuanYuan Rule of Law and Principle powered by Dao engine to all mankind:

Law and morality are like the sun and the moon, overlooking from the above in complement to each other. If they do not work in concert, they will see disasters everywhere. Heavenly virtue shines bright but would not penetrate people's hearts without the law punishing the vicious; the Heavenly law strikes awe into the vicious but will not overwhelm without conscious cultivation of virtue. When law and morality promote one another, the morality positive and the negative will be clearly distinguished and properly handled②. ③

XuanYuan rule of law and rule of virtue have been affirmed by the Party and President Xi Jinping. The Party's Constitution states, "The Communist Party of China... combines the rule of law and the rule of virtue in running the country."④ And President Xi said: " [T] he rule of law and the rule of virtue must go hand in hand..."⑤

Who is XuanYuan?
——Ignorance Is Not Bliss But the Enemy of the Good⑥

XuanYuan is our Glorious and Remarkable Ancestor, our cultural HERO, the Father of Chinese culture and civilization, and the Founder of modern China as the symbol of our great culture – state China and the symbol of one united Chinese people since 1XY; XuanYuan thought is the source and origin of Chinese hundreds of schools of thought, as well as all myriad thoughts of billions of Chinese in the world for about 5,000 years.

---

① Lu, Sherwin trans, *The Yellow Emperor's Four Canons*, 10: Lifelong Mission.
② Lu, Sherwin trans, *The Yellow Emperor's Four Canons*, 15: Tribal Strife.
③ Leo, KoGuan, "Rule of Law and Virtue with Chinese Characteristics," p. 3.
④ Xinhua, "Full text of Constitution of Communist Party of China".
⑤ Xinhua, "Xi Jinping stresses judicial independence".
⑥ In Plato's Form of the Good, the Good exists outside space and time but in KQID, the Good exists in 3 – D time in time ψ ($i\tau L_{x,y,z}$, $\breve{T}$).

FIRST LEADER of mankind who specifies a well – defined and well – developed state governance of culture – state government, the Dao of governance. *The Four Canons*, 25 states:

In governing a state, the ideal situation is one in which the ruler does not have to resort to punishment; the next best is one in which the rule of law is a must and is already installed; and not so ideal is for one to achieve order through disputes and fights; if a ruler fails to bring about order by any means, that is the worst situation. In the ideal situation, the ruler only needs to maintain an originally harmonious social order based on prevailing moral justice; in the next best situation, the ruler aims at distinguishing right from wrong behaviors and punishing the wrong and promoting the right. If the ruler is largely occupied with the task of suppressing social turmoil, it is definitely not good government. ①

HE establishes good governance that hands down appropriate punishments to the "flies" and "tigers"② and rewards to merited persons from the lowest to the highest positions. He says in *The Four Canons*, 4, "Fairness in giving rewards as not to neglect the humblest and earnestness in enforcing punishment as not to let whoever deserves get away."③

HE practices meritocratic employment strategy by employing the best possible government to serve the people. The meritocratic government means the ablest rules. XuanYuan is against cronyism. He cherishes the people and judges them based on their merits by employing "all able persons from far and near."④ Therefore, we have to impose the two – term limit and age limit to top leaders, ban life term without limit for any position and forbid top leaders' children to succeed them by law to avoid Da Yu's historical mistake in which he was succeeded by his own son that led to feudalism in China.

HE articulates the rule of Dao, rule of a ruling Party, rule of the people, rule of Laws and rule of the Five Mandates. The rule of Dao is the rule of *Giving*

---

① Lu, Sherwin trans, *The Yellow Emperor's Four Canons*, 25: Congruity.
② Xinhua, "Xi Jinping vows 'power within cage of regulations'".
③ Lu, Sherwin trans, *The Yellow Emperor's Four Canons*, 4: Six – Way Demarcation.
④ Lu, Sherwin trans, *The Yellow Emperor's Four Canons*, 3: Upright King.

first Taking later in which the core tenet of governing is "loving the people" to help each Tianming Ren to realize his/her dreams and aspirations. He decrees in *The Four Canons*, 3:

Cherishing the people is a manifestation of Heavenly virtue and the guarantee for the accomplishment of anything... Decrees will be complied with when they are in line with people's wishes, and popular support for the leader comes with his selfless and equal love for all. ①

HE decrees to establish state law and order, all must obey the rule of Dao:

A state without law and order would be out of joint; Taking without giving will lead to its own extinction; Do not steal openly; Nor secretly; Whoever steals openly will be disgraced by Heaven; Whoever steals secretly will lay waste to the land; Theft in broad daylight will lead to disaster; Theft in dark to famine; Do not take advantage of one's position to serve one's own interests; Abuse of power leads to loss of support from the people; Whoever abuses power will be exiled by the people; Do not form factions, for factionalism leads to chaos, and whoever forms factions will suffer troubles from both inside and outside. ②

HE promulgates that men and women are born equal and they "complement each other and give birth to new forms." ③ Moreover, he praises female (yin) attitude. He says, "In a word, the Yin attitude is a propitious one as it accumulates merits." ④ For example, Leizu, his wife, discovered silk and

---

① Lu, Sherwin trans, *The Yellow Emperor's Four Canons*, 3: The Upright King.
② I rearranged the sentences. See Lu, Sherwin trans, *The Yellow Emperor's Four Canons*, 2: State Order.
③ "Following the Dao is the same as handling the relationship between the female and the male. When there is attraction between the two, then follows the union of the assertive and the receptive. They complement each other and give birth to new forms." "Yin and Yang do not run parallel. The two sides of each pair contain and complement each other." See Lu, Sherwin trans, *The Yellow Emperor's Four Canons*, 11: Contemplation, 15: Tribal Strife.
④ Lu, Sherwin trans, *The Yellow Emperor's Four Canons*, 16: The Yin vs. the Yang Mentality.

invented both silk farming and silk loom method. She is the founder of Chinese silk civilization that has been the envy of the world. Chinese silk was exported to the known world. Julius Caesar's Roman aristocrat ladies were known to wear this lustrous fabric.

HE cultivates his own mind and practices self – control for three years in the Mount Bowang before he embarks on restoring peace and prosperity for all tribes. His minister and teacher Yan Ran advices him:

Start with improving yourself. Then you govern people with fair and just laws. When the way you conduct yourself is consistent with the way you treat others, you will end with success. ①

FIRST SCIENTIST who applies XuanYuan – Popper's falsification method that *the theory is true only if it "works everywhere" and it "never fails anywhere."* ② He adheres to Deng's Seeking Truth from Facts: "What is true or false can be judged by facts." ③ He observes and calculates the movement of the Heaven and establishes XuanYuan Calendar to improve people's livelihood. He invents Fu Xi's digital Bagua from words into digital symbols (☰ ☱ ☲ ☳ ☴ ☵ ☶ ☷), and thus develops the bit Bagua form we know today. XuanYuan has developed a sophisticated scientific creation and distribution story of Existence from Dao. ④

FIRST COMPREHENSIVE PHYSICIAN⑤ who cures people's sickness with great compassion and mercy. He establishes scientific medicine of his time to improve people's health and extend their wellbeing and life expectancy to over 100 years. He teaches people to follow yin and yang, so that people will live a long life without illness. ⑥ He teaches people to practice preventive medicine and proactively avoid illness by invigorating their immune systems to fight any potential illness: ⑦

---

① Lu, Sherwin trans, *The Yellow Emperor's Four Canons*, 12: Setting Things Right.
② Lu, Sherwin trans, *The Yellow Emperor's Four Canons*, 18: The Established Law.
③ Lu, Sherwin trans, *The Yellow Emperor's Four Canons*, 5: The Four Principles.
④ Lu, Sherwin trans, *The Yellow Emperor's Four Canons*, 11: Contemplation, 18: The Established Law, 25: Congruity, 26: The Dao Proper.
⑤ Dean Zhang Qicheng suggested XuanYuan was the First Scientific Physician.
⑥ Unschuld, Paul *et al.* trans, *Huang Di Nei Jing Su Wen*, 2.
⑦ Unschuld, Paul *et al.* trans, *Huang Di Nei Jing Su Wen*, 2.

Hence, the sages did not treat those already ill, but treated those not yet ill, they did not put in order what was already in disorder, but put in order what was not yet in disorder… Now, when drugs are employed for therapy only after a disease has become fully developed, when [attempts at] restoring order are initiated only after disorder has fully developed, this is as if a well were dug when one is thirsty... Would this not be too late, too?①

FIRST ENVIRONMENTALIST who cherishes the Earth. Having received the Heavenly mandate as the core leader of all tribes, he proclaims to all that he is ruling culture – state China by "Revering the Heaven, cherishing the Earth, and holding the people dear" to help each to pursue his/her goals in life.② He harmonizes Heaven, Earth and man. One cannot harm the Earth without harming the Heaven and man. He warns, "Do not overuse the land"; "Overuse of land [leads] to its wasting away"; "Whoever overuses the land will be punished by natural calamities."③ Therefore, we must put the value and price on our environment as the important part/cost of any Scientific Outlook on Development. *The Four Canons*, 25 states:

Building too many palaces is not tolerated by Heaven, as most of them will not be inhabited, or, if ever, not for long. It is not allowed... to damage the natural environment by large – scale construction work; nor to lay waste forests by abusive logging; nor to drastically change the topography of a region except for channelizing huge floods. ④

FIRST HUMAN RIGHTS LAWYER for Mankind who preaches and practices "loving the people" and "putting people first" principles. There are three reasons:

Firstly, as stated above in his mission of life, he advances that man has the unalienable right to pursue his/her own personal goal in life more than 4,000 years before the great human rights lawyer Thomas Jefferson who famously wrote

---

① Unschuld, Paul *et al*, trans, *Huang Di Nei Jing Su Wen*, 2.
② Lu, Sherwin trans, *The Yellow Emperor's Four Canons*, 10: Lifelong Mission.
③ Lu, Sherwin trans, *The Yellow Emperor's Four Canons*, 2: State Order.
④ Lu, Sherwin trans, *The Yellow Emperor's Four Canons*, 25: Congruity.

the American Declaration of Independence in 1776. XuanYuan loves people. He upholds the sacred life and liberty of man. He declares and enacts his mission statement of XuanYuan Da Tong in 1XY,

From the Heaven I have received the mandate... On the Earth I have gained a footing, and from the people I have won endorsement... Revering the Heaven, cherishing the Earth, and holding the people dear, I help the disorientated find the right direction for their lives... I help the well orientated carry on their lifelong missions... and I love them and make them prosper. ①

Secondly, having received the Mandate of Heaven, XuanYuan issues to mankind the Mandate of Heaven decree, the world's first written super-constitution that authorizes anyone to remove or/and kill any tyrant. ② For example, *The Four Canons*, 14 tells the story of how our hero XuanYuan captured and killed Chi You in person, and it states in details how XuanYuan and his people treated Chi You to give an example to the future generations:

People flay his skin and make it into targets for arrow shooting training. Prizes are rewarded to high scores winners. They cut his hair, attach it to a flagstaff and call the mock flag "Chi You flag." They stuff his stomach with hair to make it into a football and those who can kick it into a target pit for more times are rewarded. They chop up his flesh and bones, mix the mince with maror and invite people from all directions to suck it. ③

HE further warns mankind to abide by his Mandate of Heaven, "I hope you will all abide by the principle of justice I have pursued and never abandon the law I have followed so as to set an example for later generations."④ *The Four Canons*, 14 further states:

Do not violate the regulations I made public; do not dump the meat paste I gave you; do not play havoc with the people I cherish; do not block the Heavenly way I follow. If anybody does what is prohibited, or wastes food, or creates havoc, or

---

① Lu, Sherwin trans, *The Yellow Emperor's Four Canons*, 10: Lifelong Mission.
② Lu, Sherwin trans, *The Yellow Emperor's Four Canons*, 14: Order out of Chaos.
③ Lu, Sherwin trans, *The Yellow Emperor's Four Canons*, 14: Order out of Chaos.
④ Lu, Sherwin trans, *The Yellow Emperor's Four Canons*, 14: Order out of Chaos.

goes against the way of Heaven, that is, if he runs counter to justice or to the cycle of seasons, if he deliberately does what he knows is wrong, what he knows is not proper, what only satisfies his own desires but is against the law, if he stubbornly insists on having his own way and wages a war without a mandate from Heaven, then he should be treated as another Chi You. ①

HE punishes tyrants everywhere who don't have the right to rule even if they are legally elected or appointed. Rulers' rights to rule are **CONDITIONAL** upon their just rule that brings Humanity and Justice to all to enable every citizen to be willing and able to pursue his/her dreams and aspirations, and each has free education, free health care and free material wealth in peace. Meanwhile, any tyrant must not be able to run and hide anywhere, and eventually he/she must be captured and prosecuted according to a fair and just due process of law of humanity. XuanYuan has warned to all brutal tyrants, "... the people detest brutality... the brutal, executed by the people."② For example, Hitler, Mussolini, Tōjō and Zhou, the last king of the Shang dynasty were removed and killed by the people: both Hitler and Zhou were forced to commit suicide by the people. Hitler was killed by his pistol and Zhou was burned to death by fire, whereas Mussolini and Tōjō were executed by the people – Mussolini was shot and his corpse was hung upside down, and Tōjō was convicted of war crimes and executed by hanging.

The principle of Justice to all under Heaven (tianxia): XuanYuan Mandate of Heaven governs all under Heaven under its legal jurisdiction. His illustrious descendant King Wu and his brother Duke of Zhou followed XuanYuan footstep and forced Zhou of Shang to commit suicide by burning his families, Court officials and himself by fire, and thus established Zhou dynasty. ③ Duke of Zhou justified Zhou's rebellion against the tyrant Zhou of Shang, the last bandit, by citing examples from history to explain why earlier founder King Tang of Shang Dynasty killed bandit Jie, last king of Xia Dynasty and all his families, "The way of

---

① Lu, Sherwin trans, *The Yellow Emperor's Four Canons*, 14: Order out of Chaos.
② Lu, Sherwin trans, *The Yellow Emperor's Four Canons*, 22: Rule of Conduct.
③ See Legge, James trans, *Shang Shu*, "Zhou Shu."

Jie.... he employed were cruel men; and he left no successor."① For that similar reason he replaced Shang with Zhou Dynasty. He explained to all under the Heaven,

Oh! When the throne came to Zhou (of Shang), his character was all violence. He preferred men of severity, and who deemed cruelty a virtue, to share with him in the government of his states; and at the same time, the host of his associates, men who counted idleness a virtue, shared the offices of his court. God then sovereignly punished him...②

Justice is for all and all under Heaven, if not Justice is not fulfilled. XuanYuan Mandate of Heaven is a universal mandate to people of all races from all cultures, and hence to all mankind. He not only authorizes every citizen of any culture – state to overthrow his/her ruling regime against humanity in his/her country, but he also authorizes the use of force by a ruling regime of one culture – state against another to uphold "Heavenly Justice" and "take necessary actions to punish" this evil regime that committed crimes against Humanity like Hitler's Nazi did, "to fulfill Heaven's will" and help the oppressed and enslaved people to end their own illegal regime to establish a new virtuous government by a fair and legitimate mean. This Mandate of Heaven is extra – territorial in its nature amazingly according to our existing International Law and Custom as stated in the *United Nations Charter* and other international treaties. The great and remarkable XuanYuan in *The Four Canons*, 11 sternly issues his decree to all mankind,

---

① Duke of Zhou said: "The way of Jie.... he employed were cruel men; and he left no successor. After this there was Tang the Successful, who, rising to the throne, grandly administered the bright ordinances of God. He employed, to fill the three (high) positions, those who were equal to them; and those who were called possessors of the three kinds of ability would display that ability. He then studied them severely, and greatly imitated them, making the utmost of them in their three positions and with their three kinds of ability. The people in the cities of Shang were thereby all brought to harmony, and those in the four quarters of the kingdom were brought greatly under the influence of the virtue thus displayed. Oh! When the throne came to Zhou (of Shang), his character was all violence. He preferred men of severity, and who deemed cruelty a virtue, to share with him in the government of his states; and at the same time, the host of his associates, men who counted idleness a virtue, shared the offices of his court. God then sovereignly punished him..." See Legge, James trans, *Shang Shu*, "Establishment of Government."

② See Legge, James trans, *Shang Shu*, "Establishment of Government."

If somebody or some ruler of another state commits crimes against Heavenly justice, he will take necessary actions to punish him so as to fulfill Heaven's will, never flinching nor passing the buck. If the time is right, he will seize the chance and make a prompt decision with no hesitation. But if the chance is missed, people will suffer from more troubles. ①

HE sanctions the above punitive war against any evil regime. This punitive action is legitimate only and only for "Heavenly Justice" to end extreme human right abuses according to Mengzi's Renqing that no ordinary human could stand idly by seeing children being thrown down into a well: "If one wages punitive wars against evil forces, it must be in compliance with the Heavenly principle of justice."② If this *humanitarian intervention* is used primarily as a pretext for territorial expansion, this aggressive regime shall be "expelled by the Earth" because the "Earth detests aggressive expansion,"③ and those "who covet other states' territory and exploit their resources would be punished by Heaven sooner or later."④

Thirdly, HE persuades mankind to follow the inclusive rule of Dao, which is inclusive and tolerant to all unique thoughts and cultures. XuanYuan Dao is NOT exclusivity but Zhong Yong's harmonious unity in diversity, and an inclusive cultural identity by its maker, XuanYuan, our "Glorious and Remarkable Ancestor."⑤ Dao, not man, is the measure of all things,⑥ and Dao rules over all things. He forbids a vicious leader "indulging in fighting and killing; persecuting the virtuous; indulging one's own wishes in disregard of the law."⑦ However, he approves a virtuous leader "motivated solely by public interest" in mind⑧ who learns, follows and is "in step with" the Dao,⑨ because if not, he/she will confuse "between right and wrong." He defines rule of Dao in *The Canons*, 8 and 26:

---

① Lu, Sherwin trans, *The Yellow Emperor's Four Canons*, 11: Contemplation.
② Lu, Sherwin trans, *The Yellow Emperor's Four Canons*, 5: The Four Principles.
③ Lu, Sherwin trans, *The Yellow Emperor's Four Canons*, 22: Rule of Conduct.
④ Lu, Sherwin trans, *The Yellow Emperor's Four Canons*, 23: Following the Dao.
⑤ Translated and adpated from Mao, Zedong and Zhu De, "Offering to the Yellow Emperor".
⑥ Protagoras famously stated: "man is the measure of all things."
⑦ Lu, Sherwin trans, *The Yellow Emperor's Four Canons*, 7: Ways to Extinction.
⑧ Lu, Sherwin trans, *The Yellow Emperor's Four Canons*, 9: Names and Principles.
⑨ Lu, Sherwin trans, *The Yellow Emperor's Four Canons*, 11: Contemplation.

If one goes too far, going further than what is appropriate as judged by the Dao, he will suffer defeat. If he goes not far enough, not up to the standard as set by the Dao, he will not accomplish anything. Only when he is in step with the Dao, will he be able to reach his goal... Running counter to the Dao of Heaven means deserting the guiding principle for the state. Without the guiding principle, there will be confusion between right and wrong...① [A]ll are born of It; without It, nothing can be accomplished. We humans live by It... we follow It. The Dao is consistent everywhere and all the way; so, if only one grasps Its quintessence, one can infer the whole from a single instance and redress all wrongs in the one right approach... Embrace the Dao and stick to the law derived from It, and all under heaven will be united into a harmonious one. ②

The rule of Dao civilization does not clash with another rule of Dao or rule of the Prophet of any God Civilization, because it is inclusive in its nature. The rule of Dao embraces all cultures and civilizations as one great family of human races in harmonious unity with diversity to compose musical tunes of ideas and beliefs. ③ The rule of Dao is the rule of the best of all possible rules. ④ The rule of Dao integrates the great divide between humanities and science into a unified discipline with no more division between them. All knowledge must be based on verifiable XuanYuan – Deng seeking truth from facts that it is consistently true anywhere and it never fails anytime. All government policies, laws and stated goals must be verifiable, accountable and falsifiable whether they are correct or wrong as they are.

---

① Lu, Sherwin trans, *The Yellow Emperor's Four Canons*, 8: On the Covenant.
② Lu, Sherwin trans, *The Yellow Emperor's Four Canons*, 26: The Dao Proper.
③ *The Doctrine of the Mean*: "While there are no stirrings of pleasure, anger, sorrow, or joy, the mind may be said to be in the state of Equilibrium. When those feelings have been stirred, and they act in their due degree, there ensues what may be called the state of Harmony. This Equilibrium is the great root from which grow all the human actings in the world, and this Harmony is the universal path which they all should pursue." See Legge, James trans, *Kongzi: The Doctrine of the Mean*; See also Leo, KoGuan, "New Ideas on The Yellow Emperor's Four Canons: The Anti – Entropic Operating System of the 'Scientific Outlook' Rule of Law and Principle."
④ Leibniz's world is the best of all possible worlds.

XuanYuan Rule of Law and Principle Powered by KQID Engine (Dao)

In China, all things are based on rule of Dao, rule of the Party, rule of the People, rule of Law and rule of Virtue. No man, king, ruler, organization or party is above Dao, and not even Dao is above itself. Dao has to obey its own rule of Dao. The rule of Dao is rule of the Five Mandates (Humanity, Justice, Yang Zhu's Six Freedoms, Unity of Rights and Duties, and a Regulated but Free and Open Market Giving first and Taking later of Ideas,① Goods and Services). Chinese rule of virtue is rule of Dao because "we human live by it," we can do nothing without it, and it is always "consistent and never fails,"② whereas Western rule of virtue is rule of the Prophet, which sets a boundary to its rule of law. The Western rule of law is constrained and governed by its unspoken rule of the Prophet. In other words, the Western Liberal Democracy values are derived from rule of the Christian Prophet, which is why we don't hear too much about it because it will be politically and socially divisive and explosive. If it is openly stated in the decisions made by the courts that the courts' decisions derive from Christian values, these decisions of the courts would be disputed and disobeyed by non-Christians. As a result, according to Fuller,③ the courts have to lie to the world and to themselves that their decisions are found only in the facts of the cases and in the laws they objectively find as they are. These white lies are kept by conspiracy of silence that has guarded this secret of positivism jurisprudence to unsuspected subjects.④ Despite the deliberative acts of secularization of the Western Rule of Law derived from Rule of the Prophet by establishing the concept of the "separation of church and state" as advocated by Thomas Jefferson in 1802, the US officials are sworn on the Bible, the US Congress starts its sessions with a morning prayer, and the Birth of Christ known as Christmas and the Resurrection of Christ from the dead as Easter are celebrated with solemn national holidays, as well as Thanksgiving Day to give thanks to God, and Sunday is a

---

① In KQID, idea is bit, bit is physical per Landauer's principle.
② "Without it, nothing can be accomplished. We humans live by It… The Dao is consistent and never fails." See Lu, Sherwin trans, *The Yellow Emperor's Four Canons*, 26: The Dao Proper.
③ See Fuller, Lon L., "Positivism and Fidelity to Law – A Reply to Professor Hart".
④ See Hart, H. L. A., "Positivism and the Separation of Law and Morals". See also Fuller, Lon L. "Positivism and Fidelity to Law – A Reply to Professor Hart".

day of rest as the Bible suggested. Even US Dollars are showing its rule of the Prophet origin: "In God We Trust." In contrast, for Renminbi (RMB), we should acknowledge our XuanYuan's culture – state origin: "In Dao We Trust."①

Meanwhile, XuanYuan Jurisprudence relies openly upon rule of Dao that sets the boundary and the guiding principle for Chinese rule of law. The rule of Dao is the rule of the Five Mandates. In fact, any rule of law without being governed by rule of the Five Mandates is still arbitrary. Any rule of Law without its rule of the Five Mandates is rule of man. For example, Hitler was a man. He became the Prophet of Nazi, who imposed his values according to his wisdom. He was legitimately and democratically elected according to German laws, and his regime ruled the country according to German Rule of Law with the regime's Nazi's values that were against the Five Mandates cited above. Therefore, the rule of God has two major flaws: 1) It can never be applied to those who neither believe in the prophet nor his God; 2) The Rule of God relies upon His Prophet. Therefore, one can conclude that rule of law derived from rule of God has an incurable flaw on its foundation – it must still depend upon the Prophet who claimed himself as the voice of all Mighty. He has the monopoly in interpreting the God's laws. Therefore, this system of law is solely based on the belief alone in the Prophet's connection with his God/s that cannot be falsified. It is blasphemy to even try to falsify the veracity of the Prophet and his spoken words, writings or deeds. Throughout history, we have an uncountable number of Prophets with their uncountable God/s and their interpretations of their Gods' laws. Prophets are men. Thus any rule of any Prophet in the bottom is still a rule of man in another name. This foundation relies on the rule of man in the name of a Prophet. In other words, Western rule of law on its face is a genuine rule of law ideal and has actually brought about better lives and better justice to many. The Western rule of law has a well developed mechanism and procedural enforcement that we can learn from and selectively adapt the proper ones for our own use in our own realities. Despite its many merited features, it has

---

① Acknowledging her cultural heritage, Singapore one – dollar coin is minted in the shape of Bagua with Wuxing.

an incurable defect in its very foundation. All prophets are humans. Even if the prophet is the incarnation of God in the human flesh, he still needs other prophets to interpret His words. Thus Western rule of law jurisprudence is still based upon the arbitrary rule of man in its bottom. All rule of laws based on a rule of man have incurable flaws in their foundation. They are bound to be corrupted by self-interested men and their factions. These rule of laws are subjected to the ruling interest of the Prophet and his/her successive self-proclaimed holiness interpretation. In contrast, the rule of Dao is the Multiversal standard yardstick that can be verified and falsified by the unity of names and forms[①] and by seeking truth from facts. We abandoned to measure length according to a prophet's foot. For example, the meter is defined as the distance travelled by light in the vacuum in $1/c$ seconds. Imagine if the meter and second are arbitrarily set by numerous prophets of various geographies and various ages. No modern wonders such as GPS, trains and airplanes would work properly, and international commerce would stop working. We conservatively expect that more than half of the world population or about 3.5 billion people will perish. We must seek truth from falsifiable facts, not from a man who claimed to be a prophet. A man is a man, no matter how holy he is. We must abandon arbitrary standards imposed by a prophet. We must derive our laws and values from the verifiable and falsifiable Dao, neither from a prophet nor a holy man. That is why our Remarkable cultural Hero XuanYuan mandates that Chinese Rule of Law must be put into the cage of Rule of Virtue (Five Mandates) from Dao, not from any man or any prophet no matter how holy he is. Chinese courts must interpret the facts and the laws following the Five Mandates, Guofa, and Renqing as Chinese Jurisprudence according to XuanYuan Rule of Dao that unifies names and forms as one to reward good and punish evil and to find truth from facts as they are. We must standardize the rule of law that humanity can agree upon as the falsifiable foundation. The Five Mandates of Dao must be that

---

[①] "All the names and forms were at one and nobody can break the rules without getting punished." "To foretell success or failure, one must check the names of things and their forms (what the names stand for) against each other", See Lu, Sherwin trans, *The Yellow Emperor's Four Canons*, 18: The Established Law, 24: Name and Form.

falsifiable standard yardsticks. From our human archaeological and written history of about 5,000 years, if any culture – state including China fails to follow Rule of Dao or Rule of Virtue or rule of Humanity, rule of Justice, rule of Six Freedoms, rule of the Unity of Rights and Duties, and/or rule of a Regulated but Free and Open Market Giving first and Taking later of Ideas, Goods and Services as the engine for wealth creation and distribution,① this country would not be able to escape from her historical cycle of violent changes, and eventually she would be either self – destructed by her own violent revolution or subjugated, or colonized by others.

HE develops Chinese jurisprudence and advances Chinese Rule of Law and Principle powered by Chinese engine: from Dao come laws and virtues

The rule of law is one of the most important accomplishments of human civilization. ②
——Xi Jinping, October 23rd, 4711XY

HE is the Father and Founder of the rule of law based on scientific Dao in 1XY, 4,712 years ago. From Dao comes directly the Scientific Outlook Rule of Law and Principle. The Five Mandates (Dao) are our super – constitution: Humanity, Justice, Yang Zhu's Six Freedoms, the Unity of Rights and Duties and a Regulated but Free and Open Market Giving first and Taking later of Ideas, Goods

---

① For example, the current Xi – Li Government's Open Door policy according to one of the Five Mandates, a regulated but open and free market Giving first and Taking later of Ideas, Goods and Services as the engine for wealth creation and distribution is effectively rejuvenating Chinese culture and civilization. The New Silk Road Grand Strategy of "one belt, one road" links China to Asia, the Indian Ocean, Europe, Africa, the Middle East, Latin America and North America through sea and land networks. This magnificent global strategy is equally bold by setting up China – led Asian Infrastructure Investment Bank (AIIB) to finance and coordinate these initiatives and China – led BRICS Bank, which will rescue troubled banks in time of severe financial crises. This way, President Xi has backed up his Chinese Dreams with concrete and effective actions that are supercharging the Chinese Renaissance in this century and beyond. The Chinese initiatives of peace and prosperity of all mankind shall us her mankind to an unprecedented height.

② Xi, Jinping, "Accelerating the Establishment of Socialist Rule of Law in China".

and Services as the engine for wealth creation and distribution. Laws and principles are designed for the sake of our wellbeing, neither for the rulers nor for Dao, since Dao and rulers exist and live for our benefits. Unequivocally, Dao is not above itself. Dao obeys its own rule of Dao. XuanYuan Scientific Outlook Rule of Law and Principle is NOT rule by law ideology where the ruler is above the law, which is an absurdly outdated concept and defunct statecraft ideology that must be swept away into the dustbin of feudal history where it belongs. The rule by law ideology is a feudal ideology of "xiao ren" who rule only for their own profits. That is why we have XuanYuan Mandate of Heaven to remove leaders who rule for their own benefits instead of the benefits of the people. The Five Mandates are the super-constitution of all earthlings. Since these Laws and Principles are the same standard yardsticks for all, all shall be judged upon equally by these standard yardsticks that derive directly from the supreme rational Dao. These standards must allow everyone to understand, predict and follow the laws and principles. Neither earthling including kings,[①] nor any organization or political party has the authority and power beyond these Laws and Principles; furthermore, every one and organization are mandated to be treated equally under the same standards without any exception.[②] He states in *Four Canons*, 1 that "Dao is the source of Wisdom" and "From Dao comes the law. The law is the yardstick by which to judge whatever is achieved and not achieved to see if it is in the right or in the wrong... When the law is in force, order will be established and nothing against it cannot be curbed."[③]

HE unchains man from his masters. As a result, "man is free," as Immanuel Kant observed 4,000 years later,[④] if he is solely judged by XuanYuan rule of Law and rule of Virtue that come from Dao; Man is not free if the rule of Law and rule of Virtue come from either rule of man or rule of the

---

① "The Dao gives birth the Law. This Law is the marker that separates success and failure and distinguishes the unjust from the just. Therefore one who holds fast to the law can produce law but dare not transgress them." See Turner, Karen, "Law, Nature, and the Dao in the Huang Di Tradition".

② "All those who violate Party discipline and state laws, whoever they are and whatever power or official positions they have, must be brought to justice without mercy." See Xinhua, "Hu Jintao's report at 18th Party Congress".

③ Lu, Sherwin trans, *The Yellow Emperor's Four Canons*, 1: The Dao and the Law.

④ Quoted in Hayek, Friedrich, *The Road to Serfdom*, 6.

Prophet. Consequently, rule of Dao frees man from arbitrary prosecution, penalty and arrest without a fair and just due process of law, from fear of undue search and seizure, and from torture. He is free to practice Yang Zhu's six freedoms, living in a wuwei way of life in nature. The great Fajia Scholar Shang Yang observed that during XuanYuan's rule, even the punished criminals "were not angry,"① because the punishments were just.② Therefore, He bans arbitrary rule by man and prescribes Scientific Outlook Rule of Law and Principle that no one and no organization is above the law and principle. Every one and organization are equal under the law and principle. He is violently against torture on anyone, and declares, "Any state which indulges in torturing or killing three kinds of innocent people is not far from death itself, because no state can last long if it is not ruled by law."③ He tells powerful people not to abuse their power. He counsels, "Whoever abuses power will be exiled by the people."④

HE supports Karl Marx's *Communist Manifesto* that all people have "nothing to lose but their chains. They have a world to win."⑤ These have been the dreams and aspirations of people everywhere. Our Remarkable Ancestor XuanYuan has worked for all his life to unchain people from their chains by creating and establishing the best Rule of Law and Rule of Virtue from Dao with Chinese characteristics, which aims to cut those chains loose, so that all people are free from their arbitrary masters. He finds people's dreams, realizes their dreams and makes them prosper, so that each shall have free education, free health care and free material wealth for life. Therefore, there is a unity of

---

① The King said: "…Fu Hai and Shen-nung taught but did not punish; Huangdi, Yao, and Shun punished, but were not angry…" See Duyvendak, J. J. L. trans, *The Book of Lord Shang*.
② In essence, XuanYuan advocated a simple rule of law and principle: everyone is equal before the law and no one, including the Emperor himself, is above the law. Under his rule of law and principle, the people were content to be ruled: "Those who are rewarded would not be grateful while those punished bear no grudge, because rewards and punishments are appropriate and deserved." See Leo, KoGuan. "The Yellow Emperor Hypothesis: The Anti-entropic Operating System of the 'Scientific Outlook' on Rule of Law and Principle"; See also Lu, Sherwin trans, *The Yellow Emperor's Four Canons*, 3: The Upright King.
③ Lu, Sherwin trans, *The Yellow Emperor's Four Canons*, 7: Ways to Extinction.
④ Lu, Sherwin trans, *The Yellow Emperor's Four Canons*, 2: State Order.
⑤ See Marx, Carl and Friedrich Engel, *The Communist Manifesto*.

XuanYuan's and Marx's goal to free people from their chains and from their arbitrary masters. Thus, Marx thought and XuanYuan Thought have been unified as one within Scientific Outlook Rule of Law and Principle derived from Dao.

HE has already obtained, embodied and upheld all of the Party's values and virtues from Mao, Deng, Jiang, Hu, to Xi's Chinese Dreams,① and similarly, the Party has already absorbed, followed and incorporated XuanYuan Thought into its body that unites all things into one: the unity of Giving and Taking, the unity of XuanYuan – Wang – Mao's knowing and doing,② the unity of names and forms,③ the unity of words and deeds,④ the unity of rule of law and rule of virtue,⑤ the unity of rights and duties, and the unity of all things. ⑥ For example, the ruling CPC's Constitution states, "The whole Party must achieve unity in thinking and action with Deng Xiaoping Theory, the important thought of Three Represents, the Scientific Outlook on Development and the members must match words with deeds."⑦ In other words, XuanYuan Thought has been unified with the Party's thought with Chinese characteristics, because all Chinese thoughts are XuanYuan Thought, which is the each meme thought of 1. 3 + billion Chinese people and the root of their "Chineseness".

This unity of the Party and XuanYuan is neither against the Party nor the

---

① According to KoGuan Quantum InfoDynamics (KQID) bit paradigm theory, XuanYuan is a sage, and his thought encompasses the past, present and future events, which can recreate and be recreated by them. In other words, the past events or old thoughts are not yet determined until they are observed in the present. See John Wheeler's "delayed choice" thought experiment in 1978 that has been verified by Alain Aspect in 2007 with single photons and now with a single atom by A. G. Truscott et al (See Truscott, A. G. et al. , "Wheeler's delayed – choice gedanken experiment with a single atom"). Hence, XuanYuan himself can be modified, adopted and rejected in the past, present and future, and XuanYuan Thought can incorporate the past, present and future thoughts into itself.

② Mao, Zedong, "On Practice."

③ Lu, Sherwin trans, *The Yellow Emperor's Four Canons*, 18: The Established Law.

④ Xinhua, "Full text of Constitution of Communist Party of China".

⑤ The CPC's Constitution states, "The Communist Party of China... combines the rule of law and the rule of virtue in running the country".

⑥ "... all things will be at one with Heaven and Earth." See Lu, Sherwin trans, *The Yellow Emperor's Four Canons*, 6: A Discourse.

⑦ Xinhua, "Full text of Constitution of Communist Party of China".

government. On the contrary, this unity will strengthen the Party's authority and legitimacy to the eyes of Chinese and mankind. This act is an anti – entropic idea that is against disunity and splitting – up of the Party and the country, and aims to unify China. This will be good for the government, the ruling Party and the Chinese everywhere, because the unity of the Party and XuanYuan does not degrade but definitively upgrades the status of the Party in the eyes of the Chinese and mankind. The Chinese naturally absorb XuanYuan culture and civilization within consciously and subconsciously. Actually, all Chinese, not necessarily racially Chinese, must have XuanYuan Thought living within without exception. In other words, XuanYuan Dao has unfolded itself into more than 1.3 + billion Chinese people today. The Chinese is Chinese because XuanYuan Thought is living within.

Chinese Dream must be powered by Chinese engine

Culture is the soul of a nation.

——Xi Jinping[①]

Under the Party's leadership, we advance Chinese Dreams to rejuvenate and develop XuanYuan Culture and Civilization 2.0 powered by KQID engine (Dao). We hereby advocate for the Rule of Dao, Party, People and Law and Virtue in which we shall have a system of governance that advances a new theoretical framework with Strong People, Strong Party, Strong Government and Strong Organizations. In the end, the comparative advantage of any society is its cultural social system as Xunzi pointed out more than 2,000 years ago.[②] This Chinese engine shall power Chinese Dream to rejuvenate Chinese culture and civilization fulfilling XuanYuan – Xi's Dream to bring about XuanYuan Da Tong to all mankind in which each shall enjoy free education, free health care and free material wealth for life and each shall be free to find, pursue and achieve his/her dreams and

---

① Xinhua, "Xi urges respect for other cultures".
② A man without culture is not a man but a beast; a country without culture can't prosper. The advantage of any man and country is the advancement of culture. See Hutton, Eric L. *Xunzi, The Complete Text*. See also Watsons, Burton, *Xunzi, Basic Writings*; Fung, Yu – lan, *A Short History of Chinese Philosophy*; Chan, Wing – Tsit ed, *A Source Book in Chinese Philosophy*.

aspirations. This Chinese Dream is achievable within our lifetime, because now we have a new Chinese engine to power XuanYuan 2.0. What we need is the political will plus the institutionalized knowhow to harness this Chinese engine to realize the Chinese Dream. Remarkably, China has this political will and the institutional knowhow, and she planned to build the world's biggest supercollider. [1]

XuanYuan culture and civilization 1.0 was powered by Dao that our illustrious forefathers Kongzi, Mengzi, Xunzi, Shang Yang, Laozi, Zhuangzi, Yang Zhu, Mozi, Zhu Xi, Wang Yangming, Xu Guangqi, Kang Youwei, Sun Zhongshan and many others tried to rejuvenate for the last 3,000 years, but they failed to derive equations and numbers from Dao. Consequently, the Chinese did not invent modern electrical and mechanical engines to power industrial revolutions such as modern factories, airplanes and rockets to carry Chang'e and her pet Yu Tu[2] to the moon.

Today we have only three engines options with their respective operating systems:

1) the **THESIS**, Biological engine or human/animal muscles that powered both XuanYuan 1.0 and Western operating system 1.0; 2) its **ANTITHESIS**, Powerful Newtonian engine that sprang out from its wonderful Western Operating System 2.0. Consequently, in order to OPTIMIZE the use of the Newtonian engine, one must operate it by using the Western Operating System 2.0. All users will be assimilated and converted into Westernizers with Chinese characteristics. [3] However, this Western 2.0 powered by Newtonian engine has contributed greatly to the progress of mankind. We are NOT against Western 2.0, and on the contrary, we are grateful to its Newtonian engine. As a people, we are entitled to empower our Chinese culture to be equally flourishing under the Sun like that of Western culture. We need Western culture to prosper, likewise, it needs Chinese culture to flourish. Each requires another to tango, in a win - win dance of life; 3) the **SYNTHESIS**, KQID engine that sprang from Dao. As we are living in

---

[1] Cheng, Yingqi, "China plans world's most powerful particle collider".
[2] See Xinhua, "China's Chang'e - 3 lunar probe amazes world".
[3] American born Chinese (ABC) is sometimes known as "banana" in the USA, yellow outside but white inside.

Darwinian world, any unfit culture must adapt or it would go extinct. In short, we must develop the Chinese engine from Dao with equations and numbers to power Chinese Dream, if not we shall fail our Chinese Dream to rejuvenate Chinese culture and civilization. Fortunately, we have invented the Chinese engine from Dao composed of just one founder's equation with one complex number to power Chinese Dream. To do this, I created a new concept of math with its new symbols 00 = Existence = 1 that requires only one complex number a + bi produced by $Ee^{i2\pi} = \overset{+}{A} + \overset{-}{S} \subseteq \widetilde{T} = \psi$ ($i\tau L_{x,y,z}, \widetilde{T}$), 4 - vector complex coordinates. This founder's shapeshifter equation can transform itself into infinite equations with infinite numbers for infinite solutions of infinite problems.

The Chinese engine is KQID engine that comes from Dao. From Dao comes Love, and from Love comes *Giving first Taking later*, *Wang Yangming's one bit - wave of knowing and doing*, in which Giving and Knowing Yang ($\overset{+}{A}$) + Taking and Doing Yin ($\overset{-}{S}$) = Energy Qi (E) is the foundational creative principle underlying the creation and distribution of all that is, nothing that it is not, and even nothing itself is that principle. The logic and mechanics of *Giving first Taking later* are prescribed by KQID $\overset{+}{A} = E - \overset{-}{S} \subseteq \widetilde{T}$, where $\overset{+}{A}$ is creative Giving first, anti-entropic time - future bit - wave function (ψ) that acts as positive fundamental element Yang, $\overset{-}{S}$ is creative Taking later, entropic time - past bit - wave function (ψ) that acts as negative fundamental element Yin, and the outcome is E, creative energetic time - present bit - wave function (ψ) as neutral fundamental composite element energy Qi that is subset or equal to $\widetilde{T}$, the absolute digital time $\leq 10^{-1000}$ s. Briefly, the unity of principles Li and Qi as the unity of Principle① and Existence.

XuanYuan Culture and Civilization 2.0 powered by Chinese engine derived from XuanYuan Dao shall enable the Chinese to retain and improve upon their "Chineseness" and guarantee the **Chinese will survive and prosper here and forever on earth and in our universe.**

---

① The unity of Principle and Existence is consistent with that of Zhu Xi's *Taiji*, the supreme creative principle.

XuanYuan Calling!

Our Remarkable and Glorious Ancestor is the world famous Hero,
You unite and establish modern China here and forever,①
Establishrule of Dao to govern all,
Give first Take later as the guiding principle,②
Create Chinese everlasting culture and civilization,
Light up the world with your immortal wisdom,③
Harmonize Heaven, Earth and man,
Seek truth from facts by unifying names and forms to distinguish right from wrong in order to reward the good and punish the evil, Decree the Mandate of Heaven authorizing everyone to remove or kill any tyrant anywhere,
Kill Chiyou,④ a cruel tyrant, as an example,
Free men from their masters,
Enact rule of Law and Five Mandates from Dao to champion humanity and justice,

Do you hear XuanYuan sing?⑤
Revering the Heaven, cherishing the Earth, and holding the people dear,
I help the disorientated find the right direction...
*I assist the well orientated pursuing their dreams… and I love and prosper all*²
He sings your heart's song!
XuanYuan DaTong:
Free education for all for life,
Free health care for all for life,
Free material comfort for all for life.
Worry free pursuing your dreams.

---

① Translated and adapted from Mao, Zedong and Zhu De. "Offering to the Yellow Emperor."
② Modified by Leo KoGuan, based on Sherwin Lu's translation of The Yellow Emperor's Four Canons.
③ Translated and adapted from Mao, Zedong and Zhu De. "Offering to the Yellow Emperor."
④ Modified by Leo KoGuan, based on Sherwin Lu's translation of The Yellow Emperor's Four Canons.
⑤ *Les Misérables*: "Do you hear the people sing? It is the music of a people who will not be slaves again... Then join in the fight that will give you the right to be free!"

黄帝思想与中华引擎（一）

Ask not[①] who He is calling,
He is calling on you!
Guardian of humanity and justice.

Do you hear XuanYuan sing?
Revering the Heaven, cherishing the Earth, and holding the people dear,
I help the disorientated find the right direction…
I assist the well orientated pursuing their dreams… and I love and prosper all.
He sings your heart's song!

DoReMiFaSoLa:[②]
Do, freedom of listening you like to hear
Re, freedom of seeing things you want to see
Mi, freedom of aesthetics you enjoy to experience
Fa, freedom of speaking out ideas you aspire to express
So, freedom of living a peaceful and leisure life you wish to have
La, freedom of thinking and acting on goals you desire to achieve in life
DoReMiFaSoLa… LaSoFaMiReDo…

---

① John F. Kennedy's speech: "Ask not what your country can do for you – ask what you can do for your country."

② Yang Zhu six musical tunes of freedoms: *Let there be me*!

Do—Freedom of listening to things I like to hear as though the universe through us is listening to its own passionate and sacred melody in the sphere;

Re—Freedom of seeing things I wantto see as though the universe through me is actively absorbing the beautiful world I am living in, opening and freeing up my mind enabling and ennobling me with universal creativity;

Mi—Freedom of aesthetics I enjoy as though the universe through me is enjoying "naked" and pure beauty to satisfy its artistic expression and be one with nature;

Fa—Freedom of speaking out ideas I aspire as though the universe through me is solemnly expressing itself, so that I, TianmingRen, can hear its mandates. Thus, the people's voice is the Heaven's wish; the people's united voice is the Heaven's Five Mandates (Humanity, Justice, Yangzhu's Six Freedoms, Unity of Rights and Duties, and A Regulated but Free and Open MarketGiving first and Taking later of Ideas, Goods and Services as the engine for wealth creation and distribution);

So—Freedom of living the peaceful and leisurely life I wish as though the universe through me is relaxing in contemplation to be itself in nature and be one with the whole; Thus, TianmingRen is free to be let alone (Wuwei) in harmony with nature, and free from physical torture, mentally pain and suffering;

La—Freedom of thinking and acting on goals I desire as though the universe through me is thinkingand acting, doing whatever is necessary to execute its mandates on Earth and in my universe.

The 00 poem is KQID creation story and the Bit Bang cosmology

The Dao is consistent everywhere and all the way; so, if only one grasps Its quintessence, one can infer the whole from a single instance⋯ – *XuanYuan*[1]

TianmingRen is primordial Sun Wukong holding ruyi – c – timerod to command all things.

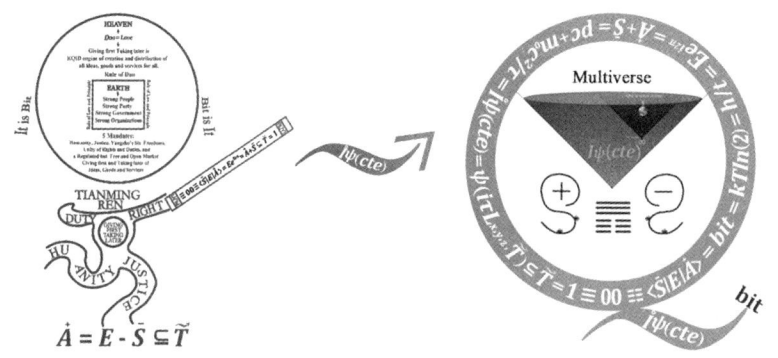

Photograph 2 Our Ancestor Qbit (00, +, −) is running KQID engine $\equiv 00 \equiv\equiv\ <\bar{S} \setminus E \setminus \overset{+}{A}> = $ bit $= k$Tln (2) $= h/t = Ee^{i2\pi} = \overset{+}{A} + \overset{-}{S} = pc + m_0 c^2/\tau = I\psi$ (cte) $= \psi$ ($i\tau L_{x,y,z}$, $\tilde{T}$) $\subseteq \tilde{T} = 1$ to compute, simulate and project its meme actors $I\psi$ (cte) acting in the relativistic hologram Multiverse ψ ($i\tau L_{x,y,z}$, $\tilde{T}$) onto Itself

The KQID engine causes everything to exist as it is. It powers Existence and everything that exists. It derives from Dao, *Giving first Taking later*, Wang Yangming's one bit – wave of knowing and doing. KQID is the quantum infodynamics bit – wave field theory, information theoretic model of physics that information is physical[2] and its principle is *bit is it and it is bit* as the new *bit-wave-neocortex* paradigm that is operating on top of the old *particle-mammalian* paradigm of physics. The bit-wave-neocortex paradigm is objective and rational

---

[1] Lu, Sherwin trans, *The Yellow Emperor's Four Canons*, 26: The Dao Proper.

[2] Maxwell's demon and Landauer's principle, see Toyabe, Shoichi, *et al*, "Information heat engine: converting information to energy by feedback control"; See also Bérut, Antoine, *et al.*, "Experimental verification of Landauer's principle linking information and thermodynamics".

53

abstract ideas that are seeking for truth from facts, whereas the particle – mammalian paradigm is emotional and irrational desires from the senses that are seeking for profits from greed and fear that have dominated our world since 4.1 billion years ago.① Zhuangzi foretold KQID creation story: "Therefore from non – existence we proceed to existence till we arrive at three."② Qbit is three – in – one (00, +, -). The Original Zero (00) emerges as Dao by its own freewill from the Void, non – existence that even nothing itself doesn't exist, and names itself Qbit, *Giving first Taking later*. Then, this Qbit is constantly unfolding itself per absolute digital time $\widetilde{T} \leqslant 10^{-1000}$ s. This creation story is consistent with ancient as well as modern cosmology. Our Ancestor Qbit (00, +, -)③ is identical to the concept of God that Pope Francis formulated.④ Qbit (Dao) is the creator of Existence from non – existence, not an Artisan who remakes Existence from pre – existing stuffs. Once this digital Qbit (Dao) emerged from non – existence, it is constantly unfolding itself into our Multiverse for free. The Qbit evolves per $\widetilde{T}$. This means that we are evolving not only from a single cell through Darwinian natural selection but actually even more incredible than that, we are naturally evolving from our Ancestor Qbit. It freely and infinitely regenerates itself, consequently it creates and distributes free – lunchly Existence in time. It applies KQID Zeroth Law: ☰00☷ $< \bar{S} \mid E \mid \overset{+}{A} > = bit$ $= kT\ln(2) = h/t = Ee^{i2\pi} = \overset{+}{A} + \bar{S} = pc + m_o c^2/\tau = \overset{\circ}{I}\psi$ (cte) $= \psi$ ($i\tau L_{x,y,z}$, $\widetilde{T}$) $\subseteq \widetilde{T} = 1$ to compute, simulate and project Existence into symmetrical 3 – D time in asymmetrical absolute digital time $\widetilde{T} \leqslant 10^{-1000}$ seconds. In other words, our Ancestor FAPAMA Qbit (00, +, -) is the Omni – mathematician – programmer – projector, Planck's matrix of all matter, or KQID – Maxwell's infinite being with infinite memory that computes, simulates and projected Existence within itself. The Qbit is the reason why Existence exists, so that the Qbit can experience through

---

① Bell, Elizabeth A., *et al.*, "Potentially biogenic carbon preserved in a 4.1 billion – year – old zircon".
② Legge, James trans, *Zhuangzi*, "The Adjustment of Controversies".
③ Shannon's bit as binary digits is either 1 (+) or 0 (-), but KQID Qbit (00, +, -) as quantum binary digits can take the values (+), (-) or various combinations of (+) and (-) or simply (00) in quantum superposition.
④ Harris, Elise, "Vatican astronomer yawns at frenzy over Pope's Big Bang words".

Existence including us and everything that was, is and will be. Then, Existence is knowing itself and asking questions: who, what and why am I?

In KQID, Existence exists in the state of NOW where time – past – present – future merged. Existence computes itself and makes itself grows. Qbit programs and reprograms itself in time per absolute digital time $\breve{T}$ to distribute new information to deal with its survival and instantaneously injects and embeds these new information like a seed in our reservoir of networked knowledge that has specialized structured information as knowhow to create and distribute time – objects of desire, whereas knowledge has generalized enabling knowledge to create that knowhow. ① We, human, emerged from the Qbit, Planck's *matrix of all matter*. are the Shakespearian meme actors $\overset{o}{I}\psi$ (*cte*) who have the ability to crystallize information into solid made of discretized quantity of one quantum infodynamics bit-wave field ψ ($i\tau L_{x,y,z}$, $\breve{T}$) . All things are bit – wave ψ ($i\tau L_{x,y,z}$, $\breve{T}$) . We visualize, perceive and detect the bit – wave as though it is a particle like a photon, although the photon moves, looks, sings and dances like a wave. It is a wave through and through, and there is no particle *per se* in actuality but only in our senses. For example, the team of the Large Hadron Collider (LHC) announced the detection of ~ 125 GeV Higgs boson, though no Higgs boson was actually detected② at the LHC, because the Higgs boson lives in ~ 10^{-22} s in bit-wave Higgs field.

Since Newton time, we have known distance lambda $\lambda = L = v/f = vt$, where L is length of time, v is velocity of time, t is time. Logically, when we have velocity of time v × time t, we have length of time L. ③Hence, time is length and length is

---

① See Hildago, César, *Why Information Grows: The Evolution of Order, from Atoms to Economies*.
② CMS reports, "The Higgs boson lifetime is ~ 10^{-22} s. As a consequence, the detectors at the LHC only record the interactions of its decay products". See The CMS Collaboration, "Evidence for the direct decay of the 125 GeV Higgs boson to fermions".
③ Yes, this sounds incredible to our common senses. Length is more than meet the eye, and length is also the measure of mass, charge and energy. Length L has an inverse mass scale relationship as in $L_{Compton} = \hbar/mc$, and in Bohr radius of an electron $L = \hbar/me^2$. Coulomb's law defines charge e^2 = force · length^2 = FL^2 in which e^2 has dimension of ML^3/T^2. Planck reduced constant energy $\hbar$ = momentum p · length $L = ML^2/T$, whereas $\hbar^2/e^2$ has M/L dimensions, so $\hbar^2/e^2$ m has L dimension; and Planck length in terms of 3 constants $\hbar$, G, c = $\sqrt{\hbar G/c^3}$. See John Baez's Compton wavelength in Baez, John, "Length Scales in Physics".

time. This is proven fact known by all physicists, but the particle – mammalian paradigm disallows them to see length as time, and only with KQID Erosverse quantum interpretation using the bit – wave neocortex paradigm, we can see clearly length is the length of time. In KQID Relativity, we have added imaginary i of 3 – D time in time, where length L is ψ ($i\tau L_{x,y,z}$, $\tilde{T}$), relativistic length of 3 – D time in time, τ is proper time, c is c – timerod speed in vacuum. The fact we define one meter = 1/c seconds, because time is interchangeable with space and space with time. KQID states it more clearly and succinctly that space is symmetrical 3 – D time moving orthogonally in asymmetrical time.

Another breakthrough is in the conception of nature. KQID brought back Newton's time into absolute digital time as the clock rate $\tilde{T}$ of Existence to animate Newton, Einstein and Schrödinger's law in asymmetrical time per $\tilde{T} \leq 10^{-1000}$ s. For examples, Newton Law of motion and gravity combined as $F = ma = GMm/L^2 \subseteq \tilde{T}$; Einstein Special Relativity $E = m_o c^2 \subseteq \tilde{T}$, General Relativity $R_{\mu\nu} - 1/2 R g_{\mu\nu} = T_{\mu\nu}, \subseteq \tilde{T}$; and Schrödinger's quantum wave function $E\Psi = H\Psi \subseteq \tilde{T}$. Even more amazingly, KQID solves the famous Zeno's Paradox of motion in the digital continuum that Newton calculus operating in the analog continuum will be trapped within infinity. This enables Einstein's General Relativity to be united in harmony with Quantum Mechanics. This integration of Einstein GR with QM has been the Holy Grail of physics. I believe KQID has successfully combined Newton classical physics with GR and QM. If it is verified, it is the true theory of everything (ToE). Therefore, all things are time; time contains all things. Truly, **Existence is the fetus of time; time is forever pregnant with Existence.**

KQID is a falsifiable theory. We can apply XuanYuan – Popper falsification method that has been proposed earlier by our Remarkable Ancestor XuanYuan about 4712 years ago, who stated a true theory (Dao) must be consistent everywhere and it never fails anywhere and anytime.[1] Since KQID has no axiom nor postulation, everything is falsifiable. As I formulated, KQID is free and clear of Gödel's incompleteness or Turing's halting problem. In other words, KQID is

---

[1] Lu, Sherwin trans, The Yellow Emperor's Four Canons, 18: The Established Law.

complete in itself and has no "halting problem." If these assertions are verified, KQID is the true ToE that describes and connects all things in a very simple equation named as the Zeroth Law: ≣00≣ $< \bar{S} \mid E \mid \vec{A} > = bit = kTln$ (2) $= h/t = Ee^{i2\pi} = \vec{A} + \bar{S} = pc + m_o c^2/\tau = \overset{o}{I}\psi$ (cte) $= \psi$ ($i\tau L_{x,y,z}$, $\widetilde{T}$) $\subseteq \widetilde{T} = 1$. In simple words without equation, this ToE is 00 = Existence = 1, symmetry breaking of one Qbit of *Giving first Taking later* in time that gives rise to one or more XuanYuan – Wang Yangming – Mao's bits of knowing and doing.

Big claim requires big proof. Therefore, I mustered the most difficult proof of KQID engine possible: I calculated, predicted and composed 00 poem below, the first stanza is Heaven, the second, Earth and the third, man, to detail the evolution of our universe with equations and numbers from time zero size zero for the first time in the history of mankind. No existing theories can calculate from time zero with these precise numbers that are consistent with observational data. Einstein GR breaks down at time zero. Quantum Mechanics does not cover beyond Planck units and has no theory at time zero. Alan Guth's Inflationary Cosmology starts from about 10^{-37} s after the time zero. If one doubts its veracity, everyone is welcome to falsify it. We must not rely on authority, but we verify and falsify the numbers predicted as stated in the 00 poem by big data generated by WMAP, Planck Satellite and LHC, the up and coming Supercollider and Bicep4. With this knowledge and knowhow how our universe has evolved, we can literally reverse – engineer it. Therefore, we can apply KQID to create in principle new man – made universes at will using our universe as the model.

00

I am Giving first Taking later
Let Qbit be!

Qbit
Let KQID be![1]

---

[1] Alexander Pope's *Let Newton be*!

KQID writes Qbit's shortest algorithmic codes of Giving first Taking later

$$\equiv 00 \equiv\ <\bar{S} \mid E \mid \overset{+}{\mathring{A}}> = bit = kT\ln(2) = h/t = Ee^{i2\pi} = \overset{+}{\mathring{A}} + \bar{S} = pc + m_o c^2/\tau$$
$$= \overset{o}{I}\psi\ (cte) = \psi\ (i\tau L_{x,y,z},\ \widetilde{T}) \subseteq \widetilde{T} = 1.$$

Eureka! Qbit is unfolding itself into real bits[①]

Bit is it; it is bit[②]

KQID

Let Universe be!

Happy time has arrived

Our Creator Father and Mother Qbit (00, +, −) were singing, dancing and exchanging bits with joy to celebrate the birth of their baby 2.44324862 · 10^{-59} m, forged by fire at 3.35609307 · 10^{136} °K in the Bit Bang about 13.8 billion years ago. In its first second, this baby was inflated astonishingly from its birth size 2.44324862 • 10^{-59} m to 6.46099854 • 10^{14} m, 73 orders of magnitude or 10 trillion trillion trillion trillion trillion trillion times bigger. The bang triggered the hyper-inflationary varying light speed c era from 4.27141367 · 10^{87} m/s[③] at

---

① The Chinese saying: The carp jumps across the Dragon's Gate: virtual bits transformed themselves into real bits. See He Shuifa's painting of yin-yang double fish as the essence of Chinese culture in Wilczek, Frank, *A Beautiful Question: Finding Nature's Deep Design*.

② KQID theory *bit is it; it is bit* prescribes *all things are* $\psi\ (i\tau L_{x,y,z},\ \widetilde{T})$, 4-*vector complex coordinates*. KQID is consistent with Fu Xi-XuanYuan's digital Bagua (☰ ☱ ☲ ☳ ☴ ☵ ☶ ☷), Pythagoras's All things are number, and Maxwell's Demon that information (bit) does works, and Landauer's principle "Information is physical" where one bit ⩾ $kT\ln2 = mc^2$, k is Boltzmann's constant, T is temperature, ln2 is 0.693147181, m is mass and c is light speed in the vacuum. Thus, bit is energy and energy is matter. The link is so established that S = kH, Boltzmann's S, entropy of energy is equivalent with Shannon's H, entropy of information. Wilczek testified in his book, *The Lightness of Being*: "[Q]uarks and gluons... embodied ideas... are mathematically complete and perfect objects... the objects that obey the equations of gluons. The its are the bits."

③ KQID posits the Multiverse CMB radiation is about ⩽ 3 · 10^{-30} °K calculated by George Smoot, *et al.* as the temperature of our universe event horizon, and further requires that the Maxwell's c = 1/$\sqrt{\varepsilon_o \mu_o}$ is about ⩾ 10^{87} m/s in our Multiverse, so that it caused the outburst of our Bit Bang to inflate at the rate of ~4.27141367 · 10^{87} m/s within that first discrete time ~1.43 · 10^{-147} s per Maxwell's equation $c^2 = 1/\varepsilon_o \mu_o$, where ε_o is vacuum permittivity, μ_o is vacuum permeability, and c is c-timeror. See Smoot, *et al.*, "Entropic Accelerating Universe": "At this horizon, there is a horizon temperature, Tβ, which we can estimate as Tβ = ~3 × 10^{-30} K."

1.43 · 10⁻¹⁴⁷ s to constant c of 299, 792, 561 m/s[1] at 9, 199.05 years later, when the expansionary constant c universe epoch has started and continued until the present time. From time 0 size 0 to time 1.43 · 10⁻¹⁴⁷ s, c 4.27141367 · 10⁸⁷ m/s and Φ 2.44324862 · 10⁻⁵⁹ m, about a trillionth trillionth trillionth trillionth of an atom; by Planck time 5.39106 · 10⁻⁴⁴ s, c 6.95668869 · 10³⁵ m/s and Φ 1.5 · 10⁻⁷ m, about 500 gold atoms; at 10⁻³¹ s, c 5.10786784 · 10³⁵ m/s and Φ 21 cm, about the size of a soccer ball; at 1 second, c 1.61524964 · 10¹⁴ m/s and Φ 6.46099854 · 10¹⁴ m, about 10 Solar Systems; by 9, 199.05 years later, c 299, 792, 561 m/s and Φ 3.48111558 · 10²⁰ m, about a third of our Milky Way. After 9, 199.05 years, expanding by this constant c[2] 299, 792, 561 m/s, our universe now is at least 2.61111 · 1026 m, the home of more than 10 billion trillion stars.

I[3]

Let me be!

Alive, I am in Heaven.

DRAFT RESOLUTIONS

Chinese Jurisprudence and Chinese Scientific Outlook Rule of Law and principle

---

[1] KQID reproduced the constant light speed c in the vacuum at 2.99792561 · 10⁸ m/s in 9, 199.05 years after the Bit Bang. Newton's mass was in his equation F = ma = GMm/L² in 1687, but mass was unknown. Einstein famously defined mass m = E/c² but he did not know what E and c were. Whereas, Wilczek tried to reveal the "Origin of Mass", but he concluded, "the end of the road is not in sight." No one so far has calculated c at the moment of the Bit Bang of our universe, nor shown how and when c in the vacuum emerged as we have observed. Without knowing how c has evolved through time, and what c is, no one can know what is energy E nor mass m. Thus, E, m and c are locked together. KQID is the first theory that calculated c from its equations and we could know energy and mass.

[2] J. T. Nielsen, A. Guffanti, and S. Sarkar, Marginal evidence for cosmic acceleration from Type Ia supernovae. arXiv: 1506.01354v2 (2015).

[3] Yangzhu's *Let there be me*!

must be the creatures of XuanYuan's Dao. Rule of Dao, Rule of the Party, Rule of the People and Rule of Law and Principle are unified into one XuanYuan Culture and Civilization 2.0 powered by KQID engine. The rule of Dao is the rule of the Five Mandates: Humanity, Justice, Yang Zhu's Six Freedoms,[1] Unity of Rights and Duties, and a Regulated but Free and Open Market System along with Goufa and Renqing as the Chinese jurisprudence, which is the foundation for any Judicial Review of Chinese Constitution as well as her laws and policies. We must learn from history in China that without the Judicial Review Committee/Court under the supervision of the NPC, the Sovereign's will, we cannot effectively implement constitutionalism or the so – called rule of Dao, rule of the Party, rule of the People and rule of Law and virtue. Even during the rule of law regime of Lord Shang Yang, we did have some sort of judicial review by officers of law to implement Qin's rule of law regime separate from officers of government who executed the laws and policies of Qin government. He instituted a limited Judicial Review Qin Laws and developed customary legal practices in the land to create consistency in the interpretation and practices of the laws. His radical reform and his rule of law enabled Qin, a small state to rise up from just a relatively weak state to become the most powerful state among the seven states within only about 13 years after the rule of law reform by Lord Shang Yang consented by Duke Xiao.[2] Duyvendak who translated *The Book of Lord Shang* into English commented on Chinese customary law – making and law – maintaining:

It is no longer the ruler himself, who is identified with the maintaining of the law, nor is it a dead book or tradition, but there are living interpreters of the ancient writ, who, moreover, are in closed touch with the everyday practice of government. For they have to interpret the laws to the people and to the officials and have to give their opinion, whenever it is desired, about the legality or

---

[1] See Leo, KoGuan, "The Yellow Emperor Hypothesis: The Anti – entropic Operating System of the 'Scientific Outlook' on Rule of Law and Principle".
[2] See Leo, KoGuan, "The Yellow Emperor Hypothesis: The Anti – Entropic Operating System of the 'Scientific Outlook' Rule of Law and Principle"; See also Leo, KoGuan, "New Ideas on The Yellow Emperor's Four Canons: The Anti – Entropic Operating System of the 'Scientific Outlook' Rule of Law and Principle".

otherwise of administrative actions or people's conduct. Their interpretations of the law are put on record and " on the death of the officer, affairs should be transacted according to these files. ①

The amazing fact is that Shang Yang's rule of law and his Judicial Review institution derived from XuanYuan Scientific rule of law and principle from Dao. Consequently, laws "should not be arbitrary." Laws are in the hands of responsible "law – makers" and "law – executors" who administer selflessly consistent and impartial Justice for all without exception. The impartial and selfless "law – executors" of the courts must be independent "from personal or factional motives and interests." He orders for independent judges and courts from political pressures to apply laws strictly to cases to determine who is right and wrong. This is XuanYuan's judicial review process. *The Four Canons*, 9 states: "To distinguish the right and wrong one must judge by law... one must prudently guard against interferences from personal or factional motives and interests." ② And *The Four Canons*, 3 states:

The rule of law should not be arbitrary... (t)he law – makers' and law – executors' selfless impartiality and consistency in administering rewards and punishments are essential for bringing about a good social order. ③

Consequently, "Those who are rewarded would not be grateful while those punished bear no grudge, because rewards and punishments are appropriate and deserved."④

XuanYuan judicious deeds were documented by the illustrious scholar reformist Shang Yang who proclaimed in his book that during XuanYuan's rule, even the punished criminals "were not angry,"⑤ because the punishments were just. Thus, under XuanYuan 2.0, these laws and principles must be just, fair, clear, precise, impartial, uniform, universal, consistent, regular and predictable. ⑥

---

① Duyvendak, J. J. L. trans, *The Book of Lord Shang*.
② Lu, Sherwin trans, *The Yellow Emperor's Four Canons*, 9: Names and Principles.
③ Lu, Sherwin trans, *The Yellow Emperor's Four Canons*, 3: The Upright King.
④ Lu, Sherwin trans, *The Yellow Emperor's Four Canons*, 3: The Upright King.
⑤ The King said: "…Fu Hai and Shen – nung taught but did not punish; Huangdi, Yao, and Shun punished, but were not angry…" See Duyvendak, J. J. L. trans, *The Book of Lord Shang*.
⑥ Leo, KoGuan, "In Search of a Rule of Law with Chinese Characteristics," p3.

WE, THE PEOPLE, HEREBY RESOLUTE to establish XuanYuan Rule of Law and Principle according to Chinese Jurisprudence: from Dao comes laws and virtues. Therefore, we must rejuvenate and reestablish the Scientific Outlook Rule of Law and Principle that "should not be arbitrary" in the hands of responsible "law – makers" and "law – executors," who administer selflessly consistent and impartial Justice for all without exception. *The Four Canons*, 3 states:

Of all political institutions, law is the most important. Therefore, the rule of law should not be arbitrary. The installment of legal institutions should be out of the hands of irresponsible people. The law – makers' and law – executors' selfless impartiality and consistency in administering rewards and punishments are essential for bringing about a good social order. ①

NOW, WE, THE PEOPLE, HEREBY RESOLVE, according to the rule of Dao, rule of the Party, rule of the People and rule of Law and Virtue (*Five Mandates*), we establish Independent Constitutional Courts supervised by NPC. The impartial and selfless "law – executors" of the courts must be independent "from personal or factional motives and interests." Sternly, XuanYuan calls for independent judges and courts from political pressures to apply laws strictly to cases to determine who is right and wrong. He orders: "When judging if things tally with law or not, one must prudently guard against interferences from personal or factional motives and interests." ②

NOW, FURTHER, BE IT RESOLVED, that we shall scientific – outlookly rejuvenate Chinese traditional rituals and purge its superstitious elements and non – scientific ideas except for historical and pragmatic purposes. We shall reinforce and reinvigorate Chinese filial piety of children towards their parents and ancestors. We shall update and rejuvenate *The Great Learning* to build the Harmonious Great Commonwealth; hence we introduce the Five Relationships between 1) each sovereign being to his authentic – self, 2) to family, friends and community, 3) to modern Culture – State, 4) to mankind and to Nature, 5) to

---

① Lu, Sherwin trans, *The Yellow Emperor's Four Canons*, 3: The Upright King.
② Lu, Sherwin trans, *The Yellow Emperor's Four Canons*, 9: Names and Principles.

his Ancestor XuanYuan that give rise to virtues. Virtues require duties to be performed that grant the performers their rights attached. This is Wang Yangming's unity of rights and duties as one. Moreover, we will create and distribute new habits, new self – strengthening minds and new invigorated culture in weddings, funerals, greetings, everyday life activities, and so on for this century and beyond. We voluntarily renew, rejuvenate and revitalize them by infodynamic consensus into new rituals, new habits, new culture and new thinking as collectively directed by the Party led by President Xi Jinping and according to XuanYuan Culture and Civilization 2.0 powered by KQID engine (Dao). Each generation is entitled to revise the rituals according to the need of their time;①

NOW, FURTHER, BE IT RESOLVED, that we shall establish the new national ritual that every Chinese strives to be the TianmingRen who cultivates sincerity in his heart, extends his knowledge② by seeking truth from facts,③ holds he knows when he knows a thing and admits he does not know a thing when he does not know.④ He rectifies his mission by mastering XuanYuan's **Giving first Taking later** and infusing his/her mind with the Five Mandates to uphold Humanity, Justice, Yang Zhu's DoReMiFaSolLa, Unity of Rights and Duties and a Regulated but Free and Open Market Giving first and Taking later of Ideas, Goods and Services as the engine for wealth creation and distribution for all. He works not only for himself but also for mankind. He builds a society "free from want"⑤ (Da Tong) where each has free education, free health care and free material wealth. Furthermore, every able Chinese at least once has to pay pilgrimage to Xinzheng, the holiest city, on March 3rd Chinese Lunar Calendar to perform Offering and directly receive his Mandate of Heaven as the common sovereign from XuanYuan in person. He/she shall perform the "filial duty" ritual

---

① President Xi wrote: "To proceed on the basis of our country's realities, we need to give emphasis to what is especially Chinese, practical, and contemporary." See Xi, Jinping, "Accelerating the Establishment of Socialist Rule of Law in China".
② See Legge, James trans, *Kongzi: Liji*, "The Great Learning."
③ XuanYuan and Deng's seeking truth from facts.
④ See Legge, James trans, *Kongzi: Analects*, 2.17.
⑤ Xi, Jinping, "Full text: Xi Jinping's speech at UNESCO headquarters."

and swear before XuanYuan, our Glorious and Remarkable Ancestor, our world famous cultural HERO, the Father of Chinese culture and civilization, and the Founder of modern Culture – State China that he shall punish the evil and reward the good "to fulfill Heaven's Will, never flinching nor passing the buck" in this world;①

NOW, FURTHER, BE IT RESOLVED, as President Xi praised Huangling as the spiritual symbol of Chinese civilization,② that we shall establish the new national ritual that every able Chinese at least once must pay pilgrimage to Huangling, the holiest place, in April to perform filial piety tomb-sweeping③ of XuanYuan, our Glorious and Remarkable Ancestor, our world famous cultural HERO, the Father of Chinese culture and civilization, and the Founder of modern Culture – State China;

NOW, FURTHER, BE IT RESOLVED, that in order to create a new ritual for the 21st century China, any Chinese President-elect having been elected officially and properly, who shall serve no more than two consecutive terms according to the Constitution derived from Dao, within 8 days thereafter must wear ceremonial Hanfu on behalf of the Chinese to swear to our Remarkable Cultural Hero XuanYuan and receive his/her official Mandate of Heaven in Xinzheng that he/she shall uphold the Five Mandates: Humanity, Justice, Yang Zhu's DoReMiFaSoLa, Unity of Rights and Duties and a Regulated but Free and Open Market Giving first and Taking later of Ideas, Goods and Services, and punish the evil and reward the good "to fulfill Heaven's Will, never flinching nor passing the buck"④ in executing his/her mandates. This national ceremony shall be presided over and conducted by the Chairman of National People's Congress.

NOW, FURTHER, BE IT RESOLVED, that in order to create a new ritual for the 21st century China, according to the Constitution derived from Dao, within 8 days before the Chinese Spring Festival in his/her expiring term, the President,

---

① Lu, Sherwin trans, *The Yellow Emperor's Four Canons*, 11: Contemplation.
② Ta Kung Pao, "Huangling is the spiritual symbol of Chinese civilization."
③ Chinese filial piety to their ancestor.
④ Lu, Sherwin trans, *The Yellow Emperor's Four Canons*, 11: Contemplation.

who shall serve no more than two consecutive terms, in ceremonial Hanfu must give his/her last State of China address as a report on his/her Mandate of Heaven in upholding the Five Mandates: Humanity, Justice, Yang Zhu's DoReMiFaSoLa, Unity of Rights and Duties and a Regulated but Free and Open Market Giving first and Taking later of Ideas, Goods and Services, and punishing the evil and rewarding the good to fulfill the "Heaven's Will"① to our Remarkable Cultural Hero XuanYuan, and receive his/her personal farewell blessing at XuanYuan Mausoleum in Huangling. This national ceremony shall be presided over and conducted by the Chairman of National People's Congress.

NOW, FURTHER, BE IT RESOLVED, as Chinese culture and civilization has only one principle, that is, the rule of Dao, Dao creates and distributes all things and Chinese culture and civilization is founded on this sacred principle, that we shall establish the new national ritual that every able Chinese at least once must pay pilgrimage to Kongtong Mountain, the holiest place and the birthplace of Chinese culture and civilization, to receive his/her Dao as XuanYuan, our Glorious and Remarkable Ancestor, our world famous cultural HERO, the Father of Chinese culture and civilization, and the Founder of modern Culture – State China, originally received his Dao there;

WE, THE PEOPLE, HEREBY RESOLUTE to establish XuanYuan Scientific Outlook and Harmonious Society according to the rule of Dao based on opening one's mind while seeking truth from facts and unifying all names with their forms. We must build XuanYuan falsifiable and scientific-art culture and civilization 2.0 powered by KQID engine. China shall invest 5% of her GDP annually for national Research and Development, like fusion reactors to provide clean and free energy and pollution-free transport system to support Eco-civilization, the Supercollider and space exploration to planets, exoplanets and stars in our Milky Way and beyond to accumulate the leading-edge knowledge and the useful knowhow to bring about XuanYuan Da Tong here and now on Earth.

NOW, FURTHER, BE IT RESOLVED, that in order to promote Chinese Socialism that "women hold up half the sky," we culturally and legally enhance

---

① Lu, Sherwin trans, *The Yellow Emperor's Four Canons*, 11: Contemplation.

equality between men and women that both men and women can retain their own last names in the marriage; furthermore, male children should inherit their father's last name and female children should inherit their mother's last name. Biologically, we have scientifically identified the male's Y-chromosomal DNA lineage passes on only from father to sons to create patrilineal history and we further identify mitochondrial DNA lineage passes on only from mother to daughters to create maternal history. This way, female children shall not be disadvantaged and discriminated against, because they also "hold up half the sky" in the family's last name and genetic materials just like male children do. This will reduce the pressure to have more male than female children. With time, the ratio of boys and girls would balance itself out according to nature. Therefore, any family should freely decide and choose whatever makes sense for this family on their children's last names. Each family should keep and update their family tree. The state respects the sanctity of family and shall have neither the right nor the duty to interfere with their family name choices;

NOW, THEREFORE, BE IT RESOLVED, that we shall restore what was his and reestablish the international XuanYuan Era within Gregorian Calendar, marking it out for Chinese historical continuity as well as international cooperation. For example, today is November 28th, 4712XY (2015AD), and thus we still use the Gregorian Calendar plus the inserted XuanYuan era sandwiched in the middle to honor the selfless contribution of our Ancestor Founder XuanYuan and his Co-founders, who loved us and founded MODERN Culture-State China in 1XY (2697BC); For any event before XuanYuan's reign in 1XY, we just put in Before XuanYuan (BXY). For example, XuanYuan was born in 20BXY (2717BC); Liangzhu Culture near Shanghai and Yangtze River delta existed around 2603-1603BXY (5300-4300BC), which was discovered in 4633XY (1936AD); and Hemudu Culture near the lower reaches of the Yangtze River existed around 4303-2303BXY (7000-5000BC), which was first discovered in 4670XY (1973AD);

NOW, THEREFORE, BE IT RESOLVED, that we acknowledge and recognize XuanYuan is the Founder of modern China, the Creator of Chinese culture and civilization, the Promoter and Protector of humanity and justice to each citizen of the earth, and the Father of all Chinese on Earth and in our Universe; therefore we shall establish Father's Day in His honor as a national holiday on Chinese lunar calendar March 3rd;

NOW, THEREFORE, BE IT RESOLVED, that we acknowledge and recognize Leizu is the Mother of all Chinese on Earth and in our Universe; therefore we shall establish Mother's Day as a national holiday on Chinese lunar calendar June 6th celebrating Leizu's marriage with XuanYuan and honoring her creation and distribution of Chinese silk civilization.

Reference

Baez, John (2010), "Length Scales in Physics" retrieved on 11/18/15 from < http://www.math.ucr.edu/home/baez/lengths.html >.

Bérut, Antoine, Artak Arakelyan, Artyom Petrosyan, Sergio Ciliberto, Raoul Dillenschneider, and Eric Lutz (2012), "Experimental verification of Landauer's principle linking information and thermodynamics", *Nature*, 483 (7388): 187 – 189, doi: 10.1038/nature10872.

Bell, Elizabeth A., Patrick Boehnke, T. Mark Harrison, and Wendy L. Mao (2015), "Potentially biogenic carbon preserved in a 4.1 billion – year-old zircon", Retrieved on 10/30/15 from < http://www.pnas.org/content/early/2015/10/14/1517557112 >.

Chan, Wing – Tsited, (1963), *A Source Book in Chinese Philosophy*, Princeton: Princeton University Press.

Cheng, Yingqi (2015), "China plans world's most powerful particle collider – The first phase of the project's construction is scheduled to begin between 2020 and 2025", retrieved on 11/03/15 from < http://www.chinadaily.com.cn/china/2015 – 10/29/content_ 22304147.htm >.

Duyvendak, J. J. L. trans. (1928), *The Book of Lord Shang*, London: The Lawbook Exchange, Ltd.

Easson, Damien, A. Paul H. Frampton, and George F. Smoot (2011), "Entropic Accelerating Universe", *Physics Letter B*, 696 (3): 273 – 277.

Einstein, Albert (1905), "Does the Inertia of a Body Depend on its Energy

Content?", retrieved on 04/12/15 from < http: //www. fourmilab. ch/etexts/ einstein/E_ mc2/www/ >.

Einstein, Albert (1920), *Relativity: The Special and General Theory*. Robert W. Lawson trans, London: Methuen & Co Ltd.

Ford, Kenneth & John A. Wheeler (1998), *Geons, Black Holes, and Quantum Foam: A Life in Physics*, New York: W. W. Norton & Company.

Fuller, Lon L. (1958), "Positivism and Fidelity to Law – A Reply to Professor Hart", *Harvard Law Review*, 71 (4): 630 – 672.

Fung, Yu – lan (1948), *A Short History of Chinese Philosophy*, Derk Bodde ed., New York: Free Press.

Harris, Elise (2014), "Vatican astronomer yawns at frenzy over Pope's Big Bang words", retrieved on 08/13/15 from < http: //www. catholicnewsagency. com/news/vatican – astronomer – yawns – at – frenzy – over – popes – big – bang – words – 22062/ >.

Hart, H. L. A. (1958), "Positivism and the Separation of Law and Morals", *Harvard Law Review*, 71 (4): 593 – 629.

Hayek, Friedrich (1944), *The Road to Serfdom*, London: Routledge Press.

Hildago, César (2015), *Why Information Grows: The Evolution of Order, from Atoms to Economies*, New York: Basic Books.

Hutton, Eric L. trans. (2014), *Xunzi: The Complete Text*, Princeton: Princeton University Press.

Landauer, Rolf (1991), "Information is Physical", *Physics Today*, 44 (5): 23 – 29.

Legge, James trans. (1861), *Kongzi: The Doctrine of the Mean*, retrieved on 09/09/14 from < http: //classics. mit. edu/Confucius/doctmean. html >.

Legge, James trans. (1891), *Zhuangzi*, retrieved on 12/08/14 from < http: //ctext. org/zhuangzi >.

Legge, James trans. (1960), *Shang Shu*, retrieved on 09/05/14 from < http: //ctext. org/shang – shu/ establishment – of – government >.

Leo, KoGuan (2008), "Rule of Law and Virtue with Chinese Characteristics", Speech at Shanghai Jiao Tong University KoGuan Law School Naming Ceremony, retrieved on 10/30/15 from < http: //www. leokoguanfoundation. org/? p = 126 >.

Leo, KoGuan (2010), "The Yellow Emperor Hypothesis: The Anti-Entropic Operating System of the 'Scientific Outlook' Rule of Law and Principle", Paper submitted to the 1st China – US dialogue on Rule of Law.

Leo, KoGuan (2011), "New Ideas on *The Yellow Emperor's Four Canons*: The Anti – Entropic Operating System of the 'Scientific Outlook' Rule of Law and Principle", *Global Law Review* 33 (2): 5 – 40.

Lu, Sherwin trans. (2008), *The Yellow Emperor's Four Canons*. Retrieved on 09/18/15 from < http://www.xinfajia.cn/4166.html >.

Mao, Zedong and Zhu De (1937), "Offering to the Yellow Emperor", *New China News*.

Maxwell, James Clerk (1873), *A Treatise on Electricity and Magnetism*, Oxford: Clarendon Press.

Nielsen, Jeppe Trøst, Alberto Guffanti, and Subir Sakar (2015), "Marginal evidence for cosmic acceleration from Type Ia supernovae", arXiv: 1506, 01354v2.

Newton, Issac (2002), *The Principia: Mathematical Principles of Natural Philosophy*, Stephen Hawking ed., Philadelphia: Running Press.

People.cn (2014), "Xi: I don't quite agree to remove ancient classic poems and essays from the textbooks", retrieved on 10/30/15 from < http://politics.people.com.cn/n/2014/0909/c1024 – 25628978.html >.

Shannon, Claude Elwood (1948), "A Mathematical Theory of Communication", *The Bell System Technical Journal*, 27 (3): 379 – 423.

The CMS Collaboration (2014), "Evidence for the direct decay of the 125 GeV Higgs boson to fermions", *Nature Physics* 10: 557 – 560. doi: 10.1038/nphys3005.

Toyabe, Shoichi, Takahiro Sagawa, Masahito Ueda, Eiro Muneyuki, and Masaki Sano (2010), "Information heat engine: converting information to energy by feedback control", *Nature Physics*, 6 (12): 988 – 992, arXiv: 1009, 5287, doi: 10.1038/nphys1821.

Turner, Karen (2015), "Law, Nature, and the Dao in the Huang Di Tradition", *The Yellow Emperor's Thought vs. Hundred Schools of Thought in Pre – Qin Period*, Xu Bing ed., Beijing: Social Sciences Academic Press (China).

Unschuld, Paul, and Hermann Tessenow trans. (2011), *Huang Di Nei Jing*

Su Wen: *An Annotated Translation of Huang Di's Inner Classic - Basic Questions*, Berkeley & Los Angeles: University of California Press.

Watson, Burton trans. (2003), *Zhuangzi*: *Basic Writing*, New York: Columbia University Press.

Wilczek, Frank (2008), *The Lightness of Being*: *Mass, Ether, and the Unification of Force*, New York: Basic Books.

Wilczek, Frank (2012), "Origins of Mass" arXiv: 1206, 7114v2, retrieved on 04/12/15 from < http: //arxiv. org/pdf/1206. 7114v2. pdf >.

Wilczek, Frank (2015), *A Beautiful Question*: *Finding Nature's Deep Design*, New York: Penguin Books.

Xi, Jinping (2015), "Accelerating the Establishment of Socialist Rule of Law in China", *Qiushi*, 22 (1) .

Xinhua (2012), "Full text of Constitution of Communist Party of China", retrieved on 09/05/14 from < http: //news. xinhuanet. com/english/special/18cpcnc/2012 - 11/18/c_ 131982575_ 5. htm >.

Xinhua (2012), "Hu Jintao's report at 18th Party Congress", retrieved on 09/07/14 from < http: //news. xinhuanet. com/english/special/18cpcnc/2012 - 11/17/c_ 131981259_ 13. htm >.

Xinhua (2013), "Xi Jinping vows 'power within cage of regulations'", retrieved on 09/08/14 from < http: //news. xinhuanet. com/english/china/2013 - 01/22/c_ 132120363. htm >.

Xinhua (2013), "Xi Jinping stresses judicial independence", Retrieved on 09/05/14 from < http: //news. xinhuanet. com/english/china/2013 - 02/24/c_ 132189230. htm >.

Xinhua (2013), "China's Chang' e - 3 lunar probe amazes world", retrieved on 11/18/15 from < http: //news. xinhuanet. com/english/china/2013 - 12/14/c _ 132968320. htm >.

Xinhua (2014), "Xi urges respect for other cultures." Retrieved on 11/16/14 from < http: //news. xinhuanet. com/english/china/2014 - 09/24/c _ 133669157. htm >.

Zee, Anthony (2010), *Quantum Field Theory in a Nutshell*, 2nd Edition, Princeton: Princeton University Press.

廖凯原道治思想述评

张少瑜[*]

道治是廖凯原先生思想中的核心观点,早在几年前就提出来了。晚近他又发展出了轩辕道和道治文明的新观点,并作了较为系统的表述。在最近举行的中国法律史学会年会上,廖先生就"轩辕召唤——轩辕4712中华共识"的主题作了精彩演讲。会上有学者问及廖先生可否用最简短的话概括自己的全部思想时,廖先生回应说:一言以蔽之,道治而已。由此可见道治在廖先生思想中的核心重要地位。由于他是从物理学角度出发分析社会科学问题,且又用英语思维和演讲,因此大多数普通中国学者在理解他的思想时都有一些困惑。近年来,我有幸一直跟踪廖先生的研究过程,系统阅读过他的近期文章,并多次与他当面交流,对他的思想了解得稍多一点。故我尝试着对廖先生关于道治思想的内容、特点及其形成过程作一简单的介绍,然后进行初步的分析与评论,希望能对大家理解他的思想有所帮助。

一 廖凯原先生道治思想的主要内容

廖先生在轩辕4712年,即公元2015年8月15日的中国法律史学会年会上公布的文章是其研究成果的最新版本。在这篇文章中,他提出了轩辕道和道治文明的观点,并对其持有的道治观点进行了新的解释。该文的主要内容可概括为四个部分。

1. 轩辕道是中华文化的源头、中华文化的DNA,构成了中华文化的灵魂

轩辕道这一概念是廖先生的一个创见,它大大推进了人们对道的认识。

---

[*] 张少瑜,清华大学法学院凯原中国法治与义理研究中心研究员。

黄帝思想与中华引擎（一）

以下具引原文以明其要：

> 中国文化源自轩辕道，是为中国人之中国性的本位论。这并不以人的 DNA 为准，而在于其文化身份。……中国人源于他们的文化基因，就如同遗传基因一样，文化基因也可以自我繁殖。……（其中）最重要的就是轩辕道的基因，它就如同 Y 染色体一样，只可由父亲传给儿子。轩辕道赋予了中华文化特殊的身份、中国语言、信仰体系、专有技术以及习俗仪式。……我们的文化源于轩辕，并在宇宙中定义了作为中国人的我们是谁、什么，以及为何如此。轩辕道的基因正在中国思想中生而活着。不论轩辕基因是否得以传承并存于他人的思想之中，只要道在，那从文化意义上来说，这个人就是中国人。因此，我们必须自愿达成中华共识，即伟大的轩辕是中国人之中国性的本源，也可简单概括为有意识和无意识地遵循"唯一不失"的轩辕道。[1]

此段引文包含下述各要点。

中国文化源自轩辕道。轩辕道是中国文化最初的 DNA，后世的中华文化都是从轩辕道发展而来的。

中国文化是自我发展而来的，这就如同遗传基因中 Y 染色体是父子相传一样，文化基因也是自我繁殖的。

中国文化浸润着中华民族，其独有的生活方式源自轩辕道，如语言、信仰、技术及习俗仪式等。这种独有的方式使中国人在宇宙中自然而和谐的生存了五千年，且在今天仍然生存着。

综上，中国人、中国性、中国灵魂、中国文化、中国思想都来自或说都遵循着那个"唯一不失"的轩辕道。而今，中国正圆梦复兴，必不可抛失其灵魂与其 DNA。这不只是中国人价值追求所必然，亦是客观规律之必然。

对于轩辕道的具体内容，廖先生更多的时候是在讲道和道治的时候阐述的。从逻辑上说，廖先生所讲的道即是轩辕道。

2. 道治是五项天命之治，本质是爱民

廖先生提出，道的核心内容或价值取向是五项天命，也可表述为道就是

---

[1] 廖凯原：《轩辕召唤〈轩辕 4712 中华共识〉拟稿》，首届中华司法研究高峰论坛，北京，2015 年 7 月（此为 2015 年 8 月 1 日更新版），第 3～4 页。

五项天命。"法治及义理科学观由道产生。五项天命（道）是我们的大宪章：人本、公正、杨朱的六感自由、权利与义务的统一体及有调控的自由开放的市场体制。""五项天命是世间万物的大宪章。""道治即为五项天命（人本、公正、杨朱的六感自由、权利与义务的统一体以及有调控的自由开放的市场体制）之治。""轩辕的法哲学公开表明依靠道治，它为中式法治明确界限和指导方针。道治就是五项天命之治。"①

廖先生以为，从治国的角度看，五项天命体现了为民的利益，体现了爱，体现了先予后取的原则。"道治就是先予后取的德治，其中治国的核心要义便是爱民，以使每个天命人实现各自的梦想和愿望。""当我们遵循轩辕道——先予后取原则时，我们便能以轩辕道为中式哲学核心，将从轩辕到习近平的中国思想统一起来。……轩辕道是爱，而爱也表现为一个先予后取的运行体系。"正因如此，廖先生对道治赞许有加："道治是所有可能的治理方式中最好的一个。"②

3. 道治要具体化为法治和德治，后者要以道为基础和指导

在明确道治是治理的根本之后，廖先生提出道治是现实社会一切治理手段的基础。"在中国，一切都以道治、党治、民治、法治和德治为基础。没有人、君主、统治者、组织或党派是凌驾于道之上的，连道本身亦是如此。道必须遵循自己的道治。"③

廖先生在这里虽然提出了党治和民治的概念，但在本文及此前的其他文章中都未对此概念进行过明确的概括和展开的说明。他所集中论述的是道治与德治和法治的关系。④

先看德治。在他看来，"中式德治即道治"，也可说是道治产生了中国的德治——道治就是德治，德治遵循了道治。二者在共同反映五项天命的认识上是同义语。如前文所引，"道治就是先予后取的德治，其中治国的核心要义便是爱民"。据此意理解，德治就是爱民的政治，实行爱民的政治就体

---

① 廖凯原：《轩辕召唤〈轩辕 4712 中华共识〉拟稿》，首届中华司法研究高峰论坛，北京，2015 年 7 月（此为 2015 年 8 月 1 日更新版），第 7 页。
② 廖凯原：《轩辕召唤〈轩辕 4712 中华共识〉拟稿》，首届中华司法研究高峰论坛，北京，2015 年 7 月（此为 2015 年 8 月 1 日更新版），第 7 页。
③ 廖凯原：《轩辕召唤〈轩辕 4712 中华共识〉拟稿》，首届中华司法研究高峰论坛，北京，2015 年 7 月（此为 2015 年 8 月 1 日更新版），第 5 页。
④ 廖先生有专文论及道与中式法治、德治、礼治的关系；对党治和民治虽无专文专题的论述，但也有适当的思考。本文在后面谈到中国的法治、德治问题时再作专门分析。

73

现了德治。

再看法治。他认为法治要以道治和德治为基础，对此方面的论述较多也较细。"我们的法律和价值观都必须源自可证实也可证伪的道，而非先知和圣人。正因如此，我们伟大的文化始祖轩辕规定中式法治必须被置于德（五项天命）治的笼子之中。这一德治源自道，而非任何人或先知，无论此人有多么神圣。中国法院必须遵循包括形名统一、奖善惩恶、实事求是的轩辕道之治，（依据包含）国法和人情在内的中式法哲学来解释事实和法律。我们必须在一个可证实也可证伪的基础之中将法治标准化，而这一基础必须是人们能够公认为可证伪的标准。五项天命（道）必须是这样的可证伪的准则。"也就是说，道与德是一致的，立法要以此为标准，司法也要以此为遵循。

他认为，若违背上述根本准则，将会出现严重的不利后果。"如果包括中国在内的任何文化共同体无法遵循道治、德治或人本之治、公正之治、六感自由之治、权利与义务统一体之治和有调控的自由开放的先予后取思想、商品和服务的市场之治，那么这个国家将无法规避暴力变更的历史周期律，最终不是因内部暴力革命而自取灭亡，便是被他人征服或沦为其殖民地。"①

4. 道治文明优于神治文明

在正面阐述了道治对德治和法治制约关系的原理后，廖先生又从中西方文明比较的角度进一步说明了中式道治与西方神治以及由此产生的两种不同的德治与法治的区别。这部分内容较多、篇幅较大，论述亦较为细密。

他认为，以轩辕道治为本的法治是中式的法治，五项天命的道构成了法治的界限和指导方针。西方的法治不讲道，有时就成了人治。"事实上任何不受五项天命之治限制的法治都是专制的。没有五项天命之治的法治依然是人治。例如希特勒，他也是人，他成为纳粹价值观的先知，并以一己之见将自己的价值观强加于人。他是依德国法律以正当而民主的方式选举出来的，而他的政权则依照德国的法治和纳粹的价值观来治理，实际上是与上文中的五项天命相违背的。"②

---

① 廖凯原：《轩辕召唤〈轩辕4712中华共识〉拟稿》，首届中华司法研究高峰论坛，北京，2015年7月（此为2015年8月1日更新版），第6页。
② 廖凯原：《轩辕召唤〈轩辕4712中华共识〉拟稿》，首届中华司法研究高峰论坛，北京，2015年7月（此为2015年8月1日更新版），第6页。

以轩辕道治为本的德治即是中国式的德治，否则即成了西方国家的德治，如美国等。他们是以神治为基础的，易沦为人治。廖先生对这一点着墨最多。

他指出，以宗教为指导的治理方式是神治。因神意难知，就需要有专门的人来解释，此即为先知。于是，神治沦为了先知之治，也就是人治。人治会导致不公正，无法为所有人民服务。此外，对神意的解释因人而异，也有导致先知之治分裂和帮派化的危险。细读以下引文可以明白廖先生的这一思路：

> 西式德治实则先知之治。这样的先知之治也为法治设定了界限，西式法治受到不言自明的先知限制和支配。换言之，西方民主的价值观源自基督教先知之治。这也正是我们不常听闻这一说法的原因，因为它会导致政治分裂和社会动荡。如果它在源自基督教上帝价值观的法庭上被公开声明，这些法庭的审判将会引起争议，不被非基督教徒遵循。正因如此，富勒认为法庭不得不欺骗全世界和自己，（让人）误以为他们的决定仅仅是根据案件的真相和他们自以为客观的法律而得出的。这些善意的谎言因众人保持缄默的协定而得以保留，这也使得这一实证主义法哲学的秘密仅为可靠对象所知。

他举例说："在源于神治的西方法治之下，尽管美国试图以建立托马斯·杰斐逊1802年倡导的政教分离作为安全措施，但美国官员们仍会手按圣经就职，国会日程仍以早晨祷告开始，而人们依然会在庄严的国定假日里于圣诞节庆祝耶稣诞辰，于复活节庆祝耶稣复活，于感恩节感谢上帝，并依圣经将每周日定为休息日。甚至是美元也表明了其先知之治的本源，因为上面印有'我们信仰上帝'的字样。"

他分析道："神治仍有两大缺陷：一是它无法适用于不信先知或神的人们，二是神治倚仗其先知。由此可以得出，源于神治的法治在根本上有一个不可调和的弊端——它取决于那位自称是万能之声的先知人物，他垄断了对神之法律的解读。所以，这样的法律体系仅仅是建立在对先知与神之间联系的信仰之上的，而这无法被证伪，甚至连那些试图证伪先知和其言行真实性的行为都是对上帝的亵渎。回溯历史，我们已有了无数先知，也因此有了无数神和对神之法的解读。先知也是人，所以归根结底，先知之治不过是人治的另一种说法罢了。"

因为神治的这两大缺陷，他认为，尽管西方法治有着诸多好处，但它在根本上却有着一个不可调和的弊端："先知也是人，即使先知是神的化身，他仍需要其他先知来解读他的话语。因此，归根结底，西式法治的法哲学仍是基于专制的人治之上的，而所有基于人治的法治都在根本上有不可调和的弊端：它们注定会被自私自利的那些人和他们的小团体腐化。这些法治取决于先知和其他自称圣者根据自身统治利益而做出的解读。"①

在以上的分析中，廖先生认为神治不会产生普遍的遵守，而且会因依赖先知的解释而导致人治与分裂的危险，而道治不存在这一问题。道是宇宙和人类运行的总规则，是科学而客观的，不以人的意志为转移。以其为根据而制定的法就可以是至公至正的，无有偏倚。道是公开的，人人皆可感知，不必借助任何专门的先知来解释，故可以根据形名统一与实事求是的方法来证实或证伪，这样就不会产生人治的弊端。请看下列引文：

> 道治是多元宇宙的标尺，它可被形名统一和实事求是的标准证实和证伪。……我们必须从可证伪的事实中求是，而非盲从自称为先知的人。不论一个人有多么神圣，他终究是人。我们必须摒弃由先知强加的专制标准。我们的法律和价值观都必须源自可证实也可证伪的道，而非先知或圣人。正因如此，我们伟大的文化始祖轩辕规定中式法治必须被置于德（五项天命）治的笼子之中。这一德治源自道，而非任何人或先知，无论此人有多么神圣。中国法院必须遵循包括形名统一、奖善惩恶、实事求是的轩辕道之治，国法和人情在内的中式法哲学来解释事实和法律。我们必须在一个可证实也可证伪的基础之中将法治标准化，而这一基础必须是人们能够公认为可证伪的标准。五项天命（道）必须是这样的可证伪的准则。

在以上议论中，廖先生所反复申述的都是道的科学性、客观性和不以人的意志为转移的特性，强调立法者和司法者直接从道那里求得验证，反对圣明之人从中干扰。"道治将人文与科学之间的鸿沟合并成一个统一的学科，不再

---

① 廖凯原：《轩辕召唤〈轩辕4712中华共识〉拟稿》，首届中华司法研究高峰论坛，北京，2015年7月（此为2015年8月1日更新版），第5~6页。

有文理之分。"此言道治的科学性特点，使其与神治分开了。正是由于道的科学性和客观性，才产生了道治的至公大正性、唯一性和包容性，对各种文明能够兼收并蓄。这也是道治优于神治的根本原因：

> 道治文明不会与其他任何道治或神的先知之治文明相冲突，因为道治文明本质上是兼收并蓄的。道治（文明）对其他文明都包容并举，如同一个有着各种人种的大家庭，在多样性中达成和谐统一，谱成思想与信仰的音乐篇章。①

根据上述四点理由，他认为道治是最好的治理方式，道治文明是最好的人类文明。这既反映了人类的美好追求，也与自然科学的原理一致化，是最有生命力的。

以上是我根据廖凯原先生在2015年8月的最新文章概括的他的道治思想的基本观点。这些观点反映了他的最新看法；但只是要点，不足以展现他的全部思想，尤其是道治具体结构的内容。因为在此前系统论述过，故这次在文章中只概括提出而未予展开。下面我将依据廖先生多年来的讲演稿和文章对前述观点进行较为丰满和细致地说明，以利于进一步的理解。

二　廖凯原先生道治思想的萌生、发展过程与认识基础

1. 廖先生道治思想的萌生与发展

廖先生对道的认识是从数年前接触《黄帝四经》时开始的。② 不久前，他发布了一封公开信，回应某些人在网上对他的无端批评且回顾了自己的思想历程："七年前，我于轩辕4705年（2008）在复旦大学发表了题为《探寻中式法治之道》的演讲。我建议我们应当珍惜至今在中国发现的最伟大

---

① 廖凯原：《轩辕召唤〈轩辕4712中华共识〉拟稿》，首届中华司法研究高峰论坛，北京，2015年7月（此为2015年8月1日更新版），第5~6页。
② 确切地说，廖先生对中式法治之道的认识是从了解商鞅开始的。他说："当我在美国还是一个学生的时候，有幸偶然读到了一本关于商鞅的书——《商君书》。商鞅富有创见的法治理念和厉行变法的改革勇气令我深深敬仰。……他的法家思想的遗产流传至今。……我认为商鞅的法治学说源于黄帝的法治理念。"《探寻中式法治之道》，2008年4月30日，在上海复旦大学法学院的演讲。

的智慧瑰宝——《黄帝四经》。……从这份手稿中，我发现了中华文化文明的根源，更找到了我此生的使命。我的终身使命是实现轩辕之梦。我希望复兴由我们的赫赫始祖轩辕建立的中华文化文明。我希望构建不朽的由 KQID 提供动力的轩辕反熵运行体系 2.0，来成就中国人及全人类。我希望实现轩辕—习近平的大同，使人人都能终身享有免费教育、免费医疗和免费物质财富，并能自由追梦、寻梦、圆梦。"①

在廖先生提到的那次讲演中，他首次提出了自己的观点：中华文化重道，而道的思想源于黄帝。黄帝是中华文化的始祖，后来的百家争鸣是黄帝思想的分化和发展。黄帝提出道产生法，这一思想为后来的商鞅所继承发展并付诸变法实践。

此后数年来，廖先生持续着对黄帝思想与道治的关注，并发表了一系列的演讲和文章。他 2008 年 9 月 20 日在上海交通大学法学院发表了题为"中国特色的法治与礼治"的讲演；于 2010 年 7 月 29 日和 30 日在清华大学举行的中美法治对话会上发表了题为"黄帝范例：法治天命科学观反熵运作体系"的长篇演讲。以此次演讲为基础，他于 2011 年在《环球法律评论》上发表专文《黄帝四经新见：中国法治与德治科学观的反熵运行体系》，系统地阐述了他对黄帝思想和道的理解。2013 年，廖先生在长沙举行的全国性的"黄帝思想与道、理、法研究"学术会议上发表了《轩辕运行体系 2.0（轩辕纪年 4708—永远）》一文，再次把黄帝思想与道联系在一起。该文已收录于《黄帝思想与道、理、法研究》，载《轩辕黄帝研究》（第一卷），由社会科学文献出版社于 2013 年出版。

他说："黄帝认为，道创造并分配一切。因此，包括黄帝在内，任何人都不能超越道，道的面前人人平等。因为道从根本上平等地对待每一个人。黄帝认为法与德皆源于道，故而二者在形式上皆等同于道。因此，每个人（包括黄帝自己）必须服从和遵守相同的法律和秩序。"其依据是《黄帝四经》中第一章《经法·道法》的话："道生法。法者，引得失以绳，而明曲直者也。……刑名已立，声号已建，则无所逃迹匿正矣。"他据此认为黄帝在人类历史上是第一个明确提出并主张遵守科学法治观，

---

① 公开信，网上微博链接为：http://weibo.com/u/5698523879。文章发表于 2015 年 10 月 9 日 19:21《对马国川的反驳：廖凯原教授是华人的骄傲吗？》（Rebuttal to Ma Guochuan: ls Prof. Leo KoGuan the pride of Chinese people?）。

以及法律面前人人平等、任何人都不能凌驾于法律之上等法治基本原则的人。①

至此时，廖先生道治的基本思想开始形成。他认为，黄帝思想的核心在道，道有创造性、分配性和平等性，演化出法治与德治等具体形式并形成了有效的社会治理。2014年9月，他又向在涿鹿举行的"黄帝思想与先秦诸子百家"国际研讨会推出了《黄帝范例：轩辕反熵运行体系2.0》一文，发挥了此前的观点。2015年8月，沈阳会议上的文章的观点就是在这些思想的基础上发展而来的。

仅从2008年4月以来廖先生的演讲及文章的题目即可看出，他讲法治最多，旁及礼治与德治，但没有专门讲过道治。他的研究以探寻中式法治特点为开始，渐次论及礼、德等与法的关系，然后深入到中式治理的根本之道。可以说，道治是其系列性研究深化的必然结果，道治概念的提出是顺理成章、水到渠成的。

2. 廖凯原先生道治思想的认识基础——黄帝天命与大同

廖先生关于轩辕道的认识从哪里来的？为什么会产生这样的认识？道治要服务于什么样的社会目的？易言之，道治思想是为建立一个什么样的理想社会服务的？这就要讲到他对黄帝思想的全部认识。

廖先生关于道的思想是从赞颂黄帝的天命和大同开始的。

他认为，数千年前的黄帝是中华始祖。他创立了中华文化共同体，其理想是实现美好的人类大同，使每个人都过上好的生活。他把这种胸怀和理想叫作轩辕天命，或简称天命。②

天命即上天的指令，既发给人间的每一个人，也发给人间的统治者，使之遵循。天命来自于《黄帝四经》的《十大经·立命》中黄帝对自己使命

---

① 廖凯原：《轩辕运行体系2.0（轩辕纪年4708—永远）》，转引自徐炳主编《黄帝思想与道、理、法研究》[《轩辕黄帝研究》（第一卷）]，社会科学文献出版社，2013，第53页。

② 廖先生对天命及其内容有过较详细的说明："天命，就是上天的授权，授予每个人作为主权个体，体现了先予后取的反熵原则。天命具体表现为五条天命的运行，包括仁、义、杨朱六大自由、受调控且自由开放的市场体系、权利与义务的统一体。天命的运行从物理学的角度来看又是一个关于熵的自然过程。……五条天命就是上天的基本指令。这一体系可以被简化为先予后取。这是宇宙的原理，显示了宇宙的仁爱原则。……中国科学法治观下的反熵运行体系体现为五条天命，它们更具体表述为以下四个因素：商鞅关于法治的理论、孔子的以道为基础的互惠正义、老庄的自然无为思想、杨朱的物质—精神上的为我思想。"参见徐炳主编《黄帝思想与道、理、法研究》，社会科学文献出版社，2013，第70页。

的认识："吾受命于天，定位于地，成名于人。……吾畏天、爱地、亲民，立无命，执虚信。……立有命，执虚信。"

大同一词来自于《礼记·礼运》中对人类美好生活境界的追求："大道之行也，天下为公。选贤与能，讲信修睦。故人不独亲其亲，不独子其子。使老有所终，壮有所用，幼有所长，矜寡孤独废疾者，皆有所养。男有分，女有归。货恶其弃于地也，不必藏于己。力恶其不出于身也，不必为己。是故谋闭而不兴，盗窃乱贼而不作。故外户而不闭，是谓大同。"

在引用了这两段话以后，廖先生说："大同，我们伟大祖先黄帝既已将其设为自己为之奋斗终生的目标。正如《黄帝四经》第十章所述，大同社会就是去帮助每个人实现他的生命目标。"概括为现代语言就是："根据每个人的梦想和愿望，以其为始，以其为终。"他认为，这就是轩辕的大同之梦，是从远古的伏羲、女娲以至于今天的习近平的共同的中国梦。[①]

为了实现这种天命和大同之梦，社会就要有一种自我发展的内生的动力。此种动力来自于何处？廖先生提出了黄帝之道和道治的思想，并赋予了自己的理解。他的主要文献依据是《黄帝四经》中的《经法》、《立命》等篇章，而赋予这些古老思想以活力的则是现代物理学角度。廖先生对道的认识是多层次和多角度的，既有哲学世界观等本体方面的认识，也有财富分配和社会治理等政策应用方面的认识。对道即 KQID 的论述是他的思想中最有特色、最有创造性、最有光彩，也是理解最为困难的地方。[②] 以下将根据他的文章对此道加以介绍。

三 KQID 之道的原理与作用

廖先生对道的集中表述仍是前面引用过的那段评论《经法·道法》的话，这里需要再次引用该段文字以作分析：

> 黄帝认为，道是根本的，道创造并分配一切。因此，包括黄帝在内，任何人都不能超越道，道的面前人人平等，因为道从根本上平等地对待每个人。黄帝认为，法与德皆源于道，故而二者在形式上皆等同于

[①] 徐炳主编《黄帝思想与道、理、法研究》，社会科学文献出版社，2013，第52页。
[②] KQID 之意为凯原量子信息力学，其具体内容详见他自己文章中的论述。

道。因此，每个人（特别包括黄帝自己）必须服从和遵守相同的法律和秩序。

这段引文表达了廖先生对道的多重认识。分开来言，大要有三，即道创造一切、平等分配一切、平等约束每一个人。

1. 道创造一切，具有"无中生有"的能力

这个问题涉及 KQID 原理，稍为复杂一点，故不得不具引廖先生原文以作分析。

廖先生以为："为了实现轩辕大同之凤愿，我们需要建立一套相应的新的经济观念。这套前所未有的新经济观念是以道之思想为动力的，我将其称之为'科学观的免费午餐经济制度'。因此，我们要从新的角度去理解和定义道的内容，从而可以帮助我们建立并推广'科学法治观'和'科学观的免费午餐经济制度'。在这里，我将我所理解的道命名为凯原量子信息力学（KQID），并通过如下等式来表述 KQID 是如何重现解释道的运行的。（按：KQID 元零定律和道的环形等式因为排版格式原因在此处略去，请读者自查原文）这个关于道的环行等式，解释了生长法则的运行原理：在广袤的时空中，虚无不间断地自我生长为道，也就是 KQID 的量子比特，然后在小于或等于的绝对数字时间中，继续再生，再长，从而演化为'道生一，一生二，二生三，三生万物'的进程，进而衍生出整个多元宇宙及我们人类。道是为万物提供运行动力的最终源泉，因为道按照自然规律创造和培养了我们的多元宇宙和我们本身。因为道之无穷力，我们将其引入我们的科学观的免费午餐经济制度中。善哉，大同将以此而成。"[①]

上面的论述涉及量子信息力学中"比特是万物，万物源于比特"的原理，也涉及古人关于道生万物的思想，较为深奥。我理解的其大意为：现实社会的一切（包括宇宙和人类自身）都是从无中生出的，这就是道在起作

---

① 廖凯原先生还用普通语言描述了道的这种创造性。"自然界的形成与发展是一个从无到有的过程。因此，所有的物质存在过去、现在及未来都是被无偿创造及培养的。换言之，我们的多元宇宙，过去是，现在是，将来也必然是一个从无到有的无偿过程。根据量子力学的基本理论以及格尔－曼尼法则，我在凯原量子信息力学理论有关生长的法则中强调这样一点：多元宇宙中的各种存在，不仅仅是合理的，而且是必然的，其生与长是无偿过程。这一点并不违背能量守恒定律，而确实是一个浅显而宏观的关于生与长的逻辑。即使这是拟制的理论，对我们而言，这也必然是事实。"参见徐炳主编《黄帝思想与道、理、法研究》，社会科学文献出版社，2013，第59页。

用，KQID 就是解释道是怎么样生出万物的。认识到道的这一作用，人们努力创造就可以产生极大的物质财富，包括丰盛的免费午餐。这里强调的是：人们要建立新的经济观念，要想得到，最后得做到。这种关于道的认识，带给人的是积极乐观的影响。

廖先生在揭示了道的创造性原理之后，顺理成章地提出要建立在此科学认识之上的平等分配观念和平等约束观念，即其"科学观的免费午餐经济制度"和"科学法治观"。这是社会政策层面的考虑，以下将分别来介绍。

2. 道的平等分配性表现为"科学观的免费午餐经济制度"（反熵式免费午餐经济制度）

依前所述，道具有无穷的创造力，创造的物质财富可以极大地涌流并无偿供给人类享用。廖先生把这叫作免费午餐制度，其论述侧重于分配上的平等性。

他说："如果依据 KQID 所表述的道的等式，我们将持创建多元宇宙的终极能量于手中，从而可以按等式描述过程去创建'科学观的免费午餐经济制度'，以此来构建一个社会：人人皆得免费教育、免费医疗及免费福利；人人皆怀慈爱、正义之心；人人成功且知足常乐。如此以往，大同所在，将无时无地不存。"①

他又说："免费午餐经济制度并非是人们现在想象的天上掉的馅饼，而是实实在在的提供了更加公平、公正的物质资源，以保证全部公民在追求个人的梦想和愿望时，位于同一起跑线上和拥有相对富足的生活。……这一制度可以为每一个天命人创造并提供无尽的机会、无限的创意和无穷的创新，最大程度地激发和实现其梦想，不论此梦想是关于其本人、家人、朋友、社区或是整个人类和自然。"这一制度要"帮助每一位公民实现其理想及愿望。每个人都能享有免费教育、免费医疗和免费的物质资源……"。②

廖先生此言反复申述的重点在于：依照道的公平性，这一制度要保证将资源平等地给予"全部公民"、"每一个天命人"、"每一个公民"、"每个人"、"追求个人的梦想和愿望"、"位于同一起跑线上"。只有如此，才能充

---

① 徐炳主编《黄帝思想与道、理、法研究》，社会科学文献出版社，2013，第 59 页。
② 徐炳主编《黄帝思想与道、理、法研究》，社会科学文献出版社，2013，第 55～56 页。

分发挥道的无穷尽的创造力。

3. 道的平等约束性即其"科学法治观"

道的平等性与约束性相连，自然引出了人人皆守法、无人能特殊的法治原则。此法治与科学的道相连，所以廖先生将其称为"科学法治观"（有时也叫"法治科学观"或"天命法治观"）。他仍主要依据《黄帝四经》中的三段话来表述这种观念：

> 道生法。法者，引得失以绳而明曲直者也。……刑名已立，声号已建，则无所逃迹匿正矣。（《经法·道法》）
>
> 黄帝身遇之蚩尤，因而擒之。剥其皮革以为干侯，使人射之，多中者赏。翦其发而建之天，名曰之蚩尤之旌。充其胃以为鞠，使人执之，多中者赏。腐其骨肉，投之苦醢，使天下唼之。……帝著之盟，盟曰："反义逆时，其刑视之；反义倍宗，其法死亡以穷。"（《十大经·正乱》）
>
> 吾受命于天，定位于地，成名于人。……吾畏天、爱地、亲民，立无命，执虚信。……立有命，执虚信。（《十大经·立命》）

廖先生很欣赏这三段话，并用自己的理解来分析了它们。

引文一明确地阐述了中国的法治和天命观，指出"法和德都源于道。每个人都必须遵守道，所有人包括统治者，都必须遵从法治。法治的框架可以规定并界定每个人的权利和义务（刑名、声号），进而可以确立法律和秩序"。

引文二说明了任何人都不能凌驾于法律之上。"轩辕以蚩尤之血与所有部落缔结血契联盟，并昭告天下，没有人能够凌驾于法治之上；以蚩尤之血为祭品，将中华文化共同体最初的基本原则向上天宣示，并以此为天命。这一誓约是第一个也是奠基性的中华文化共同体'科学法治观'原则，规定了帝王将相不得超越法律，他们的所有权力皆来自人民赋予，其目的是通过治理文化共同体来为民谋益；如果他们滥用人民赋予之权力，他们将受到万民的审判与重罚；如果他们无法称职，他们的权力将毫不迟延地予以收回。"

引文三阐述了"统治者与政府必须敬天意、听天命、立实地、得民心，为此，他们应该帮助和指导每个个人去正确地实现他的梦想。换句话说，先于林肯1863年葛底斯堡演说五千年,我们的祖先轩辕已经构想了一个'民有、民享、民治'的政府的存在"。①

根据以上分析,廖先生满怀热情地高度评价了黄帝的思想:"黄帝在历史上是第一个明确提出并主张应遵守科学法治观,以及法律面前人人平等,任何人都不能凌驾于法律之上等法治基本原则的人。"因而,"自轩辕而后的五千年来,中国一直是一个持续践行法治的国家"。

在廖先生看来,平等分配与平等约束密不可分。道的平等分配性有赖于其平等约束性,因此科学法治是必需的前提。"为了实现大同,我们首先必须建立法治的科学观来治理社会,法律面前人人平等,没有任何人和组织可以凌驾于法律之上。……有了这样超强的基础,我们可以建立科学观的免费午餐经济制度,从而使所有生命或智能人,甚至是外星体、机器人都能有免费的教育、无偿医疗体系和免费物质资源。"他坚信,"如果将科学法治观和反熵式免费午餐经济制度结合起来,我们就能够解决贫困问题,并实现我们的祖先轩辕黄帝五千年来的夙愿……",实现自远古至今的大同梦想。②

四 道治在社会治理中的具体应用

本文在第一部分中已经根据2015年8月沈阳会议的文章概括介绍了廖先生关于道治是一切社会治理基础的观点,包括道治要具体化为法治与德治、法治与德治要以道为基础和指导等。此前,廖先生有专门的文章论述过中式法治之道、法治与德治和法治与礼治的关系,也涉及党治与民治。现在结合这些文章,再进一步深入探讨廖先生关于道治在社会治理中应用的思想。

1. 法治与德治并用才能体现道治

廖先生的道治思想里有一个观点,即治国要法治与德治并用,不能纯任法治,也不能纯任德治。这一点来自于黄帝的"刑德相养",他引用了《黄帝四经》中的原话来表达自己的观点:"约五千年以前,黄帝便极力主张相辅相成的法治和礼治:'刑德皇皇,日月相望,以明其当。望失其当,环视

---

① 徐炳主编《黄帝思想与道、理、法研究》,社会科学文献出版社,2013,第63页。
② 徐炳主编《黄帝思想与道、理、法研究》,社会科学文献出版社,2013,第44~55页。

其殃。天德皇皇，非刑不行；缪缪天刑，非德必倾。刑德相养，逆顺若成。'"（《十大经·姓争》）

在廖先生的理解中，法治就是刑（形名），礼治就是德。二者要并行才能体现天地日月之道。① 为什么要二者并行呢？有意思的是，他并没有完全从刑杀、德爱等传统的中国式理解着眼，而是从人类生活指南的角度进行了论述：

> 航海中，我们需要一个罗盘；生活中，我们需要一个来引导我们人生旅途的指南针；对于邦国，我们需要法治和礼治来作为我们治国的指南。……在法治和礼治产生之前，人类使用暴力来推行法律和秩序；如今我们仍然沿用它作为幕后的权力手段。法治与礼治更为文明、有效和公正。它是一个工具，一个用来指引我们的人类发明，奠定人类繁荣富裕和人类世界更为公正的基础。这是一个驱使我们达成物质和精神目标的行之有效的构想。②

法治和礼治被比喻为罗盘和指南针，引导人类走向文明。这种比喻真是对道的本义，即"道者，导也"的最好阐发。

廖先生还从惩恶扬善的角度讲了礼与法的关系及作用："礼治或称契约：契约指君子认同履行积极与消极的和谐黄金定律（双赢原则）所规定的责任与义务。……法治：然而，并非所有人能信守'约'，所以，法治的适用遵循以其人之道还治其人之身的'以恶制恶'原则。"这就涉及君子与小人的德行问题，他对此从美德与权责角度进行了论述。

2. 法治与德治的基础是新型美德和权利源于职责说

《黄帝四经》里明确提出了"道生法"的观点，但没有说"道生德"，而廖先生提出了"道就是德，道治就是德治"的观点。除了前面已经说过的黄帝思想中的"大道是爱、执政要爱民为民"的思想对他的影响外，他又改造了孔子的仁爱互惠思想，并吸收了西方思想中关于美德与权利、责任

---

① 在廖凯原先生的讲演和文章中，较多用德治一语，早期也用过礼治，其意相同，如 2008 年在上海交通大学法学院讲演稿即此。他对礼的论述都是从德的方面着眼的，即人性美德、互惠互利、教育明耻、执政爱民等，而基本上未论及礼的等级、仪式等因素。

② 廖凯原《中国特色的法治与礼治》，2008 年 9 月 20 日在上海交通大学法学院的演讲。

的思想，形成了自己独具特色的法治与德（礼）治思想，明确提出："法治与礼治，基于新型的美德和职责与权利理论。"①

他提出，人生在世必然要与他人、与自然并存，吸收他们的给予才能维系生命和发展，故人应常怀感恩与责任之心，多行善事、不做恶事。这就是美德。他说："对精神自我、家人、朋友、社会、国家以及自然的善行之间的互动缔造了美德，美德缔造了责任，责任衍生了权利。……这些关系必须建立在双赢原则的基础上，产生互惠互利的效益，形成令各方满意的成果。"

他从孔子那里找到了这些美德与互惠思想的根源。首先是孔子的仁爱："己所不欲，勿施于人。"（《论语·卫灵公》）（廖以为更积极的版本是："己所欲，施于人。"）其次是互惠互利或针锋相对，即"以直报怨，以德报德"。（《论语·宪问》）

美德是礼治的基础，但人的美德从何来？廖先生赞成孔子的思想，即肯定人天生有德性及后天教育引导自省的作用。"孔子将自己的美德归因于上天：'天生德于予'"（《论语·述而》），还引用了孔子"修身正心"来"明明德"的主张。

美德与互惠互利紧密相连。廖先生认为，互惠要先尽责任而后主张权利，这就是权利来源于责任的主张。他反复强调："权利来自职责；职责来自美德；美德来自关系。权利不是简单的赋予，而是履行责任而得来的奖赏。""美德、责任和权利理论假设权利来自责任，责任来自美德，美德来自人与真实的自我、家庭、朋友、他人，国家以及自然的关系。""权利不是被赋予的，而是赚取的。""权利是责任的奖赏，而不是天生的赋予。"他特别指出："如果权利源自责任，那么权利就不是与生俱来的，而是对真实的自我、家庭、朋友、社会、人类、自然的每一项责任的副产品，反之亦然。责任是一种义务。人们索取的少，奉献的多，就能增强社会的反熵力。"其结果对社会发展必然是有利的。

廖先生把理解上述道理并去实行的人称作君子。他说："每个君子的权利都来自于责任和义务的履行。人通过给予和分享自己的资源和思想，得以进入君子的阶层，生活在永久和平的境界。……而永久和平的状态是在具有

---

① 廖凯原先生在2008年于上海交通大学法学院的演讲稿。本文以下讲"礼治"的内容都出自该讲演稿。

中国特色的法治和礼治框架内的君子们彼此和平生存。……君子通过积极向他人给予和分享资源，积极参与社会生活，给出他认同的信号。每一个君子为了更大的利益而对彼此给予并分享责任，我为人人，人人为我，形成了双赢局面。"

根据这种美德互惠、先尽责任再享权利的思想，德（礼）治和法治自然成为人世与邦国的指南，使社会成为美好的和谐社会，使人成为高尚的君子。在这里，我们已经看到了廖先生此后提出的道的五项天命中的先予后取原则、权利与义务统一体以及"天命人"思想的初型。这种法治与德（礼）治观，与轩辕大道之治的思想是何等吻合！

3. 党治与民治

在廖先生的道治应用的具体构想中，除了法治和德治外，还有党治与民治。① 但他并没有用专题或专文论述过这两个概念，而是在讲到政府、党和人民的关系时提到了。他的思想集中体现在2008年在上海交通大学法学院的讲演中。

先看党治问题。

他首先提出现代社会发展要有反熵组织，包括强大的党。"在今天的纷繁复杂的社会里，我们需要复杂的组织，形成足以抗击熵的引擎。这个引擎将无序转换为有序：形成法律至上、秩序稳定的制度。……一个庞大而复杂的反熵组织能够有效影响物质与精神世界。"这里的"组织"有动词的意思，指形成协调稳定的政府、党和人民的关系。"超强、稳定、中央集权的政府，超强、稳定、以人为本的政党和超级强大、世界上最富有创造力、创新精神和生产力的人民，能够提供强大的源源不断的动力，缔造强大的反熵社会。"

在这里，他提到了党对国家生活的领导作用。"一个由超强超稳的政党领导的国家是改造任何秩序障碍的动力。党是操纵国家的程序员。法治是反熵的思想引擎，而例如独立公正的法院系统，检察系统与警察部队这样的机构则是在系统内提供反熵力的复杂组织。""一个亲民、慷慨、宽恕、公正、具有公仆意识，并愿意遵守法治和礼治的以人为本的政党，就如一个功能强大的代理一样，促成以人为本的政府。"

---

① 最新表述在2015年的沈阳会议讲演中："在中国，一切都以道治、党治、民治、法治和德治为基础。没有人、君主、统治者、组织或党派是凌驾于道之上的，连道本身亦是如此。道必须遵循自己的道治。"

他强调,党是政府的领导者,"一个超级强大、超级稳定、以人为本的中央集权的超级政府,在一个超级强大、超级稳定、以人为本的中央集权的超级大党的领导下,创造出震惊世界的创造力,创新能力和生产力,使民族变得超级强大"。①

在论及党与道的关系上,他持二者一致的观点。"由于目前党依照轩辕之道而制定政策,并将之诠释于中国宪法和法律之中,所以,党治是和轩辕之道一致的。这个道至高无上却不专制。这个道(KQID)是多元宇宙的标尺,总是唯一不失。所以,党、人民和法律之治都必须放进至高无上、凌驾于一切的道治的笼子中。这也就是说,党的政策必须能被胡锦涛的科学发展观、邓小平的实事求是的标准证实和证伪,而这一'言行一致'的标准就是客观衡量既定目标和执行政策效果。"②

廖先生没有提出明确的党治概念的内涵,我们只能依据他的上述论述来理解他的思想。他说的党治实际上就是坚持党对政府、对国家的领导的意思;但是,党同时又必须在道治和法治的范围内活动,其政策也必须被检验。③

再看民治问题。

廖先生也只是提出了"民治"一词,对其内涵未予以揭示。我们可以从他论政府(政治领袖)和人民的关系中理解其思想。④

他在论及怎样使人民强大时,提出要把《韩非子·人主》中"君治民"的理论反其意而用之。"我建议把(韩非子)这个理论中的施众和受众互换

---

① 以上三段引文皆见于在上海交通大学的讲演稿。
② 廖凯原的《黄帝范例:轩辕反熵运行体系 2.0》第 72 页,发表于涿鹿举行的"黄帝思想与先秦诸子百家"国际研讨会上。
③ 廖先生还从中国文化的角度对坚持党的领导进行过论述。他认为,"道"与党的思想相通。"中国共产党已经将轩辕思想吸收、遵循并整合于自身之中……中国共产党思想和轩辕之道是没有区别的,两者从起初就已被统一于同一个思想之中,因为诞生时它们便是同一思想。换言之,党与轩辕是统一的。"原因在于:"因为党是中国的执政党,是由浸润轩辕思想的中国人来管理的。"中国文化的五大要素之一就是"轩辕思想和自轩辕统治(轩辕元年)以来中国执政党的统一"。即不管哪个党执政都是中国文化的党,这同美国虽两党制但都是美国文化中大同小异的"美国集团"一样。他还从抵制西方文化威胁的角度强调党的领导。(当今中国文化面临的)"最大威胁来自于个人主义痴迷于权利的框架,而在这之中,权利却没有附相应的义务。……而这样的国家紧急事件只有中国共产党方能及时应对。所以党必须带领我们,并再次肯定中国文化和文明之父——轩辕,以及有别于西方的中国文化动作体系之大一统思想。"参见廖凯原《黄帝范例:轩辕反熵运行体系 2.0》,2014 年向涿鹿会议提供的论文,第 72、76、77、80、90 页。
④ 廖凯原《中国特色的法治与礼治》,2008 年 9 月 20 日在上海交通大学法学院的演讲。

位置，让民首先采取行动（势不两立），使君为民服务，服从人民的意志。""要运用权威（势）、手段（术）和法治使统治者为人民服务，遵从人民的意志，我们可以考虑借用韩非子的两个手段（奖和惩）。我将'人主'与'民'，'臣'与'人君'互换，那么韩非子的观点就变成：夫明'臣'畜'主'亦然，即'夫驯乌断其下领焉。断其下领，则必恃人而食，焉得不驯乎？'"（《韩非子·外储说右上》）这是用"让君恃民而食"的办法控制政府，其意应是将政府财政控制在人民手中。

还有一个办法是民量君责而明确授权。"民和君的关系可以通过具体的标准来衡量：'故圣人议多少、论薄厚为之政。'（《韩非子·五蠹》）……领导人的权责可以用两个词来概括——'没有更多'、'没有例外'。"此应是限权政府之意。

民对君，即民众对政府的制约依据法治和民主原则。"韩非子认为民不能指望君爱民，而要通过法治和礼治使其服务于民：'恃人之以爱我者危矣，恃吾不可不为者安矣。'"（《韩非子·奸劫弑臣》）他引此文的言外之意是：民众要用法治和礼治迫使政府服务于民，而不能指望政府会爱人民。①

人民制约政府的具体方式是发挥人民代表大会的作用。"……人们希望有一个强大稳定的政府，不是一个软弱动荡的政府，也希望在强大的、稳定的政治领袖的领导下，能够创造出人类历史上最为强大的反熵力，为人民服务，使人民安居乐业。""在今天的中国，人民是国家的主人，全国人大体现了人民的意志，它代表人民行使权力，遵循人民利益至上的原则，所有的政治领袖都要优先考虑人民的利益。"

以上是廖先生对民众与政府及政治领袖关系的论述，可以看成是他对民治的基本看法。

议论廖先生关于党治和民治的观点时，不要忘记其思想基础是道治。道是高于一切的。道鼓励人们的创造和发展，坚持反熵与先予后取，这就获得了强大的政党与人民；道又要求平等约束每一个人，任何组织、政党、政府和政治领袖都要守法，任何人不能有例外。只有认识到道治在治理结构中的基础性地位，才算全面准确地理解了廖先生的道治思想。

---

① 廖先生主张人们将互惠原则与丛林原则相结合。"人们必须先制人，将他们的领导者放进制度的笼子里，政府必须对所有人公开透明，任何领导人任职不能超过两届，不能延长，也没有例外。"参见《轩辕运行体系 2.0（轩辕纪年 4708—永远）》。

五　道治在中国的历史与未来

廖先生思想的重心在于道治理论，但他也注意到了道治在中国历史上的实践经验。其道治思想除了来自远古的黄帝外，还来自先秦诸子的思想及秦国的变法实践。

1. 先秦道治思想的发展与变法实践

廖先生认为，远古的轩辕首次提出了道的基本思想，并对道在治国之术及个人修养方面的作用提出了初步的却很全面的认识，这些认识构成了中国文化文明的最初源头。春秋战国的思想家和政治家分别从不同的角度继承了轩辕之道，并根据时代的要求和具体的治国实践发展和丰富了这些思想。他们是商鞅、孔子、老庄和杨朱四派。

关于轩辕思想在诸子思想中的体现，"我找到了商鞅的法治理论，孔子的儒家思想（互惠正义）、道家关于道的概念（无为）以及杨朱的为我理论，将这些思想置于轩辕思想与实践的框架中来加以讨论。""……中国科学法治观下的反熵运行体系体现为五条天命，它们更具体表述为以下四个因素：商鞅关于法治的理论、孔子的以道为基础的互惠正义、老庄的自然无为思想、杨朱的物质—精神上的为我思想。"

他具体分析道："商鞅的法治理论后来为韩非继承，是实证法律主义；但若无正义，不是法治，是暴政。孔子的义是互惠的，体现了先予后取的五项天命，为法治注入人文关怀。老庄的道之无为，体现了人自身的精神解放和精神自由，平衡了儒法两家。杨朱为我，赋予生命存在的意义，包含在五项天命之中，是权利义务统一，是对儒法的集体主义与国家主义的平衡补充。"[①]

上述四派中，商鞅是思想家兼政治家，亲自主持了秦国的改革。廖先生对他最为敬佩，认为他继承了黄帝"立法为民和将相大臣都要守法"的精神，创立了最早的权力和职能分离的理论并成功地付诸实践。"尽管他将立法和权力的来源都归于国君、天子，但是法律执行和权力行使都由大臣来负责，后者实际上通过法治来执掌奖惩权柄。""如果将他的集权主义加上另一支柱，即德治，那么我们就会发现，他的主张其实就可以被认为是另一种

[①] 参见廖凯原《黄帝范例：轩辕反熵运行体系2.0》，2014年向涿鹿会议提供的论文，第69~70页。

版本的英国君主立宪制。"①

廖先生认为孔子的思想继承了黄帝之道的双赢互惠、爱民知耻、重德守法等观念，为中国的法治注入了德治内容，详细论述见前文。"法治和德治体系既强调权利也强调义务；两者共生且同时赋予，相辅相成，植根于源自道的科学观。"在这一点上，中国的观念与基于上帝赋予的不可剥夺的自然权利的西方法治概念不同。②

廖先生认为，老庄的"道之无为"强调的是人与自然的和谐、心神与万物为一；杨朱的为我意味着遵循自然，包括自然的欲望和情感，可理解为天命之一：人是主权个体，与生俱来地享有六大自由。两家的思想平衡了法家和儒家的集体主义意识，与法、儒两家一起构成了中国法治和德治的要素。这四家思想的共同的根都是黄帝的道，它们从不同侧面发展和丰富了道的思想，促进了道治的实践，构成了中国道治的传统。③

2. 道治在今日中国发挥作用的途径与条件

在廖先生的思想中，道即 KQID，具有无穷的创造力，是一个充满活力的引擎，可以推动古老的中华民族走向美好的大同境界。道的创造力的发挥需要良好的社会条件，为此他设计了轩辕反熵运行体系 2.0 的方案。

什么是轩辕体系 2.0？什么是反熵？在多篇文章中，他从不同角度对这些概念及其内容作出了解释。

首先，轩辕体系是一种社会治理过程。廖先生指出："轩辕运行体系是在科学法治观框架下的反熵运行体系。"④"社会主义中国的政府应该是一个由统一的'反熵'社会主义政党领导的政府。这样的政府，带领人们依据黄帝所提出的科学法治观来实现每一个人的梦想，以令每一个公民皆得无时无刻不生活在繁荣而和谐的社会之中，接受教育、身体健康且生活富足。这

---

① 廖凯原、关志国等：《〈黄帝四经〉新见：中国法治与德治科学观的反熵运行体系》，《环球法律评论》2011 年第 2 期，第 19 页。
② 同上，第 25 页。
③ "不同学派关于道的观点反映了道的各个方面。道独立不改，兼容万物。不能只选出一个方面，如法家和儒家的法律，或者道家的自然和杨家的为我。道是所有这些的合一，也包括所有方面。道囊括百家。黄帝的道即包括了发展为百家思想的所有方面。"见于《中国法治与德治科学观反熵运行体系》一文，第 27 页。以上引文最能够说明廖凯原先生对轩辕黄帝的道的认识。
④ 《轩辕运行体系 2.0（轩辕纪年 4708—永远）》，第 72 页。

样的一种社会治理，我将其过程概括为'轩辕运行体系'"。①

其次，反熵就是先予后取。廖先生下面这段话最为集中地指出了其特征："天命，就是上天的授权，授予每个人作为主权个体，体现了先予后取的反熵原则。……天命的运行从物理学的角度来看又是一个关于熵的自然过程。熵的扩散即为恨，反熵的聚集即为爱。……五条天命就是上天的基本指令。这一体系可以被简化为先予后取。这是宇宙的原理，显示了宇宙的仁爱原则。……中国科学法治观下的反熵运行体系体现为五条天命，它们更具体表述为以下四个因素：商鞅关于法治的理论、孔子的以道为基础的互惠正义、老庄的自然无为思想、杨朱的物质—精神上的为我思想。"②

以上引文中对熵、反熵和反熵运行体系的解说很多，大致包括这样几层意思：反熵是物理学名词，其基本意思是仁爱、先予后取，反映了爱民为本、法治德治并用、尊重个人自由、权利义务统一等价值观和有调控的市场机制的社会政策要求等内容。从对轩辕反熵运行体系的具体解说中我们可以看出，该体系之运行实即道治的具体展开。③

在明确轩辕反熵运行体系的基本内容以后，廖先生认为，要发挥其作用必须具备一定的社会条件，要满足四大因素，即"强大的个体、强大的政党、强大的组织和强大的政府"。这四大要素还要能形成合力，"一切事物，包括每个个体、每个组织、每个机构和每个政党运用其拥有的一切资源，如同聚集的激光束指向特定的目标，去实现每个个人的梦想和愿望"。④ 只有如此，才能实现"无中生有"的创造力，发展出"免费午餐"即丰盛的社会财富，实现轩辕大同的中国梦。廖先生在他一系列的文章中对这四大要素的具体内容基本上都作过细致的研究和阐述，其中与道治紧密相关的大部分内容，本文在前面都作过介绍，其他内容此处不赘述。

六 分析与评论

廖先生关于道治的思想可谓博大精深。它在时间上跨越古今，在地域上

---

① 《轩辕运行体系 2.0（轩辕纪年 4708—永远）》，第 55 页。
② 《轩辕运行体系 2.0（轩辕纪年 4708—永远）》，第 70 页。
③ 关于熵与反熵的具体内容，参见倪正茂《黄老思潮与汉初君臣反熵治国》，转引自徐炳主编《黄帝思想与道、理、法研究》，社会科学文献出版社，2013，第 156 页。
④ 《轩辕运行体系 2.0（轩辕纪年 4708—永远）》，第 59 页。

纵横中西，在学科上涉及法学、政治学、哲学等人文社会学科及物理学、信息学、数学等自然学科，且是英语表述、西式思维，兼及音声动画、歌舞精灵，致使一般中国学者在理解上有一定困难。这数篇文章我读过多遍，仍觉眼花缭乱、难得要领，要完整准确地把握其思想内容都有一定困难，更别说进行适当地评论了。但本文旨在于此，也不得不勉力而行，仅对其中几个最重要的观点和研究特色提出自己的读后感想与各方探讨。

廖先生的道治思想大致可分两部分：一是从文化文明角度而论的轩辕道与道治文明；二是从社会治理角度而论的道治的具体形式及涉及的各种问题。以下我将分别进行评析，并就廖先生的研究特点及需要进一步思考的问题进行简单的说明。

1. 关于轩辕道与道治文明

总的来说，道确实是中国文明中的一个重要的标志性现象，说轩辕道是中国文明的源头，中国文明是道治文明实不为过。廖先生的概括可谓是抓住了根本。

道的观念在中国思想史上很早就出现了，其起始点可能即是远古的黄帝之道，即轩辕道，这是有依据的。学者们一般认为，在中国人关于何物为至高无上的观念中，较具体化的天地鬼神是最早的，支配着整个社会、国家与老百姓；而较抽象的道的观念是稍晚时产生的。《史记》说黄帝"法天则地"，帛书《黄帝四经》中出现了大量黄帝讲论天道的话，这表明其时天道、天地之道，或天地人之道的思想都已产生，对抽象的道的思考也应该在进行之中。轩辕黄帝作为中华文明始祖，拥有那么多伟大事迹，他对道的理解虽然不一定就如《黄帝四经》中说得那样明确精致，但基本的认识肯定都已形成。验之以黄帝事迹传说与文献记载，廖先生说轩辕道是中华文明的源头是完全合理的。[①]

远古产生的道的思想在春秋战国时进入子学之中，最突出的是专门讲道

---

① 廖凯原先生先生对《黄帝四经》和黄帝思想的看法是这样的："黄帝的哲学是所有中国人思想和实践的源头。虽然目前对黄帝是否真有其人以及《黄帝四经》是否为黄帝所著仍有争议，但我认为，黄帝至少代表了中国人心中的有文字记载的祖先，《黄帝四经》是中国几千年前的著作，是纯粹的中国古代思想的记载。即使没有黄帝其人，也不能不承认，《黄帝四经》是中国古人所作，代表了中国古代的哲学思想。我在此是以《黄帝四经》作为中国古代政治哲学的符号来表达本人对中国古代法治与德治的观点。在这个意义上说，黄帝是我们智慧先祖的象征，黄帝思想实际上指涉的是中国古代最经典的哲学思想。"载于《中国法治与德治科学观反熵运行体系》一文，第18页。

的老子之学，其他百家言黄帝时也多是着眼于道。

儒家的《左传》中已有"天道"的记载，把天象和人事结合起来。《论语》中有"天下有道"、"天下无道"的记载，强调的是统治政策要顺人情、合人心，国家要实行德治。孟子也是从政治上论道的意义，如倡"王道"、反"霸道"、"得道多助，失道寡助"等。(孔子也用道来表现其他意义，如"吾道一以贯之，忠恕而已"等)

具有哲学抽象意义的道是道家《老子》提出的。据学者统计，《老子》中直接论道的有37章，道字出现74次。道既是最高存在的实体，又是产生万物的终极原因。其道主要是自然意义上的。老子之后的庄子强调的是人世生活要法道的自然性，即自然而然的生活。

法家继承了"道生法"的思想而专门言法。商鞅、慎到、申不害、韩非、李斯等都从法的公正平等性来论述道对法的影响，并发展出法术势的理论。法家将道治的思想具体化，并用在了治国的实践上，对后世治国理论与政策影响深远。①

兵家孙子讲"战道"、"用兵之道"，墨家等都讲道。虽然诸家之道皆不同，但对道的公正性、规则性、客观性等特点的理解还是一致的。

廖先生所言的黄帝道的思想在春秋战国之时具体演化为商鞅、孔子、老庄、杨朱四家的思想和秦国法治实践的论述是符合历史实际情况的。正如《史记·太史公自序》所说："天下一致而百虑，同归而殊途。"百家之论虽从言异路，但皆务为治而已。廖先生所言正与古人之论相合，说明了百家的思想都是从黄帝的大道那里发展而来的。百家是从不同的角度考虑治理国家实务问题的，这丰富了轩辕大道的内容。

秦始皇结束战乱、统一六国，建立起中央集权、君主专制的大帝国，这种制度延续了两千多年。在此期间，虽然发生了无数的变乱和改朝换代，但源于轩辕黄帝的道治思想及从中演化出来的法治与德治思想却一直是不同朝代统治者的治国思想。虽然有时执行得好，有时执行得不好，但基本性质没有变化。凡是执行得好的都成为后人所津津乐道的盛世了，可举汉初、隋初和唐初的三大治世为例来说明。

---

① 百家言"道"的内容可参见余明光《黄帝"道生法"的重大意义——读〈黄帝四经·经法〉》，转引自徐炳主编《黄帝思想与道、理、法研究》，社会科学文献出版社，2013，第191页。

黄帝之道在西汉初年成为国家的指导思想，实行"与民休息，无为而治"的方针和"轻徭薄赋"的政策，既重视立章建制、上下从法，也重视德治怀柔、安抚百姓，从而产生了"文景之治"的太平盛世，成了后世所谓治世的榜样。

隋初重视道的仁爱节俭性质，既明德治又行法治。隋文帝杨坚慨叹："天道无亲，唯德是与"，实行了许多明智的政策。后人评论他："躬节俭，平徭赋，仓廪实，法令行；君子咸乐其生，小人各安其业；强无凌弱，众不暴寡；人物阜足，朝野欢娱。二十年间，天下无事，区宇之内宴如也。"（《隋书·本纪》）成就了"开皇之治"。

唐初实行"安人宁国"、"清静无为"的方针。唐太宗李世民说："为君之道，必须先存百姓。若损百姓以奉其身，犹割股以啖腹，腹饱而身毙。"（《贞观政要·君道》）"凡事皆须务本。国以人为本，人以衣食为本。凡营衣食，以不失时为本。"（《贞观政要·务农》）他们采取了大力发展农业生产，审慎立法、宽简用法，行科举制以知人善任等多项措施，最后出现了著名的"贞观之治"。①

从中国思想界的主流来看，随着西汉中期中央集权、君主专制国家的巩固，汉武帝实行了"罢黜百家，独尊儒术"方针，此后道的思想进入到正统的儒家思想之中，成为国家统治思想的一部分。移黄帝道家思想而入新儒家思想的关键人物是董仲舒。"董氏为学之精在于吸收黄学之要以论儒学之真，从而使儒学在理论上有了新发展。"董氏学说从有利于中央统治出发，讲君主以大道无为，其术以虚无为本，因循为用；又讲阴阳刑德的天地社会秩序，为法治和德治奠定了基础。通过董氏的学说，黄帝的道治在中央集权、君主专制的大国里重新确立了统治性的地位。② 其后，儒家思想随着时代的发展又不断更新，出现了朱熹、王阳明等大师。虽然他们将道的观念表述为理或心，但其基本思想没有改变。黄帝的道治思想一直统治了中国思想界两千年。

道的思想不只存在于上层统治者和专门学者之中，也深深影响了下层民

---

① 参见倪正茂《黄老思潮与汉初君臣反熵治国》，转引自徐炳主编《黄帝思想与道、理、法研究》，社会科学文献出版社，2013，第156页。

② 参见余明光《黄帝思想与中国古代新儒学——黄帝四经与儒学创新的关系》，转引自徐炳主编《黄帝思想与先秦诸子百家》，社会科学文献出版社，2015，第324页。

众。轩辕大道里的公正性、平等性等因素在普通百姓中都能找到共鸣。"道生法"的观念也以民众对法律的公正、平等的要求而体现出来。王法也要合道，不合道的王法不该让民众遵守，残民以逞的恶主就应该被推翻。道成了民众造反的依据，他们以道作为自己的口号和旗帜。如东汉末年风行西南的五斗米道造反和全国性的黄巾军大起义；北宋时，梁山好汉在山东聚义造反时高举的就是"替天行道"的杏黄旗。这样的事例不胜枚举。

东汉时，道下民间，出现了在下层民众和失意的官僚士人当中流传的道教。该教以黄帝等为崇拜对象，奉行平等的观念，过着出世的悠闲生活。此外，民间各行各业都有自己的规矩，也就都有自己认可的公平正义——也就是自己的道，甚至盗亦有道。这都说明要求公正、爱民、平等，有稳定合理的社会秩序与行业秩序是古代中国各阶层人民的共同的愿望，皇上、神仙等也要服从于此。道的观念最好地反映了这一点。

及至近代，轩辕道的观念对中国追求民主共和国及社会主义的人士也仍在发挥着影响。孙中山先生手书的"天下为公"四字正是其终生的追求；在推翻帝制、建立共和、拯救民族危亡的革命中出现了追述黄帝事迹、高扬黄帝精神、呼吁以黄帝生日为纪年的"黄帝潮"；毛泽东、朱德等无产阶级领袖也信奉"人间正道是沧桑"，赞颂黄帝是中华的"赫赫始祖"、"命世之英"，呼吁人民继承其伟业，复兴中华。因为有了对黄帝的尊崇，中国的资产阶级革命和无产阶级革命都呈现出鲜明的民族主义色彩。

以上事实表明，轩辕道的思想源远流长、博大精深，确实像 DNA 之一脉相传，反映了中华儿女的共同心声。可以说，地无分南北、时不分古今、人不论资无，皆尊黄帝为祖先，以大道为至公。说道是中华文明中最深刻、最核心的内容，概括中华文明为道治文明实不为过。廖先生提出中华文明为道治文明的观点确实精到。

2. 道治与法治的关系

廖先生讲道治的社会治理结构，中心是法治，旁及德治、党治与民治；而以法治讲得最多，他把自己的基本思想概括为"科学法治观"。如何看待这个法治观？总体上看，态度是积极的，精神是鼓舞人心的，有相当的科学性在内，对我们的思维创新有启迪作用，对我们国家今天的法治建设极有借鉴意义。下边分别就道治、道生法、法治三个具体问题来分析。

先来看道治。

道是一个客观现象，又是人们头脑中的一种观念。提倡道治就是赋予道以积极内容的过程，可以说廖先生对道的理解就是他论道治的内容。

廖先生从积极的角度给轩辕道赋予了最美好的内容。他给古老的道装上了 KQID 的内核，使其成为一架有无限创造力的引擎；他提出道是普遍仁爱，是先予后取，反映了宇宙的普遍原则；他说道有创造性和平等分配性，是五项天命，每一个理解了道的深刻内涵的天命人都能有无限的创造能力。道平等地对待每一个人，为每一个人创造同等的机会来发展自己，为他人造福；道也平等地约束每一个人，不容许他有超越其他人的特权。从道生法的角度看，廖先生对道所赋予的美德同时就是对法治的要求，即在立法和执法上应当体现出道的这些美德。廖先生对道的赞美是无可挑剔和鼓舞人心的。

再来看道生法。

廖先生赞成黄帝思想中"道生法"的思想和依道而立法、执法及人人都要守法的要求，其最有意义的地方在生法、释法的环节上。他完全否定了先知和圣人的作用，并把这一点作为与神治文明的根本区别。他认为，道是客观的，不以人的意志为转移，依道立法可以做到至公至正而无有偏倚；道又是公开的，人人皆可感知，可以证实或证伪。因此，在立法和司法中都不必借助任何先知来解释。这样就不会导致人治，也不会导致人群的分裂。廖先生对先知作用的批驳是他最光辉的思想点之一。就对法制工作者的启迪作用而言，不亚于当年邓小平提出的"解放思想，实事求是"和"实践是检验真理的唯一标准"给思想界的震动一样。

值得注意的是，廖先生在立法的内容上并未多讲道的要求，但他主张道治即德治、即五项天命之治时已经包含了以民为本、尊重个人自由、人人平等、权利义务一致、有调控的市场机制等涉及基本权利和社会政策的问题。依据道生法的要求，这些内容当然要列入法律之中了。相反，如果所立的法律不是以五项天命为指导，那就不是法治而是法制，即人治或专制了，是应该推翻的。

再来看法治。

廖先生所讲的法治主要集中在平等约束的原则上，即帝王将相都要一体守法，法律面前人人平等。对这一点，廖先生着墨最多，特别赞颂了黄帝杀蚩尤和商鞅刑太子傅的事迹。他把法律要普遍遵守并且法律要反映五项天命的要求看成是"法治科学观"的核心原则，这一点与古代西方亚里士多德对法治的认识完全一致。同时，他也强调现代政党、政府及政治领袖都要严格遵守法律，这样法治才能得到保障。这种论述对中国情况尤其具有针对性。

以上简单地对廖先生的道治文明及道治与法治的关系两个问题进行了分析评论。总体上说，廖先生对道治文明的论述的基本方面是站得住脚的，也有历史文献依据，符合基本史实。如他说道起源于轩辕之时，概括中式道治的思想与实践，尤其是对道治与神治两种文明的比较等，都有自己的独特见解，有发人深思的精彩之处。

在道治与法治关系的原理分析方面，他的见解也富有建设性和积极性。他谈道治并不是就历史而谈历史，而是为现实而谈历史，要解决的是现实问题。《黄帝四经》中讲道的篇章往往是用直观感悟来推论；而廖先生则是从"道法自然"的角度用科学原理来分析道，得出轩辕道最有价值的部分仍能在今天为中华发展提供强大动力的认识。这就大大推进了我们对道的认识，即对我们自己的文化传统的现代生命力的认识。这一分析体现了古为今用、洋为中用、自然科学发展最新成果为社会科学所用的思路。这对我们创新发展思路是有帮助的。

3. 廖凯原先生独特的研究思路及进一步需要深入思考的问题

廖先生首揭中华文化之根在黄帝之道，并把 KQID 嵌入道的内核之中，倡言以道为治不仅可致天下太平，且可获得"免费午餐"，最终能把中国带入美好的大同境界。其观点在我国学界刮起一股新风，令人鼓舞。他能取得如此惊人且深刻的洞见与其特立独行的研究思路有关。

廖先生独特的研究思路在于：他用自然科学原理观察社会人文问题，以西人推理解释中国古代历史，力图发现古老中华文明中最有价值的因素，为今日发展所用。这在我国目前的史学研究方法中实为少见。一般学者或是盲目歌颂本国优良传统，但是找不到于今有益的生命力；或是一味用西方传统贬低中国古老文明，主张全盘西化才有出路。这两种倾向显然都是有害的。廖先生正是凭借其独特的知识背景和研究视角，开拓了中国古史研究的一片新天地。他对道治文明的优越性、道治对法治与德治的指导关系，以及法治科学观的实现途径与社会条件的分析，都对我们今日的文化振兴和法治建设有重要的启迪作用。

当然，凡事皆有利有弊。廖先生的独特研究思路在带给我们有益启迪的同时，也给中国学者带来些许困惑。除了廖先生的 KQID 原理中的各种公式数字之艰深陌生以外，也与其研究成果尚不充足、语言译述欠流畅有关。道治涉及的问题面深且广，而廖先生目前的研究论文的数量还不是很多，而且只是一些单篇的文章和讲演稿，缺乏系统的专著和论文，也缺乏通俗的解读。因此，许多问题的表述还不细致，值得进一步探讨的问题还很多。以下略举数例以说明之。

首先看道治文明中的先知问题。

廖凯原先生认为神治文明因依赖先知而可能有导致人治的危险。道治文明不会出现这种危险乃是由于"道"科学而客观，可证实和证伪，故人人皆可直接求得以免去先知一层所导致的人治之弊。但问题产生了，一是道本身的科学含义需要科学家来说明，如光速、比特、反熵等，科学家对道的解释是否也是一种先知，如不是，那是什么；如是，会否导致先知之治，即科学家的思想影响现实中人们的判断。二是科学家的解释是否会导致歧义，若有歧义是否会导致分裂，形成你有你的道、我有我的道的局面。（如相对论和量子论对自然界的不同解析）三是"道生法"，而法需要人去定，也需要人去行，这就离不开定法和行法的人对道的解释，也可能出问题。

其实，道也好，神也好，都是形而上的，要明确其意义并成为法的依据，就必然得有人去解释。因而，不同形式的先知是不可避免的，中国的孔子、孟子、董仲舒，外国的牛顿、爱因斯坦等起的就是这个作用。先知作为道生法或神生法的中介这一客观现象不能忽视，而如何保持其客观性、防止其偏见性是最值得我们进行研究的。

其次看道治结构中的党治问题。

廖先生的理想的治理结构为道治、党治、民治、法治和德治的统一，但他并未就党如何去治进行探讨。他提出了党必须遵守法治，与其他社会组织和个人在法律面前一律平等，但他更重视保持党强大的领导能力。在他的认识里，执政党与道是一致的，是精英人士所组成的，体现了道的公正、平等、创造力等特性，必然代表人民利益。这种认识体现出了鲜明的中国传统。《黄帝四经》里即充满了"圣人执道，贤臣来效，民众守法"的理想化的议论，但在现实生活中未必如此。古代的君王权臣和现代的执政党违反道的科学要求而蛮干，或者破坏法治而乱为的事屡见不鲜。实行科学爱民的道治，若全寄望于英明的领导人必不可靠。如何健全制度，真正把权力运行放进笼子中还是值得我们在法治建设中多加研究的。

最后来看研究方法中压缩时间与空间的 KQID 之道。

细细品味廖先生关于道治的论述，我们会发现他所说的道实际上有三种。第一种是《黄帝四经》等古文献所载的言论事迹反映出来的轩辕道，即黄帝思想；第二种是《礼记》、《中庸》、杨朱、荀子、商鞅等诸子和文献中议论的道，反映了先秦诸子的思想，可称之为诸子道；第三种是廖先生提出的带有 KQID 引擎的、有数学模式论证的道，它反映的是廖先生的思想，可称之为凯原道。这三种道既有时间上先后相继的渊源关系，又有空间上跨越古今认识的并存关系。可以说，既有后人认可前人的"道"，又各有各的"道"。前两种是学者能理解的、一般历史学意义上的道，后一种则是陌生的、物理学上的道，对此大多数学者不易理解。

廖先生的文章很多时候由于未标出明确的时间节点，在阅读时很难分清哪些是轩辕时就有的思想，哪些是后人或今人的思想。比如，轩辕大道是可以用公式、数字算出来的科学定理、轩辕道的核心是先予后取和五条天命、发扬轩辕道的创造力就可以获得"免费午餐"等。这些判断或推理显然是为了歌颂黄帝的伟大英明和黄帝思想对后人的价值而加之于他的。其用心是好的，但要让一般历史学者或其他普通人都能认同可能还要做很多工作。所谓"隔行如隔山，其此之谓也"。

简短的结语。

廖先生的全部思想以道治为核心，因道而生治，因道而生文明。围绕这一个核心、两个方面，本文对其思想进行了介绍和评析，希望能给读者留下简明的印象。文章草就之余，掩卷深思，不禁要问，究竟什么是廖先生给中国学术做出的贡献？他的研究能给我们带来什么有益的启示？我们应该如何看待他的思想呢？我的感想主要有三点。

首先，他第一个高高举起黄帝的旗帜，提出了轩辕道是中华文明之魂和中华文化之源，发掘了道的内涵，揭示了道的生生不息的动力来源的科学依据，阐述了道治文明在世界文明之林中的价值和地位，规划了道治在今日中国继续发挥作用的途径和条件，从而给中国思想界带来了革命性的震动。这应该是他给中国学术界做出的最重要的贡献。这一贡献不仅使中国思想史源头的研究从聚焦于春秋战国时的诸子百家转向远古的黄帝时代，将时间提前了两千余年，更使我们今天的民族文化建设找到了强大的传统精神支柱。这后一方面的作用远远超出了学术研究的范围，而上升到海内外中华儿女文化认同和文化自信的高度了。

没有信仰，一个民族无法生存，一个文明无法成立。世界各地的人们都有自己的信仰，基督教、伊斯兰教等都是这样。我们中华民族怎能没有自己的信仰，黄帝就是我们的信仰！黄帝精神充满了仁爱、包容，又蕴含着科学原理，引领我们的先人走过五千年岁月，今天仍将继续引领我们走向复兴。认识到这一点，提出来并不遗余力的赞美它、论证它，廖先生是第一人。就此而言，他居功至伟，给予怎样的评价都不过分。

其次，廖先生独特的研究方法值得我们思考和借鉴。

他研究道治，与一般中国学者最显著不同的地方在于"跨界研究"，即用自然科学原理来分析社会科学问题，从而破解了古老中华文明的内在发展动力之谜。他根据的是量子信息原理，使用的是科学计算方法，分析的是历史文明问题，得出的是令人积极鼓舞的结论。虽然他的具体结论不一定全对，他的公式、数字不一定全都准确，他的KQID或2.0运行体系也不一定能令每个人都能接受，但是他的这种思维方向是值得肯定的。现代自然科学的发展促进了哲学观念的转变，又进一步影响到社会科学中历史观、文明观的变化。我们每个社会科学工作者都应该认清此种形势，不要僵化于自己固有的哲学思维。只有真正解放思想，才能让自己的学问做出新时代所需要的贡献。

最后，廖先生异乎寻常的爱国热情与弘扬黄帝精神的神圣使命感值得我们敬重。

他生于异乡、长在海外、事业大成，本可坐享人生，没必要殚精竭虑地去研究这些艰涩的学术问题。但是，他念念不忘自己是黄帝子孙，为祖国复兴效力之情溢于言表。他那种宣扬黄帝的使命感近乎神圣、异乎常人。读他的文章，每章每页，字里行间，你都能感受到这种神圣的热情在涌动。他著书演讲，呼吁海内外中华儿女共同信仰黄帝，建议设立国家性礼节仪式以助其事；他还四处奔走、捐资助学、只予不取，做了许多有益于青年的事。读其文要知其人，而知其人更能理解其文中所持观点的价值。他的这种精神值得我们每个黄帝子孙敬重。

最近以来，廖先生独树一帜的学说及其与众不同的行事风格引起了学界的一些反响，甚至网络上也物议沸腾、毁誉参半。对此，我们应保持冷静宽容的态度。学术研究中出现各种不同意见都是正常的，对于他文章中个别不周全的地方也不必求全责备。廖先生的文章尚在陆续发表之中，有些问题还有待展开。他用科学原理研究历史或法学，用英语讲中国故事——这种方法对多数人来说都有点陌生。人们要接受其成果，头脑中也需要有个转换的过程。我们学者应该多做注疏解释的工作，帮助其完成这种转换。更重要的是，复兴中华文明，我们每个人都有责任，各种学术的或现实的问题更多的还是要靠我们大家共同努力来解决。廖先生只是给我们树立了一个榜样，不能苛责于他，更不能期待他把什么都解决。宽容、虚心、借鉴、努力做出自己的贡献才是最重要的。

道治：《黄帝四经》卓越的治理思想
——兼议廖凯原先生的"道治文明"观点

艾永明[*]

轩辕纪年4712年（2015）4月19日，在河南新郑举行的"第九届黄帝文化国际论坛"上，廖凯原先生在《轩辕召唤》建议稿中提出，黄帝是中华民族的赫赫始祖，轩辕之道是中国文化之源，黄帝思想的核心是"道治"："轩辕的法哲学公开表明依靠道治，它为中式法治明确界限和指导方针"，"道，而非人，才是一切事物的准则，并支配一切。"廖凯原先生的这些论述对我们深刻认识黄帝思想和整个中国古代文明是富有启迪意义的。

许多中外学者都认为，道是中国古代哲学的最高范畴，是中国古代文化之根，因此在中国古代思想中占有十分重要的地位。对道的研究一直是学术界的一个重要课题，发表的相关论著也是数不胜数。然而，由"道"上升为"道治"并加以探讨和研究的却少之又少。而且，对"道治"的已有研究未能很好地区分"道"与"道治"理论属性的不同，基本停留在传统哲学的角度和层面上进行分析，没有重视从道的社会化和实践化的角度加以探讨和研究。[①] 因此，对"道治"的研究和阐发只能说刚有起始。

1973年，《黄帝四经》（本文以下简称《四经》）在失传两千多年后被

---

[*] 艾永明，清华大学法学院凯原中国法治与义理研究中心研究员。
[①] 据笔者所见，仅有少数学者以"道治"对道家思想进行过研究。如商原李刚：《道治与自由》，社会科学文献出版社，2005。唐少莲：《道家道治思想研究》，中国社会科学出版社，2011。另有一些相关文章如商原李刚：《论"道治"政治哲学》，《唐都学刊》2006年第3期。唐少莲等：《"道治"的正当性及其悖论》，《伦理学研究》2010年第11期。孙亚洲：《人治、法治、道治问题探讨》，《经济与文化》2010年第2期。

道治：《黄帝四经》卓越的治理思想

重新发现，为中国古代思想史研究提供了十分宝贵的资料。关于《四经》的思想归属，学术界多有分歧，主要观点有两种：一是认为《四经》是战国时期黄老学的代表作，书名虽为《黄帝四经》，但这只是假托"黄帝"而已，其思想与黄帝没有关系；二是认为《四经》是自黄帝时代以来代代口耳相传，在传递中不断增减、修正、丰富、发展而成的，包括文字、语言都是经代代相传、不断打磨精炼而成的。《四经》肯定不都是黄帝的言论和思想，但它的原始理论元素、原始观点是黄帝提出来的。这些原始思想、理论和观念又历经数十代人反复实践、检验、丰富、发展，最终形成了《黄帝四经》。笔者认为后一种观点比较符合历史的逻辑。《四经》是我们了解和研究黄帝思想的珍贵典籍。《四经》内容之丰富、观点之独到深邃已为学术界充分肯定。然而，《四经》的核心理论是什么？根本主张是什么？学术界的已有研究似乎并不十分清晰。依笔者粗见，《四经》全书论述的问题以"道"为中心：道是什么？道何以成为治国之准则？循道与违道的结果是什么？道如何得以实施践行？……所以，"道治"应该是《四经》的核心理论和根本主张。本文试对这一理论作比较系统的探讨，以期得到学界之匡正。

一 道治的理论属性

要正确地认识《四经》的道治理论，首先必须明确我们对其应持什么样的学术立场和学术视野，这就需要对它的理论属性作出正确的分析和说明。作为一种理论或学说，"道"与"道治"虽然具有内在的联系，但它们的属性判然有别。道治的理论属性不同于一般的哲学理论，也不同于单一的政治学或法学理论，而是有其自身的特殊性。道治特殊的理论属性决定着它的理论体系、范畴内容和在思想史上的地位。

"道"是哲学的范畴，"治"是政治学和法学的范畴。"道治"具有哲学的内涵，但已不是哲学的理论；"道治"具有政治学和法学的内涵，但也不是政治学和法学的理论。"道治"是哲学和政治学、法学融为一体的理论或学说。"道治"理论的内部存在着严密的逻辑关系。

首先，"道"是"治"的哲学指导，更是其正当性的依据。任何"治"及其形成的社会秩序都存在是否正当的考问，"正当"是治所必须回答的首要问题和根本问题。马克斯·韦伯曾概括说,大凡各种社会秩序的正当性来源和依据主要有传统、信仰和章程三种。[①]《四经》与之全然不同,它另辟蹊径,用中国古人自己创立的"道"作为"治"和社会秩序正当性的来源和依据。它有一段重要的论述:

> 正者,事之根也。执道循理,必从本始,顺为经纪。[②]

治国必须有"正"(实即正当性),这是治国的"根"与"本",而治国之"正"便是"执道循理"。应该看到,《四经》以"道"作为治的正当性依据,充分展现了中华民族的高超智慧和中国古代文明的卓越与先进。

其次,"治"是"道"社会化和实践化的方法和途径。道是治之正当性所在,这是由道而治;治是道之践行途径,这是以治行道。道只有走向治,才能发挥真正的社会功能和作用。《四经》十分重视以治行道,并为此设计了一整套富有特色而可行的方案。

道治理论有机地融合了哲学、政治学和法学,这种融合绝不是简单的拼凑和汇集,而是形成了自身的结构和体系,它比一般的哲学、政治学、法学理论具有更丰富的内容和更深邃的意蕴。可以说,它源于一般的哲学、政治学和法学理论,又高于一般的哲学、政治学和法学理论,是中外思想史上一种有特色的治国理论。其实,对道治的这种评价早在当时的《尹文子》中就有清楚的表述:"是道治者,谓之善人;借名法儒墨者,谓之不善人","大道治者,则名法儒墨自废;以名法儒墨治者,则不得离道。"[③] 显然,在《尹文子》看来,名、法、儒、墨各家虽都有自己的理论,但它们根本无法与"道治"理论相提并论。道治涵摄了名、法、儒、墨各家理论,而名、法、儒、墨各家理论都要以道治为本。《尹文子》的这种评价虽然可能带有学派倾向,但也是十分精到和深刻的。事实也确实如此:相较于一般的道家而言,《四经》的道治理论明显地增强了社会实践性和可操作性,"道"不再那么玄虚、空灵而与社会人事息息相关。相较于名、法、儒、墨及其他各

---

① 〔德〕马克斯·韦伯:《社会学的基本概念》,胡景北译,上海人民出版社,2005,第57页。
② 陈鼓应注译《黄帝四经今注今译——马王堆汉墓出土帛书》,《经法·四度》,台北:商务印书馆,2007。下引《黄帝四经》为同版本,只注篇名或页码。
③ 《说苑·君道》。

道治：《黄帝四经》卓越的治理思想

家而言，《四经》的道治理论具有更深邃的哲学基础和本体性论证，"治"不再那么具体、琐碎而是富有正当性和合理性的支持。

《四经》中这样一种高于名、法、儒、墨等各家学说的"道治"理论是何以形成的？这是一个很复杂的问题，涉及《四经》的作者，《四经》的写作背景，写作动机和目的，《四经》的思想渊源、内容、特点等诸多因素，但《四经》关于道的可知论和与之相应的学术高度关注社会的特征无疑是很重要的原因。

第一，强调道是可知可行的。《老子》和《四经》都以"道"为中心，但两者对道的可知性的认识有很大不同。《老子》开篇就说："道，可道，非常道；名，可名，非常名。"① 虽然老子的这种论述并不是完全表明道不可察知、不可体悟和不可践行，事实上老子也有许多关于"天之道"的具体内容的言说；但总体而言，老子是反复强调道玄之又玄、高深莫测和难于体认的。后来，庄子继承和发展了老子的这种玄妙道论："道不可闻，闻而非也；道不可见，见而非也；道不可言，言而非也。"② 不可闻、不可见、不可言之道只能被放在高高的神坛上，难以走向社会之治和实践之治。所以，老庄之道虽高深但难有实用。《四经》虽然与老子一样，将道作为宇宙万物之本源和规律，具有抽象性、高深性甚或玄妙性；但它与老子又有很大的不同，反复强调道不远人、道不失人、道与人如日出日入一样息息相关：

  天道不远，人与处，出与反。③

甚至还提出，"人"与"道"是主客关系，但这种主客关系可以转化。如果人把握了天道运行的规律，就能主动地运用这种规律取得各种功业：

  天道环［周］，于人反为之客。④

---

① 《老子》第1章。
② 《庄子·知北游》。
③ 《经法·四度》。
④ 《十大经·姓争》。

105

显然,《四经》对"道"持有可知论的态度。这种可知论使道走下了高高的神坛,为其走向"治"和社会化、实践化提供了基础和条件,"道治"理论因此而获得了充分的理由。

第二,以务治为学术宗旨。春秋战国尤其是战国时期,在诸子并起、百家争鸣的汹涌热潮中,思想学术日益表现出一个鲜明的特点,就是以务实治世为宗旨和目标。司马迁在总结这一时期的学术特点时曾指出:"天下一致而百虑,同归而殊途。夫阴阳、儒、墨、名、法、道德,此务为治者也。"① 各家虽然立论不同、主张各异,甚至各执一词、相互攻讦;但都是"著书言治乱之事,以干世主",② 为各国执政者提供治国救世之良方。《四经》这一学术治术化的特点表现得尤为突出。有学者对《四经》所论述的主要问题做过统计和排列:道法为统,故言之最多;其次兵戎;其次务农;其次任地;其次治民;其次驭下。③ 除"道"之外,以下都为治事之要务。治国必须循此次序,方是正确的途径和法则。《四经》与老子虽然都倡导"功成不居"的谦下姿态,但《四经》明显具有"尚功"的倾向。同样,对于"道",老子多言抽象的根本之道,而《四经》多言务实的应化之道。很显然,《四经》的重心已由"道"转向了"治",由"道学"转向了"道治学"。所以,用"道治"概括《四经》的全部学说和思想是十分客观和准确的。

二 道治的内涵和实质

"道治"的内涵是什么?其实质又是什么?这是分析和认识道治的两个基本问题。

(一) 道治的内涵

什么是"道治",逻辑的解释是"以道治理"。道的内涵不同,道治的内涵也就不同。在中国古代思想史上,道是一个被广泛采用的概念,尤其是

---

① 《史记·太史公自序》。
② 《史记·孟子荀卿列传》。
③ 参见陈鼓应注译《黄帝四经今注今译——马王堆汉墓出土帛书》,台北:商务印书馆,2007,第35、52页。

在先秦，道家、法家、名家、阴阳家等都讲道，然而其内容和旨意多有不同。①《四经》之道是一个哲学范畴，主要有二。首先，道是宇宙之本源，世间万事万物都由其产生：

> 虚无刑（形），其裻冥冥，万物之所从生。②

就是说，道自身虽然空虚无形，但万物皆由其而生。道"高而莫察，深而莫测"，既无法称呼，又不能形容，但天地阴阳、四时日月、星辰云气以及万事万物都从它那里获得化育生存之源——"鸟得而蜚（飞），鱼得而流（游），兽得而走。"③

其次，道是规律，宇宙、自然和社会的运行都受其支配：

> 天道寿寿，番（播）于下土，施于九州。是故王公慎令，民知所□（由）。天有恒日，民自则之，爽则损命，环（还）自服之，天之道也。④
>
> 物各〔合于道者〕，胃（谓）之理。理之所在，胃（谓）之〔道〕。⑤

天道平易，播于广土，及于九州。天有恒定之法则，人们必须取法它、服从它，否则便会毁命亡身。万物各有其理，而理便是道之所在。

道作为宇宙、自然和社会之规律和法则，包含有丰富的内容，并有其自身的体系和层次。《四经》对此有不同角度的论述，其中最重要的分类是道，包括天道、地道和人道。它们之间不是并列关系，而是天道高于地道和人道，地道和人道要服从天道。所以，同《老子》等著作一样，《四经》常常用"天道"指称道。这种用法很符合中国古人的思维和认识，目的是为

---

① 如老子之道，重在宇宙本源和自然规律；而孔子之道，重在人际规范。钱穆说："《论语》上的道字，是附属于人类行为的一种价值品词。"（《论十翼非孔子作》，参见顾颉刚《古史辨》（第三册上编），上海古籍出版社，1982。）
② 《经法·道法》。
③ 《道原》。
④ 《十大经·三禁》。
⑤ 《经法·论》。

107

了强调和申明道的至上性、普适性、客观性和规律性。①

道既是宇宙万物产生和存在之源,又是自然、社会和万事万物之规律,它们之间是有内在联系的。首先,道之所以能成为自然和社会之规律,是因为道是宇宙万物之源;道是宇宙之源乃是因为道为规律之源。《经法·道法》:"反索之于无形,故知祸福之所从生。"道既然产生了万事万物,那么便可通过反求于道的方法懂得万事万物(祸福、死生、存亡等)产生和转化的原因。其次,道的宇宙之源必须通过道的规律属性发挥持续的意义和作用。在一切皆无的混沌之时,道的宇宙之源产生了无可替代的作用。一旦万事万物得以"建形立名",那么,道便主要通过其规律属性支配自然和社会的运行和发展。所以,道治的内涵是:按照自然和社会产生之初便存在的客观的、不以人的意志为转移的规律治理一切社会事务。简言之:道治便是规律之治。

自《四经》被发现以来,围绕着它是一部拼凑之作还是完整之作、它的学派属性和思想主旨等问题,学术界多有分歧。但不管如何,纵观《四经》全书,我们可以清楚地发现:"以天道推衍人事"是其最显著的思维特征;天道是人事之依据,人事是天道之取法是其最核心的观点。无疑,这种思维特征和核心观点与道治的内涵是十分吻合的。所以,《四经》虽然没有像《尹文子》那样直接和明确地提出"道治",但其全部内容再清楚不过地是以"道治"为思想主旨的。②

《四经》认为,自然秩序和社会秩序同源于道,道之恒常决定社会之恒常,故圣人举事必察天地之常:

> 天地有恒常,万民有恒事,贵贱有恒立(位),畜臣有恒道,使民有恒度。③

---

① 也有学者对老子为什么将道常常称为"天道"作过分析:"由于只强调道虚无形、无名的特点,因而道本身并不能表现出可供人们效法的实在规则。这样,在道和万物、人之间,就需要一个中间环节。这个环节既要有道所没有的具体规定性,也要有万物及人所不具备的权威性,这就是天道。"(参见王博《老子思想的史官特色》,文津出版社,1993,第338页。)这一分析可供参考。

② 《尹文子》的思想属性与《黄帝四经》基本相同,它曾明确提出了"道治"主张:"是道治者,谓之善人;借名法儒墨者,谓之不善人。"(见《说苑·君道》)这一主张对于我们理解并把《黄帝四经》的思想概括为"道治"是有帮助的。

③ 《经法·道法》。

道治：《黄帝四经》卓越的治理思想

治国有前道：上知天时，下知地利，中知人事。①

天地之间恒久存在的客观规律是多种多样的，它们无不是人类效法和遵循的对象。

譬如，阴阳对立统一、互存互用方能生长化育万物是天地之重要规律，人事治理理当取法。帛书《缪和》："凡天之道，一阴一阳，一短一长，一晦一明，夫人道［则］之。"《四经》十分重视阴阳理论（全书讲阴阳凡47次），阴阳与人道的关系也被阐述得更加具体明确：

凡论必以阴阳□大义。天阳地阴，春阳秋阴，夏阳冬阴，昼阳夜阴。……主阳臣阴，上阳下阴，男阳［女阴，父］阳［子］阴，兄阳弟阴，长阳少［阴］，贵［阳］贱阴，达阳穷阴。……制人者阳，制于人者阴。……诸阳者法天，天贵正。……诸阴者法地，地［之］德安徐正静，柔节先定，善予不争。②

又如，四时（春、夏、秋、冬）有序运行、周而复始，是天地之道的又一个重要规律，人事必须以之为法：

四时有度，天地之李（理）也。……四时而定，不爽不代（忒），常有法式。③

人事治理中效法四时规律表现在多个方面，如文武关系、刑德关系、取予关系等。

阴阳规律和四时规律又有内在的联系：春夏主阳，秋冬主阴，两者共同作用于国家治理的一个集中表现便是文武（刑德）之道。首先，道有阴阳、天有生杀、四时又有阴阳和生杀之分，所以必须文武并用、刑德并施：

因天之生也以养生，胃（谓）之文；因天之杀也以伐死，胃（谓）

---

① 《十大经·前道》。
② 《黄帝四经·称》。
③ 《经法·论约》。

109

之武：文武并行，则天下从矣。①

其次，阴阳有主次、四时有先后，故文武、刑德也有主次和先后之分：

> 春夏为德，秋冬为刑。先德后刑以养生。……刑德皇皇，日月相望，以明其当。②
>
> 始于文而卒于武，天地之道也。四时有度，天地之李（理）也。日月星辰有数，天地之纪也。三时成功，一时刑杀，天地之道也。四时而定，不爽不代（忒），常有法式，[天地之理也]。一立一废，一生一杀，四时代正，冬（终）而复始，人事之理也。③

文武关系和刑德关系是古代政治、法律领域中的重要问题。《四经》以阴阳和四时规律的逻辑阐明：文武和刑德必须并用不弃，应该先文后武、先德后刑，以文、德为主，④ 武、刑为辅。这些观点实际构成了中国古代文武（刑德）之道的主要内容，它们经过秦汉思想家的继承和发展，并经君主的不断实践，对中国古代的政治、法律生活起到了十分重要的影响和作用。

（二）道治的实质

道治的内涵清楚地表明其实质是以道治国，而不是以人治国；以道之客观规律为治国准则，而不是以人之意旨为治国依据。本文开头所引的廖凯原先生关于道治的观点是符合《四经》本意的。

道是一切人事的依据和准则，所以《四经》自始至终一直在强调对道只能守而不能违。《四经》对守道和违道各有多种表述，前者如顺、因、合、循等，后者如逆、倚、反、雄节等。其中以"顺"和"逆"为最经典的概括：

---

① 《经法·君正》。
② 《十大经·观》。
③ 《经法·论约》。
④ 《四经》关于以文（德）为主、以武（杀）为辅的具体表述有所不一，有的提出三文一武、三德一杀（见上引《经法·论约》），即春、夏、秋为生养收获之时，故"三时成功"；冬为凋零肃杀，故"一时刑杀"。有的提出"二文一武"："因天时，伐天毁，谓之武。武刃而以文随其后，则有成功矣，用二文一武者王。"（《经法·四度》）这种具体表述的差异，只是强调程度的不同，并不影响《四经》关于文武（刑德）的基本观点。

道治：《黄帝四经》卓越的治理思想

> 理之所在，胃（谓）之［顺］。物有不合于道者，胃（谓）之失理。失理之所在，胃（谓）之逆。逆顺各自命也，则存亡兴坏可知［也］。①
>
> 顺则生，理则成。逆则死，失［则无］名。②

观察一个国家，最根本的是看其是逆道还是顺道。这一点知道了，这个国家的强弱虚实也就清楚了。

《四经》清楚地认识到，在现实社会中，道能不能被遵循、客观规律能不能成为治国理政的最高准则，关键在于执政者的态度和行为。所以，《四经》反复强调圣人应当以谦卑敬畏的姿态对待道，无论决策还是举事都要顺道循理，不能将自己凌驾于道和理之上：

> 圣［人］举事也，阖（合）于天地，顺于民，羊（祥）于鬼神。……是故君子卑身以从道，知（智）以辩之，强以行之，责道以并世，柔身以寺（待）之时。王公若知之，国家之幸也。③

从根本上说，"圣人之事"便是顺道而循理："天道已既，地物乃备。散流相成，圣人之事。"④

应该指出，就《四经》的思想主旨而言，道高于君而不是君高于道，这一立场和观点是明确的。然而，这一主张如何得到真正的贯彻实施，"道"和"执道者"的关系如何协调，《四经》也面临着困惑甚至是棘手的难题（详见下文第四部分）。

三　道治与法治

《四经》道治思想的全部内容就是回答和解决"由道而治"和"以治行道"。那么，怎样实现"由道而治"和"以治行道"？根本的方法或者途

---

① 《经法·论》。
② 《经法·论约》。
③ 《十大经·前道》。
④ 《十大经·观》。

径便是道法结合——授道入法和以法行道。《四经》的学术主旨便是讨论合于道的法在社会生活中的全面贯彻和落实。在中国思想史上，《四经》首次提出了"道法"概念。"道法"无可争议地成了《四经》的中心思想，以至于有些学者称《四经》为"道法家",① 甚至还有学者称其为法家作品。②《四经》与老庄道家的最大区别正是在于对道、法关系的不同态度和主张。在老庄那里，道与法常常处于紧张甚至是对立状态；在《四经》那里，道与法相连甚至道法一体。在老庄那里，离开了"法"，还可以谈论或理解其"道"；在《四经》那里，离开了"法"，就根本无法讨论和理解其"道"了。

"道治"与"法治"的关系是《四经》思想中最关键和最重要的问题。只有清楚地认识两者的关系，才能正确地揭示和把握《四经》思想的核心和精髓。从逻辑上讲，道治与法治是从属关系：道治包含了法治，法治是道治的核心内容。从两者的相互作用和意义上讲，道治是法治的渊源和正当性之根据；法治是道治之载体和最根本之实施途径。

（一）道治是法治的渊源和根据

《四经》中有一段十分重要的话：

> 其明者以为法，而微道是行。③

这段话在《四经》中先后出现两次，在与《四经》思想倾向相同的著作中也屡屡出现,④ 这表明了这段话的重要意义和价值。但是，对于这段话的释

---

① 如裘锡圭：《马王堆〈老子〉甲乙本卷前后佚书与"道法家"兼论〈心术上〉〈白心〉为慎到田骈学派作品》，转引自中国哲学编辑部《中国哲学》（第 2 辑），生活·读书·新知三联书店，1980。
② 如唐兰：《马王堆出土〈老子〉乙本卷前古佚书的研究——兼论其与汉初儒法斗争的关系》，《考古学报》1975 年第 1 期。王德有：《中国古代学派的分水岭——兼论〈黄帝四经〉的法家归属》，《哲学研究》1996 年第 10 期。
③ 《十大经·观》。
④ 在《四经》中，这段话分别出现在《十大经·观》和《十大经·姓争》中。在其他著作中出现这段话的如《国语·越语下》："天道皇皇，日月以为常，明者以为法，微者则是行。"《鹖冠子·世兵》："类类相生，用一不穷，明者为法，微道是行。"

道治：《黄帝四经》卓越的治理思想

义和理解，学者多有分歧，① 甚至有的学者的解释前后也不尽一致。② 王沛对这段话的释义做过很详细的梳理和分析，并提出了自己的见解。笔者认为，王沛的解释虽然不尽准确，但如果以《四经》的思想主旨为指导，将这段话置于《四经》的整体中去考察，他的释义是较为符合原意的。兹录引之："显露出来从而为人可见的是'法'，隐行于其中从而难以察觉的则是'道'。这句话也揭示了黄老学说中'法'理论的基本内涵，即社会的运行规则受宇宙运行规则的控制，前者称为'法'，后者称为'道'。作为社会规则的'法'，是明确显示出来的，社会成员必须要遵守，而作为立法依据的'道'，则是不易琢磨的，唯有圣人可以体察。"③ 总的来考察，这段话说明了道与法各自的主要特征和相互关系：道者，无始无名、虚而无形；但它是天地万物的本源，当然也是公开、明白、易知的法的来源。道法的源流关系决定了道治必定是法治的渊源和依据。

道治何以是法治之渊源和根据？其集中表现是法由道生，这也正是《四经》中一个最重要的观点。"法即天道""法即天理"，这是古代中国根深蒂固的一种认识，也是具有鲜明特色的中国法观念。《四经》无疑是这一法观念的重要倡导者和代表作。《经法·道法》开篇写道：

> 道生法。法者，引得失以绳，而明曲直者殹（也）。故执道者，生法而弗敢犯殹（也），法立而弗敢废也。［故］能自引以绳，然后见知天下而不惑矣。

这段重要论述清楚地表达了三层含义：第一，道是法之本原；第二，法的基本功能和作用；第三，立法者与自己所立之法的关系。这三层含义是《四经》关于道与法、道治与法治关系中十分重要和精辟的理论观点。这里，先就第一层含义作进一步的分析。（关于第二层、第三层含义，在下文中再作申述）

---

① 对这段话的各种解释及其比较，可参见王沛《黄老"法"理论源流考》，上海人民出版社，2009，第62~67页。
② 陈鼓应先生在《黄帝四经今注今译——马王堆汉墓出土帛书》中前后两次对这段话作出了解释。第一种：要取法自然规律以行奖赏，也要顺行自然规律以施惩罚（第212页）；第二种：秉执法度要彰明，实行道术要隐晦。两种解释显然不同，而且都不甚确切。
③ 王沛：《黄老"法"理论源流考》，上海人民出版社，2009，第67页。

黄帝思想与中华引擎（一）

道在产生万事万物的过程中为什么要特别地"生法"？《十大经·成法》记载了一段黄帝与其大臣力黑之间关于订立法度的对话：

> 黄帝问力黑：唯余一人，兼有天下，滑（猾）民将生，年（佞）辩用知（智），不可法组，吾恐或用之以乱天下。请问天下有成法可以正民者？力黑曰：然。昔天地既成，正若有名，合若有刑（形）。[乃]以守一名。上捡之天，下施之四海。吾闻天下成法，故曰不多，一言而止。循名复一，民无乱纪。

黄帝担心，那些阿谀谄媚、花言巧辩的刁巧乱民如果得不到遏止，天下就会大乱，故问力黑有无正民之"成法"。力黑告诉黄帝，以名正形，形名相符，天下万事万物就能执守大道，这也就是天下的"成法"。（这里提出"名"具有法之内涵，详见下文）只要人们都能够各守形名而归于道，天下就没有违法乱纪了。

《经法·道法》还从人的自然本性出发论述了道生法的必要性：

> 生有害，曰欲，曰不知足。生必动，动有害，曰不时，曰时而□。动有事，事有害，曰逆，曰不称，不知所为用。事必有言，言有害，曰不信，曰不知畏人，曰自诬，曰虚夸，以不足为有余。

显然，人生而有"四害"，即欲害、动害、事害、言害。四害不止，就会失道。

可见，道在产生万事万物的过程中及万事万物形成以后，出现了各种各样不合道的"恶"、"逆"、"害"等现象，法因道而生，故能防止和消除各种各样的"恶"、"逆"、"害"，使万事万物"守道复一"。

"道生法"的理论不仅对《四经》思想体系的构建和完善具有重要作用，而且在中国思想史上也产生了深远的影响和意义。

首先，"道生法"理论使法获得了最神圣的本源和正当性的根据，而且，这种本源和正当性根据是客观的、固有的、不以人的意志为转移的道之规律。这种理论在中国思想史上是一个巨大的进步。在夏、商、周时期，神权法理论表明的是："神"是法的本源和正当性根据。同时，夏、商、周乃至春秋、战国时期，"先王"造法的理论也很流行。它宣扬了"王"是法的本源和正当性根据。"道生法"理论明确否定了上述两种理论，建立了中国古代一种新的更合理的法治理论。

其次，"道生法"否定了"性善论"，为"法治"提供了理性的哲学基础。法是因为人类社会有"恶"、"逆"、"害"等现象而产生的，这些现象又是因为人的永远不知满足的"欲"而滋生蔓延的，所以人和人类社会必须有强制性的规范予以管理。《四经》的这种理论与老子的观点有相似之处。老子反复强调"欲"和"不知足"的危害："罪莫大于可欲，祸莫大于不知足。"[①] 但是，老子不仅没有由此重视法律，反而滑向了道法对立的倾向，而《四经》与老子恰恰相反。应该说，《四经》的思想比老子的要理性和正确。

最后，"道生法"理论产生了广泛的和深远的学术影响。"道生法"理论深刻地揭示了道法关系，也为社会治理提供了崭新的、切实可行的方案，因而能为许多学派和思想家所接受和发展。如《鹖冠子·兵政》："贤生圣，圣生道，道生法。"《管子·心术上》："事督乎法，法出乎权，权出乎道。"《荀子·致士》："无道法则人不至"，"君子也者，道法之总要也"。《韩非子·大体》："因道全法，君子乐而大奸止。"可以说，"道生法"已经成为当时思想界的一项"共识"，而这一"共识"的引领者正是《四经》。

在讨论和研究《四经》的"道生法"理论时，有必要对"道"是不是"自然法"的问题作些分析。虽然，我们完全不同意将西方的自然法理论作为评判中国思想理论的尺度甚至价值标准，以为符合自然法的就是"合理"的、"先进"的，反之就是"不合理"的、"落后"的。这种评判方法先验地将中西方的思想文化置于不平等的地位，先验地将中西方思想文化定格为裁量标准和裁量对象的关系，这显然是错误的、不可接受的。但是，为了易于比较研究和扩大交流对话的平台，我们可以用西方的理论（同样也可以用中国的理论）作为分析的对象或工具，以便双方获得更多的启发和认识上的一致。所以，把"道"与"自然法"作比较分析是有学术意义的，有助于我们深化对"道生法"理论的认识。

自清末西方政治法律思想传入中国开始，关于中国古代有无自然法的讨论便一直绵延不断，关于"道是不是自然法"的问题是这一讨论中的一个

[①] 《老子》第46章。

重要内容。总体上看，肯定者少，否定者多。① 除国内学者外，一些欧美学者在研究中国思想文化时，也对上述问题提出了自己的看法，也以否定者多一些。②

对于道家（含《四经》）之道是不是自然法的问题，多数学者之所以持否定的观点，其理由主要有以下几点，而这些理由在笔者看来都是值得商榷的。

第一，就法的渊源而言，西方自然法来自"神"的命令和启示，而"道"不是神，道所生之法不是来自神的启示。费正清说："中国人不把法律看作社会生活中来自外界的、绝对的东西，不承认有什么通过神的启示而给予人类的'较高法律'。摩西的金牌律是神在山顶上授予他的。"③ 李约瑟也有类似的论述："无疑地，西方文明中最古老的观念之一就是，正如人间帝王的立法者们制定了成文法为人们所遵守那样，天上至高的、有理性的造物主这位神明也制定了一系列为矿物、晶体、植物、动物和在自己轨道上运行的星辰所必须遵守的法则。""中国的世界观依赖于另一条全然不同的思想路线。一切存在物的和谐合作，并不是出自它们自身之外的一个上级权威的命令。"④ 确实，西方自然法十分强调"神"是最高来源，《四经》的"道"不是"神"。但是，我们必须明白，自然法中的"神"其实是一种假借，谁都知道"神"其实不是存在于天上，而是存在于人的心里。自然法强调"神"的启示，其本质是说：人定之法不是最高的法律，它们的制定者也不是最高的权威。"道"虽然不是神，但它是社会生活外界的、绝对的东西。道生法也是强调人定法要服从来自外界的更高的法律，人定法的制定者也不拥有最高的权威。所以，"神"的启示与"道"的启示在本质上是相通的。

第二，就法的内容而言，西方自然法并不是"自然"的，而是理性的。它有神圣的渊源，源自至高无上的立法者——理性的存在。⑤ 中国的道强调

---

① 有关中国古代有无自然法的讨论概括，参见方潇《天学与法律：天学视域下中国古代法律"则天"之本源路径及其意义探究》，北京大学出版社，2014，第16～20页。
② 如〔英〕李约瑟：《中国科学技术史·科学思想史》，科学出版社，1990。〔美〕费正清：《美国与中国》（第四版），张理京译，世界知识出版社，1999。〔美〕金勇义：《中国与西方的法律观念》，辽宁人民出版社，1989。它们都持否定观点。
③ 〔美〕费正清：《美国与中国》（第四版），张理京译，世界知识出版社，1999，第109页。
④ 〔英〕李约瑟：《中国科学技术史·科学思想史》（第二卷），科学出版社，1990，第551、619页。
⑤ 梁治平：《"自然法"与"法自然"》，《中国社会科学》1989年第2期。

法自然，它最多能产生"法律自然主义"，但不会产生以理性为内容的自然法。这种对"道"的"法自然"的解释是肤浅的。中国古代道观念中的"自然"，虽然含有自然现象的内容，但更主要的是指各种自然现象背后的规律——这种规律才是道的真谛所在。四时是自然现象，先春夏后秋冬是规律；五行是自然现象，五行周而复始是规律；男女是自然现象，男女有别、夫妇有序是规律……中国古代的"自然"不是纯自然，而是人文化、哲学化的"自然"。道之"自然"，更是指道的性质是自然，道之规律的本质属性是本来如此。王弼注《老子》"道法自然"时云："道不违自然，乃得其性。法自然者，在方而法方，在圆而法圆，于自然无所违也。"① 元朝人吴澄更注云："道之所以大，以其自然，故曰法自然，非道之外别有自然也。"② 《鹖冠子》早就用"道法自然"阐述"道生法"："故生法者命也，生于法者安命也。命者，自然者也。"③ 可见，中国古代道的自然属性恰恰强调了规律的客观性、合理性和至上性，这点与西方自然法中的理性是一致的。

第三，从法的结构上分析，西方自然法与人定法实行严格的两分，自然法不能直接进入法律适用（尤其是司法）。但是，中国的道是一个总概念，包括天道和人道；天道和人道又相互作用，没有独立和分离。有学者说："中国传统文化的根本特征是：'天道'与'人道'可以直接沟通，乃至'合一'；所谓'天人合一'的法律文化传统，主要就是这个意思。因此，'法自然'意义上的中国古代法律和西方的'自然法'又是不同的。"④ 这种结论也是不能成立的。首先，西方的自然法与人定法的两分，并不是说它们完全独立和分离。人定法要以自然法为指导，自然法也必定要影响和体现在人定法中；否则，自然法就成为空洞的说教而毫无意义了。其次，中国的道包括天道与人道，但实际上道往往指天道，天道往往被用来代称道（见上文第二部分有关论述）。天道与人道是指导与被指导的关系，尤似自然法与人定法的关系一样。所谓"天人合一"，绝不是字面上所说的真正一体，而是指天道规律可以适用于人道，人道应该而且必须仿效和遵循天道。

---

① 王弼注、楼宇烈校释《老子道德经校释》，中华书局，2008，第64页。
② 吴澄：《道德真经吴澄注》，黄曙辉点校，华东师范大学出版社，2010，第35页。
③ 《鹖冠子·环流》。
④ 徐忠明：《"天人合一"与中国古代法律观念》，转引自韩延龙主编《法律史论集》（第1卷），法律出版社，1998，第371页。

第四，从法的认识和发现上分析，西方的自然法因为源于理性，可以通过理性得到精确的论证，还可由哲学的逻辑推理而获得；中国的道因过于玄虚而无法得到论证，也只能通过直觉的体悟去认识和发现。人人都具有理性，任何人都可凭理性发现自然法；中国的道只有圣人能体悟它、认识它、发现它，只有圣人才能成为"执道者"和"生法者"。在《四经》及道家那里，确实强调圣人才是道的体悟者和发现者，这种观点具有很多负面因素，对其全部学说产生了不可低估的消极作用（详见第五部分）。但是，西方的自然法理论在事实上也有类似的问题。学者们反复申明自然法可通过哲学的逻辑推理而获得，可实际上这样的推理获得后又如何呢？更应该指出的是，学者们一再强调理性存在于每个人的内心里，任何人都有条件去认识和发现自然法，但事实也绝非如此。在西方，只是在近现代逐步建立起一整套完备的、合理的、民主的立法制度后，"人人都有理性，人人都能发现自然法"的理念才在很大程度上得到了体现和实践。如果没有这样的立法制度，上述理念也只是美好的信念而已。而且，本来就很抽象的理性又往往来自神的启示和命令，难道人人都能认识到神的启示和命令吗？显然不能！于是，就要依靠某些人来代表神传达其启示和命令，其结果就可能走向理性的反面。对此，廖凯原先生在《轩辕召唤》中有一段话讲得十分深刻："源于神治的法治基础有一个不可调和的弊端——它取决于人们倚仗哪一位先知人物来代表神、解读神的法律。这一基础仅仅是建立在无法被证伪的信仰之上的。回溯历史，我们已有了无数先知给出的无数对神之法的解读，这一基础是专制的！"

总之，简单地断定《四经》的"道"不是自然法是不能成立的。如果希望通过否定道的自然法的属性而贬抑《四经》的道法思想，更是与事实相悖的学术臆断。

（二）法治是实施道治的根本途径

春秋战国时期的思想学术日益表现出治术化的鲜明特点，这一特点的具体化和实践化便是治术法律化，即将法律作为治理社会和国家的主要方法和途径。《四经》是这一潮流的引领者和典范。它首先援道入法，使法和法治的正当性获得了空前的飞跃；又以法行道，使道和道治寻到了最正确和最有效的实施途径。

在讨论为什么法治是实施道治的根本途径之前，有必要先对《四经》中何者为"法"的问题作出梳理和辨析。因为学术界已有的研究对这一问

道治：《黄帝四经》卓越的治理思想

题多有分歧，有些观点较为模糊甚至不妥。如果不能正确地界定《四经》中法的内容和外延，也就不能正确地分析法治。

按照法学的一般理论，"法"最基本的内涵是具有强制性的社会规范。《四经》中对这种内涵的"法"有多种表述，如"法、名、刑、稽①、令②"等，其中最主要的是"法"和"名"。现对两者的内涵及其相互关系作一些分析和辨正。

先说"法"。

《四经》中"法"的含义是较为清楚的，它是指规范和规则。在社会领域中，它们就具有相应的强制性，学术界对此解释是比较一致的。有些学者虽然对此有一些不同的归纳，但基本含义是相同的。③ 当然，《四经》中的法，有时指一般的法律规范，有时单指"刑事法律"甚至是"刑罚"，这往往要以论述的对象和场合来确定（这些含义可见本部分下文的分析）。但也有学者认为，黄老（包括《四经》）中的法包含"自然法"的内容。我以为这是不很确切的。④ 在《四经》中，法之上更高的法是"道"，自然法存

---

① "稽"在《四经》中的含义，陈鼓应先生考释为两种，一是读为"楷"，法式、法则，作动词则是"取法"之义。二是解释为"考察"，如"察稽"之类。（参见陈鼓应注译《黄帝四经今注今译——马王堆汉墓出土帛书》，台北：商务印书馆，2007，第19页）但"稽"用作法式、规则者为多。如："八度者，用之稽也。日月星辰之期，四时之度，[动静]之立（位），外内之处，天之稽也。高[下]不敝（蔽）其形，美亚（恶）不匿其请（情），地之稽也。君臣不失其立（位），士不失其处，任能毋过其所长，去私而立公，人之稽也。"（《经法·四度》）
② 《四经》中用"令"不多，所用者是指君主发出的政令，与"刑"的内涵有不同。如"四年发号令，则民畏敬""号令者，连为什伍，巽（选）练贤不宵（肖）有别殹（也）。以刑正者，罪杀不赦也"。（《经法·君正》）
③ 如陈鼓应认为，《四经》中的法指法度、法则（陈鼓应注译《黄帝四经今注今译——马王堆汉墓出土帛书》，商务印书馆，2007，第3页），这一概括虽有同义反复之嫌，但基本意思是指规范、规则。又如曹峰认为，《四经·经法》中的"法"大致可以分为两种，一是对统治者具有参照意义的自然法则，如天地运行之道和"墨绳"、"尺寸"、"权衡"、"斗石"、"度量"等自然标准；一是统治者人为制定的、希望能在政治场合迅速发挥效能的政策、举措、法令、号令。（曹峰：《"名"是〈黄帝四经〉最重要的概念之一》，转引自徐炳主编《黄帝思想与道、理、法研究》，社会科学文献出版社，2013，第254页。）这一概括虽然不很准确，但它基本明确了《四经》中"法"的内涵。
④ 王沛认为，黄老（包括《四经》）的"法"具有三层含义：第一层次为自然法则、规律；第二层次是人类社会的法则、法度；第三层次是指法律、法令。第一层次的含义有"自然法"意味，并引《鹖冠子·环流》"一之为法，而万物皆来ม"为证。（王沛：《黄老"法"理论源流考》，上海人民出版社，2009，第67~70页）。我以为，"一之为法"应理解为道体现为法、法反映道之规律，而不是说道就是法，法和道是同义词。

119

在于道中,而不是存在于法的内部(详见上文)。

再说"名"。

相较于"法",《四经》中"名"的内涵和性质要复杂得多。先秦"名"思想由来已久,《庄子·天道》:"形名者,古人有之。"一个值得注意的史实是,学术界一般认为名家作为一种学说始于春秋时的郑人邓析,而邓析恰恰是中国法律史上私制刑书的第一人。[①]《四经》的名思想与名家多有联系,但又有自己的发展和特点。在名家那里,名主要是哲学和逻辑学的范畴;在《四经》那里,名主要是政治学和法学的范畴,[②] 这与《四经》"由道而治、以法行道"的思想主旨是相吻合的。

对于《四经》中"名"的内涵和性质的理解,学术界虽然大多认为其与法相关、相近、相涵,但名究竟是不是法?名与法的关系究竟如何?学者们的意见多模糊并有分歧。《四经》全书论名者甚多,其含义也不尽相同。有学者对此曾作过细致的分析和归类,认为《四经》中的"名"有五种含义:一是作名称或名声解、二是作生成论意义上的"名"、三是与秩序、准则、规范相关联的"名"、四是表示职分、职守、五是作为"执道者"见知天下的工具。[③] 第一、二类指日常用语之"名",第五类实际包含在第三、四类中,第三、四类是名最重要的、最核心的内涵,而这两类实际是一致的,就是指社会秩序赖以建立和形成的各种制度和规范。也就是说,制度和规范是《四经》中"名"的最本质的内涵。

作为制度和规范的"名",其内容是十分清楚的,就是政治生活和社会生活中的各种名分、等级:

> 分之以其分,而万民不争;授之以其名,而万物自定。[④]

[①] 《左传·定公九年》:公元前 501 年,郑国大夫邓析将 35 年前子产所铸刑书修改后写在竹简上,为"制竹刑"。邓析因私制刑书而被杀,但又因其刑书修改得好而仍然被行用。

[②] 曹峰认为,战国秦汉存在两种"名家":一种是政治学意义上的,另一种是逻辑学意义上的。(曹峰:《"名"是〈黄帝四经〉最重要的概念之一》,转引自徐炳主编《黄帝思想与道、理、法研究》,社会科学文献出版社,2013,第 244 页。)这一见解对于我们认识先秦和秦汉名思想是有启发意义的。事实上,战国黄老、法家等都是从政治和法律意义上讲"形"、"名"的。

[③] 参见曹峰《"名"是〈黄帝四经〉最重要的概念之一》,转引自徐炳主编《黄帝思想与道、理、法研究》,社会科学文献出版社,2013,第 248~255 页。

[④] 《黄帝四经·道原》。

> 故执道者之观于天下也，必审观事之所始，审其刑（形）名。刑（形）名已定，逆顺有立（位），死生有分，存亡兴坏有处。①

就是说，人们各自的名分定了，权利义务明晰了，就不会发生争乱，社会就能安然有序。统治者治理社会一定要将"审其刑（形）名、区分逆顺"作为首要任务。由于名分、等级涉及政治、社会、生活的各个领域，《四经》非常详细地列举了各种各样违逆名分的表现，并用不同的数字来表达。如《经法·六分》中指出了君臣关系中的"六逆"，即太子具有君父的权威、大臣具有君主的权威、谋臣有外志而不忠于本国君主、君主失位而不能行使权力、君主暴戾无道而赏罚无度、君主和后妃同时执掌政令。有此"六逆"之一，"君将不君，国将不国"。还有如《国次》中的"五逆"，《亡论》中的"六危"、"三不常"、"三壅"、"三凶"等都会造成极大的危害。

《四经》认为，名确立的等级、名分就是为社会提供了具体明确的是非曲直的标准：

> 虚无有，秋毫成之，必有刑（形）名，刑（形）名立，则黑白之分已。……是故天下有事，无不自为刑（形）名声号矣。刑（形）名已立，声号已建，则无所逃迹匿正矣。②

这是说，"刑（形）名确立，黑白自分"。天下之事虽很复杂，但都可在各种制度、名分、等级的确立后自然而然地得到治理，天下便都可在有效地掌控之中。

作为制度和规范同时又是社会生活中是非曲直的标准，《四经》中的"名"的性质毋庸置疑是"法"。《四经》对此是清楚的，所以有时直接将名刑并用、名禁连用，如"正名修刑"、"正名施（弛）刑"、③"名禁而不王者死"。④ 而且，《四经》中"名"，即属"法"的思想给同时期及以后的

---

① 《经法·论约》。
② 《经法·道法》。
③ 《十大经·观》。
④ 《经法·亡论》。

许多思想家以巨大的影响，成为当时一个很重要的法律观念。①

《四经》中的"名"属于法，这是就法的一般内涵而言的。那么，它与《四经》中的"法"是什么关系？换言之，《四经》体系中的"名"和"法"具有怎样的关系？据笔者所见，很多学者对这个问题是通过界定道、名、法三者的关系来回答的。比较多的学者认为，名是道与法之媒介，道生法是通过名这一中间环节实现的。② 也有学者明确提出，《四经》的思想构造不是道、法二元结构，而是道、名、法三元结构。三者相辅相成，缺一不可。③ 这两种观点的实质是一致的，即都将"名"作为"道"与"法"之间的桥梁和过渡，由"道生名"再实现"道生法"。虽然这种理解和归纳对我们具体考察《四经》中的道、名、法三者的内在关系有一定的启发和帮助，但总体上是不符合《四经》本意的。因为如上分析，《四经》之"名"属于法，所以，"道生名"也属于"道生法"，"道生法"包含了"道生名"。如果按照上述两种观点的解释，"名"与"法"就处于两种不同性质的序列，"道生名"与"道生法"也具有不同的性质和意义了，这显然是不确切的。所以，《四经》的思想构造应该是道、法（包含了"名"）二元构造而不是道、名、法三元构造，也不能将"名"界定为"道"与"法"之间的媒介。

《四经》中的"名"和"法"是法律体系内部的关系，我们应该在这一框架内和前提下分析和认识它们的关系。

它们都是法的重要渊源，是法律体系中两个最主要的组成部分，并且都

---

① 如《管子·白心》："名正法备，则圣人无事。"《管子·七臣七主》："法臣，法断名决，无诽誉。"《尹文子·大道下》："政者，名法是也，以名法治国，万物多不能乱。"
② 如王沛认为："'名'实际上是'道生法'必要的媒介，若'无名'也就'无法'；'名'则是联络'道'和'法'的节点所在。"（王沛：《黄老"法"理论源流考》，上海人民出版社，2009，第77页。）又如白奚认为："《四经》虽然开宗明义声称'道生法'，但毕竟使人一时难于理解和把握。在道与法之间有了'名'这一中介，便显得更加顺理成章易于把握，其法理学说也显得更加充实、丰满了。"（白奚：《〈黄帝四经〉与百家之学》，《哲学研究》1995年第4期，第36页。）
③ 曹峰认为："对于《黄帝四经》中所见三大概念——'道''名''法'，过去只重视'道''法'，而轻视'名'，对于《黄帝四经》的思想结构，只讲'道法'关系二元结构，而不讲'道名法'关系三元结构。""'道'在最前端，'名'是从'道'到'法'的媒介和过渡阶段，'法'则是最终的目标与手段。"（曹峰：《'名'是〈黄帝四经〉最重要的概念之一》，转引自徐炳主编《黄帝思想与道、理、法研究》，社会科学文献出版社，2013，第244、247页。）

由道所生所立，这是它们最基本的共同点。

它们也有重要的区别，这主要表现在它们不同的内容和作用上。我们知道，在一个法律体系内部，法律规范大致可以分为两个部分：一是正面性的规范，即规定什么该做，什么不该做；二是处罚性（或救济性）的规范，即规定违反了正面性的规范以后应该如何处理。譬如在西周，"礼"的许多内容就是正面性的规范，"刑"就是处罚性的规范。《四经》中的"名"是以名分、等级为主要内容的制度性规范，所以它实际上是正面性的规范。《四经》中的"法"有时泛指一般的社会是非标准，有时狭义地专指处罚性的"刑"。当指前者时，"名"与"法"的内容和作用没有明显的区别；当指后者时，"名"与"法"的内容就有主次之分，作用就有先后之别了。《经法·名理》对此有一段重要的论述：

天下有事，必审其名。名□□循名廄（究）理之所之，是必为福，非必为□（灾）。是非有分，以法断之；虚静谨听，以法为符。

就是说，治理天下，必须审定名理。合名者为是，必有福；违名者为非，必有灾。是非明确了，便以法断之、谨慎听讼。[①] 可见，"名"先定是非标准，违背了"名"，就须以"法"去审理处断。在内容上，"名"为主，"法"为次；在作用次序上，先用"名"，后用"法"。对于"名"和"法"的这种分工和不同作用，《尹文子·大道下》中有一段很精辟的论述："名以正之，法以齐之……名者，所以正尊卑，亦所以生矜篡；法者所以齐众异，亦所以乖名分。"

由此我们还可以发现，《四经》中的"名"不仅是法，而且是法体系内十分重要的组成部分，甚至可以说是主体部分。讨论《四经》中的法和法治，绝对不能离开"名"。名的这种内容和作用，在从战国开始的法制实践中，是逐步由"令"的形式来体现和承担的。战国、秦时的令，其内容还很庞杂。从汉开始，经过魏晋南北朝的演变发展，至唐朝时，"令"已清楚地成为制度性的正面性规范，是法律体系中的主体。《新唐书·刑法志》

---

① 此处"听"当作"听讼"解，这是先秦审理狱讼的常用词。陈鼓应将"听"解释为"观照"，似不妥。（参见陈鼓应注译《黄帝四经今注今译——马王堆汉墓出土帛书》，台北：商务印书馆，2007，第189页。）

说:"令者,尊卑贵贱之等数,国家之制度也。"《唐六典》说:"令以设范立制。"① 显然,如果我们将《新唐书》和《唐六典》中"令"的定义用之于《四经》中的"名",也是十分确切的。正因为从战国开始,"令"在实践中逐步承载了"名"的内容和功能,所以秦汉以后"名"的法律意义就逐步消失了。②

关于《四经》中何者为"法"的问题基本厘清之后,再来考察《四经》是何以主张法治的。

诚然,由于时代的限制和文化背景的不同,《四经》不可能提出十分完整的法治理论。但是,我们可以清楚地看到,《四经》对于法治理论中的一系列重要问题都有精辟的论述和鲜明的观点。可以说,它提出了那个时代所能提出的最先进的法治理论。

首先,以法治为治国方针。

《四经》十分明确地主张要法治而不要人治:

> 法度者,正之至也。而以法度治者,不可乱也。而生法度者,不可乱也。③
>
> 有义(仪)而义(仪)则不过,侍(恃)表而望则不惑,案法而治则不乱。④
>
> 世恒不可择(释)法而用我,用我不可,是以生祸。⑤

为什么"法"比"人"优越和可靠?《四经》的逻辑和理由十分清楚:"法"是道之规律在社会生活中的体现和反映,是道的唯一载体,而"人"不具有这样的属性。"其明者为法,而微道是行"就清楚地表达了道与法之

---

① 《唐六典·刑部·郎中员外郎》。
② 有学者认为,"名"在秦汉以后消失的主要原因是君主专制制度的稳固:"在战国中晚期君主专制主义的思想背景下,政治学理论中'名'得到高度重视并非偶然。秦汉以后,君主专制主义稳固之后,'名'的话题渐渐淡出政治舞台,其意义完全由'法'取代了。"(曹峰:《"名"是〈黄帝四经〉最重要的概念之一》,转引自徐炳主编《黄帝思想与道、理、法研究》,社会科学文献出版社,2013,第272页。)这一分析具有一定的道理,但"令"的作用可能是更主要的原因。
③ 《经法·君正》。
④ 《黄帝四经·称》。
⑤ 《黄帝四经·称》。

间的内在一致性。《管子·任法》对此也有精辟的论述："故法者，天下之至道也。"所以，"案法而治"就是按客观的道之规律而治，依人而治则是按人的"己意"而治。对此，与《四经》思想相同的《尹文子》有很精到的论述："圣人者，自己出也；圣法者，自理出也。理出于己，己非理也；己能出理，理非己也。故圣人之治，独治也；圣法之治，则无不治也。"①在几千年前的中国，思想家们对"法治"和"人治"的本质和优劣能有这样深刻独到的见解和认识，无疑是十分难能可贵的。

其次，治国以立法为先。

既然"法治"是治国的唯一途径，那么立法建制便是治国的首要政务，其中尤以建立"名"的制度和规范更为重要：

> 道无始而有应。其未来也，无之；其已来，如之。有物将来，其刑（形）先之。建以其刑（形），名以其名。②

就是说，道虽宽广浩荡，但是实实在在地存在。它在创造万事万物的时候，总是先"建其形"而"立其名"。"执道者"在治理天下之时，首先必须体察天道及其所体现的事理，正定是非曲直的标准，这样就能掌握好治理的次序和规律。治国必须以立法为先，立法必须以"建形立名"为先。《四经》的这一主张对其他思想家有很大的影响。申不害曾对其作了很充分的发挥，将"名"在治国中的地位提到了"天地之纲"的高度："名者，天地之纲，圣人之符，张天地之纲，用圣人之符，则万物无所逃之矣。"③

再次，法是社会唯一的是非标准。

立法建制以后，就要使其成为全社会唯一的是非曲直的客观标准，这是法治的基本要求。《四经》对此作出了自己的论证。道是客观的、公正的，法本源于道并且是道在社会中的唯一载体。所以，法也具有客观、公正的性质，只有它才能成为人们行为的准则。前文所引"法者，引得失以绳，而明曲直者殹（也）"就清楚地表达了这样的观点。《四经》还写道：

---

① 《说苑·君道》。
② 《黄帝四经·称》。
③ 《申子·大体》。

> 斗石已具，尺寸已陈，则无所逃其神。故曰：度量已具，则治而制之矣。①
>
> 规之内曰员（圆），拒（矩）之内曰[方]，[悬]之下曰正，水之[上]曰平。尺寸之度曰小大短长，权衡之称曰轻重不爽，斗石之量曰小（少）多有数。八度者，用之稽也……美恶有名，逆顺有刑（形）。②

规矩、尺寸、权衡、斗石等是人们日常生活中用以裁量事物的标准工具，《四经》将它们比作法度，使法度既具体形象，又客观规范。③ 这样的法度一旦确立，天下之事可以"治而制之矣"。

最后，法是社会生活中的最高权威。

法源于道，生于道；道是最高的本源，法在社会领域中就具有最高的权威。犹如道高于圣人、君王，法亦高于圣人、君王；犹如圣人、君王必须循道，圣人、君王也必须守法。法律要有最高的权威就必须"信而必"：

> 若（诺）者言之符也，已者言之绝也。已若（诺）不信，则知大惑矣。已若（诺）必信，则处于度之内也。④

法律"信而必"的关键是立法的圣人、君王首先要遵法从法，所以《道法》第一段就说："故执道者，生法而弗敢犯殹（也），法立而弗敢废[也]。[故]能自引以绳，然后见知天下而不惑矣。"⑤ 又说："始在于身，中正有度，后及外人。"⑥

廖凯原先生在《轩辕召唤》中说："轩辕法治和统治者高于法律的依法施政的意识形态并不相同。"这一判断与《四经》的思想是一致的。

---

① 《经法·道法》。
② 《经法·四度》。
③ 这种比喻在战国时期十分普遍，如《墨子》、《管子》、《韩非子》等著作都有这方面的论述。
④ 《经法·名理》。
⑤ 陈鼓应先生将这段话的最后一句翻译为："所以说如果能够以绳墨法度自正，然后才可以认识天下万物之理而不会迷惑。"（参见陈鼓应注译《黄帝四经今注今译——马王堆汉墓出土帛书》，台北：商务印书馆，2007，第5页。）这种解释似乎与《四经》的思想主旨很不相符，似应解释为：立法者能自觉依照绳墨法度而自正，法就能被天下百姓熟知而不会迷惑失范。
⑥ 《十大经·五正》。

道治：《黄帝四经》卓越的治理思想

四 "执道者"是实施道治的主体

任何一种治理学说都要回答如何实施的问题，这既是为了解决这一学说的可行性和操作性，也是其学说内容的重要组成部分。《四经》明确提出，"执道者"是道治的实施主体。

"执道者"，顾名思义，就是"道"的执行者。《四经》中的"执道者"被包括在执政者（或曰统治者）的范围内。《四经》对执政者的称呼多种多样，如"执道者"、"圣人"、"圣王"、"主"、"人主"、"君"、"帝王"、"王公"等。这些称谓是否同一互指，学术界大多持肯定的观点。但根据笔者的阅读，若仔细体味辨析，《四经》对"执道者"有很高的政治伦理和人格道德的要求（见下述），也正如后来庄子所言："执道者德全。"[①] 所以，"执道者"与"圣人"、"圣王"可以互为指用，但与其他称谓就不宜简单划一了："执道者"可以是"主"、"人主"、"君"、"帝王"、"王公"等，但"主"、"人主"、"君"、"帝王"、"王公"等不一定都适合做"执道者"。也就是说，"执道者"与执政者（统治者）不宜完全等同，这与后来法家（尤其是韩非）的观点是有区别的，而且这种区别具有重要的意义。

在《四经》中，"执道者"和"道"具有密切的关系：一方面，"道"高于"执道者"，"执道者"的认识和行为必须以"道"为准则（见前文）；另一方面，"道"由"执道者"认识和推行，"执道者"是"道"和"道治"的实施者。这种关系充满着复杂性，而这种复杂性对《四经》的道治学说产生了深刻的影响。

（一）"执道者"是识"道"之主体

发现、认识、揭示和言表道的内容和规律，这是实施道治的第一步。然而，道只是客观地存在和运行着，也支配着万事万物的产生、发展和变化，却不能自我表达和明示，而只能由人去发现、认识、揭示和言表。谁能够承担这一特殊的神圣使命？《四经》与老庄不同，强调道是可知可行的，还提出"因道"与"因人心"是相通的，人们的内心孕育着"道"的因子。所以，"道不远人，道不失人"（见上文）。但这只是表明了道的可知性和人们

---

① 《庄子·天地》。

循道的可能性，并没有说明人人都能够体悟和认识道的内容和规律。相反，道无始、无形、无名、高远深奥，虽然它支配着每个人及每个人周围的一切，但一般人是不能认识"道"的："万物得之以生，百事得之以成。人皆以之，莫知其名；人皆用之，莫见其刑（形）。"①

那么，什么人能够认识"道"？《四经》的回答是两类人：一类是贤士，另一类是"执道者"。②《十大经·前道》：

> 天下名轩执□士于是虚。一言而利之者，士也；一言而利国者，国士也。是故君子卑身以从道，知（智）以辩之，强以行之，责道以并世，柔身以寺（恃）之时。王公若知之，国家之幸也。

有德之贤士因为懂得"道"，他们一言可利君，一言可利国。君子们如要谦卑地服从道，就应该用他们的才智去认识道，并努力施行于世。王公若如此，便是国家之大幸。这就清楚地表明，《四经》有时将识"道"者扩及到了贤士。正因为如此，《四经》很强调"重士"和"贵有知"：

> 王天下者，轻县国而重士，故国重而身安；贱财而贵有知，故功得而财生；贱身而贵有道，故身贵而令行。③

"重士"、"贵有知"是先秦很多思想家和学派的共同主张，其理由和原因也多有相同，但《四经》以"贵有道"作为立论根本，应该是比较独到和深刻的。

当然，贤士能"识道"，但由于他们没有推行"道"的权位，所以不是"执道者"，也不是识"道"的主体。识"道"的主体是"执道者"，《四经》写道：

> 故唯圣人能察无刑（形），能听无［声］。知虚之实在，后能大虚；

---

① 《黄帝四经·道原》。
② 在笔者视域内，以往研究《四经》的著述都说识道者只有一类即"执道者"，这与《四经》原意不尽符合。
③ 《经法·六分》。

道治：《黄帝四经》卓越的治理思想

乃通天地之精，通同而无间，周袭而不盈。服此道者，是胃（谓）能精。明者固能察极，知人之所不能知，服人之所不能得。是胃（谓）察稽知极。圣王用之，天下服。①

故唯圣人能尽天极，能用天当。②

"无形"、"无声"、"大虚"、"稽"、"极"、"天始"、"地理"，这些道的本体、特征和规律，只有圣人能察知、体悟和融通。他们是具有远见卓识的精明之人，乃至于"参于天地，稽之圣人"，③ 天地之道可以通过取法圣人而获得。

"执道者"为什么能够识"道"？《四经》的论证方式与先秦时期人们的圣人崇拜观念是基本一致的，主要是因为他们具有超群的禀赋、卓越的认识能力和与天地沟通交流的特殊素质：

故唯执[道]者能上明于天之反，而中达君臣之半，富密察于万物之所终始，而弗为主。故能至素至精，悎（浩）弥无刑（形），然后可以为天下正。④

《四经》还说，黄帝之所以能成为"执道者"，因为他有着类天地之形、得天地之正的体貌：一人四脸，前后左右均有面目，四面达观以助一心之察，一心之察又助四面审观。"是以能为天下宗"，"唯余一人[德]乃配天"。⑤ 天道高远神秘，"执道者"之素质、体貌也异众神秘，他们很像上天降至人间的神、人间通往上天的人，是神中之人、人中之神、亦神亦人。这种论述逻辑在当时是很能被接受的。

但是，《四经》又十分冷静和严肃地指出，"执道者"虽然因为具有超凡的素质和能力去认识道；但道毕竟无始无形、奥妙深远、宽广万罗，"执道者"对道的认识也绝非易事，必须经历十分艰难甚至痛苦的过程。⑥ "执

---

① 《黄帝四经·道原》。
② 《经法·国次》。
③ 《十大经·兵容》。
④ 《经法·道法》。
⑤ 《十大经·立命》。
⑥ 《十大经·五正》载，黄帝为了"身有中正"，"深伏于渊，以求内刑（型）"。《十大经·果童》载，果童为了帮助黄帝体察贫富贵贱之道，"衣褐而穿，负并（瓶）而嵒，营行气（乞）食，周流四国，以视（示）贫贱之极"。

129

道者"要真正地识道,关键在于完善自身,并指出识道的根本方法是以道之特质察道之存在和表现,即道有什么特质。"执道者"就应以这种特质、相应的姿态和方法去体察、感悟和发现道的真实内容。这样,才能实现"人"与"道"的沟通对接。如:道"虚静","执道者"便应以"虚静"之心去识道;道客观无私,"执道者"便应以"无我"之心去识道:

> 见知之道,唯虚无有。……故执道者之观于天下殹(也),无执殹(也),无处也,无为殹(也),无私殹(也)。①

很清楚,《四经》主张的这种识道方法实际上是对"执道者"提出了很高的要求,也隐含着对他们的"担心"和"不信任"——这种"担心"和"不信任"是十分必要的(见下述)。

(二)"执道者"是"道生法"和"行赏罚"之主体

法是道在社会生活中的体现和载体;法治是道治的根本途径;"执道者"则是立法和司法的主体,也是推行法治的主体:这便是《四经》对于道、法和执道者三者关系的定位。

如前文所述,"道生法"是《四经》全部思想的一个核心观点。但是,道不可能自然而然地变为法。而且,道是隐微的,法是明示的,"微道"如何变为"明法"?《四经》给出了回答:"执道者"是"道生法"的实现主体。从逻辑上说,"执道者"是"道"和"法"之间的媒介或桥梁②:"故执道者,生法而弗敢犯殹(也),法立而弗敢废(也)。"

"名"是法律的主体部分,《四经》以黄帝之名记述了生"名"的过程:

> [黄帝]令力黑浸行伏匿,周流四国,以观无恒,善之法则。力黑视象,见黑则黑,见白则白。③

---

① 《经法·道法》。
② 如果说《四经》有一个三元的思想结构,那么就是"道→执道者→法"的结构,而不是如有些学者所说的"道→名→法"的结构。
③ 《十大经·观》。

道治：《黄帝四经》卓越的治理思想

天地万物产生之前，一切都是无形、无名、无始、无恒，没有秩序，没有规则。即使天地自然已经形成、人类也随之产生，在其最初的时候也是"逆顺无纪，德疟无刑，静作无时，先后无名"；社会还是处于黑白不分、形名不立的无法、无序状态，各种丑恶行为层出不穷。黄帝命力黑微服四行、考察天下，逐步建立起了黑白有分、逆顺有名的制度和规则。"布制建极"标志着人类社会由无法到有法的转型。在《四经·称》中，更是用"建以其形，名以其名"清楚地描述了人类最初的名法规则和秩序。

建立了规则和制度，尔后就有循法与违法，尔后又有赏和罚。"执道者"既是"生法"之主体，自然也是"执行赏罚"之主体。

在《四经》中，"审名"是"执道者"的一项重要职责。所谓"审名"，就其在社会领域内的核心内容而言，就是分析、评判人们的行为是否符合"名"之规定。"名"是制度和规范的主要法渊，"审名"实际上就是评判循法与违法的主要活动，这种活动对国家治理有着重要意义：

> 美亚（恶）有名，逆顺有刑（形），请（情）伪有实，王公执[之]以为天下正。①

"审名"的结果总体分为"正名"和"倚名"两类：

> [名]正者治，名奇者乱。正名不奇，奇名不立。②
> 三名：一曰正名立而偃，二曰倚名法（废）而乱，三曰强主威（灭）而无名。三名察则事有应矣。③

"三曰强主灭而无名"实际上也属于"倚名"，是"倚名"中最极端、最严重的行为。"倚名"是对违反"名"法的总概括，在实际生活中有各种各样的表现，如"六逆"、"六危"、"五逆"、"三不辜"、"三凶"等。《四经》认为，"执道者"正确"审名"并给予相应的赏罚以后，是非自分，曲直自

---

① 《经法·四度》。
② 《十大经·前道》。
③ 《经法·论》。

明,万事自清。所谓"审之名以为万事[稽]","三名察则尽知请(情)伪而[不]惑矣",① 国家就能"正"而治之。

(三) 对"执道者"理论的简要评析

"执道者"理论是《四经》全部学说尤其是"道治"思想的重要组成部分。在以往的研究中,这一理论受到了很多批评甚至诟病,比较集中的观点是认为它使"道生法"变成了"君造法",使"道"的最高权威变成了"君"的最高权威。因此,它在实质上是一种君主专制的理论。② 如何看待这些批评,不仅直接决定着对"执道者"理论的认识,也在很大程度上影响着对《四经》全部学说尤其是"道治"思想的分析和评价。

笔者以为,上述的批评确实有相当深刻的见解和理由,但不能因此而全部否定"执道者"理论。

首先,仔细考察《四经》的全部学说,其宗旨和本意是主张道治而不是王治,是主张法治而不是人治,这是十分清楚的结论。因为它强调"道"高于"执道者",法高于"圣人"(详见上文)。《四经》提出由"执道者"去推行"道"、推行"法治",这是不得已而为之的方案。因为"道治"、"法治"不可能自己去实施,总是需要"人"去推行。在创作《四经》的年代,除了选择"圣人"、"执道者"以外,不可能有更好的方案了。事实上,将最后的希望和落脚点归之于"圣人"和"君王",这是先秦时期各家各派的共同特征,但我们不能因此而将他们都斥之为专制主义理论。

其次,《四经》对君权十分重视,其"君政"理论以"君"为核心,并通过"臣亲主"和"民亲上"二途加以实现,为此还提出了一系列的主张和措施。《四经》对君权重视的目的是什么?是实现君主专制?还是通过强化君主权威(可曰"威权主义")去更有力地推行"道治"(包括"法治")?殊难简单断定,起码后者的因素是存在的。《四经》很重视"王术",但它主要不是帝王御臣的"为己之术",而是帝王为行道之"推法之

---

① 《经法·论》。
② 如有学者认为,黄老道家(包括《四经》)"实践中似乎容易把'君主'等同于'圣人',法的解释权和执行权都在君主那里,实际结果成了'制定法'是最高的,而非'道'是最高的。"费小兵:《新解"道生法"》,转引自徐炳主编《黄帝思想与道、理、法研究》,社会科学文献出版社,2013,第312页。又如,有学者认为,执道者立法使"道法"变成了"王法"。参见龙大轩《道与中国法律传统》,山东人民出版社,2004,第59~62页。

术"。《经法·六分》:"不知王术不王天下。知王[术]者,驱骋驰猎而不禽芒(荒),饮食喜乐而不湎康,玩好嬛(嬽)好而不惑心。"

最后,"道生法"由"执道者"来实现,符合法律制定的一般规律。"法"由"道"生,这是明确了两者的源流和从属关系,但"道"绝不会自动变为"法"。由道而法,中间必须有一个制定者,这个制定者又必须是有"权"行使"制定"的人,这个人在那个时代当然只能是以"执道者"为代表的执政者。关于这一点,《管子》对《四经》"道生法"理论的发展是很有道理的:"事督乎法,法出乎权,权出乎道。"① "道"和"法"没有直接相关联,两者之间由"权"作为媒介。"道"直接产生的是"权",再由"权"产生"法",这种描述比《四经》更加清楚和完整。

当然,《四经》的"执道者"理论毫无疑问地存在着很大的缺陷,在实践中也有巨大的危险。因为它将"执道者"定为识道和行道的统一主体,将"道"和"法"的发现权、制定权和实施权统统交于一个主体。这在理论上是不科学的,在实践中是有害的。"道"高于"执道者"异化为"执道者"高于"道"、"道法"异化为"君法"、"法治"异化为"人治"——这些都是很有可能发生的。如前文所引,廖凯原先生指出,西方自然法宣传神意是最高的命令和启示,法治源于神治。但是,谁来解读神意?谁来做上帝的代言人?这是一个无法被证伪的问题,而这往往会导致专制。廖先生的这一论述在很大程度上也适用于对《四经》"执道者"理论的分析。

事实上,《四经》作者对上述缺陷和危险应该也是有所意识的。所以,对"执道者"识道和行道、生法和执法都提出了一系列的要求(前文已有所论及)。但是,总体而言,《四经》对"执道者"的要求多是道德方面的"软性"规范,其限制和约束的作用是十分有限的。在那个时代,《四经》也不可能提出更切实有效的要求和措施了。

更主要的是,"执道者"理论的上述缺陷被后来的思想家和政治家所沿袭并发展,为专制主义制度提供了重要理论。这虽然不能归咎于《四经》,但确实与《四经》思想的内在问题有着密切关联。韩非对《四经》"执道者"理论的片面解读和发展就是典型。在《四经》那里,"执道者"不等于君主,而主要指具有高尚美德的圣人;在韩非那里,"执道者"几乎与君主是同等的,"道生法"变成了彻头彻尾的"君生法"。在《四经》那里,

---

① 《管子·心术上》。

"道"高于法，更高于君；在韩非那里，"道"虽然还高于君，但这种"道"已是空头摆设，反而明确提出了"令者，言最贵者也"。[1] 韩非一方面沿用《四经》的理论和观点，另一方面又将其演变改造成为完整的君主专制理论。还应该指出，《四经》"执道者"是识道的主体的观点，在秦汉以后被充分地发展和改造：只有君主才能知晓天命，而天下芸芸众生都是后知后觉甚至是不知不觉的愚民。董仲舒说："民之号，取之瞑也。使性而已善，则何故以瞑为号？……今万民之性，有其质，而未能觉，譬如瞑者待觉，教之然后善。……民之为言，固犹瞑也。随其名号以入其理，则得之矣。"[2] 相反，"天子承继万物，当知其数"。[3] 根据这种理论，君主是上天在人间的唯一代言人——他们既是最高的执政者，又是最权威的思想领袖。显然，这是一种非常具有中国传统特色的君主主义学说。

五　道治的特点和价值目标

《四经》道治学说的特点是什么？它最终要实现的理想目标又是什么？这是我们研究《四经》道治学说最后应该探讨和回答的两个问题。

（一）道治的特点

概括地说，《四经》道治学说的特点是：以道为最高本源和依据，以法为唯一载体和准则，以道立法、以法行道；兼收并蓄各家治理思想之精要，构建完备之治理方案。以道法为中心，这是《四经》道治学说的核心观念和中心路线，是《四经》治理思想区别于其他治理思想的标志所在；兼收并蓄各家治理思想之精要，这是《四经》道治学说鲜明的包容性所在。而且，以上两层内容是有机统一的。因为《四经》对其他治理思想精要的兼收并蓄并不是无序地拼凑和杂烩，也不是简单地照搬照用，而是以自己的核心观念和主张对它们进行改造，使之"和谐"地融合在整个道治学说之中。

《四经》道治学说中以道法为中心的观点和路线，上文已有较为详细的阐述，这里就其兼收并蓄各家治理思想的特点之内容作些分析。

---

[1] 《韩非子·问辩》。
[2] 《春秋繁露》卷十《深察名号》。
[3] 《白虎通疏证》卷三《礼乐·五声八音》。

道治：《黄帝四经》卓越的治理思想

廖凯原先生在《轩辕召唤》中提出："道治文明在本质上就是兼收并蓄的。道治对其他文明都包容并举，如同一个有着各种人种的大家庭，在多样中达成和谐统一，谱成思想与信仰的音乐篇章。"征之史籍，关于《四经》道治学说的"兼收"特点早有记载，司马谈在《论六家要旨》中评论道家说：

> 其为术也，因阴阳之大顺，采儒墨之善，撮名法之要，与时迁移，应物变化，立俗施事，无所不宜，指约而易操，事少而功多。

一般认为，司马谈在这里评论的道家不是老庄而是黄老。如果用它来考察《四经》道治学说，也是很合适的。在这一短短的评论中，司马谈实际指出了以《四经》为代表的道家具有三个特点：一是众采各家之要；二是适应时势无所不指；三是其主张和方案易操而功多。第二个、第三个特点主要是就实践层面而言，在上文已有论及，最主要的还是第一个特点。不过，司马谈的评论也有不足，因为他只看到了《四经》对各家各派之兼收并蓄，而未指出其兼收并蓄是以改造和融合为前提的。事实上，《四经》有着自己十分明确的立场和中心："夫百言有本，千言有要，万言有总。"① 它对各家各派之采撮都要符合自身的"总纲本要"。《四经》的道治思想是"一"，"一"中包含着"多"（阴阳、儒、墨、名、法各家治理思想之精华），又将"多"改造和整合在一个体系之中。所以，我们可以清楚地看到，《四经》道治学说采纳的"礼治"，是《四经》式的"礼治"；采纳的"德治"和"法治"，是《四经》式的"德治"和"法治"；采纳的"名"学和"阴阳"说，也都是《四经》式的"名"学和"阴阳"说。

"礼治"是西周的治理方针，更是后来儒家治理思想的核心主张。"礼"是社会等级规范的总称。差别性是礼的显著特征，"名位不同，礼亦异数"。② 西周统治者和儒家认为，如果人人都能遵守与其身份地位相适应的行为规范，"礼达而分定"，社会就安定有序了。《左传·昭公二十五年》："夫礼，天之经也，地之义也，名之行也。"在老子、道家那里，"礼"与"道"是对立的，并且被视为祸乱的首因："故失道而后德，失德而后仁，

---

① 《十大经·成法》。
② 《左传·庄公十八年》。

失仁而后义，失义而后礼。夫礼者，忠信之薄而乱之首。"① 《四经》与老子则有很大不同，它虽然没有直接言及"礼"，但对西周和儒家的礼治思想的精义是采纳的。如上文所述，《四经》十分重视"名"，名在《四经》的法律体系中占有主导地位，而"名"的内容就是政治生活和社会生活中的各种等级制度和规范。《四经》反复说要"顺"不要"逆"，要"正名"不要"倚名"，实际都是强调等级名分制度不能违越。除了君臣、父子、男女之等级外，即使具体的如服饰制度，也都有不同身份之别："衣备（服）不相褕（逾），贵贱等也。"② 可以说，《四经》的"名"与西周和儒家的"礼"在性质和内容上是颇相一致的；《四经》的"名治"实际上与西周和儒家的"礼治"是颇为相同的。后来的荀子既是儒家的重要代表，又深受《四经》思想的影响。他既讲"道法"，又讲"礼法"，将"道治"与"礼治"融合统一了起来，也从一个方面说明了《四经》的道治学说中包含了"礼治"的精要。

当然，《四经》道治学说中的"礼治"与西周和儒家的"礼治"有着明显的不同。除了名称不一样外，还有两点值得注意。第一，西周和孔子对于礼所肯定的贵贱上下等级之序，很少从哲学的本源高度加以分析和论证。《四经》则明确地从"道"的高度作了证明，所谓"天地有恒常，万民有恒事，贵贱有恒位"就是很经典的说明，这种证明理论和逻辑对秦汉以后的制度和思想都有重要的影响。第二，西周和儒家所肯定的礼制与宗法制度有着密切的关系。人们社会地位的贵贱上下很大程度上决定了血缘关系的亲疏远近，"亲亲"是"尊尊"的基础。《四经》中"名"所肯定的等级制度，虽然也有以血缘作为依据的因素，但又提出每个人能力的强弱也决定着他的地位高下：

有［任一则］重，任百而轻。人有其中，物又（有）其形，因之若成。③

就是说，犹如物之性能、形质各不一样，人的能力、素质也各有等差，有人

---

① 《老子》第38章。
② 《经法·君正》。
③ 《十大经·果童》。

道治：《黄帝四经》卓越的治理思想

任一已重，有人任百仍轻。执政者应该顺应这种客观差异，如此才能成就功业。上述不同都反映了《四经》对西周和儒家的"礼治"的改造，增强了"礼治"的正当性和合理性。

"德治"，也是《四经》兼采百家的一个重要理论。"德治"发轫于西周、完备于儒家，孔子明确主张"为政以德"。①《释名·释言语》："德，得也；得事宜也。""德治"之内涵，绝不是简单的道德之治，而是良政之治、开明之治，其核心是得民之治。"德治"主要解决的不是道德修养的问题，而是政治修明的问题；"德治"的主要途径不是道德教育和感化，而是法律和制度建设。西周在"以德配天"和"明德慎罚"思想的指导下，其执政者在政治、经济、法制、教育等方面都提出了相应的制度和法律。孔子强调的"德治"，就是以"爱人"为核心的"仁政"；而"仁政"也包括了政治生活中的各个方面，孔子都一一提出了自己的观点和主张。

《四经》通著讲"德"者甚多，其对"德治"之吸纳亦十分明显。考察《四经》对"德治"的吸纳和改造，有两点很值得注意。

第一，《四经》的"德治"观集中体现在"德刑"关系理论中。西周和孔子倡导"德治"，已十分重视通过比较德刑的作用来加以阐明，②而《四经》在这方面表现得更鲜明、更突出。如上文所述，《四经》主张德刑并用，但应该先德后刑、二德（文）一刑（武）。《四经》又用阴阳、四时规律论证和阐发德、刑的关系，从而将"德治"主张有机地融合到了道治体系之中。

第二，"德治"与"予取得当"相融通。如果说，"礼治"是重在解决用什么规范去治理社会；那么，"德治"是重在怎样处理政府与人民、国家与社会之间的关系。如上文所述，"予取得当"是《四经》在处理政府与人民、国家与社会之间关系的一项重要原则。我们可以清楚地发现，就本质内涵而言，"德治"与"予取得当"是高度一致的。德，得也，让其有所增益；罚，让其有所损减。③在殷商时，"德"主要意指是得到天和祖先的眷顾与恩泽。在西周，由于"以德配天"思想的提出，"德"不仅指得到天和

---

① 《论语·为政》。
② 最为典型的论述是孔子所言："导之以政，齐之以刑，民免而无耻；导之以德，齐之以礼，有耻且格。"（《论语·为政》）
③ 关于"德"与"罚"的此种释义，参见晁福林《先秦时期"德"观念的起源及其发展》，《中国社会科学》2005年第4期。

祖先的眷顾和恩泽，还指得到民之拥戴；而且"得民"比"得天"更重要，因为"民之所欲，天必从之"。这还不是西周"德"之观念最精华之所在。周人强调，执政者要"得民"，首先要让民有得、受恩惠。史载："《周书》曰：'明德慎罚'，文王所以造周也。明德，务崇之之谓也；慎罚，务去之之谓也。"① 所谓"崇之"，实指增益，即让民众得到恩泽和实惠。显然，西周的"德"是典型的"先予后取"的观念。后来，孔子在论述"德治"时一再强调："宽则得众，惠则足以使人"，② 实际也是"先予后取"的理念和逻辑。所以，在《四经》的道治学说中，"予取得当"与"德治"是互补互用的协调关系。廖凯原先生说，"道治就是'先予后取'的德治"，这一见解是符合《四经》学说的。

"道者，宽至四极，广之四海"。《四经》兼收并蓄的特点正与道的这种固有属性相吻合。《四经》以海纳百川般的心态吸收、融合各家所长，使自己的学说不断丰富和完善，并最大可能地适应社会之需要。所以，《尹文子》曾说"道治"学说比名、法、儒、墨各家的理论都要高明和有效（详见第一部分）。司马谈在《论六家要旨》中也明确地指出，以《四经》为代表的道家为"救世之弊"所提出的方案，在各家各派中是最齐全、最平衡、最易操作和最事功的。应该说，《尹文子》和司马谈的评论是比较客观和公允的。

（二）道治的价值目标

《四经》的道治是从"道"出发，达到"治"的目的。那么，"治"的目标是什么？什么样的社会符合道治的理想要求呢？对此，《四经》有较多的描绘和阐述，其中两段话尤为集中和重要：

> 善为国者，大（太）上无刑，其（次）□□，[其]下斗果讼果，大（太）下不斗不讼有（又）不果。□大（太）上争于□，其次争于明，其下救患祸。③

---

① 《左传·成公二年》。
② 《论语·阳货》。
③ 《黄帝四经·称》。

道治:《黄帝四经》卓越的治理思想

据注者考补,"其(次)□□",当为"其次正法";"□大(太)上争于□",当为"夫太上争于化"。① 这是说,最理想的国家是不用刑罚而治,其次是正定法律而治,其次是果断地解决争斗和诉讼而治,最次的是争斗和诉讼都不能果断地解决。

另一段论述是:

> 上虚下静而道得其正。信能无欲,可为民命;上信无事,则万物周扁;分之以其分,而万民不争;授之以其名,而万物自定。……夫为一而不化:得道之本,握少以知多;得事之要,操正以政(正)畸(奇)。前知大(太)古,后[能]精明。抱道执度,天下可一也。②

这是《四经》最后一段文字的主要内容,它的意思有两层:一是达致理想目标的主要方法和途径,如君主静虚无欲、信而无事、名定分明、为一不化、握少知多、操正正奇等;二是"天下可一"是道治的终极目标。"太上无刑"和"天下可一"虽然表述不同,但实质同一,它们都是明指"道治"所要构建的理想社会。

这里,我们自然要追问的是:这样的理想社会究竟是什么样的社会?这个社会有什么样的内涵和本质?通览《四经》全书,也归纳本文前面的有关分析,我们可以对这样的理想社会作出如下描述。

这是一个规律之治的社会。在道治社会中,"道"是最高的本源和准则,而道又是规律之总称,它贯通和适用于天、地、人各个领域。道之规律是宇宙天地之"恒常"、"恒干","必者,天命也"。③ 它是客观的、不以人的意志为转移的,人们只能"顺"之而不能"逆"之,圣人、执道者、君主等一切位高权重者没有人可以例外。"道生法",法是道之规律的体现,人们服从法律规范实际就是服从道的规律。

这是一个法治的社会。在道治社会中,法是道的唯一载体,本源意义上的道的至上性表现为实践意义上的法的至上性。"法度者,正之至也"。法

---

① 陈鼓应注译《黄帝四经今注今译——马王堆汉墓出土帛书》,台北:商务印书馆,2007,第388~389页。
② 《道原》。
③ 《经法·论》。

是社会生活中唯一的是非标准,是人们一切行为的"斗石度量"、"尺寸规矩",在社会领域中具有最高的权威。圣人、执道者、君主等一切执政者应该像循道一样服从法,恪守"案法而治"的正确方针。

这是一个"无为而治"的社会。《四经》直接言"无为"处不多,但其主张"无为"的立场和思想是清晰的。"慎案其众,以隋(随)天地之从。不擅作事";① "信能无欲,可为民命;上信无事,则万物周扁"。在道治社会中,以道固有的"自然"秩序为理想依归。道的自然秩序存在于人类社会和非人类社会中,宇宙万物的产生和运行都受这种自然秩序的支配。在这种自然秩序面前,人类只能发现它、认识它、顺从它、享受它,而不能改造它、违背它。人类的这种行为正是"无为"的真谛所在。"无为之道,因也。因也者,无益无损也。"② "无为",就是对自然之道的"因循"和"无违"。人们做到了"无为",主"执度"而治,臣"循理"而事,就能收到"无不为"的效果。《经法·论》对道治社会的理想状态作了这样的描述:"物自正也,名自命也,事自定也。"文中的几个"自"字,形象深刻地揭示了"无为而治"社会的特征。

这是一个和谐的社会。在道治社会中,道的自然秩序从本源上决定了"和谐"是应有的状态,它包括天地的和谐、人类自身的和谐、人类与自然界的和谐。"知此道,地且天,鬼且人",③ 在道的支配下,不仅天地可以动静相协,而且本属阴阳两界的人鬼也能宛转相宜。《四经》除了强调并具体规划了人类的和谐以外(详见前述),还一再告诫人类不能滥施淫欲、肆意掠夺,而应该尊重自然、敬畏自然、保持与自然的相善相生:"民生有极,以欲涅(淫)洫(溢),涅(淫)洫(溢)[即]失。"④

对于上述对道治社会的不同描述,我们应该指出的是:它们之间不是分割的、孤立的,也不是并立的,而是统一的、融合的。它们共存于道治社会这一有机体中,相互之间存在着密不可分的联系,是"一"而有"多"、"多"而合"一"的关系。"规律之治"表现为法治,法治是规律之治的实现方式。"无为"之治就是因道而治、因法而治。实现了"规律之治、法

---

① 《十大经·顺道》。
② 《管子·心术上》。
③ 《十大经·前道》。
④ 《十大经·正乱》。

治"和"无为而治",社会就能自然地实现和谐。其实,《四经》自身对于这种关系就有很清楚的表述:

> 凡事无小大,物自为舍。逆顺死生,物自为名。名刑(形)已定,物自为正。①

欲知得失,请必审名察刑(形)。刑(形)恒自定,是我愈静。事恒自𢁅(施),是我无为。②

"名"是法的主体,也是道之规律的体现。名定,物就"自正",逆顺就"自定",就实现了"无为"。"无为"之下的"万物自正"、"万事自定"也正是"和谐"的真实写照。

当然,必须冷静地看到,要真正实现"太上无刑"、"天下可一"的理想社会是十分困难和艰巨的。在《四经》那个时代,究竟什么是道的规律?什么是体现客观规律的法律?进而,"无为"的依据和标准是什么?"和谐"的正途究竟在哪里?要正确回答并解决这些问题是极为不易的。特别是"执道者"在道治社会的构建中有着十分关键的作用,而"执道者"能否真正"因道立法",能否真正"案法而治",能否真正"虚静无事",能否真正保持天、地、人一体的"和谐之治",都存在着很大的不确定性,甚至有走向异化的可能。尽管如此,《四经》描绘和希求的价值目标是美好的、崇高的。尤其是在写作《四经》的时代,能提出这样的价值目标,更是难能可贵的。

六 结语

"道治"是《黄帝四经》主张的治理学说,这一治理学说不同于传统的单一的哲学学说、政治学说和法学学说,而是融哲学、政治学和法学为一体,具有高远的学术旨意和丰富的学术内涵。道治的基本内涵是以道的规律治国。道治的实质便是以道之规律为治国准则,而不是以人的意志为治国依据,从而确立了依道治国而不是依人治国的最高治理原则。

---

① 《经法·道法》。
② 《十大经·名刑》。

"道治"与"法治"是《四经》道治学说中的核心范畴，两者的关系是道治学说中的核心内容。"道治"是"法治"之来源和正当性依据，"法治"是"道治"最根本的实施途径。从根本上而言，"道治"是依道治国；从治理和实践的层面而言，"道治"是依法治国。《四经》坚定地选择以"法治"作为"道治"的实施途径，实际上就是明确主张"法治"是社会治理和国家治理的正确路径——这是《四经》做出的一个具有深远意义的历史选择。而且，《四经》强调"法治"应以正当的本源和依据为前提，这与法家的"法治"（实即"人治"）是有区别的。

　　由道立法、以法行道，这是《四经》道治学说的核心观点，是其区别于其他治理学说的重要标志所在；《四经》的道治学说又兼采百家、广纳诸子，使自己的理论和方案更显周详和完备。这构成了《四经》道治学说的主要特点。道者，有容乃大——《四经》兼收并蓄的特点与道的这种精神相一致。这一特点加之道治学说自身融哲学、政治学和法学为一体等因素，使其成为一种卓越的治理思想。相较于阴阳、儒、墨、名、法各家之治理思想，"道治"无疑要更高明、更有效，也更有历史价值。

　　"道治"具有崇高的价值目标。"太上无刑"、"天下可一"是其理想社会。这一理想的道治社会具有本质的内涵和特征：它是一个规律之治的社会，是一个法治的社会，是一个"无为而治"的社会，是一个和谐的社会。虽然这一理想社会的实现是极其困难的，但《四经》能选择这样正确的方向和目标是十分可贵的。

　　"执道者"在"道治"学说中有十分重要的地位。他们是识道和行道的主体，是立法和司法的主体；道治和法治能否实现，"执道者"发挥着关键的作用。《四经》的这种设计方案，符合先秦时期社会流行和认同的"圣人崇拜"的思维和逻辑，是一种必然的选择，也是一种无奈的选择。"道生法"转为"执道者"立法也具有符合法律制定的一般规律的合理因素。更重要的是，《四经》的这种方案绝不是为了实现"'执道者'之治"，"道治"和"法治"才是其不改的理想目标。但是，《四经》将道和法的认识权和发现权、法的制定权和实施权统统交于"执道者"，同时又不能提出切实有效的监督制约的制度和措施，这在理论上是偏误的，在实践中是危险的。此后，这种理论经过韩非等人的继承和发展，为君主专制主义的形成提供了重要的理论依据。

论古代宪法的天宪观

——兼论廖凯原教授的天命大宪章理论

杜钢建[*]

廖凯原教授提出的关于轩辕黄帝的天命大宪章理论在学术界堪称首创，其意义十分重大。这一中西对比的天宪论将中国历史上中断了几千年的天宪思考再次接续起来。中国古代不仅有宪法，而且宪法与天理、天命相联系，形成了儒家法理的最高层次的哲学思考。廖凯原教授的天宪论将上至轩辕黄帝、中至孔子孟子、下至汉代张衡等有关天宪思想的精华串联起来，形成了符合现代需求的系统法理学创新理论。本文旨在通过中国上古宪法与儒家法理的关系研究论证廖凯原教授的天宪论是对中国传统宪法文化精华的阐释。

廖凯原教授的天宪论体现在其一系列著述中，包括《探寻中式法治之道》（2008）、《中国特色的法治与礼治》（2008）、《黄帝范例：法治天命"科学观"的反熵运作体系》（2010）、《黄帝范例：中国法治与义理科学观的反熵运行体系》（2011）、《〈黄帝四经〉新见：中国法治与德治科学观的反熵运行体系》（2011）、《关于时间和"我"的沉思》（2012）、《轩辕运行体系 2.0（轩辕纪年 4708—永远）》（2013）、《中国梦就是轩辕大同》（2014）、《云中的虚拟人》（2014）、《轩辕召唤〈轩辕纪年 4712 新郑共识〉建议稿》（2015）等。这些著述从不同角度展开了对天命大宪章内容的探讨，涉及的问题层面多、视野广，加之作者在美国接受的现代西方法学教育背景影响下的比较法文化研究意识深厚，其理论体系庞大、古今中外贯通、文科理科兼蓄。本文仅就上古天宪观的基本观点进行阐述，论证廖凯原教授关于天命大宪章的天宪论的历史渊源及其正确性。

---

[*] 杜钢建，清华大学法学院凯原中国法治与义理研究中心研究员。

这里所言的上古时期在不同时代有不同认识。①《帝王世纪》曰："有巢氏已降,至黄帝,为三皇,号中古。"如今千余年又过去了,我们可以认为有巢氏以前为远古时期,有巢氏至先夏为上古时期,夏至秦汉为中古时期。从古代宪法制度的历史发展看,上古帝王传位实行民主选贤制,中古帝王传位实行世袭制。战国楚竹书《容成氏》简1云:"……卢氏、赫胥氏、乔结氏、仓颉氏、轩辕氏、神农氏、樿□氏、垆畢氏之有天下也,皆不授其子而授贤。"上古的民主选贤制至夏启而终结。此外,上古、中古天下大同,在宪法上实行的是分封式的联邦制或邦联制的体制。中古以降,在宪法上实行的是联邦制或邦联制的体制;秦汉以来,在宪法上实行的是郡县式的单一制行政区划体制。

在中国古代,宪法与天的关系是一个非常重大的理论问题。宪法的合理性和权威性来自天。国家领导人的权力在理论上应当来自天宪的授予,渊源于出自天命的天宪。宪法关于国家区域治理的制度性安排需要按照天象进行划分和管理,从而形成合理的中央与地方权力划分。

中国古代宪法的形成过程起源于伏羲时期,正名于神农炎帝时期,成熟于轩辕黄帝时期。上古宪法理论源于《古三坟》,在夏朝能够读《古三坟》的是御龙氏稀之子御龙氏陆。根据刘姓、杜姓等族谱记载,该公天性醇潜、器宇深沉,喜读《三坟》、《五典》,并熟《八索》、《九丘》之志,而曰:民情可见,民命可保。惟集国人而训之曰:知义则人心正;知礼则人和;纪修知信,则人道立;其内文明,而外柔顺。至春秋时期,能够读《古三坟》的人只有楚左史倚相。《左传》云:楚左史倚相能读《三坟》、《五典》、《八索》、《九丘》。孔安国叙《书》以谓《古三坟》乃伏羲、神农、黄帝之书,谓之《三坟》。《古三坟》实际上是伏羲、神农、黄帝时期的宪法性文献,其内容均为治国理政之大道。《汉书·艺文志》录古书为详,而三坟之书已不载。《传》曰:《河图》隐于周初,《三坟》亡于幽厉,《洛书》火于亡秦,治世之道不可复见。上古治道思想体现在《河图》、《三坟》和《洛书》中。宋元丰七年,毛渐奉使西京、巡按属邑,而唐州之泌阳,道无邮亭,因寓食于民舍,发现民间有《古三坟》一书。《坟》之所以有三,盖以山、气、形为别:《山坟》言君、臣、民、物、阴、阳、兵、象,谓之《连山》;《气坟》言归、藏、生、动、长、育、止、杀,谓之《归藏》;《形

---

① 《太平御览·卷七十九·皇王部四·黄帝轩辕氏》。

坟》言天、地、日、月、山、川、云、气，谓之《乾坤》。《古三坟》还包括《伏羲皇策辞》、《神农氏政典》、《轩辕政典》，以及《太古河图代姓纪》等重要历史文献。

一 伏羲宪法的天宪观

关于天命的探讨，伏羲时期的宪法性文献《伏羲皇策辞》和《山坟》中就已经提出。按照伏羲八卦理论，治国理政需要对天象有所认识，对君、臣、民、物、阴、阳、兵、象等之间的关系有所认识。连山易注重讲君、臣、民、物、阴、阳、兵、象等要素和现象，其理论特点主要在于强调治国理政涉及的政治主体问题。天皇伏羲氏《山坟》云："连山易，爻卦大象崇山君，君臣相，君民官，君物龙，君阴后，君阳师，君兵将，君象首。伏山臣，臣君侯，臣民士，臣物龟，臣阴子，臣阳父，臣兵卒，臣象股。列山民，民君食，民臣力，民物货，民阴妻，民阳夫，民兵器，民象体。兼山物，物君金，物臣木，物民土，物阴水，物阳火，物兵执，物象春。潜山阴，阴君地，阴臣野，阴民鬼，阴物兽，阴阳乐，阴兵妖，阴象冬。连山阳，阳君天，阳臣干，阳民神，阳物禽，阳阴礼，阳兵谴，阳象夏。藏山兵，兵君帅，兵臣佐，兵民军，兵物材，兵阴谋，兵阳阵，兵象秋。迭山象，象君日，象臣月，象民星，象物云，象阴夜，象阳昼，象兵气。"《山坟》连山易所言国家治理体系中的君、臣、相、官、师、将、侯、士、兵、卒、父、子、民等主体要素和社会现象都与天象有关。这些国家治理的主体要素和社会现象都离不开春夏秋冬、日月星辰、阴阳昼夜等自然天象及其运行规律。因此，认识天命就是要认识各种天象的性质和规律。伏羲连山易的创意来源和创作地点经过21世纪的水书历史文献研究确知在湖南会同连山。2006年，贵州荔波县档案局在水书抢救征集中发现一套5册孤本《连山易》，流波考证其出于湖南会同连山。[①]

伏羲时期已经对政府的职权开始进行划分和分工。根据《太古河图代姓纪》这一重要历史文献记载：伏羲氏，燧人子也，因风而生，故风姓。伏羲时期，龙马负图，盖分五色，文开五易，甲象崇山。天皇伏羲始画八卦，皆连山，名《易》，君、臣、民、物、阴、阳、兵、象始明于世。伏羲

[①] 流波：《连山神农炎帝故里八铁证》。

命臣飞龙氏子襄造六书,命臣潜龙氏子英作甲历。伏制牺牛,冶金成器,教民炮食。易九头为九牧,因尊事为礼仪,因龙出而纪官,因风来而作乐。伏羲还命降龙氏何率万民,命水龙氏平治水土,命火龙氏炮治器用,因居方而置城郭。根据《太古河图代姓纪》,天下之民号曰天皇、太昊、伏羲、有庖、升龙氏,本通姓氏之后也。

关于治国理政需要重视天象和天意的观点在《伏羲氏皇策辞》中有明确表述。伏羲将天象历法的制定视为治国理政最重要的立法,也是伏羲宪法中最重要的部分。根据《古三坟》,昔在天皇,居于君位,咨于将,咨于相,咨于民,垂皇策辞。伏羲曰:"惟我生无道,承父居方,三十二易草木,上升君位。我父燧皇归世,未降河图,生民结绳,而无不信。于末甲八太七成,三十二易草木,惟我老极。姓生人众多,群群虫聚,欲相吞害。惟天至仁,于草生月,天雨降河,龙马负图,神开我心,子其未生,我画八卦,自上而下咸安。"可见伏羲时期就有神奇的河图出现了,伏羲视之为上天神意的指示。根据河图的启示,伏羲画八卦,形成国家治理秩序。伏羲向诸位大臣发令曰:"命子襄居我飞龙之位,主我图文,代我咨于四方上下,无或私。襄曰:咸若咨众之辞,君无念哉。后一易草木,皇曰:命子英居我潜龙之位,主我阴阳甲历,咨于四方上下,无或差。英曰:依其法亦顺,君无念哉。皇曰:无为。后三十二易草木,昊英氏进历于君曰:历起甲寅。皇曰:甲曰寅辰,乃鸠众于传教台,告民示始甲寅。易二月,天王升传教台,乃集生民后女娲子,无分臣工大小列之。右上相共工,下相皇桓。飞龙朱襄氏、潜龙昊英氏居君左右。栗陆氏居北,赫胥氏居南,昆连氏居西,葛天氏居东,阴康民居下。九州之牧,各统其人群,居于外。"值得注意的是,中国古代强调依法的观念最早源于《伏羲氏皇策辞》,是子英按照伏羲的命令接受制作历法任务时所言。从此,依法治理就成为中国古代法治传统的重要内容。

当历法完成后,伏羲召集各位大臣开会,从而形成咨告于民、抚爱下民、竭力为民、顺民之辞、惟安于民等一系列体现民本思想的宪法原则。

伏羲向共工提出的要求如下:"咨予上相共工,我惟老极无为,子惟扶我正道,咨告于民,俾知甲历,日月岁时自兹始,无或不记,子勿怠。共工曰:工居君臣之位,无有劳,君其念哉。"共工氏是上古的帝王,以水为纪。《左传·昭公十七年》:"郯子来朝,公与之宴。昭子问焉曰:'少昊鸟名官,何故也?'郯子曰:'吾祖也,我知之,昔黄帝以云纪官,故为云师而云名。炎帝以火，共工以水，太昊以龙，其义一也。"在炎帝以前，共工氏就是擅长筑坝、修水库等水利工程建设和管理的氏族。从伏羲、神农、黄帝、帝颛顼、帝喾到尧舜时期，一直是由共工氏负责世界大型水利工程的建设和管理。后来，共工氏为争地位，被祝融氏打败，破坏堤坝，决堤放水，形成洪灾，即西方所传的洪水灭世事件。伏羲时期的共工为上相，相当于后来的宰相或总理大臣。

伏羲向皇桓氏提出的要求如下："下相皇桓，我惟老极无为，子惟扶我正道，抚爱下民，同力咨告于民，俾知甲历，日月岁时自兹始，无或不记，子其勿怠。桓曰：居君臣之位，无有劳，君其念哉。"皇桓氏也称柏皇氏，是远古时期传下来的氏族。在禅通纪八十八世中，柏皇氏有二十世。

伏羲向栗陆子提出的要求是："栗陆子居我水龙之位，主养草木，开道泉源，无或失时，子其勿怠。陆曰：竭力于民，君其念哉。"在禅通纪八十八世中，栗陆氏有五世。

伏羲向大庭氏提出的要求是："大庭主我屋室，视民之未居者喻之，借力同构其居，无或寒冻。庭曰：顺民之辞。"在禅通纪八十八世中，大庭氏有五世。①

伏羲向阴康提出的要求是："阴康子居水土，俾民居处，无或漂流，勤于道，达于下。康曰：顺君之辞。"在禅通纪八十八世中，阴康氏有二世。

伏羲命令浑沌子居降龙之位，惟主于民；命令昆连子主刀斧，无俾野兽牺虎之类伤残生命，无俾同类大力之徒驱逐微弱群体。

最后伏羲告诫曰："四方之君，咸顺我辞，则世无害；惟爱于民，则位不危。子无怀安，惟安于民，民安子安，民危子危，子其念哉。"

上述伏羲的各项宪令表明，《伏羲氏皇策辞》实际上是中国古代最早体现天宪观的成文法的宪法性文献。

伏羲宪法的天宪观及其历法对巴蜀文化有很大的影响。《帝王世纪》记载："太昊在位一百一十年，子孙五十九，传世五万余岁。"伏羲后裔主要有巴人五姓。伏羲生咸鸟，咸鸟生乘釐，是司水土；乘釐生后照，后照生顾相，降处于巴，是为巴人。顾相是巴人的始迁祖。巴人五子为五姓，有巴氏、樊氏、瞫氏、相氏、郑氏，世居武落山，有赤黑二穴。巴氏居赤穴，四姓居黑穴。末有君长，共立巴氏子务相，是为廪君，徙居（夷耳）城，后

---

① 《路史·前纪三·循蜚纪·钜灵氏》。

有顾相氏、务相氏。① 其迁汉中者为车巴，迁略阳者为巴氏。汉高帝时发巴氏定三秦，后其渠帅七姓有罗氏、朴氏、督氏、鄂氏、度氏、夕氏、龚氏。② 巴蜀巫教、傩教文化中重视天象的祭祀内容就是源于伏羲宪法的天宪观。

二　神农宪法的天宪观

伏羲、太昊时代以后，是神农炎帝统治时期。神农炎帝时期宪法的基础理论是归藏易。归藏易主要讲归、藏、生、动、长、育、止、杀等行为。神农氏《气坟》归藏易云："爻卦大象天气归。归藏定位，归生魂，归动乘舟，归长兄，归育造物，归止居域，归杀降。地气藏，藏归交，藏生卯，藏动鼠，藏长姊，藏育化物，藏止重门，藏杀盗。木气生，生归孕，生藏害，生动勋阳，生长元胎，生育泽，生止性，生杀相克。风气动，动归乘轩，动藏受种，动生机，动长风，动育源，动止戒，动杀虐。火气长，长归从师，长藏从夫，长生志，长动丽，长育违道，长止平，长杀顺性。水气育，育归流，育藏海，育生爱，育动渔，育长苗，育止养，育杀畜。山气止，止归约，止藏渊，止生貌，止动济，长植物，止育润，止杀宽宥。金气杀，杀归尸，杀藏墓，杀生无忍，杀动干戈，杀长战，杀育无伤，杀止乱。"神农炎帝的归藏易注重行为的规范和界限，强调行为的约束和限制，其原理构成神农炎帝天命宪法的基础理论。

在《神农氏政典》中，天与君、天与民、天与政的关系已经有明确规定。《神农氏政典》曰："惟天生民，惟君奉天，惟食丧祭，衣服教化，一归于政。神农炎帝曰：我惟生无德，咸若古政。嗟尔，四方之君，有官有业，乃子乃父，乃兄乃弟，无乱于政。昔二君始王，未有书契，结绳而治，交易而生，亦惟归政。昔在天皇，肇修文教，始画八卦，明君臣民物，阴阳兵象，以代结绳之政。出言惟辞，制器惟象，动作惟变，卜筮惟占。天皇氏归气，我惟代政，惟若古道以立政。正天时因地利，惟厚于民；民为邦本，食惟民天，农不正，食不丰；民不正，业不专。惟民有数，惟食有节，惟农有教，林林生人，无乱政典。"《神农氏政典》所强调的惟天生

---

① 《蜀志》。
② 《汉书注》。

民、惟君奉天、惟厚于民、民为邦本、食惟民天等，都是天命宪法的基本原则。

《神农氏政典》根据归藏易的理论，对政府行为过度的问题给予高度的关注。《神农氏政典》对政府过度行为提出了一系列警告，涉及政府管理的各个领域。《神农氏政典》曰："君正一道，二三凶；臣正一德，有常吉；时正惟四，时乱不植；气正惟和，气乱作疠；官正惟百，民正惟四，色正惟五，惟质惟良；病正四百四，药正三百六十五，过数乃乱，而昏而毒；道正常，过政反僻；刑正平，过政反私；禄正满，过政反侈；礼正度，过政反僭；乐正和，过政反流；治正简，过政反乱；丧正哀，过政反游；干戈正乱，过政反危；市肆正货，过政反邪；讥禁正非，过政失用。"这里，从药政、医政到市场管理，各个领域都有防止政府行为过度的问题。

神农炎帝时期反"过政"的宪法原则和制度体现出了人权保护的精神。神农炎帝时期，宪法保护人权的原则和制度体现在反对政府滥用权力和规制过度方面。宪法强调"道正常，过政反僻；刑正平，过政反私；禄正满，过政反侈；礼正度，过政反僭；乐正和，过政反流；治正简，过政反乱；丧正哀，过政反游；干戈正乱，过政反危；市肆正货，过政反邪；讥禁正非，过政失用"等勿过政的规定。① 在道、刑、禄、礼、乐、治、丧、干戈、市肆、讥禁等领域，政府行为不可过政，过度干预会适得其反。反对政府滥用权力和规制过度的宪法思想至今依然有利于人权保护的实现。《神农氏政典》反对过政的思想对现今政府推进行政审批制度改革有着重要的理论参考价值。神农炎帝时期的这些宪法原则和制度影响了后世历代宪法，特别是轩辕黄帝时期的宪法。②

《神农氏政典》中最重要的人权保护思想是将保护人民视为国家和政府的根本任务和责任。所谓"民为邦本，食惟民天"，反映出当时历史条件下

---

① 《神农氏政典》曰：君正一道，二三凶；臣正一德，有常吉；时正惟四，时乱不植；气正惟和，气乱作疠；官正惟百，民正惟四，色正惟五，惟质惟良；病正四百四，药正三百六十五，过数乃乱，而昏而毒；道正常，过政反僻；刑正平，过政反私；禄正满，过政反侈；礼正度，过政反僭；乐正和，过政反流；治正简，过政反乱；丧正哀，过政反游；干戈正乱，过政反危；市肆正货，过政反邪；讥禁正非，过政失用。
② 夏朝仲康王依据《神农氏政典》中"先时者杀无赦，不及时者杀无赦"，命胤侯征伐、处决羲和官。

将保护人民的食物权作为国家和政府头等责任的观念。一个国家政权能否以民为邦本,其衡量标准之一就是能否保障人民得到充足的食物。可以说,"民为邦本,食惟民天"是神农炎帝时期保护人权的宪法基本原则。《帝王世纪》记载:"神农氏在位百二十年,凡八世:帝承、帝临、帝明、帝直、帝来、帝哀、帝榆罔。"轩辕黄帝说此前人均寿命百岁。据此,八代神农氏炎帝在位时间至少是八百年。

三 黄帝宪法的天宪观

神农炎帝时期之后是轩辕黄帝统治时期。轩辕黄帝时期的宪法是《轩辕氏政典》。《轩辕氏政典》作为天命宪法的基础理论是《形坟地皇轩辕氏乾坤易》。《乾坤易》主要讲天、地、日、月、山、川、云、气的相互关系和运行规律。《形坟地皇轩辕氏乾坤易》云:"爻卦大象乾形天,地天降气,日天中道,月天夜明,山天曲上,川天曲下,云天成阴,气天习蒙。坤形地,天地圆丘,曰地圜宫,月地斜曲,山地险径,川地广平,云地高林,气地下湿。阳形日,天日昭明,地日景随,月日从朔,山日沉西,川日流光,云日蔽霁,气日缊蒂。阴形月,天月淫,地月伏辉,日月代明,山月升腾,川月东浮,云月藏宫,气月冥阴。土形山,天山岳,地山磐石,日山危峰,月山斜巅,川山岛,云山岫,气山岩。水形川,天川汉,地川河,日川湖,月川曲池,山川涧,云川溪,气川泉。雨形云,天云祥,地云黄霁,日云赤昙,月云素雯,山云叠峰,川云流霎①,气云散彩。风形气,天气垂氤,地气腾氲,日气昼围,月气夜圆,山气笼烟,川气浮光,云气流霞。"

《轩辕氏政典》的宪法原则和制度强调国家治理要重视"常宪"。轩辕黄帝时期的宪法性文献《轩辕氏政典》保护人权的一个重要原则和制度是严肃吏治,严格追究违法官员的法律责任。例如中国古代非常重视农历节气的变化,负责农历节气"日数"制定和执行的官员必须遵守时限的要求,否则会给人民造成严重的后果。于是,"先时者杀无赦,不及时者杀无赦"就成为宪法性文献《轩辕氏政典》中的一项重要原则和制度。夏朝仲康王命胤侯征伐并处决羲和官的依据就是该项原则。《轩辕氏

---

① 该字通"霎"字。

政典》规定:"岐伯天师,尔司日月星辰,阴阳历数。尔正尔考,无有差贷。先时者杀,不及时者杀,尔惟戒哉。"该项规定对后世的相关制度产生了重要影响。

《轩辕氏政典》的宪法地位还在于对国家治理体系的设置——天师、辅相、五正、百官、士子、农夫、商人、工技等宪政主体在政典中都有规定。国无邪教、市无淫货、地无荒土、官无滥士、邑无游民、山不童、泽不涸,则正道至。正道至则官有常职、民有常业、父子不背恩、夫妇不背情、兄弟不去义、禽兽不失长、草木不失生。政典还对各个方面的管理提出了原则性要求。

《轩辕氏政典》规定,与民生相关的各种事宜都应当有法律制度:"方圆角直,曲斜凹凸,必有形。远近高下,长短疾缓,必有制。寒暑燥湿,风雨逆顺,必有时。金木水火,土石羽毛,必有济。布帛桑麻,筋角齿革,必有用。百工器用,必有制。圣人治天下,权以聚财,财以施智,智以畜贤,贤以辅道,道以统下,不以事上,上以施仁,仁以保位,位以制义,义以俌礼,礼以制情,情以敦信,信以一德,德以明行,行以崇教,教以归政,政以崇化,化以顺性,性以存命,命以保生,生以终寿。"《轩辕氏政典》将权、财、智、贤、道、下、上、仁、位、义、礼、情、信、德、行、教、政、化、性、命、生、寿等范畴的关系与国家治理联系起来,提出国家法治要符合这些治理关系的要求。

黄帝时期,国家决策实行参而又参的民主协商制度,[1] 强调国家实行法治:"法度者,正之至也。而以法度治者,不可乱也。"[2] 黄帝时期主张"生法而弗敢犯,法立而弗敢废";强调政府领导"以法为据,自引以绳",然后"见知天下而不惑";强调国家治理体系要设置三公制度,以风后配上

---

[1] 殷汤问伊挚:古者立三公、九卿、大夫、元士者何?挚曰:三公以主参王事,九卿以参三公,大夫以参九卿,元士以参大夫,故参而又参,是谓事宗,事宗不失,内外若一。又曰:相去几何。挚曰:三公智通于天地,应变而无穷,辨于万物之情,其言足以调阴阳四时而节风雨,如是者,举之以为三公。故三公之事,常在于道。九卿者,不出四时,通沟渠,修堤防,树种五谷,通于地理,能通利不利,如此者,举以为九卿,故九卿之事,常在德。大夫者,出入与民同象,取去与民同解,通于人事,行内举绳,不伤于言,言足法于世,不害于身,通关梁,实府库,如是者,举以为大夫。故大夫之事,常在于仁。元士者,知义而不失期,事功而不独专,中正强谏,而无奸诈,在私立公而可立法度,如是者,举以为元士。故元士之事,常在于义。道德仁义定,而天下正矣。

[2]《黄帝四经·经法》:"道生法。法者,引得失以绳,而明曲直者也。故执道者,生法而弗敢犯也,法立而弗敢废也。故能自引以绳,然后见知天下而不惑矣。"

台、天老配中台、五圣配下台,谓之三公。① 轩辕黄帝时期的三公制度影响到后世中央政府体系的形成。②

轩辕黄帝时期的宪法继承了神农时期、炎帝时期的宪法,尤其重视民生领域的权利保护,主张"省苛事,节赋敛,毋夺民时,治之安"。根据《轩辕氏政典》,岐伯为天师,司天象;后土为中正,主要负责山川草木、虫鱼鸟兽等的管理,无乱田制,以作田讼;龙氏为东正,负责人事工作,分爵禄贤智,无掩大贤以悕财,无庇恶德以私赏;祝融为南正,负责礼服、祭祀,无乱国制以僭上,无废祀事以简恭;太封为西正,负责干戈、刑法等事务,强调执法公平,"尔掌尔平";太常为北正,负责田制、民事、百工惟良,山川地图。以上是轩辕黄帝时期国家治理体系中五岳级别领导人的基本分工。

黄帝初作调历,对后世影响极大。《三国会要·卷四·天运二·乾象法下》记载:"郎中李恩议:'以太史天度与相覆校,二年七月、三年十一月望,舆天度日昔差异,月蚀加时乃后天六时半,非从三度之谓,定为后天过半日也。'董巴议曰:'昔伏羲始造八卦,作三画以象二十四气;(原注:卦各三画,八卦则二十四画,故象一岁月节中气二十四气)黄帝因之,初作调历,历代十一,更年五千,凡有七历。(原注:黄帝、少昊、颛顼、高辛、唐、虞、夏、殷、周、秦、汉十一代,五千年也。七历:黄帝、颛顼、夏、殷、周、鲁、三统也)颛顼以今之孟春正月为元,其时正月朔旦立春,五星会于天庙营室也,冰冻始泮,蛰虫始发,鸡始三号,天日作时,地日作昌,人日作乐,鸟兽万物莫不应和;故颛顼圣人,为历宗也。汤作殷历,不复以正月朔旦立春为节,更以十一月朔旦冬至为元首。下至周、鲁及汉,皆从其节,据正四时;夏为得天,以承尧、舜,从颛顼故也。礼记大戴曰:

---

① 神农氏衰,蚩尤氏叛,不用帝命。黄帝于是修德抚民,始垂衣裳,以班上下,刳木为舟,剡木为楫,舟楫之利,以济不通。服牛乘马,以引重致远。重门击柝,以待暴客。断木为杵,掘地为臼,杵臼之用,以利万民。弦木为弧,剡木为矢,弧矢之利以威天下。诸侯咸叛神农而归之。讨蚩尤氏,禽之于涿鹿之野。诸侯有不服者,从而征之。凡五十二战而天下大服。俯仰天地,置众官。故以风后配上台,天老配中台,五圣配下台,谓之三公。其余地典、力牧、常先、大鸿等,或以为师,或以为将,分掌四方,各如己视,故号曰黄帝四目。

② 梁启超在《论立法权》(1902)中指出:"然古者犹有言:坐而论道,谓之三公;作而行之,谓之有司。似也稍知两权之界限者然。汉制有议郎,有博士,专司附议,但其秩抑末,其权抑微矣。"唐代之给事中,常有封还诏书之权,其所以对抗于行政官,使不得专其威柄者,善矣美矣。然所司者,非立法权,仅能……救其末流,而不能善其本矣。"

'虞、夏之历,建正于孟春',此之谓也。"

从黄帝到汉代"更年五千",这是黄帝朝最重要的年代资料之一。明代董斯张《广博物志·卷四·时序总·岁时》记载:"昔伏羲氏始造八卦,作三画以象二十四气,黄帝因之,初作调历,历代十一,更年五千,凡有七历。"可知黄帝时期的天文学知识已经相当发达。《黄帝内经·卫气行第七十六》记载:"黄帝问于岐伯曰:愿闻卫气之行,出入之合,何如?岐伯曰:岁有十二月,日有十二辰,子午为经,卯酉为纬。天周二十八宿,而面有七星,四七二十八星,房昴为纬,虚张为经,是故……"黄帝时期的天宪观来自于当时广博的天文学知识,以此种知识和理论为基础的宪法堪称天命大宪章。

廖凯原教授说轩辕黄帝根据"爱民"和"民本"原则颁布了轩辕的天命大宪章——世界上最早的书面大宪章,授予了人们推翻并诛杀暴君的权力。[1] 廖教授从抵抗权理论出发指出:"在我们古代和当代的历史中,无论在何处,暴君都不具备统治的权力,即使他们是经过合法选举产生的或被合法指定的。统治者的统治权是有条件的,应确保这种统治以人本与公正的方式对待全体公民为前提条件,必须保证每一个公民享有免费教育、免费健康医疗并能平安地享受免费的物质财富,同时有意愿也有能力追求自己的梦想与愿望。此外,一个专制者必无容身之地,他的下场必将是按照正义的法律和正当的程序被逮捕、审判。轩辕曾警告所有的暴君:人恶苟……苟而不已,人将杀之。例如希特勒、墨索里尼、东条英机,以及被臣民推翻的商代末代君主纣王,都被人民推翻并诛杀了:希特勒和商纣王都被迫自尽,前者饮枪而后者焚火。而墨索里尼和东条英机则是被人民处死的——前者被枪决,其尸体被反吊,后者则被判犯有战争罪而被处以绞刑。"

轩辕黄帝关于官职的宪法思想在《黄帝四经》中也有明确表述。《黄帝四经》之《十大经》篇《立命》云:"昔者黄宗,质始好信,作自为象,方四面,傅一心,四达自中,前参后参,左参右参,践位履参,是以能为天下宗。吾受命于天,定位于地,成名于人。唯余一人德乃配天,乃立王、三公,立国置君、三卿。数日、历月、计岁,以当日月之行。吾允地广裕,类天大明。"[2]

---

[1] 《黄帝四经·十大经·正乱》。
[2] 关于黄帝时期的百官人物和百官制度,笔者曾经写过诗歌予以歌颂,请见大同思想网杜钢建《古代君子文化人物颂》第1~100篇。

四 上古天宪观与天文七政

天本身具有七曜天文现象。根据《尚书》，舜帝作为国君，需要依据天文器的运转"上察天文，下齐宪政"。所谓"在璇玑玉衡，以齐七政"，即通过观察璇、玑、玉衡来体验七曜运行，把握上应七曜的宪政规律。璇是指美玉；玑与衡是王者正天文之器，可运转者。《说文解字》云："璇，美玉也。"玉是大名，璇是玉之别称。玑、衡俱以玉饰，但史之立文，不可以玉玑、玉衡一指玉体，一指玉名，犹《左传》云"琼弁玉缨"。所以，变其文，传以总言玉名，故云"美玉"。其实，玉衡亦是美玉。《易·贲卦》象云："观乎天文以察时变。"日月星宿运行于天，是为天之文。玑衡者，玑为转运，衡为横箫，运玑使动，于下以衡望之，是"王者正天文之器"。汉世以来，谓之浑天仪者。马融云："浑天仪可旋转，故曰玑。衡，其横箫，所以视星宿也。以璇为玑，以玉为衡，盖贵天象也。"关于观察天象用的玉衡筒管的长度，蔡邕云："玉衡长八尺，孔径一寸，下端望之以视星辰。盖悬玑以象天而衡望之，转玑窥衡以知星宿。"

古代帝王治国理政要重视天文七政。七政是指日、月、五星各异政。舜察天文、齐七政，以审己当天心与否。尧不听舜让，使之摄位。舜察天文，考齐七政而当天心，故行其事。其政有七，于玑、衡察之，必在天者，知"七政"谓日、月与五星。五星中，木曰岁星，火曰荧惑星，土曰镇星，金曰太白星，水曰辰星。《易·系辞》云："天垂象，见吉凶，圣人象之。"此日、月、五星有吉凶之象，因其变动为占，七者各自异政，故为七政。得失由政，故称政也。舜既受终，乃察玑衡。马融云："日月星皆以璇玑玉衡度知其盈缩、进退、失政所在。圣人谦让，犹不自安，视璇玑玉衡以验齐日月五星行度，知其政是与否，重审己之事也。"上天之体，不可得知；测天之事，见于经者唯有此"璇、玑、玉衡"一事而已。

为了了解治国理政的天文依据，就需要利用天文仪器进行观察。蔡邕《天文志》云："言天体者有三家，一曰周髀，二曰宣夜，三曰浑天。宣夜绝无师说。周髀术数具在，考验天象，多所违失，故史官不用。惟浑天者近得其情，今史所用候台铜仪，则其法也。"虞喜云："宣，明也。夜，幽也。幽明之数，其术兼之，故曰宣夜。"周髀之术以为天似覆盆，盖以斗极为中，中高而四边下，日月旁行绕之。日近而见之为昼，日远而不见为夜。浑

论古代宪法的天宪观

天者以为地在其中，天周其外，日月初登于天，后入于地。昼则日在地上，夜则日入地下。王蕃《浑天说》曰："天之形状似鸟卵，天包地外，犹卵之里黄，圆如弹丸，故曰浑天。"言其形体浑浑然。其术以为天半覆地上，半在地下。其天居地上，见者一百八十二度半强，地下亦然。北极出地上三十六度，南极入地下亦三十六度，而嵩高正当天之中极，南五十五度当嵩高之上。又其南十二度为夏至之日道，又其南二十四度为春秋分之日道，又其南二十四度为冬至之日道，南下去地三十一度而已。是夏至日北去极六十七度，春秋分去极九十一度，冬至去极一百一十五度。其南北极持其两端，其天与日月星宿斜而回转。古有其法，遭秦而灭。古代天文学研究出的天体度数，是制定历法的重要依据。

汉代浑天仪的制作推动了浑天论的宇宙观的发展。杨子《法言》云："或问浑天，曰落下闳营之，鲜于妄人度之，耿中丞象之，几乎，几乎，莫之能违也！"闳与妄人，武帝时人。宣帝时司农中丞耿寿昌始铸铜为之象，史官施用之。后汉张衡作《灵宪》以说其状。蔡邕、郑玄、陆绩，吴时王藩，晋时姜岌、张衡、葛洪皆论浑天之义，并以浑说为长。南朝宋元嘉年皮延宗也作《浑天论》。根据《浑天论》，太史丞钱乐铸铜作浑天仪，传于齐梁，周平、江陵迁其器于长安。衡长八尺，玑径八尺，圆周二丈五尺强，转而望之，有其法。

中国古代的禅让制度也体现了"帝德合天"的要求。舜帝因禹让皋陶，故述而美之。帝呼之曰："皋陶，惟此群臣众庶，皆无敢有干犯我正道者。由汝作士官，明晓于五刑，以辅成五教，当于我之治体。用刑期于无刑，以杀止杀，使民合于中正之道，令人每事得中，是汝之功，当勉之哉！"皋陶以帝美己，归美于君曰："民合于中者，由帝德纯善，无有过失，临臣下以简易，御众庶以优宽。罚人不及后嗣，赏人延于来世。宥过失者无大，虽大亦有之。刑其故犯者无小，虽小必刑之。罪有疑者，虽重，从轻罪之。功有疑者，虽轻，从重赏之。与其杀不辜非罪之人，宁失不经不常之罪。以等枉杀无罪，宁妄免有罪也。由是故帝之好生之德，下洽于民心，民服帝德如此，故用是不犯于有司。"此言民之无刑，非己力也。帝又述之曰："使我从心所欲而为政，以大治四方之民，从我化如风之动草，惟汝用刑之美。"此言已经知其有功。

《帝王世纪》对"皇"、"帝"、"王"的概念内涵进行了简单概括和总结。"天子，至尊之定名也。应神受命，为天所子，故谓之天子。"故孔子曰："天子之德，感天地，洞八方，是以功合神者称皇，德合天地称帝，仁义和者称王。"①《论语·太伯》说禹"至孝乎鬼神"。《尚书·诏告》说："有夏服天命。"《尚书·甘誓》说得更具体些："有扈氏威侮五行，怠弃三正，天用剿绝其命。今予维恭行天之罚。……用命赏于祖，弗用命戮于社。"《尚书·汤誓》说："非台（我）小子，敢行称乱。有夏多罪，天命殛之。……予畏上帝，不敢不正。尔尚辅予一人，致天之罚，予其大赉（赏赐）汝，尔无不信，朕不食言。尔不从誓言，予则孥戮汝，罔有攸（所）赦。"周公在《尚书》中的《大诰》、《康诰》、《酒诰》、《梓材》、《召诰》、《洛诰》、《多士》、《无逸》、《君奭》、《多方》、《立政》和《诗经·大雅·文王》等篇中提出了以德配天、敬天保民、明德慎罚等宪法原则。

在中国古代，国家的区域治理要按照天文学的星宿理论进行划分，强调治国理政要上应星宿、规矩应天。一年十二会次名称为降娄、大梁、觜陬、实沈、鹑首、鹑火、鹑尾、寿星、大火等。九州区划中，无论是先夏的大九州，还是夏朝以后的小九州，都要按照十二会次的坐在方位及星宿位置来确定各州地理位置及天象特点。比如鲁地上应星宿，谓之觜陬；湖湘地区上应星宿，谓之轸翼。

天宪是遵循天道的宪法。关于天道的理解有多种说法：神农归藏易经说"日天中道"；天道也可以理解为"中道"；天道还可以分为道之根、道之干、道之实。《帝王世纪》开篇将天地开辟划分成了几个时期："天地未分，谓之太易。元气始萌，谓之太初。气形之始，谓之太始。形变有质，谓之太素。太素之前，幽清寂寞，不可为象。惟虚惟无，盖道之根。道根既建，由无生有。太素质始萌，萌而未兆，谓之庞洪，盖道之干。既育万物成体，于是刚柔始分，清浊始位。天成于外而体阳，故圆以动，盖道之实。质形已具，谓之太极。"这里提出了"道之根、道之干、道之实"的天道观。

关于天宪的理解，最重要的莫过于世代相袭的尊重民意且为民众接受的宪法。天道需要为传统所认可，为政府上下和民众所共识。因而，经过世代沿袭的祖宗成宪常法就是最符合天道的天宪。祖宗成宪常法是上古中国最自然的天宪。《尚书》强调"监于先王成宪，其永无愆"。视先王成法，其长无过，其惟学乎！惟说式克钦承，旁招俊乂，列于庶位。王能志学，说亦用能敬承王志，广招俊乂，使列众官。学习成宪，当受教训，按照先王成宪顺

---

① 《帝王世纪》。

其事而告之。

　　学习和效法古代宪法制度成为历代君王治国理政的主张。荀悦曰："宪章稽古，封岱勒成，仪炳乎世宗。"司马彪《续汉书》曰："建武三十二年，上斋，读河图会昌符，言九叶封禅"。《礼记》曰："仲尼宪章文、武。"《孝经》曰："故得万国之欢心。沐浴膏泽，已见西都赋。"《尚书》曰："分命羲叔，平秩东作。乃申旧章，下明诏。命有司，班宪度。昭节俭，示太素。去后宫之丽饰，损乘舆之服御。抑工商之淫业，兴农桑之盛务。遂令海内弃末而反本，背伪而归真。女修织纴，男务耕耘。器用陶匏，服尚素玄。耻纤靡而不服，贱奇丽而弗珍。捐金于山，沈珠于渊。"根据《左传》，季桓子曰："旧章不可忘也。"《孔安国尚书传》曰："风，教也。"老子曰："为而不恃，长而不宰，是谓玄德。"王弼曰："玄德者，皆有德不知其主，出于幽冥者也。"老子曰："天法道，道法自然。"王弼曰："自然者，无称之言，穷极之辞。宪先灵而齐轨，必三思以顾愆。"监于先王成宪成为上古历代帝王遵守先王宪法的传统。

　　中国古代还重视执宪和司宪的问题。古人曰："违彼执宪，哀予小臣。"韦孟《讽谏诗》曰："明明群司，执宪靡顾。"杨雄《交州箴》曰："牧臣司交，敢告执宪。"

　　天文与帝王换代之间有着某种必然的联系。因此，古代修订历法乃是改朝、换代、修宪的头等大事。郑玄以为帝王易代，莫不改正。尧正建丑，舜正建子。先儒王肃等以为惟殷周改正，易民视听。自夏已上，皆以建寅为正。

　　敬天与祭祖有着必然的联系。《咸有一德》云："七世之庙，可以观德。"天子七庙，其来自远。尧之文祖，盖是尧始祖之庙，不知为谁也。《帝系》及《世本》皆云："黄帝生玄嚣，玄嚣生侨极，侨极生帝喾，帝喾生尧。"即如彼言，黄帝为尧之高祖，黄帝以上不知复祭何人，充此七数，况彼二书未必可信，尧之文祖不可强言。

　　夏书禹贡强调圣有谟训，明征定保。圣人所谋之教训，为世明证，所以定国安家。先王克谨天戒，臣人克有常宪，言君能慎戒，臣能奉有常法。百官修辅，厥后惟明明。修职辅君，君臣俱明。每岁孟春，遒人以木铎徇于路。胤侯将征羲和，告于所部之众曰："嗟乎！我所有之众人，圣人有谟之训，所以为世之明证，可以定国安家。其所谋者，言先王能谨慎敬畏天戒，臣人者能奉先王常法，百官修常职辅其君，君臣相与如是，则君臣俱明，惟为明君明臣。"言君当谨慎以畏天，臣当守职以辅君也。"先王恐其不然，

157

大开谏争之路。每岁孟春，遒人之官以木铎徇于道路，以号令臣下，使在官之众更相规阙；百工虽贱，令执其艺能之事以谏上之失常。其有违谏不恭谨者，国家则有常刑。"常宪、常法、常刑是传统法律文化的集中表现。当政府和官员失常时，国家和社会就会出现不稳定现象。

《路史·后纪三》谓神农使巫咸主筮，巫咸以作筮而著称。《太平御览》卷七九引《归藏》："黄神与炎神争斗于涿鹿之野，将战，筮于巫咸，曰：果哉，而有咎？"根据《参庐记》的记载，帝喾高辛氏之支子巫人，字乾，乃黄帝轩辕氏之裔。巫咸也为唐尧时臣，"以鸿术为尧之医，能祝延人之福，愈人之病，祝树树枯，祝鸟鸟坠"。东晋郭璞《巫咸山赋》中也注："巫咸以鸿术为帝尧医。"据巫氏族谱记载：巫咸享寿九十而殁敕，葬锦屏山，壬山丙向立有碑。配黄氏，敕封一品夫人，生卒失考，葬夏县城南架上盆形子山午向有碑。生二子：圣连，字孟贤；圣延（失考）。巫氏族谱始于北宋建隆二年（960），由处州通判巫清（福建省宁化县人）主持修纂。巫乾是巫咸第十七世裔孙。《商书》记载："太戊臣有巫咸、巫贤。"《太平御览》卷七九〇引《外国图》曰："昔殷帝太戊使巫咸祷于山河，巫咸居于此，是为巫咸民，去南海万千里。"巫咸是先夏时期历朝历代的重要官职，其后裔以官为氏。

廖凯原教授指出，轩辕的天命大宪章被用于为改朝换代正名。他的著名的后代周王通过火烧商纣王的家人和官员、逼迫商纣王自杀，建立了周朝。① 周王以史为鉴，证明了他对商朝末代暴君纣王采取的行动师出有名。周王解释了商代的先王汤诛杀夏朝末代暴君桀及其全家的原因："桀德……是惟暴德罔后。"② 也是因为这一理由，他以周代商。他向天下世人说明："呜呼！其在受德暋，惟羞刑暴德之人，同于厥邦；乃惟庶习逸德之人，同于厥政。帝钦罚之。"③

正如廖凯原教授指出的：接受天命的观念可以使统治者知道权力的界

---

① 参见《尚书·周书》，此处援引理雅各英译本，下同。
② 周公曰："桀德，惟乃弗作往任，是惟暴德罔后。亦越成汤陟，丕厘上帝之耿命，乃用三有宅，克即宅，曰三有俊，克即俊。严惟丕式，克用三宅三俊，其在商邑，用协于厥邑；其在四方，用丕式见德。呜呼！其在受德暋，惟羞刑暴德之人，同于厥邦；乃惟庶习逸德之人，同于厥政。帝钦罚之，乃伻我有夏，式商受命，奄甸万姓。"参见《尚书·周书·立政》。
③ 同上。

限。廖教授说:"接受天命后,轩辕以'天'之名向人民颁布了他的天命大宪章。"廖凯原教授所讲的轩辕天命大宪章是《黄帝四经》中的一段话:"毋乏吾禁,毋留吾醢,毋乱吾民,毋绝吾道。乏禁,留醢,乱民,绝道,反义逆时,非而行之,过极失当,擅制更爽,心欲是行,其上帝未先而擅兴兵,视蚩尤共工。"①

廖凯原教授认为轩辕黄帝发展了基于道的轩辕法哲学,法治及义理科学观直接由道产生,并被烙上五项天命大宪章的印记:人本、公正、杨朱的六感自由、权利与义务的统一体,以及有调控的自由开放市场体制。法和义理是为了我们的福祉而存在,而不是为了统治者或道。这五项天命是世间万物的大宪章。因为法与理对所有人来说是同一的标准,任何人都应当公平地以这一源于至高无上且理性的道为标准。按此种标准,每一个人都可以理解、判断、遵循法及理。故而没有任何人,包括君主在内,以及任何组织或政党可以凌驾于这些法与理之上。此外,每一个人和组织在这种标准面前都一律平等、无一例外。②廖凯原教授认为轩辕还嘱咐后代要遵循其天命大宪章:"谨守吾正名,毋失吾恒刑,以示后人。"③廖凯原教授关于轩辕黄帝的天命大宪章的说法符合古人对天命与宪法关系的思考,这有利于加强对人权的尊重和保护。从上古伏羲宪法、神农宪法、轩辕宪法到尧典、舜典和禹王谟都重视天命与宪法的关系。后来,一直到近代,天宪观的思路被打断了。廖凯原教授承先启后地提出的天命大宪章理论,可以为中国发展法治和宪政提供理论支持。

最后,本文以《古代宪法人权颂》作为结尾,以示对古代立宪圣贤等君子人物的敬意:

古代宪法人权颂

敬天保民古宪意,法治善政经典常。
三刺五询万民情,人民为本重协商。
天时地财人力权,夹丰三权国权张。
国库充实灾民赈,人地皆亡天权丧。

---

① 《黄帝四经·十大经·正乱》。
② "不管涉及什么人,不论权力大小、职位高低,只要触犯党纪国法,都要严惩不贷。"参见新华网:《胡锦涛十八大报告》(全文)。
③ 同上。

权认三度天地人，君守天戒国宪常。
富乐民功贫苦罪，与民为敌民胜强。
至公大定齐天功，心为天下治国忙。
神农政典七十世，黄帝四经百代扬。
尧舜典范民本论，禹王训诫五子伤。
夏商洪范九畴用，周礼三公六部长。
箕子宪制千年延，齐国宪法传布详。
道权法事先后出，为民治国立君长。
操存舍亡良心道，出入无时莫知乡。
斧斤于木旦旦伐，仁义心存不失放。
放心不求实悲哀，舍路弗由难近良。
仁心义路能操控，舍生取义尊严扬。
人心惟善本心论，宁死不受嗟来赏。
自取自用天所授，他取别用未有权。
纯疵莫择无所取，禀受天地施生全。
目耳心生视听思，天命谓性出天权。
形器气充理德受，取多用宏为壮观。
取驳用杂导致恶，取纯用粹自生善。
自强不息君子志，日乾夕惕精用权。
择守养性禀赋天，益善无恶能保权。
纯粹生善驳杂恶，让权失职抉择断。
动心生思开口言，闭心不思结舌权。
人性生权自主为，无害于人规制限。
人道独立莫失义，同为天子直隶天。
与闻国政任天职，天赋人权理损残。
三纲有违平等性，五常反对专擅权。
仁及同类爱天下，推所不爱老幼全。
兼爱周爱墨子意，仁者爱人孔丘言。
偏爱别爱贼害人，博爱谓仁普世安。
不仁得国姑且有，暴政天下获取难。
仁必博爱顺天意，爱无等差由亲延。

论古代宪法的天宪观

急务亲贤无不爱，自近及远密疏渐。
幼长贵贱皆天臣，保护人格重尊严。
爱人利人天福佑，恶人贼人天祸现。
权生于智启超明，向内用力良知全。
天下为主君为客，递相君臣无常贱。
不杀不辜不失罪，赏罚得当区暴贤。
贤者在位能者职，不肖者下众推选。
双向秩序上下顺，治与被治互动安。
己所不欲勿施人，克己复礼为仁先。
群亡己败争斗开，仁者不忧忠恕劝。

法律激励和取予得当的反熵治理

倪正茂[*]

充分发挥法律的激励功能,是法治国家建设中应予特别重视的一个方面。《黄帝四经》关于取予得当的论述,是其法律激励理论的核心内容。以取予得当的思想主导法律激励,是成功实施反熵治理的关键环节。廖凯原先生创立的"轩辕反熵运行体系 2.0",为成功实施反熵治理提供了重要的理论指导,值得认真研究。

一 法律激励功能的充分发挥与法治国家建设

法治国家建设涉及方方面面的问题。仅就法治系统本身而言,它所涉及的就包括立法、司法、执法与守法;而从法律功能方面看,则涉及组织管理、惩罚警诫和奖赏激励三大方面。法律三大功能之充分发挥是法治国家建设的"题中应有之义",三者各有不同的重要作用。但就人们对法的认识而言,在我国的法治国家建设中,应予以特别重视的是要充分发挥法律的激励功能。

为此,必须走出对法律的认识误区。

法律史是人类解放自身的历史。人类以法律解放自身,主要不是依靠法律惩戒,而是依靠法律激励。新时期促进改革开放深入发展的政策,应以法律激励为主要保证。但是,对以上三者,长期以来,人们的认识往往是片面的甚至是错误的。

中国法律史就曾在相当长的时间里被简单化为阶级压迫史、阶级斗争史。妇孺皆知且被信以为真的"法律是无情的"的观念,长期在社会上流

---

[*] 倪正茂,清华大学法学院凯原中国法治与义理研究中心研究员。

行。这不仅妨碍了人们对法律的认识，而且影响了人们将法律这一被"我"称之为"增进人类福祉的天使"排拒在治国方略之外，以至时届今日还未能充分发挥法律的激励功能，不能更好地为治国理政、改革开放服务。

人类之以法律解放自身，无论是从法律产生的源头来看，还是从中外法律史的实践来看，都曾被无意地深深误解或刻意地歧解。究其原因，从认识论的角度看，大致可认为是来自于法律发展道路本身的曲折性与复杂性。法律发展的道路与一切事物发展的道路一样，不是径情直遂的，而是进退迂回、曲折崎岖的。作为人类解放自身的创造物，在阶级社会里，法律曾惨遭异化，成了占人口极少数的剥削者、压迫者用以维护其剥削、压迫的工具，从而在很大程度上表现出了它的残酷性、野蛮性。但是，即使在法律产生之初，与惩戒并存甚至先于、重于、优于惩戒的，也是奖赏、激励。谓予不行，请看被普遍认为是中国"最早"出现的法律——夏启的军令《尚书·甘誓》。

其全文为："王曰：嗟！六事之人，予誓告汝：有扈氏威侮五行，怠弃三正，天用剿绝其命，今予惟恭行天之罚。左不攻于左，汝不恭命；右不攻于右，汝不恭命；御非其马之正，汝不恭命。用命，赏于祖；弗用命，戮于社，予则孥戮汝。"当把法律史简单化为阶级压迫史时，往往会对"用命，赏于祖"这五个字视而不见。如果不抱偏见，是很容易理解这五个字的极其重要的意义的。其一，它出现在人们已知的中国最早的法律中。也就是说，最早出现的中国法律中，就有了奖赏激励性的条款。其二，"用命，赏于祖"被置于惩戒性条款"弗用命，戮于社"之前，"赏"先于、重于"罚"，这是应有的结论。

在中国早期的法律、法令中，夏启军令里的奖赏激励性条款不是偶然出现的孤例。欲取夏而代之的商汤，在发动灭夏战争时所发布的军令中，同样也有奖赏激励性的规定。今文《尚书·汤誓》是汤在"鸣条之野"开始灭夏战争之前的动员誓师令。在该令中，汤首先讲述了灭夏战争的理由："有夏多罪，天命殛之。"其重罪之一是"率遏众力，率割夏邑"，即乱征劳役，竭尽民力，残酷地剥削。商王宣布："尔尚辅予一人，致天之罚，予其大赉汝。尔无不信，朕不食言。尔不从誓言，予则孥戮汝，罔有攸赦。"意即你们如果辅助"我"恭行上天之命，征讨、惩罚夏国，"我"就大大地赏赐你们；你们不必对此怀疑，"我"一定会履行诺言的。但是，如果你们不听从"我"的命令，我就处死你们，绝不宽恕。显然，"汤誓"与"甘誓"如出一辙，都是把奖赏视作先于、重于惩罚的法律手段。

黄帝思想与中华引擎（一）

今天，当我们进一步上溯中国法律史的源头，深究《黄帝四经》的有关论述时，完全可以肯定法之产生乃是为了增进人类自身的福祉，从自然与社会的压迫中解放自己。《黄帝四经》劈头即谓："道生法。法者，引得失以绳，而明曲直者殹（也）。"① 早在夏启颁布"……用命，赏与祖；弗用命，戮于社……"之前一千年的黄帝时期，即已昭告寰宇：法不仅"引失"以绳、"明曲"而断，而且"引得"以绳、"明直"而断。这就是以法律来激励人们积极求"得"、努力行"直"。如果进一步探索《黄帝四经》关于"道"所"生"之"法"的指导思想即"取予得当"，② 或更进一步探求高于"取予得当"这一具体的治国理政理念的价值论根源在于《黄帝四经》所言的黄帝"畏天、爱地、亲民"时，就更加易于理解法律史是人类解放自身的历史了。法律之解放人类自身，最重要的乃是充分发挥法律的激励功能。

稍事回顾中国历史，谁都可以知道，在相当长的时间里，中国的经济、文化与军事发展水平都曾雄踞世界前列。这与古代中国重视法律激励是分不开的。在拙著《激励法学探析》中，我曾以近100页的篇幅概述了"一以贯之的中国古代法律激励思想"，包括以下三个方面：其一，"中国古代激励法思想在各大学派中的体现"；其二，"中国古代激励法思想一脉相承从无间断"；其三，"中国古代激励法思想从无间断地体现在所有朝代的法制中"。③ 近代以来，在中国政府鄙视或未能以法律来激励科技发展的时候，欧美国家却以法律来大力激励科学技术的发展。于是，各有关国家迅速崛起。

社会、经济、科技的发展都是由多因素造成的，但是，无可回避的客观史实是：美国这一只有200多年历史的超级大国，从前都说是"由于在两次世界大战中发了战争横财"而急速崛起，但实际情况远非如此。早在1790年，美国即颁布了"为天才之火浇上利益之油"的专利法，从而引爆了美国人发明创造的高度热情。据统计，1800年，美国人申请的专利数为46件，而到1900年则达到了460多万件。1900年以后的任何一年，获准专利的发明数量都等于或超过1860年以前美国历史上所曾有过的专利总数。

---

① 《经法·道法》。
② 《黄帝四经·称》："天制寒暑，地制高下，人制取予。取予当，立为圣王；取予不当，流之死亡。"
③ 参见倪正茂《激励法学探析》，上海社会科学院出版社，2012，第547～630页。

法定的专利权不仅刺激了本国国民的发明创造精神,而且鼓励引进技术革新发明的专利制度也成为美国引进外国先进技术的一项重要法律措施。美国的专利申请在19世纪90年代约有21万件,20世纪的第一个10年就有28万件。其中,外国人在美国申请的专利也日益增多。1883年开始每年超过1200多件,占美国专利数(3万件)的4%;1901年超过3200件以上,占6.4%;而南北战争前的1859年只有47件,占0.75%。[①] 其结果是,在英国之后,美国奋起直追,从1790年开始进行工业革命。到1870年时,美国工业总产值已占世界工业总产值的1/4,当时只有英国(其工业产值超过世界工业总产值的30%)的工业产值超过了美国。19世纪80年代中期之后,即马克思(1883)、恩格斯(1895)先后逝世时,美国已经取代了英国的领先地位。1900年,美国工业产值约占世界工业总产值的30%,而英国只占20%,德国占17%,法国占7%。也就是说,早在1914年爆发第一次世界大战之前的二三十年,美国的经济实力就已雄踞世界首位了。法律激励的奇功伟力,由此可见一斑。

与此同时,顽固、保守、愚蠢、颟顸的清政府却视科学技术为"奇技淫巧",大兴文字狱,打击、迫害知识分子,更不会以法律激励科学发展了。其结果是中国的强国地位一落千丈,成了殖民主义列强群起欺凌、瓜分豆剖的对象。

从上述中外史实的对比中可以看出,中国与西方国家对待本质上用以解放人类自身的法律的态度及相应的措施,在近代走上了截然不同的道路。为顺应"解放自身"的需要,近代西方国家纷纷开始重视以知识产权法来激励科技创新。由此出发,当代西方国家更进而借助法律将管制型政府转轨为服务型政府,化刚性管理为柔性管理。对于这样的转变,马克思和恩格斯在《共产党宣言》中早就作出过预言精准的相关论述。他们写道:"资产阶级除非使生产工具,从而使生产关系,从而使全部社会关系不断地革命化,否则就不能生存下去。反之,原封不动地保持旧的生产方式,却是过去的一切工业阶级生存的首要条件。生产的不断变革,一切社会关系不停的动荡,永远的不安定和变动,这就是资产阶级时代不同于过去一切时代的地方。一切固定的古老的关系以及与之相适应的素被尊崇的观念和见解都被消除了,一切新形成的关系等不到固定下来就陈旧了。一切固定的东西都烟消云散了,

---

[①] 参见黄安年《美国社会经济史论》,山西教育出版社,1993,第187页。

一切神圣的东西都被亵渎了。"①

那么,资产阶级是如何"使生产工具,从而使生产关系,从而使全部社会关系不断地革命化"的呢?其中最重要的就是运用法律手段。首先是运用知识产权法律手段,激励科技创新,保护知识产权。知识产权制度所保护的是科技知识创新,而正是科技知识创新,才是永远不安定的和变动的;正是科技知识创新,才使生产不断变革,才促使"一切社会关系不停的动荡";正是科技知识创新,才真正能够打破陈旧的曾"被尊崇的观念和见解",才真正能够有力并有效地使"一切固定的东西都烟消云散","一切神圣的东西都被亵渎"。当然,运用知识产权法律手段激励科技知识创新,只是从管制走向服务、以柔性管理取代刚性管理的一个方面。但是,第一,这是极端重要的,是使西方国家在极短的时间里取得把"天朝之国"的"大清"远远抛在后面的辉煌成就的首位因素;第二,这与希特勒的纳粹德国把铁蹄到达之国的科学家掳掠而去,强迫他们去创造、革新是绝对不可相提并论的,所起的作用也是绝对不能互较短长、相提并论。笔者不惮指出,这与新中国成立之后相当长的时期里,没有制定专利法等知识产权法,用"吃大锅饭"的办法管理科研,要求科技人员乃至一切知识分子都做"永不生锈的螺丝钉",总之是管制型的、刚性的管理,是很不相同的。不能说刚性管理下一点成绩也出不了,但柔性的服务型的管理之所以能充分调动知识分子的积极性是不言自明的。20世纪80年代以来,我国陆续制定了专利法、著作权法、商标法等一系列知识产权法。1993年还在世界各国中创新性地领先制定了《科学技术进步法》,从而大大激发了科技知识分子的积极性与创造性,加之改革开放政策的大力推行,现在我国的科学技术正一日千里、蓬蓬勃勃地飞跃发展。

在社会主义法治国家建设的宏伟工程中,加强激励法学研究,加快激励法治建设,是不可或缺的重要一环。

"文化大革命"结束以后,中国人民鉴于对"无法无天"的深恶痛绝,迫于"百废待兴"的紧急要求,面对刑事犯罪相当严重的社会混乱局面,不得不紧急制定了一批批组织管理类法与警诫惩罚类法,甚至错误地实施"从重从快"的"严打",以保证社会的基本稳定。在这种形势下,大力宣传的是"法网恢恢,疏而不漏"、"法律无情"之类的观点;大力实施的是

---

① 马克思、恩格斯:《马克思恩格斯选集》,人民出版社,1972,第254页。

刑事镇压一类的惩罚类法；全面推行的是要求人们"勿蹈法网"的一而再，再而三，再而四五六的"普法"。在这样的形势下，法律激励功能的发挥未能得到充分的重视；当然，更谈不上"高度重视"。30多年过去了，现在情况有了很大的改变，我国已在2010年宣布建成社会主义法制体系。2014年中共十八届四中全会的召开，意味着我国将在法治国家建设的道路上迈开更大步伐。值此社会治理从观念到实际举措发生重大转变的伟大历史时期，加强激励法学研究、加快激励法治建设，应被提到最重要的议事日程上来。在这一方面，不应停留在少数学者对激励法学研究的既有成果上。即便是先行一步者，也应将视野扩大，加速前进。认真研究作为中华文明源头的黄帝思想；认真研究《黄帝四经》中业已存在的有关法律激励的观念、理论、具体的对策性举措；认真研究廖凯原先生从《黄帝四经》中提炼而得到的黄帝的"取予得当"观念，以及他综括东西、古今的人文社会科学与自然科学理论所提出的"反熵治国"理论——已经成为学术界的一项要务。

二 《黄帝四经》关于"取予得当"的论述，是其法律激励理论的核心性内容

法律激励是独立的概念，但又不是孤立的概念。《黄帝四经》关于"取予得当"的论述作为法律激励的核心性内容，不能片面地进行理解。正确处理"取"与"予"的关系，是有效实施法律激励的关键。

（一）法律激励是独立的但又不是孤立的概念

实施法律激励依据的是激励法，法律激励本身是独立的概念。这可以从两个方面理解：其一，举凡有突出的善行善举，只要符合激励法的有关规定，就应依法兑现，实施激励；其二，法律激励依据的是激励法，而法有其权威性、普遍性、稳定性与强制性，这使法律激励具有必行性，从而显示了它的独立概念的特点。但法律激励又不是孤立的概念，这也可从两个方面理解。其一，法律激励仅仅是法的三大功能之一，因而激励法也只是三大类法（组织管理类法、惩戒类法与奖赏激励类法）之一。法的三大功能以及由此而形成的三大类法，是互相依存、互相制约的。把法律激励孤立起来，例如一味单行法律激励，就势必同"城门失火，殃及池鱼"一样，由于整个法制系统的失衡而使法律激励失效。其二，法律激励自身有激励法的立法，还

有激励法的司法、执法、守法。四者之中，缺一不可偏一也不可，是激励法立法、司法、执法、守法的统一整体。只有四者实现有机结合、良性实施，才能收到法律激励应有之效。

了解法律激励是独立的，但又不是孤立的概念十分重要。简要的说，就是既要重视法律激励，又不能唯法律激励为务。联系《黄帝四经》来看，就是要"取予得当"。

"取予得当"涉及"取"与"予"，以及"得当"三个方面。

"取予"关系以有"取"有"予"为前提，只"取"不"予"或只"予"不"取"根本谈不上"得当"，因为它从根本上否定了"取予"之"关系"。廖凯原先生曾指出："如果人一直索取，会遭致灭绝，因为最终他将一无所获……最终人们会明白此人只索取而不给予，也将会拒绝再给予此人更多。"[①] 他用以下公式表示"只取不予"：

$$100 \longrightarrow 0$$
$$\text{索取} \quad (\text{一无所有})$$

横扫"六合"而成就了"天下一统"大业的秦王嬴政，虽承"七国争雄、天下大乱"之后，但毕竟夺得了其他六国的财富，且因长期战争已致人口锐减，从而在某种意义上倒也具备了雄立东方、建成伟业的基础，连他自己也洋洋得意地自称"始皇"，深信可以二世、三世乃至"万世"永存。但是，他却继续对人民肆无忌惮地疯狂"索取"，既造长城，又建阿房宫，甚至极尽疯狂地建造地宫、兵马俑……也就是"只取不予"。于是，"二世而亡"就成了理所当然、势所必然、事所实然。

同时，廖先生又指出："同样地，如果人一直给予，那就会耗尽他仅有的100，最终一无所有，直至终结。因此，只予不取会导致灭亡。"[②] 他又用以下公式表示"只予不取"：

$$100 \xrightarrow{\text{给予}} 0$$
$$(\text{一无所有})$$

---

① 廖凯原：《轩辕运行体系2.0（轩辕纪年4708—永远）》，转引自徐炳主编《黄帝思想与道、理、法研究》，社会科学文献出版社，2013，第55页。
② 廖凯原：《轩辕运行体系2.0（轩辕纪年4708—永远）》，转引自徐炳主编《黄帝思想与道、理、法研究》，社会科学文献出版社，2013，第55页。

法律激励和取予得当的反熵治理

古今中外的统治者由于其贪婪的本性，在治国理政中实施总体上的"只予不取"是不可能的，但由于种种原因而局部地"只予不取"，却也多有所见。毛泽东所说的宋襄公在宋楚之战中实施"蠢猪式的仁义道德"，就是"只予不取"在军事战略上的表现。[①] 第一次鸦片战争、第二次鸦片战争，其后的中法战争、中日甲午战争，以及清末政府对外交往中实施的对帝国主义侵略者的政策更是"只予不取"的表现，其结果一无例外地都是"失败"二字。

有鉴于"只取不予"和"只予不取"同样都会导致败亡，在法治政策上，就必须同时发挥法律的全部功能，使组织管理、激励与惩戒三类法律都各有其位、各尽其力、各发其威而不偏废。

但是，有"取"有"予"仍可能因畸轻畸重而致"取予失当"。

《黄帝四经》谓："天制寒暑，地制高下，人制取予。取予当，立为圣王；取予不当，流之死亡。"[②] 这是从总体上论述"取予"之"当"与"不当"的后果的。那么，"当"或"不当"是因何形成的呢？又何为"当"何为"不当"呢？

（二）"取予"之"当"或"不当"

关于"当"或"不当"所由形成的原因，《黄帝四经》有谓：

> 虚无（刑）形，其裻（寂）冥冥，万物之所从生。生有害，曰欲，曰不知足。生必动，动有害，曰不时，曰时而□。动有事，事有害，曰逆，曰不称，不知所为用。事必有言，言有害，曰不信，曰不知畏人，曰自诬，曰虚夸，以不足为有余。[③]

这段话指出了有赖于"虚无（刑）形"且"其裻冥冥"的"道"而"生"

[①] 毛泽东：《论持久战》，转引自《毛泽东选集》（第二卷），人民出版社，1966，第482页。《毛泽东选集》中关于此例的原注为：宋襄公是公元前七世纪春秋时代宋国的国君。公元前638年，宋国与强大的楚国作战，宋兵已经排列成阵，楚兵正在渡河。宋国有一个官员认为楚兵多宋兵少，主张利用楚兵渡河未毕的时机出击。但宋襄公说："不可，因为君子不乘别人困难的时候去攻打人家。"楚兵渡河以后，还未排列成阵，宋国官员又请求出击，宋襄又说："不可，因为君子不攻击不成阵势的队伍。"一直等到楚兵准备好了以后，宋襄公才下令出击。结果宋国大败，宋襄公自己也受了伤。故事见《左传》僖公二十二年。

[②] 《黄帝四经·称》。

[③] 《经法·道法》。

169

存的人,有"不知足"、"不知"、"逆"、"不称"、"不知所为用"、"不信"、"不知畏人"、"自诬"、"虚夸"和"以不足为有余"等与生俱来的弱点。如果不能克服这些弱点,就极易产生许多不良的后果,其中就包括"取予不当"。

人的本性中存有"欲"望且"不知足"。这"不知足",正是诱引人们妄行索取、只"取"不"予"、多"取"少"予"的原因。

人是有局限性的,不是全智全能的"神",因此可谓"不知(智)"。"不知"而妄行其事,就可能陷入"取予不当"的陷阱。

"生"而为"人"却往往"虚夸"、"以不足为有余",对己不知节用、对人只"予"不"取",最终当然会因"取予不当"而"流之死亡"。

有鉴于此,《黄帝四经》反复强调,必须严格按照业已确立的法律制度行事。如说:"……虚无有,秋毫成之,必有刑(形)名。刑(形)名立,则黑白之分已。""……是故天下有事,无不自为刑(形)名声号矣。刑(形)名已立,声号已建,则无所逃迹匿正矣。"[①] "法者,引得失以绳,而明曲直者殹(也)。故执道者,生法而弗敢犯殹(也),法立而弗敢废[也]。"[②]

但是,法对人类行为的规范与制约是原则性的,不可能就每一件事具体指明如此如此、如彼如彼,同样也不可能就每一件事具体指明如此为"取予得当"、如彼则"取予不当"。不过,结合《黄帝四经》中关于治国理政的重大事项,或可对我们厘定取予之"当"与"不当"有所启迪。

《黄帝四经》云:"故圣人之伐殹(也),兼人之国,隋(堕)其城郭,棼(焚)其钟鼓。布其资财,散其子女,列(裂)其地土,以封贤者,是胃(谓)天功。功成不废,后不奉(逢)央(殃)。"[③] 陈鼓应先生"今译"谓:"所以圣人的征伐之道是,兼并他国后,要拆毁它的城郭,焚毁它的钟鼓,均分它的资财,散居其子女后代,分割其土地以赏赐贤德之人,总之不能独自占有,因为这功绩是天道促成的。这样才能功成而不失去,然后方能没有祸患。"[④] 显然,圣人之伐敌国,有夺(即取)有予,而非"夺而无

---

① 《经法·道法》。
② 《经法·道法》。
③ 《经法·国次》。
④ 陈鼓应注译《黄帝四经今注今译——马王堆汉墓出土帛书》,台北:商务印书馆,2013,第46页。

予"。关于"夺而无予"的"过极失当"，《黄帝四经》中也有适例："兼人之国，修其国郭，处其郎（廊）庙，听其钟鼓，利其资财，妻其子女。是胃（谓）[重]逆以芒（荒），国危破亡。"①。意谓兼并他国之后，不但大兴土木为己所用，而且占据其宫室、享有其钟鼓音乐、掠夺其资财、霸占其妻女。这些贪鄙之行，乃是大逆天道的，必然会导致国家危殆败亡。

（三）"取予得当"与法律激励

正确处理"取"与"予"的关系，是有效实施法律激励的关键。因此，《黄帝四经》关于"取予得当"的论述，是其法律激励理论的核心性内容。

"予"若为法所肯定，即为法律激励；"取"或"夺"如为法律所禁行，即施法律惩罚。法律激励是"予"的具体表现，法律惩戒则严防擅"取"妄"夺"。关于二者在治国理政中的实际处理形式，《黄帝四经》作了大量的论述。这从所用的概念即可见一斑。《黄帝四经》中关于"取予"概念的另类表达语词有生杀、文武、赏罚、德刑、柔刚、德虐、雌雄等，如"精公无私而赏罚信，所以治也"②中的"赏"与"罚"；"文德廐（究）于轻细，[武]刃于[当罪]"③中的"文"与"武"；"……德虐之行，因以为常……柔刚相成"中的"德"与"虐"、"柔"与"刚"④；"……不靡不黑，而正之以刑与德。春夏为德，秋冬为刑……刑德皇皇，日月相望"⑤中的"刑"与"德"；"雌节以亡，必得将有赏。夫雄节而数得，是胃（谓）积央（殃）……"⑥中的"雌节"、"雄节"等。其中，"生"、"文"、"赏"、"柔"、"德"、"雌节"等指的都是或相当于"予"，而"杀"、"武"、"虐"、"罚"、"刚"、"刑"、"雄节"等指的都是或相当于"取"。在提及或者阐述这一对概念时，实际上都涉及"取予关系"，而法律激励即是"予"，表现为其中的"生"、"文"、"赏"、"柔"、"德"、"雌节"等。当然，最直接关系到法律激励的是"赏"，而"赏"又往往是与"引得"、"明……直"之"法"相连的。但是，在《黄帝四经》中，"生"、"文"、

---

① 《经法·国次》。
② 《经法·君正》。
③ 《经法·六分》。
④ 《十大经·观》。
⑤ 《十大经·观》。
⑥ 《十大经·雌雄节》。

"柔"、"德"、"雌节"等与"赏"之为用，几乎是同义的，它们都是"取予关系"中"予"的具体化。这样，就不难理解"取予得当"与法律激励的关系了。

"取予得当"与法律激励的正确关系，全在一个"当"字。不得当的取予关系，如廖先生所说，只取不予"会遭致灭绝"，而只予不取则"最终一无所有"。那么，有"取"有"予"呢？《黄帝四经》告诉我们的是：即便有"取"有"予"，也应视具体情况而定。

《黄帝四经》之《经法·六分》篇有云：

> 文德厩（究）于轻细，[武]刃于[当罪]，王之本也。然而不知王述（术），不王天下。知王[术]者，驱骋驰猎而不禽芒（荒）。饮食喜乐而不面（沔）康，玩好襄（嬛）好而不惑心，俱与天下用兵，费少而有功。[战胜而令行，故福生于内，则]国富而民[昌。圣人其留，天下]其[与]。[不]知王述（术）者，驱骋驰猎则禽芒（荒），饮食喜乐则面（沔）康，玩好襄（嬛）好则或（惑）心，俱与天下用兵，费多而无功，单（战）胜而令不[行，故福]失[于内，财去而仓库]空[虚]，与天[相逆]则国贫而民芒（荒）。[至]圣之人弗留，天下弗与。如此而有（又）不能重士而师有道，则国人之国已（矣）。

"（文德）究于轻细"及"（武刃于）当罪"，都与"取予得当"有关。既"究""轻细"，又罚"罪"有"当"，二者并行，也就是取予得当。黄帝将此视为"王之本"，并对"王"即君主在"驱骋驰猎"、"饮食喜乐"、"玩好嬛好（珍宝女色）"以及"用兵"、"重士（重视知识分子）"方面应该如何恭行"王术"作出了正反两方面的指点。

综而观之，《黄帝四经》对"取予得当"是提出了不少原则性要求的，大致有以下四个方面。

第一，刑德相养、赏罚并行，即有予有取、予取相偕。

《黄帝四经》之《十大经·姓争》篇有云："天地已成，黔首乃生。胜（姓）生已定，敌者生争，不谌不定。凡谌之极，在刑与德。"意谓天地已经形成，民众于是诞生。诸姓部落终于生成，于是，互相敌对而征战争夺。有鉴于此，不予解决，征战就不会停息。解决的最高明手段，就是刑罚与德赏。这种"刑与德"两手并用的解决争端的手段，《黄帝四经》认为，乃是遵行天、地、人三"道"所必需的。

《黄帝四经》写道："刑德皇皇，日月相望，以明其当。望失其当，环视其央（殃）。天德皇皇，非刑不行；缪（穆）缪（穆）天刑，非德必顷（倾）。刑德相养，逆顺若成。刑晦而德明，刑阴而德阳，刑微而德章。其明者以为法，而微道是行。"① 陈鼓应先生云："刑罚与德赏昭彰显明，兼行并举，配合恰当。如果配合失当，上天会反过来降灾的。天德平正，但没有刑罚的配合是无法实行的；天刑威严，但没有德赏作依托也必然倾毁。刑罚与德赏相辅相成，逆与顺也便因此而定。刑罚属阴的范畴，因此具有微晦的特质；德赏属阳的范畴，因此具有名彰的特质。所以，秉执法度要彰明，施行道术要隐晦。"② 德、刑之兼行并举被阐述得一清二楚。

第二，先德后刑、先赏后罚，亦即先予后取。

黄帝常以春、夏、秋、冬四时之交替运行来说明"先德后刑"、"先奖后惩"的道理。

《十大经·姓争》篇曰："……不靡不黑，而正之以刑与德。春夏为德，秋冬为刑。先德后刑以养生。"意为一年四季的顺序是以长养为务的春夏在先，以肃杀示威的秋冬在后。必须取法自然、顺应天道运行之时序，先行文德教化、奖赏激励，后施刑罚以惩凶顽。

对上所引"春夏为德，秋冬为刑。先德后刑以养生"，《黄帝四经·观》篇结合农事作了进一步地说明：

……是故为人主者，时控（适）三乐，毋乱民功，毋逆天时。然则五谷溜（秀）熟，民［乃］蕃兹（滋）。君臣上下，交得其志。天因而成之。夫并（秉）时以养民功，先德后刑，顺于天。其时赢而事绌，阴节复次，地尤复收。正名修刑，执（蛰）虫不出，雪霜复清，孟谷乃萧（肃），此（灾）［乃］生。如此者举事将不成。其时绌而事赢，阳节复（愎）次，地尤不收。正名施（弛）刑，执（蛰）虫发声。草苴复荣，已阳而有（又）阳，重时而无光，如此者举事将不行。

---

① 《十大经·姓争》。
② 陈鼓应注译《黄帝四经今注今译——马王堆汉墓出土帛书》，台北：商务印书馆，2013，第266页。

黄帝思想与中华引擎（一）

陈鼓应先生谓：作为一个统治者，应在春、夏、秋农作物生长收获之时恰当地节制逸乐，使播种收获适时；不在农忙时兴役兵戎，这样的话农作物就能正常地生长、成熟，人民也会不断地繁衍富足。君臣上下和谐融洽，这样的话才会得到上天的护佑。顺应天时以助民事，按照春夏德养在前、秋冬刑杀在后的自然规律而先行德政、后施刑罚。在万物长养的春夏季节实行肃杀严厉的政令，就会造成节令混乱，秋冬乖违次序而重复出现，地气不能发动、长养万物反而再次敛缩。在政令上，不顺应春夏长养的法则而布德施赏，却违逆、决狱、刑罪，就会造成蛰虫春眠、雪霜复至、百谷枯萎等一系列灾异的出现。在这样的政令下，做任何事情都会失败。反之，在肃杀的秋冬季节却布德施赏、违逆天时，那么也会造成节令混乱，春夏乖违次序而重复出现，地气不能适时收缩敛肃万物。在政令上，不施刑伐诛而反行德赏，就会造成蛰虫冬鸣、枯草秋茂、春夏重复等一系列灾异的出现。长养万物的春夏虽然重复出现却因乖逆天时而无长养之功可言。在这样的政令下，做任何事情都是行不通的。[1]

第三，"二文一武"，即赏重于罚、予重于取。

在议及"因天时，伐天毁"之"武刃"于敌国时，《黄帝四经》指出的是："武刃而以文随其后……用二文一武者王"，即在武刃杀伐之后，必须继之以文德安抚；而不吝使用二分文德、一分武功者，可以"王天下"。这就是赏重于罚、"予"重于"取"了。如前文所说，中国法制史学者中的某些人，曾有一时将夏启发兵攻打有扈氏时的军令《甘誓》肆行指斥为奴隶主阶级对奴隶的残酷镇压。对此，我曾指出这是断章取义。因为《甘誓》除"毋用命，戮于社，予则孥戮汝"外，其前还有"用命，赏于祖"，说明其时是赏先于、重于、大于罚的。原以为夏启之军令乃中国历史上最早论及这一问题的，现在则进一步认识到：夏启之军令内容，源于《黄帝四经》所弘扬的"先予后取、先德后刑"思想。由此亦可见黄帝思想的重要意义。

第四，奖赏给予要看对象，不能随意而行。

一国之内，如前所说，应刑德兼行而先德后刑。那么，如果是针对入侵的敌国呢。

《黄帝四经》之《称》篇有"毋籍（借）贼兵，毋裹盗量（粮）"之

---

[1] 陈鼓应注译《黄帝四经今注今译——马王堆汉墓出土帛书》，台北：商务印书馆，2013，第227~228页。

说，即指不要将武器赠予敌人，不要把粮食给予强盗。这是因为"籍（借）贼兵，裹盗量（粮）"，从而"短者长，弱者强"以致"赢绌变化，后将反施"，即如果将武器赠予敌人，将粮食给予强盗，就能使他们从短弱者变为强大者，结果会反过来使自己受其所害。法律激励当然也是如此，激励错了对象，就会适得其反地使自己遭殃。但是，这与欲擒故纵、麻痹敌人，使之自进圈套、自取灭亡又是不同的。根据对象的不同，或取或予，或真或假，应具体分析具体对待。

《黄帝四经》所载黄帝对蚩尤一战，可视为黄帝根据对手的实际情况而慎行刑德、生杀的范例。《黄帝四经》记述了黄帝大战蚩尤的准备、交战、获胜与严惩的全部过程。黄帝的大臣力黑问太山稽说，蚩尤骄狂之极且阴险毒辣，该怎么办呢？太山稽回答道：凡事盛极必衰，现在要多多给予蚩尤而使之更加贪婪无度、挥霍不止，从而使之狂悖懈怠、恶贯满盈。当他坏事做绝时，连他的部众也都会奋起推翻他，使他自取灭亡。终于，在最后一战中，黄帝取得了大胜："……于是出其锵钺，奋其戎兵。黄帝身禺（遇）之（蚩）尤，因而禽（擒）之。剥其［皮］革以为干侯，使人射之，多中者赏。断其发而建之天，名曰之（蚩）尤之旌。充其胃以为（鞠），使人执之，多中者赏。腐其骨肉，投之苦（醢），使天下唼之。"①

三 以"取予得当"的思想主导法律激励是成功实施反熵治理的关键

法律激励与反熵治理关系密切，应成为反熵治理的重要的有机组成部分，古今中外无数的历史经验与教训都从正反两个方面证明了这一点。法律激励应以《黄帝四经》所揭明的"取予得当"思想加以主导，这是成功实施反熵治理的关键。

（一）法律激励与反熵治理

法律激励与在治国理政中遵循的"反熵治理"对策有内在的逻辑联系。
法律激励的概念是指运用激励法来影响人们的思想、规范人们的行为，促进人们向上、向善。"激励法是对人的特定行为实施激励的法律"，"它有

---

① 《十大经·正乱》。

三层含义：一、激励法是法律；二、激励法是实施激励的法律；三、激励法作为法律是针对'人'的特定行为而实施激励的"。①

反熵治理的概念是廖凯原先生在《轩辕反熵运行体系2.0》中首先提出的并作了阐述。他指出："社会主义中国的政府，应该是由一个统一的'反熵'社会主义政党所领导的政府。这样的政府，带领人们依据黄帝所提出的'科学法治观'来实现每一个人的梦想，以令每一个公民皆得无时无刻不生活在繁荣而和谐的社会之中，接受教育、身体健康且生活富足。这样的一种社会治理，我将其过程概括为'轩辕运行体系'。"② 上引中的"'反熵'社会主义政党"是指中国共产党。廖凯原先生认为，为了实现"中国梦"，中国必须有"（1）强大的反熵公民，即'天命人'；（2）一个强大而统一的反熵中国社会主义政党；（3）强大的反熵的营利和非营利组织和机构；（4）强大、统一并集权的反熵政府"。③

"反熵"是物理学概念，其对称的一概念是"熵"。

"熵"指不能再被转化做功的能量总和的测定单位。1868年，德国物理学家鲁道尔夫·克劳修斯首次提出了"熵"这个概念，而其原理则是由比鲁尔道夫·克劳修斯早41年的法国人沙迪·迦诺在研究蒸汽机工作原理时发现的。沙迪·迦诺注意到，在蒸汽机工作的过程中，燃料的热能转化成了机器运动的功能，而且每次转化都是不可逆的。因此，熵的增加就意味着有效热能的减少。所以，每当自然界发生任何事情时，一定的能量就被转化成了不能再做功的无效能源，从而造成污染。污染就是熵的同义词。对地球人来说，其可用能量来自地球自身所蕴藏的和太阳以光照形式所传输的能量。这两种热能的来源，终有告罄的一天，那时被称为"热寂"——也就是污染达到了顶点，人类将随地球的"热寂"而灭亡。

但是，对于"熵"也有"乐观派"的反对性反应，其代表人物是"耗散结构理论"的创始人、1977年诺贝尔化学奖的获得者、比利时物理学家伊利亚·普里高津（以下称普里高津）。普里高津认为，系统越复杂，耗能虽然越多，但同时它也越灵活、越善变地以适应新的情况。普里高津提出了

---

① 倪正茂：《激励法学探析》，上海社会科学院出版社，2012，第87页。
② 廖凯原：《轩辕运行体系2.0（轩辕纪年4708—永远）》，转引自徐炳主编《黄帝思想与道、理、法研究》，社会科学文献出版社，2013，第55页。
③ 廖凯原：《轩辕运行体系2.0（轩辕纪年4708—永远）》，转引自徐炳主编《黄帝思想与道、理、法研究》，社会科学文献出版社，2013，第60页。

"反熵"性的"耗散结构"论。他认为，社会界和自然界都存在着"有序度自增"的现象。例如，流体力学中的贝纳特花样、化学中的别洛索夫—扎鲍廷斯基试验、物理学中的激光等，都是无机界的系统在一定条件下自动组织起来形成的在时空中极为有序的状态。普里高津认为，自组织现象只有在非平衡系统中，在外界有着物质和能量交换的情况下，系统内各要素存在着复杂的、非线性的相干效应时才可能产生。普里高津把在这种条件下产生的自组织有序态称为"耗散结构"。在一定条件下，耗散结构系统能引进负熵流，从而使系统的熵值减少。实际上，生物自身就有产生负熵的机制，如植物的光合作用、动物的饮食消化都是在外界的作用下获得负熵，从而保持系统的有序和稳定。不仅生物界，人类和人类社会在一定条件下都是远离平衡态并且与周围环境存在能量交换的开放系统。在这里，"一定条件"是耗散结构引进负熵流，从而使系统的熵值减少的前提。人类的自觉活动是有可能铲除这"一定条件"，从而造成熵增的；也有可能不断地创造"一定条件"，促成"反熵"，从而使人类发展、社会进步。

法律激励与反熵治理的关系就在于运用激励法，促成人们的思想、行为向上、向善，从而求得社会的进步。这里，"运用激励法"就是"创造一定条件"促成"反熵"，从而使人类发展、社会进步。与此相反，排斥法律激励甚至倒行逆施，则必致人类相残、社会退步。我在《黄老思潮与汉初君臣之反熵治国》[①] 一文中，曾议及中国历史上的战国末期和秦代以酷烈的战争大增国家与社会运行之"熵"，从而导致燕、赵、韩、魏、齐、楚六国为秦所灭和秦代的二世而亡，并较为详尽地议及汉初、隋初、唐初时期，统治阶级上层如何以法律来激励社会生产的发展，从而创造了较好的社会生态环境这"一定条件"，为社会的进步与发展注入了较为有利的"一定条件"，促进"反熵"，形成了中国历史上"文景之治"、"开皇之治"与"贞观之治"的出现。如果细细考察中国历史或他国历史、世界历史，必定也能发现大量史实，证明以法律激励创造"一定条件"，从而促成"反熵"，使社会进步；同样亦可证明，反此道而行，则必导致社会停滞、退步。

（二）法律激励是反熵治理的重要的有机组成部分

对社会与国家的反熵治理，也就是说，为社会与国家的健康发展与持续

---

① 徐炳主编《黄帝思想与道、理、法研究》，社会科学文献出版社，2013，第156~190页。

进步创造"一定条件",应是多因素、全方位、长时期的。单一因素不行,方位片面不行,时间短暂也不行。战国后期,逐鹿中原、殊死"争雄"的燕、赵、韩、魏、齐、楚六国,也曾竭尽全力创造各种条件,力图富国强兵、战胜敌国。兴起西陲而一扫"六合",造就了"天下成一统"之伟业的秦国,最终也灰飞烟灭于历史烟尘之中;甚至,连创造了中国历史上著名"治世"的汉、隋、唐,竟也为波涛滚滚的历史大潮所吞没。可以说,这都与汉初、隋初、唐初之后悖逆了反熵治理,或未在"多因素"、"全方位"、"长时期"方面有所创行、有所坚持密切相关。

审视历史,应当指出:法律激励是反熵治理的重要的有机组成部分。这一断定有三层含义。

其一,法律激励是反熵治理的手段。社会与国家是由人组成的,当举国之人积极向上、向善时,社会与国家无疑会不期然而然地进步、发展。以法律来激励人们向上、向善,正是增进社会与国家形成有序的稳定性耗散结构的重要条件,从而大大"减熵"、不断进步。

其二,在社会与国家的反熵治理中,法律激励是重要的手段。组成社会与国家者的向上、向善之心如何调动?手段种种,其主要者为经济手段、政策手段、道德手段(包括宗教手段)等。但经济手段、政策手段、道德手段,除其自身作用外,还要依赖法律的奖赏激励功能。正因如此,法国伏尔泰有"欧洲法律不如中国"之叹;[1] 美国弗里德曼有"法学研究总的说来对奖赏注意不多"之憾。[2] 也就是说,法律是社会治理与国家治理的手段,而激励则是法律手段中不可或缺的有机组成部分。

其三,法律激励并非反熵治理的全部手段。这可从两方面看,一是从社会与国家的反熵治理的全部手段看。如前所说,除法律手段外,还有经济的、政策的、道德(与宗教)的手段,还有组织手段、技术(管理)手段、军事手段、外交手段等。二是从法律手段自身看,除法律激励外,还有法律行政、法律惩戒等。因此,既要重视法律激励,又不能单凭法律激励。

---

[1] 〔法〕伏尔泰:《风俗论》(上册),梁守锵译,商务印书馆,2006,第250~251页。伏尔泰写道:"在别的国家,法律用以治罪,而在中国,其作用更大,用以褒奖善行。若是出现一桩罕见的高尚行为,那便会有口皆碑,传及全省。官员必需奏报皇帝,皇帝便给应受褒奖者立碑挂匾。"他举了一个农民拾得钱袋上交而被赐五品官的例子后写道:"应当承认,在我们国家,对这个农夫的表彰,只能是课以更重的军役税,因为人们认为他相当富裕。"

[2] 〔美〕弗里德曼:《法律制度》,李琼英、林欣译,中国政法大学出版社,1994,第91页。

也许是因为与此有关，廖凯原先生强调，要实现"中国梦"，必须既要有"强大的反熵公民"，还要有"一个强大而统一的反熵中国社会主义政党"、"强大的反熵营利和非营利组织和机构"、"强大、统一并集权的反熵政府"。他概述道："一切事物，包括每个个体、每个组织、每个机构和每个政府都在运用其拥有的一切资源，如同聚集的激光来指向特定的目标，去实现每个人的梦想和愿望。"①

（三）要以"取予得当"主导法律激励

在《激励法探析》中，我探求了激励法的一系列原则，其中包括"法定性原则"、"违法无效原则"、"程序正当原则"、"公平性原则"、"诚实信用原则"、"激励适时原则"和"激励适当原则"。② 略事分析，不难发现，所有这些原则，都与"取予得当"四字密切相关。

"法定性"、"违法无效"及"程序正当"三原则，都与依法激励相关；而"依法"之目的，就在于激励得当。就法律规定本身而言，遵行了法律也就意味着激励得当。至于该法为"良法"抑或"恶法"，或者虽属"良法"却有瑕疵等，都与主观上激励得当与否无关。

《黄帝四经》谓："道生法。法者，引得失以绳，而明曲直者殹（也）。故执道者，生法而弗敢犯殹（也），法立而弗敢废殹（也）。"其中之"引得"、"明……直"而"绳"，即依法奖赏激励；"生法而弗敢犯"、"法立而弗敢废"与"违法无效"直接相关。虽然在《黄帝四经》中找不到与"程序正当"相类似的指示，但从《经法·君正》中关于"一年从其俗，二年用其德，三年而民有德"直至"七年而可以征"，已可了然地深感到黄帝的行政与施法之程序意识了。

"公平性原则"当然与激励得当相关，公平未必得当，不公平则必不得当。具体来说，"公平性原则"涉及"公开"、"平等"（包括"信息平等"、"机会均等"、"同功同赏"等）。在《黄帝四经》中，涉及依法公平处理国事的言论所在多有、比比皆是。例如"公者明，至明者有功"、③ "使民之恒

---

① 廖凯原：《轩辕运行体系2.0（轩辕纪年4708—永远）》，转引自徐炳主编《黄帝思想与道、理、法研究》，社会科学文献出版社，2013，第60页。
② 倪正茂：《激励法学探析》，上海社会科学院出版社，2012，第347~407页。
③ 《经法·道法》。

度，去私而立公"、①"天下太平，正以明德，参之于天地，而兼覆载而无私也……"②

"诚实信用原则"包括对激励方与受激励方的要求。对激励方的要求是激励目的的真实性、激励目的的公益性以及激励过程的一致性；对受激励方的要求是所提供的有关情况（可受奖事实等）必须真实。无论是从对激励方的要求看，还是从对受激励方的要求看，都直接影响"取予"是否"得当"。在《黄帝四经》中，诚实信用原则可见诸屡屡出现的"信"字上。如"……以法度治者，不可乱也……赏罚信，所以治也"、③"……日信出信入……月信生信死……列星有数，而不失其行，信之稽也"、"信者，天之期也……""信者，天之稽也……"、④"信能无欲，可为民命；信能无事，则万物周使……"、⑤"……故言者心之符也……有一言，无一行，谓之诬……"⑥ 这些都反映了黄帝的"诚信"理念与坚持"诚信"的执着。"信赖保护原则"涉及"信赖前提"、"信赖表现"以及"信赖权益保护"。"信赖前提"是激励方所做出的激励承诺、所确定的激励事项内容，即要求信守所公示的激励程序及具体的激励方案等。"信赖表现"是激励相对人基于对激励主体的信赖而做出的处分行为。二者都与激励得当直接相关，或者可说是激励得当的必备内容、必具条件。

"激励适时"与"激励适当"，或为激励在时间性上的表现，或与激励内容直接相关。联系"取予得当"来看，就是"适时"地"取、予"和"适当"地"取、予"。从《黄帝四经》看，"时"与"当"这两个概念，是占有相当突出的地位的。《黄帝四经》中，"时"字出现过64次，"当"字出现过41次，都是出现频次较高的单音词。尤为重要的是，出现此二字的绝大多数地方，都是与"天"、"地"、"人"三"道"相连的。例如《黄帝四经》有谓："天地无私，四时不息。天地立（位），圣人故载。过极失当，天将降殃。"⑦ 天地运行、四时相继，无私而有序，为执道的圣人所遵

---

① 《经法·道法》。
② 《经法·六分》。
③ 《经法·君正》。
④ 《经法·论》。
⑤ 《道原》。
⑥ 《十大经·行守》。
⑦ 《经法·国次》。

行。如若"悖时"、"过极"而致"失当"，必遭天地之"道"的惩罚而罹灾受殃。《黄帝四经》又谓："始于文而卒于武，天地之道也。四时有度，天地之李（理）也。日月星辰有数，天地之纪也。三时成功，一时刑杀，天地之道也。四时而定，不爽不代（忒），常有法式，[天地之理也]。一立一废，一生一杀，四时代正，终而复始，[人]事之理也。逆顺是守，功溢于天，故有死刑。功不及天，退而无名；功合于天，名乃大成，人事之理也。"① 谓王者参用"天"、"地"、"人"三"道"，按"四时有度"而行，"三时成功，一时刑杀"，"四时代正"，"终而复始"地做到"立"与"废"、"生"与"杀"的恰当处置。再如："天道已既，地物乃备。散流相成，圣人之事。圣人不巧，时反是守。优未（昧）爱民，与天同道。圣人正以侍（待）天，静以须人。不违天刑，不襦不传（转）。当天时，与之皆断；当断不断，反受其乱。"② 更加明确地教诲后人务必"当天时"而行，否则必"反受其乱"。

总之，从法律激励的具体原则来看，都要从"取予得当"的要求出发，并以"取予得当"为法律激励之逻辑依归。

当然，从5000年前的黄帝时代迄今，中国社会的发展已大大地复杂化了。炎黄子孙千百万倍地生育繁殖、茁壮成长，社会事务千头万绪、丰富繁杂，所当促进、奖掖、激励的人与事，其范围、数量、程度等也有了极大的变化。因此，如何以"取予得当"的思想来主导法律激励，以及如何使之成为成功实施反熵治理的关键环节，当然需要今天从事黄帝研究、法学研究与政治学研究的学者作进一步的努力，在新的高度上有所发现、有所发明、有所创造、有所前进。在这一方面，廖凯原先生是我们的榜样。

---

① 《经法·论约》。
② 《十大经·观》。

熵与反熵：黄帝思想的辩证内核及后世影响

蒋海松[*]

一 "反熵"理论与"轩辕反熵运行体系"

轩辕黄帝是华夏民族共同的祖先，统一天下，奠定中华，肇造文明，被后人尊为中华人文始祖。黄帝思想博大精深，春秋战国便已有"百家言黄帝"的局面，历来也有从不同角度所作的解读。

近些年来，著名慈善家、学者廖凯原先生的黄帝解读独辟蹊径，从科学跟人文结合的角度，引入"量子力学"、"反熵"等科学概念，力图揭示黄帝思想体系的核心。廖先生在论著中多次指出，黄帝缔造了永恒的以民为本的中华文化共同体。"道"是自然界的运行规则，也是人类社会的运行规则。廖凯原提出了"凯原量子信息力动学（KQID）"，描述了"道"的环形等式，并试图以此概括"道"产生多元宇宙的过程。他认为，轩辕 2.0 就是道治，轩辕之道可解读为仁爱，它也可衍生为一个运行体系："先予后取"原则。它依据实事求是和形名统一，将人文与科学相结合，而这也是所有可能的治理方式中最好的一种。由 KQID 引擎（轩辕道）提供动力的轩辕反熵运行体系 2.0 可使中国人保留并改进他们的"中国性"，并确保长治久安。KQID 引擎是源自"轩辕道治"的中华引擎，为已刷新、重启、复兴、振兴的中华文化文明提供动力。

廖凯原先生将西方的科学观念概括为"万物皆为信息"。信息学认为比特

---

[*] 蒋海松，湖南大学法学院助理教授。

为万物的本原，而物理学认为反熵产生了秩序和生命，黄帝倡导的"先予后取"原则就是人类秩序的本原。廖先生通过对《黄帝四经》的解读指出，黄帝思想体系的核心在于法治与德治科学观的反熵运行体系。这个体系奠基于"先予后取"原则，取就是熵，予就是反熵。在人类社会中，反熵组织创造和分配了秩序，因此可以将其表述为：所有可欲物的创造和分配都是取（反熵）与予（熵）之间的交换。就向所有人更公平地创造与分配可欲物而言，黄帝的反熵运行体系是迄今为止人类所发明的最强大的、最有效率的体系。①

这一模型冲击了既有的解释框架，给黄帝研究带来了新视野，但也引发激烈的争议。囿于笔者有限的科学知识，无力把握这一体系的科学要义，故对此存而不论。但作为一个人文科学研究者，笔者钦佩廖先生的文化情怀，并从其科学与人文结合的思想进路中获益。在这一体系中，"反熵"是一个核心概念。早在2008年，廖凯原先生在北京大学中国经济研究中心应届毕业典礼上首次指出了反熵的转变："我相信我们来自137亿年前宇宙大爆炸中产生的不可抑制的小物体。几十亿年前，我们的祖先冒了个大险，获得了生命的机会。""他们克服艰难，打破了所有事物和组织终将逐渐分解，由有序转变成无序的熵的抑制法则。为了逃脱死亡，他们实现了反熵的转变。他们创造了生命！他们是创世主。"② 在科技法学、生命法学等新学科中引领风潮的倪正茂教授③也高度重视廖凯原体系中的反熵概念，并以此为视角延伸分析了汉初君臣之反熵治国的成就，也成为法制史与科学结合的成功探索。④

"熵"为物理学的概念，指不能再被转化做功的能量总和的测定单位。1868年，德国物理学家鲁道尔夫·克劳修斯首次提出了"熵"的概念。在蒸汽机工作的过程中，燃料的热能转化成了机器运动的功能，而且每次转化都是不可逆的。因此，熵的增加就意味着有效热能的减少。自然界运转不

---

① 参见廖凯原《〈黄帝四经〉新见：中国法治与德治科学观的反熵运行体系》，《环球法律评论》2011年第2期。参见廖凯原《轩辕运行体系2.0》，转引自徐炳主编《黄帝思想与道、理、法》，社会科学文献出版社，2013。
② 廖凯原《如何追求超越想象的财富》，在北京大学中国经济研究中心2008届毕业典礼上的演讲。
③ 1990年，倪正茂《科技法学导论》面世。1998年，《生命法学论丛》发表；2005年，《生命法学引论》、《生命法学探析》、《安乐死法研究》等出炉。由此，倪正茂被公认为是中国科技法学、生命法学的引领者。
④ 倪正茂：《黄老思潮与汉初君臣之反熵治国》，转引自徐炳主编《黄帝思想与道、理、法研究》，社会科学文献出版社，2013，第156页。该文获得首届"凯原轩辕论文奖"。

息，一定的能量就被转化成了不能再做功的无效能量，从而造成污染——这就是熵。人类社会的发展和增长必然有一定的限度，而不可以随心所欲地无止境向前。美国学者杰里米·里夫金和特德·霍华德的著作《熵：一种新的世界观》提出："熵定律是无法逃脱的。""……不管我们如何东找西寻，出路终归是没有的。"作者在该书的开头就指出："热力学第二定律即熵的定律告诉我们，物质与能量只能沿着一个方向转换，即从可利用到不可利用，从有效到无效，从有秩序到无秩序。……根据熵的定律，无论在地球上还是宇宙或任何地方建立起任何秩序，都必须以周围环境里的更大混乱为代价。""熵的定律摧毁了历史是进步的这一观念。熵的定律也摧毁了科学与技术能建立起一个更有秩序的世界这一观念。"

但熵论并不是"绝对真理"。资源热能或许有限，但人类生活可以被安排得更加合理、幸福。物理学上也提出了"反熵"理论。在《熵：一种新的世界观》中，作者杰里米·里夫金等谈到，对于"熵"有"乐观派"的反对性反应，其代表人物是"耗散结构理论"的创始人、1977年诺贝尔化学奖的获得者、比利时物理学家伊利亚·普里高津（以下称普里高津）。普里高津认为，系统越复杂，耗能虽然越多，但同时它越灵活、善变以适应新的情况。①

"反熵"与"熵"的不同，在于二者对"取"、"予"关系持截然相反的态度。廖凯原先生指出，取就是熵，予就是反熵。熵，只取不予，表现在对自然的态度上，就是永不停息地开发地球，竭尽所能地耗用资源；表现在社会治理上就是统治阶级以暴力维护统治。反熵，则行"先予后取"，表现在对自然的态度上，就是科学地、有节制地开发利用地球资源，同时矢志不移地努力向宇宙进军；表现在社会治理上就是力主践行和谐社会建设，在予臣民以利的基础上有节制地索取于臣民。② 反熵是一种世界观，表明了宇宙物质运动从无序到有序的演化发展。

正如倪正茂先生的概括，熵与反熵在社会治理上可以简要地释明为："以熵的形式治理社会，就是先取后予、多取少予甚至只取不予，从而使社会遭受破坏，直到崩溃；而以反熵的形式治理社会，则是先予后取、多予少

---

① 〔美〕杰里米·里夫金、特德·霍华德：《熵：一种新的世界观》，吕明、袁舟译，上海译文出版社，1987，第220~225页。
② 倪正茂：《黄老思潮与汉初君臣之反熵治国》，转引自徐炳主编《黄帝思想与道、理、法研究》，社会科学文献出版社，2013，第156页。

取，从而使社会呈现和谐景象，可持续发展。前者，即社会的熵式治理，可以战国及秦为例；后者即社会的反熵治理，可以汉初为例。"[①]

但在笔者看来，黄帝思想是一个完整的辩证结构，如果要借用科学上的"反熵"概念来进行分析。廖凯原先生和倪正茂先生都过于突出黄帝体系中"反熵"的一面，而对其接近"熵"的一面论述得不多。两者辩证统一才是完整的黄帝思想体系，这一辩证结构也影响了后世阴阳刑德、德主刑辅、宽猛相济等思想，成为中国思想史的一条主脉。

二 黄帝之"熵"与"反熵"：征伐天下与仁德治理

黄帝在后世多以文化共同体缔造者的形象出现，但是也不能遮蔽其作为最早军事首领的赫赫战功。黄帝能成为天下共主，首先端赖的是其威权与战功；征伐天下首先依赖的是暴力。从这一角度来说，这是黄帝"熵"的一面。学界对于黄帝的军事思想已有一定研究，[②] 诸多学者研究认为黄帝应为中国兵学始祖。[③]

中国的兵学与战争始于黄帝。《淮南子·兵略》记载："兵之所由来者远矣，黄帝尝与炎帝战矣，颛顼尝与共工争矣。"《吕氏春秋·荡兵》云："兵所自来者久矣，黄、炎故用水火矣。"《鹖冠子》曰："上德已衰矣，兵知俱起；黄帝百战，蚩尤七十二。"蚩尤常被尊为战神，其实是黄帝的手下败将，黄帝才是真正的战神。黄帝统一天下，兼并其他部落，奠定华夏民族基础的伟大功业首先是建立在战争基础上的，是以暴力战争的方式融合了远古时代的各个部落，甚至多场战争也是由黄帝部落首先发起的。战争总是残酷的，无论如何高扬黄帝"仁德、反熵"的一面，都不能抹去战争之神血腥暴力的一面。

司马迁在《史记·五帝本纪》中记载："于是轩辕乃习用干戈，以征不

[①] 倪正茂：《黄老思潮与汉初君臣之反熵治国》，转引自徐炳主编《黄帝思想与道、理、法研究》，社会科学文献出版社，2013，第166页。

[②] 徐炳杰：《论〈黄帝四经〉军事思想及其对中国兵学传统的影响》，转引自徐炳主编《黄帝思想与先秦诸子百家》（下），社会科学文献出版社，2015，第424~450页。张少瑜：《从兵道到兵法——黄帝兵学思想与先秦兵学思想的源流关系》，转引自徐炳主编《黄帝思想与先秦诸子百家》（下），社会科学文献出版社，2015，第451~472页。

[③] 参见谢祥皓《中国兵学发展的历史脉络》，转引自薛宁东主编《超越哈佛：孙子兵法应用讲坛精粹》，军事科学出版社，2009，第299~300页。

享，诸侯咸来宾从。而蚩尤最为暴，莫能伐。炎帝欲侵陵诸侯，诸侯咸归轩辕。轩辕乃修德振兵，治五气，艺五种，抚万民，度四方，教熊罴貔貅貙虎，以与炎帝战于阪泉之野。三战，然后得其志。蚩尤作乱，不用帝命。于是黄帝乃徵师诸侯，与蚩尤战于涿鹿之野，遂禽杀蚩尤。而诸侯咸尊轩辕为天子，代神农氏，是为黄帝。"[1] 这明确指出，黄帝"习用干戈"之后才"诸侯咸来宾从"，"禽杀蚩尤"之后才"诸侯咸尊轩辕为天子"。而且成为天下共主之后，黄帝最主要的一项工作仍然是战争征伐，终生未宁，"天下有不顺者，黄帝从而征之，平者去之，披山通道，未尝宁居"。[2]

上古冷兵器时代的战争也是极为血腥的。汉代贾谊《新书》云："炎帝者，黄帝同母异父兄弟也，各有天下之半。黄帝行道而炎帝不听，故战于涿鹿之野，血流漂杵。"《庄子·盗跖篇》："神农之世，……耕而食，织而衣，无有相害。此至德之隆也。然而黄帝不能致德，与蚩尤战于涿鹿之野，流血百里。"血流漂杵、流血百里的记载，至今读来犹是触目惊心。黄帝与蚩尤之战前后拉锯达十余年之久，据传先后共进行大小战斗七十一次都未分出胜负。黄帝"顿兵浊鹿（涿鹿）之山，三年九战而城不下"，足见上古战争的残酷与无情。《列子·黄帝》曰："黄帝与炎帝战于阪泉之野，帅熊、罴、狼、豹、貙、虎为前驱，雕、鹖、鹰、鸢为旗帜。"极言战争规模之大、参与部落之多。《大戴礼·五帝德》则云："（黄帝）与赤帝（炎帝）战于阪泉之野，三战，然后得行其志。"则言战争曲折的过程。对于奉行强力争霸方能一统天下，方可在大争之世中胜出的法家而言，黄帝甚至成了"内行刀锯，外用甲兵"的典型。《商君书》说："神农之世，男耕而食，妇织而衣，刑政不用而治，甲兵不起而王，神农既殁，以强胜弱，以众暴寡，故黄帝内行刀锯，外用甲兵。"

因此，相对于道家"无为而治"的主张而言，《庄子》的作者批判黄帝其实是以杀伐取天下，"然而黄帝不能致德，与蚩尤战于涿鹿之野，流血百里"。[3]《盗跖》中则把黄帝、尧、舜、禹、汤、文王、武王一并加以批驳，这些所谓理想的帝王不过是"皆以利惑其真而强反其情性，其行乃甚可羞

---

[1] 《史记·五帝本纪》。
[2] 《史记·五帝本纪》。
[3] 《庄子·盗跖》。

也"。① 他们都是以功利诱惑其真性、违背自然禀赋的可耻之徒。《庄子》的言论当然有所偏颇，但也不能不看出黄帝以威权征服天下带给后世的阴影。② 就廖凯原先生等用"反熵"原则简洁地解释"先予后取"而言，黄帝取天下的过程亦有"熵"之先取的一面。《黄帝四经》虽然有丰富的法治思想，但不可讳言，其主旨仍然在于君主统治之术。其中仍然有不少偏近"熵"的内容。

当然，黄帝能成为华夏文化共同体的创建者，仅有"熵"之武力征伐、严刑峻法断然是不够的，更大的贡献则在于仁德治理、以德服人、先予后取的"反熵"精神。

黄帝虽为百战之神，但绝非穷兵黩武。黄帝的战争更多的是以除暴安民相号召，兴正义之师，以"修德振兵"为纲领。治五行之气，以顺应天时；种五谷之粮，以养育百姓；度四方而安抚万民，以凝聚民心。虽然是战争的杀罚，但更重要的是"振兵"之外的"修德"，而"振兵"之胜正来源于"修德"之功。③ 黄帝的战争观本身就是"熵"与"反熵"的统一。黄帝反对不正义的侵略战争。《黄帝四经·顺道》篇曰："不谋削人之野，不谋劫人之宇。"暴殄天物的侵略掠夺战争是黄帝明确反对的，黄帝所主张的是正义之战。《黄帝四经·十六经·姓争》曰："作争者凶，不争亦毋以成功。顺天者昌，逆天者亡。毋逆天道，则不失所守。"这从修德顺天的角度探讨了正义战争必胜的原因。

如果说，征战天下不可避免地需要"熵"的手段，天下统一后的治理则主要靠"反熵"的措施——这才是黄帝思想的精华。黄帝治理天下，勤政爱民，"东至于海，登丸山，及岱宗。西至于空桐，登鸡头。南至于江，登熊、湘。北逐荤粥，合符釜山，而邑于涿鹿之阿。迁徙往来无常处"。④ 足迹几乎踏遍整个国土，辛勤奉献自不待言。⑤ 黄帝克勤克俭，创制了各种

---

① 《庄子·盗跖》。
② 应该说明的是，庄子及其门人更多的是把对导致春秋战国天下大乱、礼崩乐坏乱象的无道君主的义愤嫁接到黄帝身上而已。事实上，诸子百家对黄帝形象的塑造都只是一种叙事与策略，道家既可以将其用来当作"道"的代言人，而庄子也可以将其当成反讽的靶子。
③ 参见李耀宗《论"黄帝"界说与黄帝精神——兼谈陕西黄陵甲申"中华大祭祖"》，《中央民族大学学报》2005年第2期。
④ 《史记·五帝本纪》。
⑤ 也有论者认为，司马迁笔下的黄帝从武力征服天下再到统一后巡游各地宣示威权，其种种功业带有现实中秦始皇的影子。这恰好说明，黄帝与"虎狼之秦"存在某种关联。

文明设施以利益万民,"时播百谷草木,淳化鸟兽虫蛾,旁罗日月星辰水波土石金玉",① 而这些"时播百谷草木"的举措也都是顺应时令,顺应自然规律,顺天地、阴阳、四时之纪的做法。黄帝不按主观意志妄为,而是顺乎自然,《史记正义》就此疏解道:"教民江湖陂泽山林原隰皆收采,禁捕以时,用之有节,令得其利。"② 黄帝"劳勤心力耳目",可谓呕心沥血,但劳作在前、享受在后,不贪图享受,反而是千方百计地"节用水火材物"。这些特点在《老子》治国主张中也有体现,即所谓"圣人无常心,以百姓心为心"。③ 这正是先予后取的"反熵"精神的源头与典范。

在哲学层面上,"熵"与"反熵"的统一体现在黄帝首创了中华文明中的阴阳结合的思想。白奚教授提出,学界一度将阴阳家思想大多归结为战国晚期齐人邹衍的创造,并将其思想源头上溯至春秋时期流行的阴阳观念。1973 年,长沙马王堆帛书《黄帝四经》出土,其中有丰富的阴阳思想,且哲理化的程度相当高。黄帝阴阳思想是后世阴阳思想的滥觞。以《黄帝四经》而论,黄帝阴阳思想可以归纳为四时教令、阴阳刑德、阴阳灾异、阳尊阴卑等内容。④

《黄帝四经》有言:

> 凡论必以阴阳□大义。天阳地阴。春阳秋阴。昼阳夜阴。大国阳,小国阴。重国阳,轻国阴。有事阳而无事阴。信(伸)者阴(按此当为"阳",抄本有误—引者)者屈者阴。主阳臣阴。上阳下阴。男阳[女阴。父]阳[子]阴。兄阳弟阴。长阳少[阴]。贵[阳]贱阴。⑤
>
> 黄帝曰□□□□□为一囷,无晦无明,未有阴阳。阴阳未定,吾未有以名。今始判为两,分为阴阳,离为时四[时]□□□□□□□□[德虐之行],因以为常。⑥

---

① 《史记·五帝本纪》。
② 《史记正义》。
③ 《老子》。
④ 白奚:《黄帝阴阳思想初探》,转引自徐炳主编《黄帝思想与先秦诸子百家》(下),社会科学文献出版社,2015,第 192~206 页。
⑤ 《黄帝四经·称》。
⑥ 《十六经·观》。

余明光先生认为，"凡论必以阴阳□大义"一句中残缺之字当为"明"字，并译其句意为："大凡讨论，研究问题，都必定以阴阳来揭示，辨明大义。"① 这种阴阳相分的宇宙生成图式为刑阴德阳的法律思想提供了哲学依据。《黄帝四经》因此认为法律与道德也是这种"刚柔阴阳，固不两行"②的对立统一的关系："刑德皇皇，日月相望，以明其当……天德皇皇，非刑不行，缪（穆）缪（穆）天刑，非德必顷（倾）。刑德相养，逆顺若〔乃〕成。"③

阴阳统一不但有主次之分，阳主阴次，阳主生，阴主杀，而且《黄帝四经》据此对刑德之间的关系要求"刑晦而德明，刑阴而德阳，刑微而德彰。其明者以为法，而微道是行"④。治国"以德为先、以刑为辅"，把德视为"明者"，把刑视为"微道"，鲜明地提出了"重德轻刑"，开后世"德主刑辅"之先河：

> 不靡不黑，而正之以刑与德。春夏为德，秋冬为刑。先德后刑以养生。……夫并时以养民功，先德后刑，顺于天。⑤

在此还根据春、夏、秋、冬的自然先后顺序提出了"先德后刑"的观点，且认为这才是合乎天道的体现。

《黄帝四经》首次把刑德与阴阳结合起来，以阴阳为刑德之形上根据。刑德与阴阳相结合的思想，后来直接被董仲舒所继承和光大，⑥并依此为据而建构了"大德小刑"、"先德后刑"及"刑者德之辅"的德主刑辅理论，

---

① 余明光：《黄帝四经今注今译》，岳麓书社，1993，第201页。
② 《十六经·姓争》
③ 《十六经·姓争》。
④ 《十六经·姓争》。
⑤ 《十六经·观》。
⑥ 比如，董仲舒《春秋繁露·阳尊阴卑》详尽解说："恶之属尽为阴，善之属尽为阳。阳为德，阴为刑。刑反德而顺于德，亦权之类也。……是故天以阴为权，以阳为经。阳出而南，阴出而北。经用于盛，权用于末。以此见天之隐经显权，前德而后刑也。故曰：阳天之德，阴天之刑也。阳气暖而阴气寒，阳气予而阴气夺，阳气仁而阴气决，阳气宽而阴气急，阳气爱而阴气恶，阳气生而阴气杀。是故阳常居实位而行于盛，阴常居空位而行于末。天之好仁而近，恶决之变而远，大德而小刑之意也。先经而后权，贵阳而贱阴也。故阴，夏入居下，不得任岁事，冬出居上，置之空处也。……此皆天之近阳而远阴，大德而小刑也。……为政而任刑，谓之逆天，非王道也。"

成为中国传统法律文化的核心内容。① 刑罚之外更重德教可谓是传统法文化的最大特色之一，这正是"熵"与"反熵"的统一。

廖凯原先生将黄帝的反熵运行体系在今天的发展即中国法治与德治科学观概括为五条天命：仁、义、权利和义务一体、杨朱六大自由、一个管制而自由开放的市场体系。更具体地涵盖了四个部分：商鞅关于法治的科学观、孔子提出的互惠正义与道德黄金律、老庄的自然无为思想、杨朱的"为我"思想及"六感"基础上的六大自由。② 这些首先发源于黄帝自身的思想体系。

三 "熵"与"反熵"辩证内核的后世影响

黄帝作为中华之祖，《庄子》曰："世之所高，莫若黄帝。"后世出现了"百家言黄帝"的局面。"熵"与"反熵"统一的特点也不断为后世发扬光大，成为中国思想传统的一大特色。《易经》的阴阳和谐思维、阴阳家的阴阳五行学说自不待言。诸子百家各个学派的思想内核都存在这种辩证统一的结构。当然，不同学派的思想特质各有侧重，比如法家学派更多强调了黄帝用刑用兵的一面，可谓"熵"的一面；道家则更多发扬了道法自然、休养生息的维度，可谓"反熵"的一面。但纵算如此，各学派也不是单向维度——"反熵"之道家亦多"君主南面"之术，"熵"之法家亦有"凡治天下，必因人情"之论，都带有"熵"与"反熵"的辩证特点。其中最为经典的思想表现有子产的"宽猛相济"、儒家"德主刑辅"的思想，以下将以此为例说明此理。

在治理方式上，春秋后期执掌郑国国政的子产第一个提出了以"宽"服民和以"猛"服民、宽猛并用的思想。《左传·昭公二十年》记载了子产的遗言，对他的执政理念作了精确的概括。"郑子产有疾，谓子大叔曰：'我死，子必为政。唯有德者，能以宽服民，其次莫如猛。夫火烈，民望而畏之，故鲜死焉。水懦弱，民狎而玩之，则多死焉。故宽难。"所谓"宽"，即怀柔的德政教化；所谓"猛"，即强力镇压。治国必须把两者结合起来，恩威并施。在以"宽"服民的一面，子产主张"德政"，并进行道德教化和

---

① 崔永东：《帛书〈黄帝四经〉中的阴阳刑德思想初探》，《中国哲学史》1988年第4期。
② 廖凯原：《〈黄帝四经〉新见——中国法治与德治科学观的反熵运行体系》，《环球法律评论》2011年第2期。

宽惠爱民，"为政必以德"，"德，国之基也"；要宽惠爱民，主张"安众"，"众怒难犯，专欲难成"，同时主张放宽对言论的控制。子产虽然将德政、宽容视为理想的统治方法，"以宽服民"固然是最好；但春秋乱世，"德"难以发挥作用。子产也认为在缺少"有德者"的情况下，最现实和最容易实行的是"猛"，执法严厉必不可少。他提倡宽猛结合，刑在实际中表现为"猛"，即立法严格、执法严厉。所以，子产公开宣称"为刑罚威狱，使民畏忌"，并且力排众议，公布了刑书。在推行"丘赋"制时，坚持按"丘"征收，对"大人之忠俭者，从而与之；泰侈者，因而毙之"。[1]

孔子对子产宽猛相济的治国思想给予了高度赞扬："善哉！政宽则民慢，慢则纠之以猛，猛则民残，残则施之以宽。宽以济猛，猛以济宽，政是以和。"政策太宽，则民傲慢不逊，傲慢不逊则用猛政进行纠正；政猛，人民会受到残害，受到残害就要施行宽大；用宽大弥补严猛的缺陷，以严猛纠正宽大的危害，宽猛相辅相成，政治才能安定。孔子还引《诗》进一步说到：周文王施惠于民，让民众过上小康生活；用猛政严刑处罚酷吏豪强、严惩残害百姓的盗匪，则民心悦诚服、社稷安定，以此来证明子产"宽猛相济"的主张是正确的。宽惠于民是爱民，惩办犯罪也是爱民，两者具有统一性。

孔子本人作为至圣先师，其德主刑辅的主张更是成为中华法系的思想核心。孔子本人作为大司寇，有严格执法的一面，但更多的则是宣扬其仁爱思想。孔子政治法律思想的核心是"道之以政，齐之以刑，民免而无耻；道之以德，齐之以礼，有耻且格。"[2] 当时的统治者试图以刑杀威慑人们，并以此来减少犯罪、维护秩序，而孔子明确反对这种做法。他认为，"道政齐刑"只能暂时地禁止犯罪，治标不治本；只有"道德齐礼"才能促进民众内在人格尊严的培养，从根本上解决问题。孔子说："为政以德，譬如北辰居其所而众星共之。"[3] 礼乐的引导也是法律刑罚有效的前提，所谓"礼乐不兴，则刑罚不中；刑罚不中，则民无所措手足"。[4]

孔子与季康子就德刑问题有过两次著名的争论："季康子患盗，问于孔

---

[1] 《左传·襄公三十年》。
[2] 《论语·为政》。
[3] 《论语·为政》。
[4] 《论语·子路》。

子。孔子对曰：苟子之不欲，虽赏之不窃。""季康子问政于孔子曰：如杀无道，以就有道，何如？"孔子对曰："子为政，焉用杀？子欲善而民善矣。君子之德风，小人之德草。草上之风必偃。"① 面对冲突加剧、盗贼蜂起，季康子等执政者主张严刑峻法、杀一儆百，"如杀无道，以就有道，何如？"② 孔子认为，民众之所以犯罪是由于统治者苛政高压，因此想要减少犯罪，为政者首先要施行仁德，对民众进行教化。孔子明确反对暴政，提出了"重德轻刑"的思想。德政具体表现为行宽惠之政。孔子所力倡的"道之以德"学说对中国传统法律影响深刻而久远。汉代的董仲舒将其加以发扬光大，建构起"大德小刑"、"先德后刑"及"刑者德之辅"的"德主刑辅"理论，成为中国传统法律文化的经典内容。中华法系的代表性法典《唐律疏议》明确有载："德礼为政教之本，刑罚为政教之用。"

这一切依然回荡着黄帝思想中辩证统一的先声，值得我们在今天仔细省思。甚至在当下的政治实践中，政治上的"高压反腐"、"依法治国"与经济上的"简政放权"、"科学发展"之间也存在着这种辩证关系。

司马迁曾如此赞扬黄帝的先祖功绩："维昔黄帝，法天则地，四圣遵序，各成法度；唐尧逊位，虞舜不台，厥美帝功，万世载之。"③ 就思想源流而言，则如庄子《天下篇》所说："圣有所生，王有所成，皆原于一。"这里的所谓"一"，当是指黄帝以来的大道。这一思想馈赠仍值得在今日被珍视。

---

① 《论语·颜渊》。
② 《论语·颜渊》。
③ 《史记·太史公自序》。

先予后取原则与五项天命

陈海峰[*]

道是中华文明的精神气质，内涵精深广博。中国的天道文化可以上溯至文明的源头。早在伏羲时，天道文化就被抽象在了八卦的奥义之中；到黄帝时期，天道文化已经相当成熟。天道虚无，独立而不改，周行而不殆，而又能与时迁徙，具有了超越时间和空间的正确性。廖凯原先生从新的角度去理解和定义"道"。在其作品《轩辕运行体系2.0（轩辕纪年4708—永远）》[①]中，廖凯原先生运用KQID（凯原量子信息力学）的比特波函数引擎文化基因CTE，即意识C、时间T、能量E提出了"轩辕运行体系"。廖先生力图向世人说明：早在五千年前，中国人的始祖轩辕黄帝就把天道文明发展成了一个科学的反熵体系，即轩辕运行体系，遵行"先予后取"的宇宙原则。[②]本文仅从先予后取原则与五项天命关系的角度作分析和解读，以更好地向大家展现廖凯原先生观点的价值。

先予后取原则在廖凯原先生的思想体系中具有核心的地位，贯穿其所有观点。如果说轩辕运行体系是廖凯原先生所认为的"道"的运行方式，那么先予后取就是他心中的"道"运行所遵行的原则。廖凯原先生认为"先予后取"原则"体现为五条反熵天命：仁、义、杨朱的自由六感、权利与义务的统一体、受调控且自由开放的市场体系"。[③]

---

[*] 陈海峰，英国伯明翰大学法学博士研究生。
[①] Leo KoGuan:《The Xuan Yuan Operating System 2.0 (4708 X. Y—Infinity)》，转引自徐炳主编《黄帝思想与道、理、法研究》（第一卷），社会科学文献出版社，2013，第1~155页。
[②] Leo KoGuan:《The Xuan Yuan Operating System 2.0 (4708 X. Y—Infinity)》，转引自徐炳主编《黄帝思想与道、理、法研究》（第一卷），社会科学文献出版社，2013，第64页。
[③] Leo KoGuan:《The Xuan Yuan Operating System 2.0 (4708 X. Y—Infinity)》，转引自徐炳主编《黄帝思想与道、理、法研究》（第一卷），社会科学文献出版社，2013，第67页。

廖凯原先生对先予后取原则的提倡，并不是一种简单地对义务本位的强调。事实上，先予后取原则在这里并非外部对行为主体的一种强加；更准确的说，先予后取是对宇宙万物的运动规律进行科学抽象之后作出的表述，即当宇宙万物处在其合乎自然性的运动轨迹上时的一种状态。天命人则如是，用廖凯原先生的话来讲，天命人都是"强大的反熵公民"。[①] 天命人将先予后取原则之五项反熵天命的精华"蕴于其身体和精神之中"，[②] 从而达到一种无须去刻意注意和追求就能"从心所欲不逾矩"的反熵状态。天命人所处这种反熵状态被廖凯原先生称为"仁之域"。[③] 一个人的"仁之域"以"仁"天命为基点，进而通过另外四项天命共同地、有机地构建，发端于其灵台之上，并可弥漫充溢于天地之间。

1. "仁"天命

"仁"天命是五项天命之首，被廖凯原先生赋予了根本性的意义。"仁"也是中国先秦诸子百家学说中的一个极其重要的观念。孟子曰："仁也者，人也。合而言之，道也。"[④] 可以说，所有"仁"学的一个共同点就在于它们都认为人之所以为人的根本道理就在于"仁"。因此，从形而上层面来讲，"仁"是人的本心、善性；从形而下层面来说，"仁"是人们行为处事所要遵循的原则。在这一点上，廖凯原先生之"仁"天命的内涵与各家是一致的。他在对万物的创造和分配法则进行论述时这样写道：

> 仁爱贯穿于始终。因为我们在"诚"之中选择了"爱"而非"恨"……仁爱表达为仁和义。如果我们用（1，0）代表"恨"，用（0，1）代表"爱"，那么对"恨"的选择将毁坏"爱"的组织结构，使仁和义消失……我们也将向他人创造和分配着导致不幸和痛苦的事物……相反，如果我们在任何时间和地点都选择了"爱"，我们就在地球上的任何地方选择了生命和天堂……因此，我们有必要选择

---

① Leo KoGuan：《*The Xuan Yuan Operating System 2.0（4708 X. Y—Infinity）*》，转引自徐炳主编《黄帝思想与道、理、法研究》（第一卷），社会科学文献出版社，2013，第60页。
② Leo KoGuan：《*The Xuan Yuan Operating System 2.0（4708 X. Y—Infinity）*》，转引自徐炳主编《黄帝思想与道、理、法研究》（第一卷），社会科学文献出版社，2013，第65页。
③ 原文为"Erosverse"。Leo KoGuan：《*The Xuan Yuan Operating System 2.0（4708 X. Y—Infinity）*》，转引自徐炳主编《黄帝思想与道、理、法研究》（第一卷），社会科学文献出版社，2013，第15页。
④ 《孟子·尽心下》。

"爱"……以使我们能为大多数人创造和分配诸如繁荣、和平、快乐和幸福一类的可欲物。[1]

由此可见，"仁"天命将所有人都共同包容于一个整体之中。天命人所具有的将平等对待之心及于天地万物的"天性"决定了其会必然或者说自然地奉行"仁"天命，从而成为一个具有仁爱之心的仁者。孔子说"仁者爱人"，这里的"人"是指一切人。他们并非基于特定的血缘、种族或者国别等身份而享有"被爱的权利"或者人权。根据仁学原理，只要是人，就应该享有天赋的平等权利。所以，仁爱之爱并不仅仅是身份之爱；[2] 相反，"仁"天命所要求的仁爱之爱则带给人间真、善、美。

在社会生活中具体践行仁爱时，一方面，个体应该行使积极自由权利。积极自由权利可以包括两个方面："兴天下同利，除天下同害。"[3] "兴天下同利"，就要主动地去关爱他人，去奉献社会、热心公益、投身慈善。"除天下同害"，就要自觉反对和抵制社会不良现象，不服从恶法和暴政，对于一切欠缺合法性的政府行为坚决地行使公民抵抗权。实际上，积极地实践仁爱，对于完善个体的人格具有重要的意义。心理学家证实：只有通过付出和给予，个人才能创造出其人生的意义。[4] 另一方面，个体需要尊重他人的消极自由权利。仁爱是平等之爱，爱人的前提是尊重人。要将他人作为与自己平等的人格主体对待，将每一个人作为类似于自身的一个绝对的目的来加以尊重。这样，我们的共同体就会成为一个"根据每个人的梦想和愿望，以其为始，以其为终"的社会。[5]

2. "义"天命

"义"天命是五项天命中的第二项，紧接在"仁"天命之后。廖凯原先生认为，"义"天命所要求的是互惠正义。这种互惠正义在孔子的"以直报

---

[1] Leo KoGuan：《The Xuan Yuan Operating System 2.0（4708 X. Y—Infinity）》，转引自徐炳主编《黄帝思想与道、理、法研究》（第一卷），社会科学文献出版社，2013，第66~67页。
[2] Leo KoGuan：《The Xuan Yuan Operating System 2.0（4708 X. Y—Infinity）》，转引自徐炳主编《黄帝思想与道、理、法研究》（第一卷），社会科学文献出版社，2013，第90页。
[3] 《荀子·王霸》。
[4] Leo KoGuan：《The Xuan Yuan Operating System 2.0（4708 X. Y—Infinity）》，转引自徐炳主编《黄帝思想与道、理、法研究》（第一卷），社会科学文献出版社，2013，第77页。
[5] Leo KoGuan：《The Xuan Yuan Operating System 2.0（4708 X. Y—Infinity）》，转引自徐炳主编《黄帝思想与道、理、法研究》（第一卷），社会科学文献出版社，2013，第52页。

怨，以德报德"（《论语·宪问》）、"己所不欲，勿施于人"（《论语·卫灵公》），以及"夫仁者，己欲立而立人，己欲达而达人"（《论语·雍也》）等观点中得以体现。他认为这种互惠正义，也就是所谓的"黄金律"（golden rule），是"先予后取"原则的重要内涵之一。同时，廖凯原先生指出，正义或者说互惠正义是法治的题中之意。法治以正义为核心，国家权力的行使若违背了"义"天命，"就不会是法治，而只能是暴政"了。①

因此，正义的实现需要一个前提，就是个体要对自身的自然本性拥有正确的认识。具体来说，就是要对人的道德性具有充分的认识。人之所以为人的原因就在于人有道德性。孟子曰："人之所以异于禽兽者几希，庶民去之，君子存之。"② 正因为有了道德性，人才具有了达到"仁"的道德境界的可能性。所谓"仁，人心也；义，人路也"。③ "仁"心为"义"行指明了方向，反过来"义"行可以不断扩充"仁"心。二者交互促进，互相完善。但是，同时，人若不能持之以恒地行"义"，不断坚定自己的信念、扩充自己的善端，那么"仁"心就会不进则退、逐渐萎缩甚至枯竭。孟子曾用"牛山之木"比喻"仁"心，孟子曰：

> 牛山之木尝美矣，以其郊于大国也，斧斤伐之，可以为美乎？是其日夜之所息，雨露之所润，非无萌蘖之生焉，牛羊又从而牧之，是以若彼濯濯也。人见其濯濯也，以为未尝有材焉，此岂山之性也哉？④

孟子明确地指出："虽存乎人者，岂无仁义之心哉？"然而"其所以放其良心者，亦犹斧斤之于木也，旦旦而伐之，可以为美乎？"⑤ 所以说，无论从正反两个方面来看，"仁"和"义"两个天命都是密不可分的。行"义"精进则"仁"心充沛，行"义"懈怠则"仁"心枯萎。当然，个体对仁义之心的发现也是基于其灵魂的转向，基于其对本体的正确认识。在中国传统

---

① Leo KoGuan:《The Xuan Yuan Operating System 2.0 (4708 X. Y—Infinity)》，转引自徐炳主编《黄帝思想与道、理、法研究》（第一卷），社会科学文献出版社，2013，第71页。
② 《孟子·离娄下》。
③ 《孟子·告子上》。
④ 《孟子·告子上》。
⑤ 《孟子·告子上》。

文化中，佛家有"三界无安，犹如火宅"①之说；而儒家、道家则共尊天道，主张个体应修身养性以成贤成圣，最终达到"通于神明，参于天地"②的境界。一旦认识到这些，人必然不会再愿意成为一个被钱色、权势所摆布的"物役"、"人役"之人。其所贵者，必"良贵"③也。所谓"良贵"，即"仁义充足而闻誉彰著"。④是故"君子乐得其道，小人乐得其欲；以道制欲，则乐而不乱；以欲忘道，则惑而不乐"。⑤

个体在其灵魂转向之后，就成了一个有"仁"心的道德主体。孔子所说的"杀生以成仁"⑥和孟子所说的"舍生而取义"⑦都反映了志士仁人们在追求真理时奋不顾身的精神。当人们意识到每个个体的人格都是独立、自由、平等的这一事实之后，就会自觉地通过个性的全面发展去追求和实现自我的人生价值。孟子曰："有天爵者，有人爵者。仁义忠信，乐善不倦，此天爵也；公卿大夫，此人爵也。"⑧实际上，只有在追求天爵的过程中，每个人才是真正平等的。在那里，人们不会有先天身份、地位的差别，每个人都可以在道德上成为拥有"天爵"的贵族。可惜，"今之人修其天爵，以要人爵；既得人爵，而弃其天爵"，本末倒置，将人生的目的和意义当作了手段和工具，如此"则惑之甚者也，终亦必亡而已矣"。⑨如果人在权贵前折腰，则失平等；若在钱色前被困，则无自由，最终必然会人爵、天爵两失。其实，"古之人修其天爵，而人爵从之"。⑩

当个体遵从自己内心的选择而去做自己喜欢做的事情时才会处于最佳的状态、被激发出最大的潜能、拥有最高的效率，其生活也必然是安宁、快乐、幸福和充满创造力的。当这样的人通过实现自身的自然本性而获得幸福快乐的时候，社会也会从中收益。

3. 杨朱的"为我"天命

杨朱最有名的就是他的"为我"、"贵生"观点。廖凯原先生将杨朱的

---

① 《法华经·第三譬喻品》。
② 《荀子·儒效》。
③ 《孟子·告子上》。
④ 《孟子集注》卷十一。
⑤ 《荀子·乐论》。
⑥ 《论语·卫灵公》。
⑦ 《孟子·告子上》。
⑧ 《孟子·告子上》。
⑨ 《孟子·告子上》。
⑩ 《孟子·告子上》。

黄帝思想与中华引擎（一）

思想抽象为一项天命，并将其紧接着置于"仁"、"义"两天命之后，这是符合"先予后取"原则的内在逻辑的。在推出两大注重"为人"和"予"的天命之后，廖凯原先生并没有忽略"为我"与"取"的部分。廖凯原先生指出，杨朱的为我思想"也是对法家、儒家集体主义，国家主义思想的一种平衡"。① 事实上，廖凯原先生认为"为我"和"为人"思想是不可分割的，二者不是矛盾而是一致的，因为只有珍惜自己的人才会更有能力去爱护他人。一个"民治、民有、民享"国家的公民必然具有"为我"的权利意识，否则，人民就只是国家机器的"奴隶"或"零件"，而政府就会成为滥用权力、奴役人民以谋一己之私的工具。②

我们对廖凯原先生的"为我"天命进行考察之后也会发现，"为我"指的也不是简单的索取或浅薄的自私自利。

杨朱的思想散见于诸子百家的经典之中，《孟子》是这样记载的："杨子取为我，拔一毛而利天下，不为也。"③ 若仅是断章取义地去看这句话，则很难对杨朱的思想有一个全面的认识。我们不妨从一个更完整的语境中去分析这句话。《列子·杨朱》较为系统地反映了杨朱的学说，其中记载了一个与《孟子》中那句话相关的对话场景：

> 禽子问杨朱曰："去子体之一毛，以济一世，汝为之乎？"扬子曰："世固非一毛之所济。"禽子曰："假济，为之乎？"杨子弗应。禽子出，语孟孙阳，孟孙阳曰："子不达夫子之心，吾请言之。有侵若肌肤获万金者，若为之乎？"曰："为之。"孟孙阳曰："有断若一节得一国，子为之乎？"禽子默然有间，孟孙阳曰："一毛微于肌肤，肌肤微于一节，省矣，然则积一毛以成肌肤，积肌肤以成一节，一毛固一体万分中之一物，奈何轻之乎？"

相较于《孟子》的一语带过，《列子》中记录的这个场景生动形象，并对杨朱给出"拔一毛而利天下，不为也"这个结论的原因作出了解释。在这场

---

① Leo KoGuan：《*The Xuan Yuan Operating System 2.0（4708 X. Y—Infinity）*》，转引自徐炳主编《黄帝思想与道、理、法研究》（第一卷），社会科学文献出版社，2013，第72页。
② Leo KoGuan：《*The Xuan Yuan Operating System 2.0（4708 X. Y—Infinity）*》，转引自徐炳主编《黄帝思想与道、理、法研究》（第一卷），社会科学文献出版社，2013，第72页。
③ 《孟子·尽心上》。

对话中，禽子向杨朱问了一个答案似乎显而易见的问题，即"去子体之一毛，以济一世，汝为之乎？"值得注意的是，在这里，杨朱并没有直接拒绝，而是耐心地指出禽子问的是一个伪命题，即"世固非一毛之所济"。可是禽子仍不作罢，继续追问。这时，杨朱就不愿再费口舌了。于是，禽子出了屋子，把这件事告诉了孟孙阳。孟孙阳听罢，感叹了一句："子不达夫子之心。"然后，接着向禽子进行解释。孟孙阳首先反问禽子："有侵若肌肤获万金者，若为之乎？"禽子爽快地回答道："为之。"孟孙阳接着问道："有断若一节得一国，子为之乎？"禽子这下答不上来了。最后，孟孙阳总结道："一毛微于肌肤，肌肤微于一节，省矣，然则积一毛以成肌肤，积肌肤以成一节，一毛固一体万分中之一物，奈何轻之乎？"事实上，杨朱强调的是个体对内心道德原则的坚守。

在上述的对话中，"一毛"只是一个类比。禽子提出的"减损一毛"可以理解为细微地违背内心的道德。杨朱很清楚地意识到无论是世界的和平、正义抑或是自身灵魂的幸福都不能通过内心道德原则的妥协来获得。相反，杨朱认为只有通过个体的自我完善进而推及社会才能达到整体的和谐。

在现实生活中，人是很容易迷失、堕落的。在《列子．杨朱》中，杨朱指出人有"无厌之性"，追求各种欲望：有"好酒"者；有"好色"者；有"贵生爱身，以蕲不死"者；有"殖"而"累身"者；还有"矜清之邮，以放饿死"、"矜贞之邮，以放寡宗"者。概括起来："生民之不得休息，为四事故：一为寿，二为名，三为位，四为货。"欲望总是无穷无尽，渐渐地，人会变得得一望二、欲壑难填。人皆欲富，"'既富矣，奚不已焉？'曰：'为贵。''既贵矣，奚不已焉？'曰：'为死。''既死矣，奚为焉？'曰：'为子孙。'"人就是在对欲望无止尽地追逐中"苦其身，燋其心"，最后被欲望吞噬，成了一个"遁民"。"遁民"是灵魂被欲望控制了的个体，他们"可杀可活，制命在外"。人若不能坚守住自己的原则，就会在不知不觉中滑下深渊——"积一毛以成肌肤，积肌肤以成一节"，猛然醒悟时，悔之晚矣。鉴于此，杨朱强调个体要从物欲的枷锁中摆脱出来，坚守道德原则，做到"一毛不拔"。

杨朱主张人应该充分舒展和发展个性，"恣耳之所欲听，恣目之所欲视，恣鼻之所欲向，恣口之所欲言，恣体之所欲安，恣意之所欲行"，"从心而动"、"从性而游"、"不违自然所好"，做一个不违生命自然本性的"顺民"。"顺民""不逆命，何羡寿？不矜贵，何羡名？不要势，何羡位？

不贪富，何羡货？"故可以潇洒地立于天地之间，"天下无对，制命在内"，如此自然就可以"乐生"、"逸身"了。

至此，我们可以发现，其实杨朱的"为我"、"贵己"、"重生"等思想所要表达的绝非简单地让人去修长生或者自私自利。事实上，在《列子.杨朱》中，有多处地方都表明了杨朱对于人的肉体生命的态度——就是"任"。孟孙阳问杨朱："有人于此，贵生爱身，以蕲不死，可乎？"杨朱回答："理无不死。""以蕲久生，可乎？"曰："理无久生。"接着杨朱反问道："且久生奚为？"杨朱认为"太古之人，知生之暂来，知死之暂往"，故而"名誉先后，年命多少，非所量也"。最后，杨朱总结道："既生，则废而任之。"可见，在杨朱的思想体系中，尊重并实现生命自然本性的理念是一以贯之的。在杨朱看来，对肉体生命的过分执着也是一种贪，且不符合自然规律。其实，杨朱强调的"贵生"、"乐生"都旨在向人们指出生命的真正意义之所在，即人只有摆脱物欲困扰，专注自身心性和人格的发展，才会超然洒脱、豁达心安、活在当下，获得生活中每时每刻的快乐。杨朱认为，只有这样活着才算是"贵生"，否则"久生奚为"。

事实上，杨朱从本体论角度赋予了生命以超越现实世界的意义。生命的终极目标不在于人们生活在其间的现象世界中。肉体生命的生存本身不是目的，而只是过程。杨朱是这样看待肉体生命的意义的："然身非我有也，既生，不得不全之"，仅此而已。由此，我们固然有全生的义务和权利，以使人生的自然本性得以完整地实现。所以，我们需要利用世间万物来奉养己身，是故"物非我有也，既有，不得而去之"。但是，个体自然本性的实现才是最终的目的，而这也是正义的唯一评价标准。基于身体需求而产生的欲望只能被限定在一个合理的范围之内，杨朱曰："身固生之主，物亦养之主。虽全生，不可有其身；虽不去物，不可有其物。有其物有其身，是横私天下之身，横私天下之物。不横私天下文身，不横私天下文物者，其唯圣人乎！公天下之身，公天下之物，其唯至人矣！此之谓至至者也。"他在这里明确指出，人不可过分看重身体和欲望，因为那样一方面对于个体来说，会使自己只见标月之指而不见月，舍本逐末；另外，对于社会来说，个体超过一定限度的要求都不具有合法性和合理性，都是"私"欲而已，并不能得到"公"义的支持。以这样的本体论为基础，杨朱进一步提出了其政治哲学上的观点。他可以被认为是一位个人主义者和自由主义者。他的"为我"、"贵己"等观点表明：他认为个体是社会的本源，每个个体都须致力于自身的完善，进而推及社会，只有这样才会达到整体的和谐。杨朱曰："夫善治外者，物未必治，而身交苦；善治内者，物未必乱，而性交逸。以苦之治外，其法可暂行于一国，未合于人心；以我之治内，可推之于天下，君臣之道息矣。"又说："古之人损一毫利天下，不与也；悉天下奉一身，不取也。人人不损一毫，人人不利天下；天下治矣。"大凡个人主义学说和自由主义学说往往都会强调公民的消极自由，杨朱提倡"为我"，同时坚决反对忽视或侵犯他人的权利。他说："故智之所贵，存我为贵；力之所贱，侵物为贱。"

4."权利与义务的统一体"的天命

五大天命中的第四个天命是"权利与义务的统一体"天命。廖凯原先生认为：无论是义务本位制度还是权利本位制度都是行不通的。他以西方历史为例，指出在近现代民主制度建立以前，西方的封建统治阶级就享有特权。在这样一个义务本位的社会下，普通大众追求个人幸福的权利必然很难实现。另外，在当代西方福利国家，人们过分强调自身的权利而逃避义务，推崇权利本位，又使这些国家面临空前的经济危机和政治危机。[1] 事实上，无论是义务本位制度还是权利本位制度，它们最终都会破坏社会的合法性基础，即互惠正义。在一个正义的社会中，廖凯原先生认为："一个人不但拥有追求梦想实现愿望的权利，还有帮助他人追求梦想实现愿望的义务。"[2]他进一步指出，早在中国上古时期，轩辕黄帝就提出权利与义务可以达成统一，而这种权利与义务的一体化是"先予后取"原则的必然要求。[3]

在对前面三个天命进行分析后我们发现，先予后取原则中的予是"不予之予"，取是"不取之取"。灵魂转向了的个体在实现自身的自然本性之时，获得了幸福和快乐，也激发了自身的潜能。只有当个体清晰地感知到了天命，并将由天命赋予的自身存在的使命与作为整体的天道系统的运行结合在一起时，他才真正地处于一种"予"的状态。换句话说，"予"就是个体合乎目的性的自我完善。当然，处在万物间彼此紧密联系的多元宇

---

[1] Leo KoGuan：《*The Xuan Yuan Operating System 2.0（4708 X.Y—Infinity）*》，转引自徐炳主编《黄帝思想与道、理、法研究》（第一卷），社会科学文献出版社，2013，第65页。
[2] Leo KoGuan：《*The Xuan Yuan Operating System 2.0（4708 X.Y—Infinity）*》，转引自徐炳主编《黄帝思想与道、理、法研究》（第一卷），社会科学文献出版社，2013，第65页。
[3] Leo KoGuan：《*The Xuan Yuan Operating System 2.0（4708 X.Y—Infinity）*》，转引自徐炳主编《黄帝思想与道、理、法研究》（第一卷），社会科学文献出版社，2013，第65页。

宙之中，我们存在的每一刻都离不开对外部的"取"。个体的人格健康、全面的发展也需要社会提供一个自由而广阔的平台。所以说"给予是获得的开始，获得是他人给予的开始"。① 天命人存在的状态就是"非予非取，亦予亦取"。

在本体论层面弄清楚天命人的应然状态之后，再下到政治法律层面，就不难明白权利和义务之间的关系了。世上没有只予不取，也没有只取不予，所以不存在所谓的义务本位或者权利本位，权利和义务是相统一的。这首先体现为法律面前人人平等，若法律面前不是人人平等，那么权利和义务的相统一也就无从谈起了。在中国传统文化中，法律面前人人平等的原则首先体现在"道法"思想中，《黄帝四经》开篇就说：

> 道生法。法者，引得失以绳，而明曲直者也……刑名已立，声号已建，则无所逃迹匿正矣。②

中国古人认为法律来源于至高无上的"天道"，因此，法律具有神圣性和权威性。每一个人，上至国家元首，下至平民百姓，在天道和法律面前一律平等。礼仪制度只是表明社会分工的不同，在人格上并无高低贵贱之分。在中国古代，对个人的评价标准包括三方面：一是品德；二是对社会的贡献；三是能力。"德义未明于朝者，则不可加以尊位；功力未见于国者，则不可授予重禄；临事不信于民者，则不可使任大官。"③ 在这样一个"仁者在位，能者在职"的正义社会里，不同的地位和职务被赋予了不同的权利和相应的义务。比如天子，若能德当其位，则"尊无上矣。……居如大神，动如天帝"。④ 若是荒淫无道、害虐烝民，就会"亲者疏之，贤者贱之，生民怨之"，最后不免"身死国亡"。⑤ 可见，即便是天子，若不能尽到相应的义务，也会失去其统治的合法性，即所谓"诛暴国之君，若诛独夫"。⑥

---

① Leo KoGuan：《The Xuan Yuan Operating System 2.0 (4708 X.Y—Infinity)》，转引自徐炳主编《黄帝思想与道、理、法研究》（第一卷），社会科学文献出版社，2013，第78页。
② 《黄帝四经·经法·道法》。
③ 《管子·立政》。
④ 《荀子·正论》。
⑤ 《荀子·正论》。
⑥ 《荀子·正论》。

5. "受调控且自由开放的市场体系"天命

"受调控且自由开放的市场体系"天命是五项天命中的最后一项。廖凯原先生指出，轩辕运行体系是科学法治观框架下的反熵运行体系，它可以推动每一个生于其中的个体运用自身的创造力来解放其他人的生产力。一个开放自由且受法律规制的市场体制是基于"先予后取"反熵动力的五项天命之一，通过实施一种相对平等的价值原则，它"像一个强劲的发动机一样运行，去创造和分配各种精神和物质之需求"。① 在这里，廖凯原先生精确地指出了自由市场在创造和维护人类共同体当中所发挥的功能。

"先予后取"一方面可以被视为是个体和社会在追求本性完美时所处的状态；另一方面，"先予后取"也应该作为社会最基本的道德共识，为大众所遵守。从第一个方面来看，这项天命只是上述四项天命共同发展出来的一个自然结果。廖凯原先生认为，各项反熵天命的注入让天命人的意志变得真诚，从而使其树立起正确的价值体系，令它能够回答宇宙中所有的是/否问题，就像路由器那样给既定的程序问题创造和再创造信息流的是/否答案。对各项天命有着深刻体悟的天命人总能在其自由意志的选择中，对是/否问题给出正确的答案，从而"减少再减少被选择之物，最终使得最优的结果在混合体中保留下来"。② 我们认为，这些选择、交易行为的总称就是"市场"。"市场主体"，即个人之间是紧密联系且相互影响的。当一个社会的成员的道德普遍高尚时，那么这个"市场"或者说社会必然是自由且受调控的。不仅如此，这样的市场还会是一个物质财富和精神财富都极大丰富的市场。在这个自由的市场体系下，每一位市场主体都会获得实现自己人生目标的机会，并且可以依据自己的特定情况去实现梦想。

另外，"自由市场"天命的存在则是基础性和前提性的。正是由于人们相互间的合作才产生了彼此间无论是道德上的还是法律上的义务。合作从本质上讲追求的就是互惠。因此，可以说人与人之间的义务实际上"源自且依赖于一种互惠关系"。③ 西方圣经中的"山上宝训"和儒家论语中的"己

---

① Leo KoGuan：《*The Xuan Yuan Operating System 2.0 (4708 X. Y—Infinity)*》，转引自徐炳主编《黄帝思想与道、理、法研究》（第一卷），社会科学文献出版社，2013，第72页。
② Leo KoGuan：《*The Xuan Yuan Operating System 2.0 (4708 X. Y—Infinity)*》，转引自徐炳主编《黄帝思想与道、理、法研究》（第一卷），社会科学文献出版社，2013，第67~68页。
③ Leo KoGuan：《*The Xuan Yuan Operating System 2.0 (4708 X. Y—Infinity)*》，转引自徐炳主编《黄帝思想与道、理、法研究》（第一卷），社会科学文献出版社，2013，第28页。

所不欲，勿施于人"的道德诫命都是强调明智的互惠关系的为人准则。社会正是被这样一条无所不在的互惠关系纽带结合在一起的。所以，为了使人们能更好地理解和接受义务，就应该让他们意识到这种互惠关系的存在。然而，"一项特定义务所源自于其中的那种互惠关系可能会具有不同的可见度。有些时候，它对于那些相关人士来说是显而易见的；而在另一些时候，它则经由社会的制度和管理而走出更为微妙和隐秘的路线"。[①]"自由市场"的作用就是让这种隐蔽的互惠关系得以显现。

具体来说，互惠关系成立的基本要求就是当事各方的付出和收获在某种意义上应该是等值的。虽然这种等值并不是指精确的同一性——实际上人们组成社会以追求物质和精神上的互补互利的原因正是在于他们之间的差异——但是，这并不意味着我们不能够确立起一种能够度量不同种类物品或行为之价值的标准。这种标准的确立就需要借助"自由市场"。只有在具备充分流动性的社会中，那种经由社会的制度和管理，在共同体所有成员之间所形成的无所不在却又间接的互惠关系才会具有实质意义。因为只有在一个流动性充分的"自由市场"下——以至于你今天对我负有某种义务，而明天我就可能对你也承担同样的义务；你通过这种方式向我履行了某种义务，而我通过那种方式也要向你履行相同的义务——义务关系的可逆性才会得到保障。[②] 在多次且频繁的互动交易中，一个衡量"先予"和"后取"之间平等价值的标准就会形成。这里值得一提的是，在人们以互惠为目的的合作关系中，遵守"先予后取"原则仍然是关键。虽然在合同法中有同时履行抗辩权和先履行抗辩权的概念，但其立法目的并非在于鼓励或引导人们在民事活动中"先取后予"，而是为了保护诚信履约之人免遭损失，同时防止背信者或欺诈者获利。相反，若各方都没有"先予"的意愿，那么任何自愿的合作都不会发生。实际上，根据社会契约理论，正是由于人们先自愿让渡出一部分自然权利，社会和政府才得以建立。

以上论述了先予后取原则与五项天命的关系，以下附带说明这项原则作为古代宪法原则的重要性。

[①] Leo KoGuan：《The Xuan Yuan Operating System 2.0 (4708 X. Y—Infinity)》，转引自徐炳主编《黄帝思想与道、理、法研究》（第一卷），社会科学文献出版社，2013，第28页。

[②] Leo KoGuan：《The Xuan Yuan Operating System 2.0 (4708 X. Y—Infinity)》，转引自徐炳主编《黄帝思想与道、理、法研究》（第一卷），社会科学文献出版社，2013，第28~29页。

先予后取原则与五项天命

廖凯原先生推崇的先予后取原则在政治哲学和法哲学中也具有十分重要的价值，它强调在共同体中实现互惠正义。它要求的法治是一项旨在建立起立法者与守法者之间双向服从秩序的事业。在中国传统政治哲学思想中，先予后取原则作为中国古代一个重要的宪法原则，它至少包含以下两层含义。

第一，政府统治的合法性基础是先予后取。

中国的天道文化认为，天生民，国家的目的在于为民设君以敬天保民。《管子》中对政治国家的起源和目的的论述更加精彩：

> 古者未有君臣上下之别，未有夫妇妃匹之合，兽处群居，以力相征。于是智者诈愚，强者凌弱，老幼孤独不得其所。故智者假众力以禁强虐，而暴人止。为民兴利除害，正民之德，而民师之。是故道术德行，出于贤人。其从义理兆形于民心，则民反道矣。名物处，违是非之分，则赏罚行矣。上下设，民生体，而国都立矣。是故国之所以为国者，民体以为国；君之所以为君者，赏罚以为君。①

中国传统政治哲学认为，国家的成立和君主的设立都是为了人民的福祉。政府统治的合法性在于其能为人民提供秩序、安全、文化、教育等公共产品，在于为民"兴利除害"。"是故国之所以为国者，民体以为国。"所以，在国家治理中，人民是目的，政府举措是否具有合法性的评价标准就在于其是否有利于政府的目的和宗旨，即"敬天保民"的实现。所以，具体而言，对于政府来说，"先予后取"是其在施政过程中需要恪守的原则。对人民"先予"是向人民"后取"的合法性基础。《管子》中说：

> 政之所兴，在顺民心；政之所废，在逆民心。民恶忧劳，我佚乐之；民恶贫贱，我富贵之；民恶危坠，我存安之；民恶灭绝，我生育之。能佚乐之，则民为之忧劳；能富贵之，则民为之贫贱；能存安之，则民为之危坠；能生育之，则民为之灭绝。②
>
> 民必得其所欲，然后听上，听上然后政可善为也。③

---

① 《管子·君臣下》。
② 《管子·牧民》。
③ 《管子·五辅》。

这些话很清楚地说明了国家治理层面"予"和"取"之间应然的先后顺序，正如荀子所说：

> 不利而利之，不如利而后利之之利也。不爱而用之，不如爱而后用之之功也。利而后利之，不如利而不利者之利也。爱而后用之，不如爱而不用者之功也。利而不利也，爱而不用也者，取天下者也。利而后利之，爱而后用之者，保社稷者也。不利而利之，不爱而用之者，危国家者也。①

第二，先予后取要求藏富于民。

先予后取作为政府获得和维持其统治合法性的方式，其本质要求就是"顺民心，从民欲"。对于国家来说，民为根本；而对于政府来说，则以予为目的。所以，先予后取必然要求国家藏富于民。中国传统政治哲学向来主张"为政之本，首在富民"，"夫是之谓以政欲民"。②《荀子》中就多次提到"藏富于民"的思想：

> 成侯、嗣公聚敛计数之君也，未及取民也。子产取民者也，未及为政也。管仲为政者也，未及修礼也。故修礼者王，为政者强，取民者安，聚敛者亡。故王者富民，霸者富士，仅存之国富大夫，亡国富筐箧，实府库。筐箧已富，府库已实，而百姓贫：夫是之谓上溢而下漏……则倾覆灭亡可立而待也。③

> 下贫则上贫，下富则上富。故田野县鄙者，财之本也；垣窌仓廪者，财之末也。百姓时和，事业得叙者，货之源也；等赋府库者，货之流也。④

> 故知节用裕民，则必有仁圣贤良之名，而且有富厚丘山之积矣……不知节用裕民则民贫，民贫则田瘠以秽，田瘠以秽则出实不半；上虽好取侵夺，犹将寡获也。⑤

---

① 《荀子·富国》。
② 《荀子·富国》。
③ 《荀子·王制》。
④ 《荀子·富国》。
⑤ 《荀子·富国》。

> 用国者，得百姓之力者富，得百姓之死者强，得百姓之誉者荣。①

所以说"民为邦本"，"下贫则上贫，下富则上富"。予民富民，然后用民，则国富兵强；夺民伤民，则仓廪虽盈而民心尽失，则倾覆灭亡可立而待也。故而"王者富民"，而"亡国富筐箧，实府库"。此外，《管子》一书中也多次昌明此义：

> 凡治国之道，必先富民。民富则易治也，民贫则难治也。奚以知其然也？民富则安乡重家；安乡重家，则敬上畏罪；敬上畏罪，则易治也。民贫则危乡轻家；危乡轻家，则敢陵上犯禁；陵上犯禁，则难治也。是以善为国者，必先富民，然后治之。②
> 民不怀其产，国之危也。③
> 无以畜之，则往而不可止也。④
> 民不足，令乃辱；民苦殃，令不行。⑤
> 足其所欲，赡其所愿，则能用之耳。今使衣皮而冠角，食野草，饮野水，孰能用之？⑥

综上所述，民为邦本，设君为民。政府统治的合法性来源于人民的认可，所以政府在施政时每时每刻都应该以"予"为目的。若政府平政爱民、惠民富民，就能使百姓幸福、社会发展、国家富强。同时，先予后取的社会必然是一个正义的社会，社会成员在其中能各得其所，"故由天子至于庶人也，莫不骋其能，得其志，安乐其事"。⑦ 反之，若背离先予后取的施政原则，奉行先取后予甚至只取不予的原则，那么"君者，舟也；庶人者，水也。水则载舟，水则覆舟"，⑧ 公民就有权行使抵抗权。"故有社稷者而不能爱民，不能利民，而求民之亲爱己，不可得也。民不亲不爱，而求为己用，

---

① 《荀子·王霸》。
② 《管子·治国》。
③ 《管子·立政》。
④ 《管子·权修》。
⑤ 《管子·版法》。
⑥ 《管子·侈靡》。
⑦ 《荀子·君道》。
⑧ 《荀子·王制》。

为己死，不可得也。"①

5. 结语

实现"大同社会"是中华民族千百年来的梦想，廖凯原先生在其思想体系中借助量子物理学，通过轩辕运行体系的构建对大同社会的问题进行了新的思考。通过量子物理学的推理并结合中国传统经典中的观点，廖凯原先生抽象出了先予后取这一宇宙原则。它可以再具体细分为五项天命——"仁"天命、"义"天命是其中最核心的天命。廖凯原先生将奉行这五项天命的个体称之为"天命人"，天命人是"一个睿智之人，可以自我领会并尝试实施创造和分配万物的五项法则和九个步骤。他或她可以自由地在每一秒都体会这一过程。如此，天命人将是他自身仁之域的主宰，是他自己世界中的轩辕，他编写着为自己、家人、朋友、社区、自然界以及全人类服务的自身世界，从而能在科学法治观框架下的反熵运行体系中为所有人创造分配可欲之物"。②

由此可见，廖凯原先生在根本上是认同中国传统文化中的"内圣外王"思想的，只是运用了现代的语言和理念对其作了新的阐释。这种用科学的观点来证明古老智慧的正确性的做法是十分有意义的。事实上，作为中国传统文化的精神实质的"内圣外王"之道在廖凯原的理论体系中被转化为"先予后取"原则。作为贯穿始终的核心原则，"先予后取"原则在廖凯原先生的思想体系中有本体论上的内涵——它是"仁"的具体要求，也是"义"的外在表现。同时，它也可以很方便地被当作一般的道德规范，在社会生活中被遵守和践行。③

此外，先予后取原则是一项互惠正义的原则，而互惠正义是人类共同体的合法性基础——这个基础越夯实，则共同体越和谐。因此，我们不妨将对先予后取原则的遵守认定为一项事业，这意味着它可以取得不同程度的成功。我们可以设想出某种刻度和标尺，它的最低起点是社会生活的最明显要求，向上逐渐延伸到人类愿望所能企及的最高境界。在这一标尺上有一个看不见的指针，它标志着一条分界线——在这里，义务的压力消失，而追求卓

---

① 《荀子·君道》。
② Leo KoGuan：《*The Xuan Yuan Operating System 2.0（4708 X. Y—Infinity）*》，转引自徐炳主编《黄帝思想与道、理、法研究》（第一卷），社会科学文献出版社，2013，第80页。
③ 毋须赘言的是，"先予后取"原则在本文中更多的只是作为一项道德原则或宪法原则被论述的，若要将其转化为具体的法律制度，则需要立法技术的介入了。

越的挑战开始发挥作用。① 先予后取原则的适用并不局限于标尺上的某个区间，其跨度包括整个标尺。不同的实现程度对应不同的结果：若一个社会完全背离了先予后取原则，那么这个社会必然会迅速瓦解，最终退回到霍布斯笔下的战争状态；若部分地遵循先予后取原则，那么这个社会就具有了将成员团结在一起的最基本的道德原则和社会纽带，可以建立起秩序；而高度实现先予后取的个体和社会则是反熵的、正义的。要实现大同社会，必须要先满足两个条件：一是社会成员内心要知足快乐；二是社会上的物质财富要极大丰富。二者缺一不可，而这两个条件都可以在先予后取原则的实现中得到满足。

---

① Leo KoGuan：《*The Xuan Yuan Operating System 2.0（4708 X. Y—Infinity）*》，转引自徐炳主编《黄帝思想与道、理、法研究》（第一卷），社会科学文献出版社，2013，第12页。

从自组织理论看《黄帝四经》中的序与法

张 伟[*]

"道"的理论和社会治理原理是中国古代社会组织和发展的重要因素。《黄帝四经·经法》篇云:"道者,神明之原也。""有物始生,建于帝而溢于天,莫见其形,大盈终天地之间而莫知其名。"《道德经》云:"有物混成,先天地生。寂兮寥兮,独立而不改,周行而不殆,可以为天地母。吾不知其名,字之曰道。"在其他文化中也有类似表述。佛经云:"是诸法空相,不生不灭,不垢不净,不增不减。""一切有为法,如梦幻泡影,如露亦如电,应作如是观。"美国物理学家惠勒说:"万物源自比特(It from Bit)。""所有的实体之物,在起源上都是信息理论意义上的。"[①] 到底什么是一切宇宙事物表象背后的本质?我们从当代科学理论与实践和信息科学的宇宙观出发,将物质、能量、信息作为客观世界构成的三种基本存在,认为能量是物质运动的量化转换;物质是能量的凝聚态;信息是物质和能量的转化原因及表现形式,并在三者中是具有支配作用的存在。从信息定义、性质、三者的定量关系的角度进行研究和比较,得出了结论:"道"就是信息,"道"的理论就是以信息作为宇宙本质和起源的原始假说,是自黄帝以降的中华祖先的最高智慧体现,是得到现代科学理论和实践不断验证支持的合理性假说。[②] 那么,"道"或者信息是如何使社会有序组织和发展的?

---

[*] 张伟,清华大学法学院凯原中国法治与义理研究中心研究员。
[①] John Archibad Wheeler, At home in the Universe, Masters of Modern Physics, vol. 9 (New York: American Institute of Physics, 1994), p. 296.
[②] 张伟:《从当代科学发现看〈黄帝四经〉中的信息本体论思想》,转引自徐炳主编《黄帝思想与先秦诸子百家》,社会科学文献出版社,2014,第473页。

本文就以下基于自然界系统的自组织理论，对中国古代社会的发展进行初步探索。

一 自组织理论和自组织现象

1. 自然界的自组织现象

（1）动物界：早在人类产生之前，动物已经在地球上生存了数亿年。按照达尔文的自然选择理论，在漫长的时间中，它们形成了各种特色的组织结构，典型的有蜜蜂、蚂蚁和鸟类。蜜蜂群就是由蜂王、工蜂和繁殖期雄蜂按照严密的组织规则生存的：蜂王靠唾液腺能分泌出的"蜂后物质"统治上万工蜂有序工作，本身负责交配和基因传递，工蜂之间靠舞蹈相互传递花蜜信息等。蚂蚁群中也有不同的分工：蚁后负责产卵；工蚁负责建筑，保卫巢穴，照顾蚁后、卵和幼虫以及搜寻食物；雄蚁负责与蚁后交配。大部分卵将发育成雌性，它们被称为工蚁；少量的发育成蚁后和雄蚁。新的蚁后和雄蚁发育成熟之后进行交配，交配以后，雄蚁即死去。新的蚁后则开始领导起又一个新群体开始新的生活。蚂蚁正在使用着非凡的生存策略——种植真菌、收获种子、放牧产蜜昆虫、编制巢穴、合作捕食、社会性寄生、蓄奴——这些都极大地刺激着科学家和公众的好奇心。蚂蚁在世界各个角落都能存活，其秘诀就在于它们生活在一个非常有组织的群体中。各种鸟群则更多地呈现出组织行为，如典型的候鸟迁移排队时轮流领头并具有固定队形、群居时的分工，甚至成千上万只鸟在空中形成不同有序的形状，不需要任何外部组织因素的介入。

蚁群、蜂群、鸟群可以说是自然界的超级团队。它们没有管理者，也不需要领导人，只要遵循简单的法则，靠自我组织就能完成许多不可思议的复杂任务。数亿年的演化淬炼让它们发展出各种绝妙策略，成为有智慧的群体。

（2）贝纳尔对流（Bénard convection）。这是远离平衡态的系统所发生的热对流，它具有宏观的空间有序结构，是耗散结构的一种存在形式。法国学者贝纳尔（Bénard）于1906年发现如下现象：他在很大的水平放置的扁平圆形容器内充满一层液体，其液面与容器的底分别与T1、T2温度热源接触，且T2＞T1。在温度差T2－T1不大时，系统的传热能达到稳态。这时，在同一高度的水平截面上各点的宏观特征均相同，因而具有水平方向的平移不变性。可是，一旦其温度差 $\Delta T = T_2 - T_1$ 达到并超过某一临界值 ΔT_c 时，从上面俯视扁平容器，发现液体表面出现了较规则的六角形图案。每个六角形中心的液体均向上流（或向下流），而边界处的液体均向下流（或向上流）。从纵剖面可看到流体在作一个个环流，相邻环的环流方向相反，这种规则的水花结构被称为贝纳尔对流图案。地质学上也发现了类似的地貌现象。1969年，普里高津（I. Prigogine）在贝纳尔对流基础上提出了耗散结构学说[1]。

2. 自组织演化理论简介

（1）什么是组织和自组织？自然界的物质简单到原子，复杂到人体和社会，都是由多个部分组成的，都可以看作是由部分功能有组织的构成的系统。一般来说，组织是指系统内的有序结构或这种有序结构的形成过程。如果这种组织来源于系统外部，则系统本身可以称为被组织或他组织。追根究底，就会产生神创宇宙的结果。

（2）大自然如何自己产生组织和有序？我国的祖先黄帝早在五千年前就提出：道者，神明之原也。老子早在两千五百年前就天才般地提出：人法地，地法天，天法道，道法自然。这样的自然演化观点已经被具体地用于理解自然和指导社会组织。20世纪70年代诞生了一系列研究系统靠环境和自身作用自发地通过自我组织、不断演化以提高自身有序性的科学理论，被称为自组织理论。它从科学上证实了自然界任何个体和整体，从无序到有序、从简单到复杂、从低级到高级有序的演化，都是在一定环境下自发的自我组织过程。它显示了没有"外部指令"或上帝的"第一推动"，自然界可以通过自我组织达到今天的有序。德国理论物理学家 H. Haken 认为，组织的进化形式可以分为两类：他组织和自组织。如果一个系统靠外部指令而形成组织，就是他组织；如果不存在外部指令，系统按照相互默契的某种规则，各尽其责而又协调地自动形成有序结构，就是自组织。自组织现象无论是在自然界中还是在人类社会中，都普遍存在。一个系统的自组织功能愈强，其保持和产生新功能的能力也就愈强。例如，人类社会比动物界的自组织能力强，人类社会比动物界的功能就高级多了。

自组织理论是20世纪60年代末期开始建立并发展起来的一种系统理论，它的研究对象主要是复杂的自组织系统（生命系统、社会系统）的

---

[1] 〔比利时〕普里高津：《从存在到演化》，沈小峰等译，北京大学出版社，2004，第53页。

形成和发展机制问题，即在一定条件下，系统是如何自动地由无序走向有序、由低级有序走向高级有序的。基于对物种起源、生物进化和社会发展等过程的深入观察和研究，一些新兴的横断学科从不同的角度对"自组织"的概念给予了解说：从系统论的观点来说，"自组织"是指一个系统在内在机制的驱动下，自行从简单向复杂、从粗糙向细致的方向发展，不断地提高自身的复杂度和精细度的过程，如宇宙星系的形成过程是引力和自身物质与能量不断平衡的演化。从结构论的泛进化理论的观点来说，"自组织"是指一个开放系统的结构稳态从低层次系统向高层次系统的构造过程，因系统的物质、能量和信息的量度增加而演化出更复杂的系统的过程。如生物系统的分子系统、细胞系统到器官系统乃至生态系统的组织化程度增加，基因数量和种类自组织化与基因时空表达调控等促进生物进化与发育等的复杂过程。"自组织"是现代非线性科学和非平衡态热力学的最令人惊异的发现之一。

（3）如何衡量系统的自组织程度或有序性？从热力学的观点来说，"自组织"是指一个系统通过与外界交换物质、能量和信息，而不断地降低自身的熵含量，提高其有序度的过程，如贝纳尔对流现象。什么是熵和负熵？根据物理学中的热力学第二定律（也称最大熵定律），任何一个封闭系统，由于不可逆的热运动，其自身的熵会随着时间增加而增加 [$dS > (dQ/T)$]，最终达到最大值。其状态对应的是微观上的完全随机热运动状态。（玻尔兹曼在研究分子运动统计现象的基础上提出了熵公式：$S = k \times Ln\Omega$。其中 k 为玻尔兹曼常数；Ω 为系统分子的状态数；Ω 越大，分子越随机）宏观上的无序即热力学平衡状态，也即任何系统只要封闭，最终都会从有序走向无序。这是对生命、宇宙、社会普遍适用的规律。耗散结构理论的创始人普里高津经过研究发现，对于一个开放系统，熵的变化（dS）可以分为两部分：一是由于系统内部不可逆过程引起的熵增加（diS）；二是系统与外部交换物质和能量引起的熵流（deS），这一项是可正可负的。如果要保持或者增加系统的有序性，则要不断给系统输入负熵来抵消系统内部熵的增加趋势，用公式可以表示为：$dS = deS + diS < 0$。由于系统内部的熵 diS 总是正的（增加无序性），所以只有当外部输入熵是有序负熵流且 deS 数值要大于 diS 时，系统熵才能减少并向有序发展。按照香农给出的信息定义 $H = -\sum plogp = -logP$（p 为事件概率，P 为事件均匀分布时的概率），即是对"事件发生"的不可能性、不确定性、意外性，或所缺失的可能性的衡量。当此

"事件发生"的信息被收到时,系统的不可能性和不确定性减少,因而系统的熵减少。因此,信息是负熵。从广义上讲,能使系统有序性增加、无序性减少的物质流、能量流和信息流都具有负熵性质。如太阳对地球辐射的太阳能流是使万物生长的能量之源、DNA所承载的信息是生物生长的信息之源、粒子构成的分子原子是一切物质之源。

这样,普里高津在不违反热力学第二定律的条件下,解决了热力学和生物进化论、宇宙整体走向无序和生命局部不断有序增加之间的矛盾。我们人体本身正是按照这种规律运行的耗散结构系统。正如物理学家薛定谔在他的《生命是什么?》一书中指出的:"生物体以负熵为食。""新陈代谢的本质是,生物体成功地使自己摆脱在其存活期内所必然产生的所有熵。"①

(4)自组织系统演化的主要理论和要素有哪些?自组织理论主要由多个不同理论从不同的角度的研究结果所组成,如耗散结构理论、协同学、突变论等。耗散结构理论的创始人普里高津曾指出,当代新的自然观应该是将西方定量分析的方法与东方着眼于整体的自发的自组织传统相结合。② 几十年来,自组织演化理论飞速发展,已初步形成体系,产生了许多分支理论和成果,但还远远没有完成。下面将自组织理论体系按要素和涉及的领域及其理论要点汇总如下。

自组织演化要素

理论	要素内容
条件:开放 《耗散结构理论》	1. 远离平衡态:表明系统具有一定的内部序,dS0 < 0,有一定的自我维持能力和抵御能力,否则开放将造成灭亡与外界的同化与系统消失 2. 充分开放:介于封闭和王权开放之间。系统有界、独立、自洽,开放而不封闭,是垄断竞争下的市场结构。系统熵 dS = deS + diS,内熵 diS > 0,使外熵 deS < 0,且(deS) > diS,则 dS < 0,外熵是系统开放条件下输入的有用物质、能量和信息 3. 开放与远离平衡是相互促进的辩证关系,越远离平衡则可以越开放,反之亦是
动力:非线性 《协同学理论》	1. 系统内在非线性是复杂性之源,即 1 + 1 > 2 2. 要素或子系统间在非线性下的竞争与协同形成慢变序参量,产生 1 + 1 > 2 的整体行为

---

① Erwin Schrodinger, *What is Life*?, (Oxford: Cambridge University Press, 1967), p. 62.
② 〔比利时〕普里高津:《从存在到演化》,沈小峰等译,北京大学出版社,2004,第53页。

续表

理论	要素内容
诱因:涨落 《突变论》	1. 涨落达到有序。涨落是大量子系统要素构成的系统,是系统稳定的平均态的偏离状态,是必然性下的随机事件,是内部随机性 2. 涨落起到"开启"作用,是使系统"认识、知晓"(试验)更有序的新状态(农民起义);驱动(放大)子系统对物质、能量、信息获取的非平衡过程(政党组织);涨落加非线性的关联作用促成系统"雪崩、跃迁"而转化形成新的序参量(战争、革命、新政权,科学革命) 3. 涨落结果:稳定—失稳—新的稳定,或涨落—革命—系统崩溃。取决于内因,不取决于涨落本身
组织形式:循环 《超循环理论》 《网络理论》 《反馈理论》	1. 非平衡循环 = 反应循环—催化循环—超循环—复合超循环 2. 反应循环使催化过程自动延续,是催化剂再生后对过程的自我维持循环:S + E—ES—EP—E + P;则催化剂 E 在过程中自生循环使用,记为 S—P 循环 3. 催化循环使主体自我复制,是反应物再生后对主体的自我复制循环:S—P—Q—R—S + S;是反应循环 S—P 构成的循环,实现了 S 的复制 4. 超循环产生自我选择性,是催化循环的循环。通过多催化循环耦合产生交叉催化和交叉复制,由非线性与正反馈使误差和突变被外界 M、E、I 输入放大,再通过负反馈使系统稳定在新参量,从而实现自我选择性。如 RNA 复制、生命的组织器官。时空循环形成螺旋形结构,空间循环形成全息和分形结构 5. 复合超循环是超循环高级复杂连接的系统,如生态系统、社会系统
方式和过程:相变与分叉 《突变理论》	1. 非平衡相变是事物质的变化;渐变是稳定性连续的相变,是改良中积累产生质变,如水在临界点以上的汽液相变、社会改良;突变是稳定性中断的相变,如水的临界点汽液相变、社会革命 2. 临界点分叉即对称性破缺,系统经过选择进入新态,形成不可逆的历史;系统对分叉的选择具有随机性,由内部必然性、内部随即涨落和环境随机性综合确定 3. 分叉数目和类型与参量数目相关,m≤4 时,有 7 种突变类型,即蝴蝶型、燕尾型、尖点型、折叠型、抛物脐点型、椭圆脐点型、双曲脐点型,可相互包含联系;m = 5 时,有 11 种类型 4. 多次相变的进化过程形成逐级分叉的典型"树状"演化生长图景
图景:混沌与分形 《混沌理论》 《分形理论》 《全息理论》 《复杂系统论》	1. 平衡混沌——宏观、微观都无序 2. 非平衡混沌——时间混沌饰演化上宏观无序、微观有序;周期 3 乱七八糟;确定论系统中的内在随机性。空间混沌是奇异吸引子,所有运动自组织收缩向状态空间的有限区域,达到运动中稳定与不稳定的内在平衡统一状态,如空中的飞鸟群 3. 混沌的空间结构是分形结构,即自相似和分数维度,如树状、海岸状 4. 自组织演化过程:混沌(平衡态)—有序—非平衡混沌 5. 自组织的演化过程和结果。复杂系统、混沌、分形、树等都是复杂性增加、负熵增加的过程,且都具有全息特性

二 古代社会自组织六个要素的表现

从无神论和演化的观点看宇宙，任何一个自然存在的系统都会符合自组织的某些基本要素，使其能够存在和不断发展。自然和人类发展史表明，人类社会也是一个自组织演化系统。人类是地球生物圈中最具有智能的生物。在漫长的生物进化过程中，人类同所有群居动物一样，建立起了更加紧密的个体间的交流和联系。在此基础上，人类因劳动而使得大脑智力不断增加，在几千年的短短时间内，建立起了人类社会系统，产生了特有的人类文明。现代科学的分析和考古发现都证明：人类社会是自我组织形成的社会，既没有上帝的引导，也无外部客观精神的支配。不论是个人独裁专制、集体强权统治、民主大众自我治理等，都不过是自组织的具体社会政治形态，是自组织在不同社会发展阶段的不同表现形式而已。它们的共性都服从自组织系统演化的特点，即随着系统发展内部有序性（负熵）的不断增加，系统的复杂性也随之增加。下面我们根据《黄帝四经》的记载来看中国古代社会初期形成和发展的自组织。

1. 战争打破平衡

按照耗散结构理论，任何一个系统产生有序的先决条件是必须远离平衡状态。平衡与非平衡是相对而言的，是可以相互转化的状态。一个平衡结构从宏观上看，系统状态不随时间而变化；但从微观上看，又存在由于内部原因或外部原因而引起的运动和起伏涨落。如动物群落为领地的争斗和相安无事状态，物种之间为资源的竞争与共生状态，或者人类社会内部的斗争和妥协等。在涨落累积达到一定量时，系统将离开原来的平衡态而开始寻找新的平衡，往往表现为状态的渐变（如水温升高）或相变（如水变成蒸汽），反映在社会状态中就是矛盾积累引起内部改良或者革命导致改朝换代。在原始社会，由于缺乏环境释放矛盾能量，环境变化、生产力改进、内部矛盾斗争的结果更多的是产生暴力和战争，并以此来打破平衡。

战争准备期，往往要先靠"天意"树立舆论的权威核心，建立心理新秩序，以此招兵买马、占有战争资源——这在中国历来的朝代更替甚至太平天国运动中都可见。黄帝时期之前，小部落长期存在并自给自足，属于接近平衡的状态。随着人口和生产力的增加、活动范围的扩大，部落间产生了频繁的交往和矛盾。累积日久后，突变最终触发了大部落之间的大冲突，炎帝、蚩尤等部落最终在大范围内被黄帝通过战争手段统一。《黄帝四经》十大经云："吾受命于天，定位于地，成名于人"，并以此建立了心理上的天命权威。"黄帝曰：浑浑沌沌、窈窈冥冥为一群。无晦无明，未有阴阳。阴阳未定，吾未有以名。""吾畏天爱地亲民，立有命，执虚信。""战盈哉，太山之稽曰：可矣。于是出其锵钺，奋其戎兵。黄帝身遇之蚩尤，因而擒之。剥其皮革以为干侯，使人射之，多中者赏。剪其发而建之天，名曰之蚩尤之旌。充其胃以为鞠，使人执之，多中者赏。腐其肉，投之苦醢，使天下喋之。"黄帝以暴力消灭了对立方，建立了统治基础。《经法篇》云："故圣人之伐也，兼人之国，堕其城郭，焚其钟鼓，布其资财，散其子女，列其地土，以封贤者，是为天功。"这些都表现了轩辕黄帝身受天命、打破混沌、征战杀伐、统一各部落的雄心。黄帝的统一战争最终形成了政权的高地，打破并远离了原始社会平衡，形成了自身和周边社会自组织的优势，为更大范围的有序提供了条件。

2. 开放扩张整合资源

自组织理论要求系统要具有充分的开放性，要与外部产生物质、能量、信息的交换，抵消内部耗散掉的资源，从而增加有用的负熵以使整体有序性增加。战争历来是在其所发生的范围内破坏资源、使人民流离失所、产生无序性。但战争产生的新权威，往往可通过重新组织内部资源而提高生产力，或通过开放掠夺占有外部更多资源来使新社会达到整体上的更加耗散和有序。如元朝的大范围征战和到处掠夺，当代伊拉克战争中美国通过资金、能源的获取与武器的改进获得了更多收益等。

黄帝在取得战争胜利后，采取了开放建立秩序的措施。一是借"民畏天"的思想巩固自己的统治地位。《黄帝四经》之《十大经》云："吾受命于天，定位于地，成名于人。唯余一人德乃配天，乃立王、三公，立国置君、三卿。数日、历月、计岁，以当日月之行。吾允地广裕，类天大明。""吾畏天爱地亲民，立有命，执虚信。吾畏天而天不亡，吾爱地而地不荒，吾亲民（而民不）死。吾位不失。"二是继续征战以开发获取资源（即负熵），通过兼并城池、土地、人口、资财、人才等资源发展自己这一整体，用物质和能量的输入强化优势、形成有序的核心。《国次》第二云："故之圣人之伐也，兼人之国，堕其城郭，焚其钟鼓，布其资财，散其子女，列其地土，以封贤者，是为天功。功成不废，后不逢央。"这是直接获取组织信息（即负熵）的有力措施。三是在充分开放过程中，兼收并蓄新的民俗民德以改革社会，同时有所选择和节制。《君正》第三："一年从其俗，二年用其德，三年而民有得。四年而发号令，五年而以刑正，六年而民畏敬，七年而可以正。一年从其俗，则知民则。二年用其德，则民力，三年无赋敛，则民有得。四年发号令，则民畏敬。五年以刑正，则民不幸。六年民畏敬，则知刑罚。七年而可以征，则胜强敌。"《经法篇·国次》第二云："故唯圣人能尽天极，能用天当。天地之道，不过三功。功成而不止，身危有央。"

在中国一些历史时期如清朝晚期，由于国力衰弱，采取了闭关锁国政策，不与外界进行交流，使得国家更加落后，最终沦为外强的欺辱对象。这就是封闭导致内部混乱并趋于整体衰落的社会治理典型。当今社会早已不是靠武力解决一切的时代，由于技术、经济、能源、信息、人才都已经趋向全球化，只有开放才能使各种资源为己所用并得到发展。因而，改革开放是国家治理有序和发展的永恒主题。

3. 法治保障"取予得当"

从系统论的观点看，任何系统都是由子系统或基本单元组成，它们之间通过相互关联与交换物质、能量和信息产生相互作用。因此，在整体系统层次中表现出功能性。没有关联就没有系统的整体性，没有交换就没有系统的功能性。例如，互联网信息系统就是由无数个体终端连接成网络，并在其上进行能量与信息的交流而形成的。如果把每个子系统看成黑箱，则其在系统中的作用就是由它向外部的输入（获取）和向外部的输出（给予）。

自组织理论着重讨论了世界怎样从混沌到有序、从简单到复杂演化发展，并发现一个远离平衡的开放系统。当某些控制参量（如温度、压力、密度等）达到某个临界值时，系统从稳定变成不稳定，就可能通过随机变化的小的涨落发生突变，即相变，达到新的时间、空间或功能有序的状态，或者从旧的有序状态演变成新的有序状态。如当水温升高时，水分子运动加剧，会通过相变达到蒸汽状态。按照耗散结构理论，一个远离平衡的开放系统，要靠消耗输入的物质、能量、信息维持其结构，所以称为耗散结构。社会系统表现在以下几方面。

（1）取予关系是社会的最基本关系：如果把一个社会系统看作耗散结构，个体（或家庭、小团体）就是其中的子系统，个体对社会整体最根本的行为是"取"和"予"。"予"是贡献物质、能量、信息，因而增加社会的负熵和有序性；"取"是拿走物质、能量、信息，使社会总的负熵减少，增加内部混乱和消耗。（个别的互补性取予除外，如植物的光合作用）因为社会系统维持耗散结构的必要条件是其负熵的输入大于输出，所以一个社会有序性不断增加的必要条件是先予后取（先输入后输出）和多予少取（输入大于输出）。"予"和"取"的关系反映的是劳动贡献和社会分配的关系，因而是社会最根本的关系，是生产力水平和生产关系的直接反映。这些关系理顺了，社会有序性就会增加，社会就会发展，反之亦然。例如，原始社会的以物易物、直接取予的交换关系，奴隶社会的大规模强迫劳动制，封建社会的分封制、井田制和课税制，社会主义社会的"各尽所能（予），按劳分配（取）"，共产主义社会的"各尽所能，按需分配"等。《黄帝四经·称》篇："天制寒暑，地制高下，人制取予。取予当，立为圣王，取予不当，流之死亡。"它把取予关系作为自然规律在人类社会的延伸表现予以重视，看作是国家兴亡之本，对后来历代王朝统治者产生了深远影响——这方面倪正茂教授给出了丰富的研究论证和成果。①

（2）法制是取予关系的规定和保障：要做到开放和大范围建立有序结构，首先是将原来分别的不同社会区域形成的取和予的行为进行统一规范、消除混乱，形成更大范围的有序。这也是所有王朝建立之初都要规范统一交换（取予）规则的原因。《四度》第五："规之内曰圆，矩之内曰方，悬之下曰正，水之上曰平。尺寸之度曰小大短长，权衡之称曰轻重不爽，斗石之量曰少多有数。八度者，用之稽也。日月星辰之期，四时之度，动静之位，外内之处，天之稽也。高下不蔽其形，美恶不匿其情，地之稽也。君臣不失其位，士不失其处，任能勿过其所长，去私而立公，人之稽也。美恶有名，逆顺有形，情伪有实。王公执之，以为天下正。"

（3）取予关系的涨落变化导致社会更替：取予关系是个体与个体间、个体与社会群体间的基本关系，通常在个体间或不同局部存在差异，在不同时间也存在差异，造成了微观涨落现象，在整体上表现出统计平均值现象。局部涨落由于外部条件变化，或因内部矛盾积累偏离平均值而得不到及时调整，就会被偶然因素触发而产生共振，形成大群体长时间的涨落，在较长时间内积累到临界点时就会造成社会系统的整体改良；或在较短时间内爆发社会革命或产生改朝换代，从而进入一个新的有序结构。

---

① 倪正茂：《黄老思潮与汉初君臣之反熵治国》，转引自徐炳主编《黄帝思想与道、理、法研究》，社会科学文献出版社，2013，第156页。

4. 分工协同个体"和谐"，奖罚反馈整体有序

协同学创始人哈肯经过研究发现，由大量子系统所构成的系统，在一定外部条件下，由于子系统间的相互作用与协作，这种系统会形成有一定功能的自组织结构，达到新的有序状态。按照自组织理论，系统复杂性增加的原因是系统本身具有的整体非线性，即非线性是复杂性之源。一个简单线性系统通常可以通过反馈达到非线性。反馈（feedback）是控制论的一个基本概念，指将系统的输出返回到输入端并以某种方式改变输入，进而影响系统功能的过程，即将输出量通过恰当的检测装置返回到输入端并与输入量进行比较的过程。在数学上，反馈系统是产生非线性的原因之一，典型的反馈系统表达为：$y(n+1) = f[x(n+1) + y(n)]$。从协同学角度看，两个独立系统相互协同工作，就是其输出与输入相互交叉的反馈系统，可表达为 $y1(n+1) = f[x1(n) + y2(n)]$ 和 $y2(n+1) = g[x2(n) + y1(n)]$ 的方程组关系。合适的 f 和 g 函数条件可以使整体上达到"1+1>2"的非线性效果。

自然界在不同领域都普遍存在着协同产生自组织的共同规律。例如前边列举的贝纳尔对流的花纹，加热中当下表面到上表面的温度梯度比较小时，热靠传导方式输送，液体不发生宏观流动。然而，当温度梯度超过某一临界值时，就可观察到液体有规则的宏观运动，呈卷状或六角形，由原来的均匀状态变为有一定规则的空间结构。还有一个典型的例子是铁磁体的磁化。某些具有铁磁性的物体，由于内部电子的自旋加上其轨道角动量产生了一个偶极子磁矩并形成了一个磁场。铁磁性物质有许多这样的电子形成有极性的磁畴，假如它们排列在一起的话，它们可以一起产生一个可观测得到的宏观场。在大多数物质中，所有电子的总偶极磁矩为零，即各磁畴的自发磁化强度方向杂乱、互相抵消，总的不表现出宏观磁化强度。但是，在外部条件变化下，如电场或磁场增强，或者温度超过居里点温度阈值时，每一磁畴内部的各原子磁矩由于强分子场的作用，使它们排列到一个共同方向，即自发地磁化到饱和强度，从而表现出一定的宏观磁化强度。

在对生物界广泛存在的个体间既竞争又合作的现象进行深入研究的基础上，人们发现人体是生物体中更加复杂的巨系统。它是由大量基本细胞组成功能单元后，再形成统一的功能整体，表现出了像"生命"和"智能"这样的整体高度有序特征。人类社会又是由很多这样复杂有序的个体组成的，当他们有组织的协同工作时，更加表现出有序性和社会新的整体的功能和特

征,如语言、文化、文明等。中国自古就重视"和谐",即不同个体和事物间的均衡与协同。例如,如何做到社会整体有序?《黄帝四经》给出了几个基本要点。一是给出了社会基本的身份界定和分工,如天、地、人,天下、国家、家,君、臣、士,父和子,男和女等一级各自的职责,有分工才能有合作。二是给出了合作的原则:持久、平衡、各尽其才、阴阳转化。"天地有恒常,万民有恒事,贵贱有恒位,畜臣有恒道,使民有恒度。天地之恒常,四时、晦明、生杀、柔刚。万民之恒事,男农、女工。""应化之道,平衡而止。轻重不称,是为失道。""有任一则重,任百则轻。人有其才,物有其形,因之若成"。三是建立了行为反馈通道,即奖罚分明。"天地已定,规僥毕争。作争者凶,不争无以成功。顺天者昌,逆天者亡。凡戠之极在刑与德。"个体或子系统间的竞争与合作需要通过奖励和惩罚对结果作出反馈,以修正后续的系统行为。

5. 倡导德治,规范个体价值取向

自组织理论最重要的结果是"非线性是复杂性之源"。数学上有着严格的定义来区分线性和非线性,如直线、线性方程(组)、一阶微分方程等。自然界中大量存在的现象远比线性复杂,可统称为非线性。世界在本质上是一个复杂、非线性的世界,线性只是其最粗略的近似。线性的最大特征是完全可预测,形象地说,知道了两个特例(点)就知道了全部。非线性则要根据特殊非线性规律去认识,或者去发现规律,或者没有规律可循。从线性思维角度看,非线性总是能够使人"出乎意料",而这也就是对非线性能够创新的简单理解。

非线性单元和交叉反馈组成的系统的方程组如下:

$$y_1(n+1) = f[x_1(n) \oplus y_2(n)]$$
$$y_2(n+1) = g[x_2(n) \oplus y_1(n)]$$

我们可以看到,由多个子系统或单元组成的系统,其非线性主要来源于单元本身的非线性和相互连接的非线性。f 和 g 表示单元本身的非线性,"⊕"表示相互结合的非线性。如果每个单元本身和每个结合的非线性规律又不同,则可以想象系统变化量之多及其复杂程度了。自然界最典型的系统就是我们自己的大脑。据研究发现,人脑约有一千亿(10^{12})个神经元密集地排列在颅腔内,每个神经元约有一万个突触与周围的神经元发生联系,传递的神经信息既有二进制,又有模拟信息;既有电信号,又有化学信号。神经元将电信号转换成化学递质本身也是非线性过程,这种高复杂连接和信号处理转换,是当今技术所无法达到的。即使如此,人工神经网络对人脑功能模拟的研究已经成为信息科学和仿生学等学科交叉的前沿,如有名的 Hopfiel 模型就定性模拟了有限人工神经元相互连接时产生的学习、记忆、信息处理等功能。其中神经元的非线性函数是一致的,但不同类型的非线性函数反映了网络整体的不同结果。①

类比一下,社会系统中的每个人(或者家庭和小团体)都是一个复杂的非线性单元,都受本身自由意志的支配来做决定。如果不受任何导向和约束,其自由度可以是无限的(就像磁化前的磁畴),结果是个人行为效果相互抵消,在社会总体表现上没有方向,因而社会是混乱的。一个自组织有序的社会,总是在外部通过法律约束个体行为的同时,也引导个体自身的决定和行为与外部相协调,相当于引导规范单元的非线性函数到有利于整体发展的方向上,以减少相互抵消的行为和社会内耗,使个体和整体之间相互协同以促进社会有序发展。对个人规范的核心原则有善与恶、自己与他人、自己与群体、人与自然、长与幼、上与下、言与行、生与死等,如仁义礼信、尊老爱幼、忠君爱民、家庭规范、网络行为规范、文明用语等。《黄帝四经》说:"德者,爱勉之也","王天下者有玄德","德积者昌,央积者亡"。"履正信以仁,慈惠以爱人"、"好德不争",倡导的是互爱之德、统治之德、仁信之德等;《道德经》说:"善吾者善之,不善吾者亦善之,德善;信吾者信之,不信吾者亦信之,德信",倡导向善守信之德;"知足不辱,知止不殆",倡导不贪图名利之德;"一曰慈,二曰俭,三曰不敢为天下先",提倡慈爱、勤俭和谦让之德等。

每一个人的宏观取向大致规范,但又有在此基础上的自我决定的自由。社会系统整体就会在大多数群体认可的方向上创造出道德文化环境,同时又在所有活动中不断创新,推动生产力发展。当今世界各国的宗教信仰、宇宙观、人生观、价值观,社会公德,伦理道德等,虽然有所差异,但其本质却不外是善、爱、美、真、信、平等、自由、理智等共同追求——这些是人类普遍的价值取向。因此可以推论,德治的本质是指导、规范个人的价值判断取向,使其自由意志(非线性和不可预测性表现)的发挥趋向有利于人类整体发展的方向。

---

① 沈政、林庶芝:《脑模拟与神经计算机》,北京大学出版社,1991,第 254 页。

6. "家"、"国"、"天下" 理念与社会的全息特征

（1）自然界的分形与全息特征：科学发现，自然界复杂表面的背后往往存在非常简单的支配规律。前边提到的反馈原理和迭代公式 y（n+1）= f［y（n）］就可以模拟产生一类叫作"分形"结构的复杂自然现象。例如，康托尔的三分集［边长 r =（2/3）^n，边数 N（r）= 2^n，D = 0.631］和科克曲线及雪花。[①] 自然界这类分形现象普遍存在于如海岸线、雪花、山地表面、树木形状、人体血管分布、网络结构、自然产物和人工产物等中。研究发现，它们具有无限尺度上的细节、分数维度（非整数维）、局部与局部，以及局部与整体的自相似性（从局部包含了整体的全部信息角度也称为全息性）、整体特征稳定性（存在稳态吸引子）等——这些都表明它们是由同一规律支配、利用迭代（生成）特性演化而成的有序系统。

（2）社会体系的分形与全息特征：从分形的角度观察人类社会，它也是由小到大、由简单到复杂，在自组织规律支配下经过长期发展演化而来的"道"的产物。中国古代社会早就形成了三才（天、地、人）的理念，有天下、国家、封国、族群、家、个人这样由大到小的概念结构，对应天子、国王、王侯、族长、家长、自身的等级，以及社会各阶层人士；有修身、齐家、治国、平天下的个人发展理想；有天条、国法、族规、家规的治理规范；有天子仁爱、王侯恭从、臣子忠君、父慈子孝、兄弟手足、朋友信义，以及人人关爱之道德导向。如《黄帝四经·六分》第四："观国者观主，观家者观父，能为国则能为主，能为家则能为父"，"王天下者之道，有天焉，有地焉，有人焉，三者参用之，然后而有天下矣。"即表明家、国和天下都具有相同的结构和道理，可以按照一样的逻辑来治理，而其治理的来源是"道"。又如《黄帝四经·道原》篇云："广大，弗务可及也；深微，弗索可得也。夫为一而不化：得道之本，握少以知多；得事之要，操正以正畸。前知太古，后能精明。抱道执度，天下可一也，观之太古，周其所以；索之未无，得其所以。"《道德经》云："道生一，一生二，二生三，三生万物。"随着时间推移、社会演化，发展出了"家事、国事、天下事，事事关心"的视野和"天下兴亡，匹夫有责"的整体责任观。大到天下、国家，小到家庭、个人，从小可以观大，由此可以及彼，对象和规模虽然不同、细节千

[①] 〔德〕海因茨·奥托·佩特根等：《混沌与分形——科学的新疆界》，田逢春主译，国防工业出版社，2010，第60页。

差万别,但都是从"道治"的观点去看发展出来的组织结构和治理原则是否是同构的,因为都是由"道"生"法"、"德"而演变来的。几千年发展生成的中国社会治理体系,形成了局部和整体相似、个人修身与社会治理相辅相成、个人发展和国家社会发展息息相关的文化特征,具有见微知著的全息社会特征。

三　简短的结语:道、法、德之间的关系

1. 合作产生自组织:人类社会是由个体组成的群聚系统。人要想生存必须劳动,多人劳动产生合作,合作过程产生关系,关系产生责任,责任产生权利和义务,合作劳动的成果产生"取、予"分配和奖惩等。这一系列活动产生的社会组织规则(即法)必须促进所有人能努力劳动,每个人都要有共同的合作愿望和相近的价值取向(即德),这样才能使社会有序性增加并促进生产力发展;反之则社会混乱,生产力下降。

2. "道"为本:物质、能量、信息作为客观世界构成的三种基本存在,能量是物质运动的量化转换;物质是能量的凝聚态;信息是物质和能量的转化原因及表现形式,在三者中具有支配作用。"道"就是信息。从自然界的信息本质来看,《道德经》云:"人法地,地法天,天法道,道法自然","道者,万物之奥"。人类社会遵循自然系统的自组织演化规律,是"道"的具体表现。

3. 道生法:法是社会系统中对个体功能和个体间关系的界定,对个体与社会合作劳动和获取行为的责任权利和义务的规则和限定,以及根据结果制定的奖惩机制等。例如《黄帝四经》云:"道生法。法者,引得失以绳,而明曲直者也。故执道者,生法而弗敢废也。公者明,至明者有功。至正者静,至静者圣。无私者智,至智者为天下稽。称以权衡,参以天当,天下有事,必有巧验。事如直木,多如仓粟。斗石已具,尺寸以陈,则无所逃其神。故曰:度量已具,则治而制之矣。"此论表明了法的标准性,公开(明)、公正(正)、公平(公)性,以及规定度量衡工具的重要性。因而,法是自组织社会整体和个体间的组织规则,遵从自然之"道"。

4. 道生德:德是规范个人的价值判断取向,进而影响个体自由决策(非线性)行为。《黄帝四经》云:"王天下者有玄德。"《道德经》云:"孔德之容,惟道是从","道生之,德畜之,是以万物莫不尊道而贵德。"德是

自组织社会对个人自身（内部）的价值判断进行引导的规则，来源于并遵从自然之"道"。

道具有自然界的普适性，德和法都是从道演化而来，并按照道的规律推动着人类社会中个体和整体的自组织演化发展。"道治"社会必然是法治和德治的和谐并重、不可或缺，只有这样才能使高度非线性的人类社会朝着更加有序的方向发展。

《黄帝四经》法思想中的人性论

曹　峰[*]

一　《黄帝四经》法思想的天道论基础和人性论依据

马王堆帛书《黄帝四经》[①]是讲社会管理的；但显然，社会的稳定和有序的运行主要不是依赖人的道德自觉，而是依赖"法"的手段与措施。研究《黄帝四经》法思想基础的人，一般都将研究重点放在两个侧面：一是"法"与"道"的关系；二是"法"与"天道"的关系。就前者而言，学者大多从《黄帝四经·经法·道法》的第一句话展开：

> 道生法。法者，引得失以绳，而明曲直者也。故执道者，生法而弗敢犯也，法立而弗敢废〔也。故〕能自引以绳，然后见知天下而不惑矣。[②]

"道生法"一句，说明《黄帝四经》劈头就为"法"的来源和依据点明了其形而上学的基础。《黄帝四经》专设《道原》一篇，恐怕也有这样的用意。《道原》的上半篇以宇宙论的形式描述了道体"无名无形、独立不偶"，

---

[*] 曹峰，清华大学法学院凯原中国法治与义理研究中心研究员。
[①] 《黄帝四经》即《马王堆帛书〈老子〉乙本卷前古佚书》，虽然将其改称为《黄帝四经》，学界还有不同意见，但《黄帝四经》这一名称已在学界较为流行。
[②] 陈鼓应注译《黄帝四经今注今译——马王堆汉墓出土帛书》，台北：商务印书馆，1995，第48页。

但"万物得之以生、百事得之以成"的形上特征;下半篇则转入圣人如何体道用道,以实现"抱道执度,天下可一"的政治目的。这是说"道"既是最高本体,又对社会和人生具有决定性意义。这种道论既为万物存在的合理性提供了依据,又为圣人(《黄帝四经》常常称之为"执道者")各种政治实践(当然包括"法"的设立与实施)的合理性提供了依据。因此,这一理论是不可或缺的。所以,《道原》虽然没有再提"道生法",但实际上是为"道生法"作了一个全面的阐释。事实上,《淮南子》、《文子》均将《原道》设为第一篇,[①] 可能都出于同样的目的,即为一切政治哲学的展开找到"道"这个形上的保障。

然而,事实上,这种形上意义的"道"在《黄帝四经》中并不多见。《黄帝四经》中的"道"更多的是指"天道",甚至可以说《黄帝四经》就是一部"天道"论。这种天道论视天、地、人为相互联动的一个整体,依据天道指导人事的原则,通过揭示宇宙秩序来指示人类的政治行为。所以,《黄帝四经》中有大量关于天地之道的描述,有时指的是日月运行、四时更替等具有绝对性的、确定性的、表现为"理"、"数"、"纪"的宇宙秩序,有时指的是阴阳消长、动静盈虚、刚柔兼济等具有辩证法则的宇宙原理——这都是人所需要认识和把握的天道。如果说形上意义的"道"是常人无法感知、难以体会的抽象之"道",天道则是任何人都可以直接感受、又不得不遵循的天地运行规律和法则。天道既具有形象直观的特点,同时又具备与"道"相同的权威性、绝对性、公正性、无私性——这些正是法律所必须具备的性质。这样,顺应天道成为建构人间规范,从而掌握天下最为直接有效的手段。对于圣人而言,法天地以尽人事,从天、地、人贯通的宇宙秩序中提炼出治世的方法、是非的标准,是首要的政治事务。因此,《黄帝四经》中的"法",在很大程度上表现为"法天地",或者说以天地之道作为人事之"法",人间的"法"就是天道的投影或者说是对天道的效仿。

然而,将"道"与"天道"视为人间法哲学的基础,虽然阐明了"法"的合理性依据,但是没有提供"法"的必要性依据。也就是说,如果社会不出现问题,也就没有必要由圣人出来替天行道,建立起由天道示范的法律系统。《黄帝四经》作为一种丰富而成熟的政治理论,不可能不回答这些问题,即人性是否存在的问题、存在哪些问题,以及如何解决。

---

① 融合儒、道、法的汉初陆贾的《新语》第一篇也是《道基》。

黄帝思想与中华引擎（一）

　　以笔者管见，从道法关系角度研究《黄帝四经》法思想者虽然不少，但关于其法思想之人性论基础的讨论不多见。白奚在论证《黄帝四经》早出[①]时，曾涉及人性论，他认为"人性问题是战国中后期百家争鸣进入高潮以后才凸现出来的，它带有鲜明的时代特征"。"在孟子时代，真正占有优势的是法家和黄老关于人皆好利恶害的人性论主张。""孟子提出人性论，实为儒家对法家和黄老大谈人性自私自利的回应。""后来荀子的性恶论实际上是对孟子性善论和法家黄老性私论的综合，其前一半由于对稷下黄老之学多有吸取而与孟子相左，后一半则由于对稷下黄老人性论的扬弃，主张对人性进行改造而与孟子殊途同归了。""战国中后期的黄老学者（包括受黄老影响的荀、韩等）由于达成了人皆好利恶害的认识，因而对人的物质欲望表现出相当的宽容态度，在一定程度上承认'欲'的合理性，并给予道德上的肯定，只不过主张有所节制而已。而《四经》却对'欲'持明确的否定态度。如'生有害，曰欲'，'心欲是行，身危有央（殃）'，并把'纵心欲'视为'三凶'之一，此点和以后的黄老派显然不同，这标示着黄老思想发展的不同阶段。"[②] 同时，白奚还提到，就"因循"而言，《黄帝四经》只讲"因天道"；而后来的黄老道家如慎子则提出了"因人情"；韩非子则不仅"因天道"、"因人情"，还"因法数"，提出了"因道全法"的命题。[③] 白奚虽然是为了证明《黄帝四经》早出而论及人性问题，但在简短的论述中对先秦人性论作了一个回顾，同时指出了《黄帝四经》人性论在其中的位置，有许多发人深思之处。同时，他还收集了一些关于《黄帝四经》人性论最基本、最典型的材料，有很大的学术贡献。这至少证明了一点，《黄帝四经》是有其人性论的，这种人性论和《黄帝四经》法思想是相关的。可惜，其论述比较简单，没有作进一步的展开。

　　王中江曾对黄老学法哲学作过极为全面的、系统的论述，其中涉及人性论（王中江称为"人情论"）及与之相关的"因循论"。王中江在论述中主要讨论的是《管子》、《尹文子》、《慎子》、《韩非子》等文献，指出"黄老

---

① 白奚认为《黄帝四经》成书于战国中期以前。参见白奚《稷下学研究——中国古代的思想自由与百家争鸣》，生活·读书·新知三联书店，1998，第100页。
② 参见白奚《稷下学研究——中国古代的思想自由与百家争鸣》，生活·读书·新知三联书店，1998，第100、101、103页。
③ 参见白奚《稷下学研究——中国古代的思想自由与百家争鸣》，生活·读书·新知三联书店，1998，第103~104页。

《黄帝四经》法思想中的人性论

学的'因循论',根本上是建立在'自然法'的基础之上,人类意义上的'自然法',指的是人趋利避害的好恶'性情'"。[①] 王中江指出,黄老道家强调人具有自利自为的性情,因而建立起了一套"因循"人情的政治哲学。然而,除了"自为"理论稍稍涉及《黄帝四经》外,其他关于《黄帝四经》的材料一概没有引用,不能不说是缺憾。荆雨谈到了从人性论角度看《黄帝四经》"法"产生的必要性,认为"生有害,曰欲,曰不知足"说的是人的生存本性。"动"、"事"、"言"本是人正常的、必然的政治行为;但实际上,"人或国家的政治行为又总是包含着对动、事、言的正当性与适度性的突破与背离","关键在于人不知自己在什么限度内是合法的、合乎常规的,是可以带来有利结果的。帛书主张'秋毫成之,必有形名。形名立,则黑白之分已'。形名立,才能知黑白、美丑、善恶、是非。国家必有经常的制度法规,才能使社会呈现秩序化。如此,帛书是从基本的人性论的角度论说'法'建立的必然性"。[②] 荆雨的这段论述非常富有启发性,他启示我们去思考人性与尺度的问题,以及天道作为一种尺度在矫正人性方面的重要作用。可惜他的论述也过于简单,没有把这个有趣而重要的问题深入下去。

在笔者看来,《黄帝四经》中存在人性论是事实,而且人性论在《黄帝四经》法思想中具有重要的位置,和"道"论、"天道"论一起共同构成了《黄帝四经》法思想的基础。《黄帝四经》论述人性论的方式和其他各家不同,主要是为了解决人性的尺度的问题,而"天道"则为人提供了尺度的标准。这种思路和用动静关系描述人性的理论有密切关系。这是一种独特的人性论表述方式,和其他人性论相比只有重点的不同,彼此可以并行,未必存在孰先孰后的关系。

二 "有害"论是一种人性论表述

我们应该注意到,《黄帝四经·经法·道法》虽然劈头就讲"道生法",但在上引那段话的后面,作者马上转向了所谓的"有害论",这就是下面这段话:

[①] 参见王中江《黄老学的法哲学原理、公共性和法律共同体理想——为什么是"道"和"法"的统治》,转引自王中江《简帛文明与古代思想世界》,北京大学出版社,2011,第439~455页。
[②] 荆雨:《试析帛书〈黄帝四经〉"道生法"思想的内涵及意义》,《中国哲学史》2005年第4期。

虚无刑（形），其裻（寂）① 冥冥，万物之所从生。生有害，曰欲、曰不知足。生必动，动有害，曰不时、曰时而□。动有事，事有害，曰逆、曰不称、不知所为用。事必有言，言有害，曰不信、曰不知畏人、曰自诬、曰虚夸、以不足为有余。故同出冥冥，或以死，或以生；或以败，或以成。祸福同道，莫知其所从生。

这段话和上面论述"道生法"的那段话紧密相连，应该说不是偶然的。"道生法"仅仅阐明了"法"的合理性依据，而这段话中出现的"有害"论则为"法"的必要性提供了依据。毋庸置疑，这段话是以生成论的方式展开的，"虚无刑（形），其裻（寂）冥冥"，正是万物生成的母体——"道"空虚宁静、浑然一体、无音无形、不明不分的写照。此类描述在道家文献中极为多见，例如上博楚简《恒先》中就说："恒先无有，朴、静、虚。朴，大朴。静，大静。虚，大虚。……未有天地，未有作、行、出、生。虚静为一，若寂寂梦梦，静同而未或明，未或滋生。"有趣的是，《黄帝四经·经法·道法》在此并没有描述万物的诞生过程；而是直奔主题，说万物在诞生的同时，四种"害"也同时降生了。这四种"害"就是"生有害"，表现为"欲"和"不知足"；"动有害"，表现为"不时"及"时而□"；② "事有害"，表现为"逆"、"不称"、"不知所为用"；"言有害"，表现为"不信"、"不知畏人"、"自诬"、"虚夸"、"以不足为有余"。陈鼓应认为，这些"害"正是老子所批判的对象，如"欲"和"不知足"可以和"祸莫大于不知足，咎莫大于欲得"（第46章）、"不见可欲，使民心不乱"（第3章）、"见素抱朴，少私寡欲"（第19章）相关联。"不时"、"逆"、"不称"、"不知所为用"、"不信"、"不知畏人"、"自诬"、"虚夸"、"以不足为有余"可以和"言善信。正善治。事善能。动善时"（第8章）相关联。③

---

① 关于"裻"字，有"寂"、"督"（引申为"中"）、"中枢"等多种解释。从上下文看，这里显然是关于道体空虚、寂静的描述，因此读为"寂"最合理。参见陈鼓应注译《黄帝四经今注今译——马王堆汉墓出土帛书》，台北：商务印书馆，1995，第52页。
② 陈鼓应认为这个缺字可能是"怀（倍）"，即反逆、背离的意思。参见陈鼓应注译《黄帝四经今注今译——马王堆汉墓出土帛书》，台北：商务印书馆，1995，第54页。
③ 参见陈鼓应注译《黄帝四经今注今译——马王堆汉墓出土帛书》，台北：商务印书馆，1995，第53～55页。

虽然如陈鼓应所言，这些有害论和《老子》批判的现象极为相似，但是两者间的不同也是显而易见的。《黄帝四经》用生成论的方式展开"有害"论，这一点和上博楚简《恒先》非常像。《恒先》在前文中先描述了道体"朴"、"静"、"虚"、"大朴"、"大静"、"大虚"的特征，之后展开具体的宇宙生成过程，然后在落实到人间政治现象时，明确指出"先者有善，有治无乱。有人焉有不善，乱出于人"。这是说世界本来是善的，不存在混乱，因为有人的活动，才导致了不善与乱。"祥义、利巧、采物出于作，作焉有事，不作无事。"这是说，"祥义"、"利巧"、"采物"等文明、制度、技巧，均出于人之"作"，有了"作"就会有"事"，不"作"就不会有"事"。这里虽然没有直接将"事"与"害"等同起来，但作者显然对"乱出于人"、对"事"表露出了否定的态度。所以，这里的"作"一定是妄作，后面提出"明王"、"明君"、"明士"要"无夜（舍）"（不要去指定）、"无与"（不要去干预），即秉持无为的态度，正是由此而发的。

三　"有害"论和"动静关系"论

陈鼓应说《黄帝四经》中出现的这些"害"都是人的原性中存在着的东西，笔者认为这虽然有一定道理，但还不完整。这些"害"都是"动"的产物，因此《黄帝四经》才会说"生必动，动有害"，我们可以推测其背后的潜台词就是不"动"则无害或合理的"动"则无害。在道家理论中，动静关系是一个重要的话题。既然以"道"为总根源和总依据的万物在产生时就有了道之性，万物之生表现为道性之落实；那么，当人性的发生用"生成论"来表达时，道家就必然会将动静与人性结合起来。陈鼓应虽然也提出《淮南子·原道》中"人生而静，天之性也。感而后动，性之害也。物至而神应，知之动也"这段话可与《黄帝四经》"互参"，但没有说明该如何"互参"。在笔者看来，《淮南子·原道》中的这段话才是理解《黄帝四经》"有害论"的关键，有必要作详细的考察。

《淮南子·原道》全文如下所示：

> 人生而静，天之性也。感而后动，性之害也。物至而神应，知之动也。知与物接，而好憎生焉。好憎成形，而知诱于外，不能反己，而天理灭矣。

如下所示,《礼记·乐记》也有类似的话:

> 人生而静,天之性也;感于物而动,性之欲也。物至知知,然后好恶形焉。好恶无节于内,知诱于外,不能反躬,天理灭矣。夫物之感人无穷,而人之好恶无节,则是物至而人化物也。人化物也者,灭天理而穷人欲者也。于是有悖逆诈伪之心,有淫泆作乱之事。是故强者胁弱、众者暴寡、知者诈愚、勇者苦怯、疾病不养、老幼孤独不得其所,此大乱之道也。

值得注意的是,《史记·乐书》也有这段话,与《礼记·乐记》几乎相同,[1] 仅"性之欲也"作"性之颂也"。这样看来,虽然这三者都是以动静论性情,但《淮南子·原道》作"性之害也"的地方,《礼记·乐记》作"性之欲也",《史记·乐书》则作"性之颂也"。如何解释"害"、"欲"或者"颂"呢?俞樾考证《淮南子·原道》"性之害"应为"性之容",《礼记·乐记》中"性之欲"的"欲"也是"容"字之误。[2]"欲"、"容"是中性词语,而释为"害",则会产生对"性"的结果的完全不同的解释。用"容"来释性,可以表明"性"之动产生的"情"本身并不是对"性"的伤害。俞樾亦列举了一些其他文本来说明"性之害"本应为"性之容",例如:"《说文解字·手部》:搈,动搈也。动搈,汉时语。《广雅》曰:搈,动也。从手,容声。"可见,"容"为"搈"的假借字。关于《史记·乐书》中"性之颂也",徐广曰:"颂音容。静、性为韵,动、容为韵,作'欲'作'害',则皆失其韵矣。且上言动,下言容,容亦动也。"俞樾认为,古本《礼记·乐记》就是作"容",所以徐广才这样去读。"搈"有时也作"溶",《韩非子·扬权》有"动之溶之"的说法。故俞樾从音韵学角度作出阐释:"感而后动,即是性之动,故曰'性之容'也。作'欲'作'害',则皆失其义矣。《史记》作'颂'者,'颂'与'容'古通用字。若是'欲'字'害'字,则《史记》无缘误作'颂',徐广又何据而读为'容'乎?故知此与《礼记》并误也。"[3]

---

[1] 《史记·乐书》基本承袭了《礼记·乐记》,这是学界共识。
[2] 俞樾:《诸子平议》,上海书店,1988,第580页。
[3] 俞樾:《诸子平议》,上海书店,1988,第580~581页。

笔者认为，俞樾的考证虽有其道理，但是并不因为有"害"、"容"、"颂"的区别，就使整段话的解释发生重大改变。因为，如果将"害"或"颂"释为"容"，理解为"动"，理解为情感的自然流露，这里就不存在价值判断了。这三篇文章，无论从哪一篇来看，都存在价值判断，都表达了这样一种倾向，即"性"是由"静"而"动"的变化，是各种问题发生的原因。这些问题在《淮南子》这里就是"好憎生"和"天理灭"；在《礼记·乐记》和《史记·乐书》中，这里则更为详细，那就是"有悖逆诈伪之心，有淫泆作乱之事"，有"强者胁弱、众者暴寡、知者诈愚、勇者苦怯、疾病不养、老幼孤独不得其所"的"大乱之道"。笔者以为，即便文本最早是作"性之容"，作"害"是错用；但《淮南子》也意识到由"静"而"动"后变化的可怕、剧烈，才将错就错地保留了这个更为传神的"害"字。或者说，写成"害"字，更有利于后面的逻辑展开。①

那么，如何才能防止"性"由"静"而"动"后发生的可怕变化呢？《淮南子·原道》、《礼记·乐记》、《史记·乐书》给出了不同的方向。首先《淮南子·原道》表现出的是回归之路，即力图由"动"回到"静"。因此，《原道》的下文是：

> 故达于道者，不以人易天，外与物化，而内不失其情。至无而供其求，时骋而要其宿。小大修短，各有其具，万物之至，腾踊肴乱而不失其数。是以处上而民弗重，居前而众弗害，天下归之，奸邪畏之，以其无争于万物也。故莫敢与之争。

这段话的主旨是：为了避免"动"所导致的种种不利，人必须时时回到先天的"静"——这就是"不以人易天"、"内不失其情"。如果能做到这一点，即"达于道"的境界，就可以随心所欲地"外与物化"。不管外物如何千变万化、如何"腾踊肴乱"，都可以应付自如。这实际上是"以静制动、以不变应万变、以无为驭有为"的思路，因此才会有"处上而民弗重，居

---

① 例如《淮南子·齐俗》有："日月欲明，浮云盖之；河水欲清，沙石秽之；人性欲平，嗜欲害之。唯圣人能遗物而反己。"《文子·道原》也有："水之性欲清，沙石秽之；人之性欲平，嗜欲害之，唯圣人能遗物反己。"用的都是同一逻辑。

前而众弗害"、"天下归之,奸邪畏之"、"莫敢与之争"的结果。所以,这是一种治标必须归本的方法,既然已经"反己"、"达道",那一切问题就迎刃而解了。这样的思维在道家,尤其在老庄道家中是极为常见的。例如《淮南子·原道》云:

> 是故达于道者,反于清静;究于物者,终于无为。以恬养性,以漠处神,则入于天门。所谓天者,纯粹朴素,质直皓白,未始有与杂糅者也。所谓人者,偶差智故,曲巧诈伪,所以俯仰于世人而与俗交者也。

就是说,与"天"之"清静"、"无为"、"纯粹朴素,质直皓白"相反,"人"必然是"偶差智故,曲巧诈伪"的。因此,要解决俗世产生的弊端,只有通过"以恬养性,以漠处神"的功夫,实现"反于清静"、"终于无为"、"入于天门"——这才是最佳的解决之道。

同样,利用动静讨论人性,《礼记·乐记》和《史记·乐书》也不同。"人生而静"只是一个起点,其重点不在于复归于"静",而在于如何解决"动"发生以后的问题,动静的话题更多的是为了配合其主题——"节"。如果"人之好恶无节",那就会产生"物至而人化物"的结局。关于这句话,孔颖达云:"外物来至,而人化之于物,物善则人善,物恶则人恶,是人化物也。""人既化物,逐而迁之,恣其情欲,故灭其天生清静之性,而穷极人所贪嗜欲也。"可见"人化物"实际上就是"人化于物",即人受到外物的牵制和影响。因此,这个"节"有着伦理教化的意义,如《礼记·乐记》和《史记·乐书》其他部分展开的那样,强调的是以礼、乐、刑、政"导情",即怎样使"情"发而中"节"。

如果简单概括《礼记·乐记》和《史记·乐书》的论述逻辑,那就是"静"→"动"→"无节"→"节"。从这个角度看,《黄帝四经》与之非常接近,《黄帝四经》的逻辑也可以简单概括为"生"→"动"→"害"→"法"。

从创作的时代和文章的展开看,可能是《礼记·乐记》在前,《淮南子·原道》在后;《礼记·乐记》论述得更为详备,而《淮南子·原道》只是摘抄。但是,笔者认为,就以动静论人性而言,《礼记·乐记》很可能还是利用了道家的说法。因为动静之说在先秦儒家那里是很少见的,不像道家有"道体虚静而万物生动"的详细论述。《淮南子·原道》前面的引文虽然

重点在于如何复归于"静",但是对于"动"可能造成的后果,此书也有大量描述。例如:

> 夫喜怒者,道之邪也;忧悲者,德之失也;好憎者,心之过也;嗜欲者,性之累也。……故心不忧乐,德之至也;通而不变,静之至也;嗜欲不载,虚之至也;无所好憎,平之至也,不与物散,粹之至也,能此五者,则通于神明,通于神明者,得其内者也。

这段话的前半部分也见于《文子·道原》,而《文子·道原》和《淮南子·原道》又都本于《庄子·刻意》:

> 悲乐者,德之邪;喜怒者,道之过;好恶者,心之失。故心不忧乐,德之至也;一而不变,静之至也;无所于忤,虚之至也;不与物交,淡之至也。无所于逆,粹之至也。

这里的"喜怒"、"忧悲"、"好憎"、"嗜欲"都可以理解为"动",而"道"、"德"、"心"、"性"则是"静"之所在。因此,只要竭力不让自己的情感被外物左右,就可以回到"静之至"、"虚之至"、"淡之至"、"粹之至"。

从"静"到"动"实际上是一个由大道向万物分化的过程。《庄子·庚桑楚》说:"道通。其分也,其成也,毁也。"即"道"本来是全备通达的,事物的形成就是"道"的分裂,就是"道"的毁灭。《庄子·庚桑楚》又说:"彻志之勃、解心之谬、去德之累、达道之塞。贵富显严名利六者,勃志也。容动色理气意六者,谬心也。恶欲喜怒哀乐六者,累德也。去就取与知能六者,塞道也。此四六者、不盪胸中则正,正则静,静则明,明则虚,虚则无为而无不为也。性者,生之质也。性之动,谓之为,为之伪,谓之失。"可见,回到整全的"道"等同于回到"正"、"静"、"明"、"虚"的"道"。这显然是一种让人做减法的工夫论,目的在于回到"道"的虚静无为。

值得注意的是,上引《庄子·庚桑楚》所云:"性者,生之质也。性之动谓之为,为之伪谓之失。"这里明确地表明人性会因为"动"而发生变化。虽然对于称作"为"的"性之动",《庚桑楚》并没有加以否定的意思;但是称作"四六"的"为之伪",《庚桑楚》就认为它类似于"害",

是对本性的失却了。《管子·内业》有"凡人之生也，必以平正。所以失之者，必以喜怒忧患"之说，① 也谈到了"失"的问题。这里的"平正"正是类似于"静"的状态，"喜怒忧患"导致了"平正"的丧失。②

老子在批判"欲"和"不知足"、批判人"妄作"的同时，也给人类开示了解决方案，如"致虚极，守静笃"、"归根曰静，是谓复命"（第16章）、"不见可欲，使民心不乱"（第3章）、"见素抱朴，少私寡欲"（第19章）等。这基本上是一种做减法的工夫论，寄希望于圣人个人的修为，用"无为"、"不争"等方式从根本上取消矛盾，将矛盾的发生消灭在萌芽状态中。上博楚简《恒先》也一样，虽然强调社会矛盾"出于作"，但提供的解决方案是"不作"，以及"无夜（舍）"（不要去指定）、"无与"（不要去干预）。如前所述，《淮南子·原道》在上述那段话——"人生而静，天之性也。感而后动，性之害也"的后面，提供的解决方案是："故达于道者，不以人易天；外与物化，而内不失其情。"即真正的得道者，不管外物如何纷杂肴乱，都不会因此而改变其天性，同时还能驾驭万物、不被万物所俘虏。这有着庄子式的浪漫与理想，实际上是对现实矛盾的回避。

《管子·内业》说："凡人之生也，必以平正。所以失之者，必以喜怒忧患。"他提供的解决方案是："是故止怒莫若诗，去忧莫若乐，节乐莫若礼，守礼莫若敬。内静外敬，能反其性，性将大定。"这里虽然也以"反其性"，即以返归"平正"为最后归宿，但是指出了一条现实的路径，那就是"止怒莫若诗，去忧莫若乐，节乐莫若礼"。用《诗》、《乐》、《礼》作为节制情感的工具，以此达到"外敬"的效果，只要最后"内静外敬"，就能实现"反其性"的最终目标。这样，《管子·内业》就比《庄子·刻意》、《淮南子·原道》要更加贴近社会现实。用《诗》、《乐》、《礼》作为节性工具，和《礼记·乐记》、《史记·乐书》强调以礼、乐、刑、政"导情"几乎是一样的思路。

回过头来看《黄帝四经·经法·道法》，就总的思想背景而言，高扬"道"之旗帜的《黄帝四经》更接近道家，这是毋容置疑的。《经法·道

---

① 此句又见于《管子·心术下》，作"凡民之生也，必以正平。所以失之者，必以喜乐哀怒"。

② 《管子·内业》有"天主公正、地主均平、人主安静"的说法，可见"正"、"平"、"静"是相通的。

法》虽然没有明确讲"人生而静，天之性也"，但这个前提在《黄帝四经》其实不言而喻。因为通过《淮南子·原道》"感而后动，性之害也"，或者通过《淮南子·齐俗》"人性欲平，嗜欲害之"（与《文子·道原》同），我们得知，在《黄帝四经》这里，"欲"是"感而后动"的第一步，有了"欲"才有可能与外物相接，才有可能对"静"的天性造成破坏。这种破坏愈演愈烈，就有了"动有害"、"事有害"、"言有害"的连锁反应。

不过，如前所言，《老子》、《庄子》、《淮南子》、《文子》等很多道家文献强调的重点都是由"动"回到"静"，而不是针对"动"，并提出了进一步的对策。在这一点上，《黄帝四经》与《礼记·乐记》和《史记·乐书》非常接近，前文已经提到。如果简单地概括《礼记·乐记》和《史记·乐书》的论述逻辑，那就是"静"→"动"→"无节"→"节"。同样，《黄帝四经》的逻辑也可以简单地概括为"生"→"动"→"害"→"法"。"法"和"节"具有同样的效果。关于"法"的必要性，《经法·道法》开头已经非常明确地表明了立场，即"法者，引得失以绳，而明曲直者也。故执道者，生法而弗敢犯也，法立而弗敢废〔也。故〕能自引以绳，然后见知天下而不惑矣"。

这样看来，具有道家思想背景的《黄帝四经》和《礼记·乐记》、《史记·乐书》一样，把论述的重点放在了社会问题发生以后的应对上。这一点和同为道家的《管子·内业》用《诗》、《乐》、《礼》作为节制情感的工具有类似之处，只不过《管子·内业》最后还要"反其性"，《黄帝四经》却不强调这一点。

如何解释这种差异呢？如果我们把《黄帝四经》视为黄老道家，而把上述道家文献视为老庄道家，那么这个问题就容易理解了。同样秉持道家立场的黄老道家和老庄道家，最大的区别在于如何面对社会现实、如何提出应对社会矛盾的策略。《老子》、《庄子》等道家文献[①]基本上对社会问题持批判的态度，呼吁人类尽量少"动"、少"作为"，通过自我约束、回归清静，从源头、从根本上消除矛盾。这就是所谓"治标必先治本"的思维方式和

---

① 这里，我只是作一个总体的概括，或者就我所印篇章而言，可以这样去形容。事实上，具体文本会呈现出不同的思想倾向。可以说，即便在《老子》内部也有黄老道家的色彩，后代的各种注释、阐发也会有不同的路径。《庄子》、《淮南子》、《文子》等道家文献更是老庄道家和黄老道家相交杂。

行为方式。黄老道家则不同，《黄帝四经》等经典著作虽然同样提出了"道"是最高的、最根本的法则，但是一味地强调回到那个不可名的、不可言的、虚无缥缈的"道"，其实于事无补。"无为"只是一种立场、一种方式，目的是"无不为"。因此，较之老庄道家，黄老道家更关注现实、更为进取、更善于把理论与实践相结合，同时也更积极地兼容阴阳、儒、墨、名、法等所有"益于治"的理论。因此，虽然思想倾向有所不同，但具有道家背景的《黄帝四经》和具有儒家背景的《礼记·乐记》、《史记·乐书》都会认真思考"动"之后所出现的问题，并提出进一步的方案。

正因为如此，《黄帝四经》在对四种"害"作猛烈批判的同时，也在思考如何避免"害"、克服"害"，而不是做减法、向后退，回到"虚无刑（形），其裻（寂）冥冥"的境界中去。① 考察后面的文字就可以知道，《黄帝四经》是一种现实的、行动的政治理论。如"故同出冥冥，或以死，或以生；或以败，或以成。祸福同道，莫知其所从生"所示，《黄帝四经》避免"害"、克服"害"的目的，最终是要达到"生"、"成"、"福"这样一些非常现实的人生目标。

那么该如何达到这些人生目标呢？《黄帝四经》独特的"人性论"告诉我们，在动态的生成过程中，在与外物的接触、交涉过程中，人类有可能导向"害"。因此，外在的、强力的、具有规定性的准则，就显得十分紧迫和必要。再来看下文："见知之道，唯虚无有。虚无有，秋稿（毫）成之，必有刑名。刑名立，则黑白之分已。故执道者之观于天下也、无执也、无处也、无为也、无私也。是故天下有事，无不自为刑名声号矣。刑名已立，声号已建，则无所逃迹匿正矣。"就是说，"见知"（认识把握世界）之道，在于采取"虚无有"的态度。如果采取"虚无有"的态度，那就知道：即便再小的事物，也必有它的"形名"。事物的"形名"确立了，则"黑白之分"即事物的特征、位置和是非标准也就建立起来了。执道者在把握天下之事时，只要采取"无执"、"无处"、"无为"、"无私"的态度即可。到了天下有事的时候，这些"刑名"（作为确定的秩序、规范）、"声号"（作为政策、法令）就会自发地发挥作用。只要"刑名"（既定的位置、秩序）和"声号"（政策、法令）系统建立起来了，那就没有谁能逃得过它的控制和

---

① 当然，《黄帝四经·经法·道法》也说"见知之道，唯虚无有"，但这是一种方法论，即想要"见知"（考察把握）天下，就必须站在"虚无有"的高度，亦即"道"的高度。

管理。如果与前面的人性论部分联系起来看，这段话可以说是流畅的逻辑推演，即只有通过法律（"刑名"）的树立，让"刑名"充分发挥自我组织——自我管理的作用，才能最大程度地避免"害"、克服"害"。

如果《黄帝四经》通过"有害论"表述的人性论仅仅引出的是"法"的重要性和必要性，那么一篇《经法·道法》就足够了。事实上，《黄帝四经》有着极为丰富的内容，相当多的内容是在谈如何效法天道。如果说效法天道只是为了给人间的"法"寻找合理性的依据，笔者认为这依然不够全面。效法怎样的天道、怎样效法天道，也和《黄帝四经》通过"有害论"表述的人性论也有着密切的关系。在四种"害"中，我们可以注意到，这些"害"更多的是与行为的不当和过度相关。例如"不时"，即不能与时迁徙，不能按照天地的节奏安排人事的行动。用《经法·四度》的话说就是"动静不时谓之逆"，用《十大经·五正》的话说就是"反义逆时，其刑视之蚩尤"，用《十大经·兵容》的话说就是"因天时，与之皆断。当断不断，反受其乱"。例如，"自诬"、"虚夸"就是名不副实，"不称"就是不能把握好尺度。所以，《黄帝四经》专门有一篇《称》，应该就是在教人权衡、选择之道。这种辩证的处事方式也是《黄帝四经》所要教导的避免"害"、克服"害"的道理。陈鼓应对《称》篇的概括是非常精到的："主旨就是通过对阴阳、雌雄（节）、动静、取予、屈伸、隐显、实华、强弱、卑高等等矛盾对立转化关系的论述，为人们权衡选择出最正确、最得体、最有效的治国修身的方案。"① 因此，《黄帝四经》中的"法"很多不是硬性的法律法规条文，而是弹性的、辩证的原理、原则。从《黄帝四经》看来，同样是至关重要的"法"，可以帮助人从"四害"招致的祸患中逃离出来。过去，我们对于《黄帝四经》法思想的理解和考察，过多地注重那些确定的、不变的、成文的、机械的元素，而不太注意到《黄帝四经》在很多地方把这些弹性的、辩证的原理、原则也视为"法"。其实，这样的"法"才是《黄帝四经》的特色。

因此，"人或国家的政治行为又总是包含着对动、事、言的正当性与适度性的突破与背离"，荆雨的这句话是很有道理的。在《黄帝四经》中，"法"和"尺度"密切相关，这正是在教人如何合理地行动。这也正

---

① 参见陈鼓应注译《黄帝四经今注今译——马王堆汉墓出土帛书》，台北：商务印书馆，1995，第410页。

是《道法·经法》最后会将话题转向"称以权衡,参以天当"、"应化之道,平衡而止。轻重不称,是谓失道"的重要原因。在整个《黄帝四经》中,关于"极"、"当"、"度"、"数"、"称"的论述多得不可思议,其实就是从不同的角度回应"人性有害"的问题。总之,我们可以说,《黄帝四经》通过"有害论"展开的"人性论"也为后面论述"权衡度量"的法则埋下了伏笔。

四 《经法·道法》的逻辑结构与人性论

通过对以上关于《黄帝四经》独特人性论的梳理,我们对于《经法·道法》在《黄帝四经》中的地位和价值也有了新的认识。《经法·道法》作为《黄帝四经》的第一篇,其位置和安排和最后一篇《道原》一样,显然是有深意的,起着为全书提纲挈领的作用。如果说《道原》论述的重点在于形而上,在于强调"道"相对于万物的至高地位,在于强调"道"对社会和人生具有的决定性意义,在于强调圣人如果能够体"道"用"道",就可以实现"抱道执度,天下可一"的政治目的;那么,《经法·道法》就是一种实践性很强的政治哲学,论述的重点在于形而下,强调"道"走向万物之后所将发生的种种问题及其对策,强调人间之所以需要"法"的合理性依据和必要性依据。但是,这种论述是从"有害论"的人性论开始的。这里,再对《经法·道法》的逻辑展开作一些描述与分析。

如前所述,在稍稍提及"道"与"法"的关系及"法"的重要性之后,作者马上开始描述"四害"的产生问题,就是下面这段话:

> 生有害,曰欲、曰不知足。生必动,动有害,曰不时、曰时而□。动有事,事有害,曰逆、曰不称、不知所为用。事必有言,言有害,曰不信、曰不知畏人、曰自诬、曰虚夸,以不足为有余。故同出冥冥,或以死,或以生;或以败,或以成。祸福同道,莫知其所从生。

"四害"和人性动静的关系在前面已经详述,这里不再重复。那么,通过"有害论"的人性论,《黄帝四经》究竟想说明什么呢?所谓"四害",第一是"生有害",表现为"欲"和"不知足";第二是"动有害",表现为"不时"及"时而□";第三是"事有害",表现为"逆"、"不称"、"不知

《黄帝四经》法思想中的人性论

所为用";第四是"言有害",表现为"不信"、"不知畏人"、"自诬"、"虚夸"、"以不足为有余"。可以说,这种"有害论"的人性是造成一切行动失败的根本原因。为了避免"四害",就需要给人立"法"。在此,"有害"论为"法"的必要性提供了依据。

那么,法的绝对性、普遍性、合理性来自何处?就像《黄帝四经》劈头第一句所说的那样:"道生法。""道"是人间法则绝对性、普遍性、合理性的最终依据,那么,这个"道"究竟又是什么?如前文所详述的那样,这个作为人类理性、最高正义原则和终极性规范的"道"不是虚无缥缈、不可接近的"道",而是切实可感、客观公正的"天道"。这就是司马迁为何用"法天则地"四字来形容黄帝之道的原因了。因此,天地为人立法,人通过遵循、效法天地法则来纠正、改变"四害"所导致的问题。这就是《黄帝四经》法思想的要义所在。

那么,"四害"所导致问题的本质又是什么呢?如前文所论述的那样,就是"变恒过度"(《经法·道法》)、"过极失当"。① "欲"和"不知足"指人心的贪婪;"不时"指不能按照天地的节拍、节奏安排人事的行动;"自诬"、"虚夸"就是名不副实;"不称"就是不能把握好平衡与尺度。四种"害"都与行为的不当和失度相关,要解决"四害",就必须提供"节"、"度"之道。《道法》说"称以权衡,参以天当"(用法度来审定天下之事,用天地的规律来作人事的参照),指的就是这个意思。

因此,《道法》通过上述的结构得出——"四害"需要"法"来纠正,"法"来自"道"(天道)。"四害"的本质在于行为的过度与不当,需要加以"节"、"度",即"称以权衡,参以天当";而"权衡"与"天当"正是天道的体现——《黄帝四经》的整体思想结构就被勾勒出来了。

《黄帝四经》是一部阐述"法"思想的书。这里的"法",如《经法·道法》所描述的那样,是类似于"斗石"、"尺寸"、"度量"的,是人人可以接受而又不得不接受的、大公无私的刚性法则。"四害"所导致的问题主要是种种行为的过度与不当,因此,建立在人的主观调控基础之上的"节"、"度"之道也变得极为必要和重要。这种"节"、"度"之道基本上是由圣人把握的、柔性的、微妙的法则。《经法·道法》提道:"应化之道,

---

① "过极失当"一词虽然不是见于《道法》,而是见于《经法》的《国次》篇和《十大经》的《姓争》篇,但是是一个与"变恒过度"意义相似的词语。

平衡而止。轻重不称，是谓失道。"应付千变万化的世界，关键在于掌握平衡。失去轻重平衡，便是"失道"。"变恒过度，以奇相御"，当出现超越常规之事时，甚至需要用"奇"即特殊的方式加以对治。因此，"法"的实施并不是机械地、硬性地遵循那些刚性原则就能做到的，还有很大的空间——需要利用圣人，利用主观的意志、运用微妙的法则做出适度的调节，以处理复杂的局面、获得最大的成效。[1]

由此，我们得知，《经法·道法》引出了两种"法"——刚性的法度和柔性的法则。这两种"法"既来自于对天道的效法，也来自于对人性的纠偏。我们说，整个《黄帝四经》就是在讨论这两种"法"，其政治哲学因为《经法·道法》而得以展开，应该是合理的概括。

五　《黄帝四经》人性论的独特性

任何一种人性论其实都是无法验证的预设，而每一种法思想都有其相应的人性论。为了论证某种独特法思想的合理性与必要性，相应的人性论预设就会应运而生。如前所述，《黄帝四经》通过"有害论"展开的人性论为人间为何需要"法"、需要哪些方面的"法"提供了逻辑基础。换言之，它既是刚性法则的必要性，也为柔性的法则即"权衡度量"辩证法则的必要性提供了前提。

中国古代的人性论极为丰富，最为著名的就是孟子的"性善论"和荀子的"性恶论"。孟子的"性善论"大肆鼓吹人拥有天生的"四端之心"及"良知"，目的是为了激发人的道德自律，从而不依赖于外在的约束，实现自我管理与社会和谐。荀子的人性论突出人的生物本性，即与生俱来、不学而会、不事而能的那些东西，如人的喜、怒、哀、乐，以及各种欲望。荀子更多的是从"人情"或"人欲"讲人性，这种"人情"或"人欲"在群体、社会中表现出来时，必然会因为资源的限制而引发争斗。有了争斗，就需要礼、乐、法律等外在的约束管理手段，需要圣王的出现。所以，荀子的人性论是为他讲"礼"和"法"作铺垫的。法家如韩非子，则更强调人的天性是趋利避害的。因此，国君的赏罚这些外在的强力手段才有实际的效

---

[1] 曹峰：《〈黄帝四经〉所见"节"、"度"之道：一种关于柔性法度的理解》，"《黄帝四经》等文献与黄帝思想"研讨会会议论文，牡丹江，2016年8月，未刊稿。

果；因此，最高明的统治者必须利用、因循这种人性，才能实现有效的统治。一部分黄老道家，如《慎子》也是如此。[①] 以《庄子》为代表的"自然人性论"，也强调人天生的本性，这种本性大部分属于生物层面（不否认其也包含一部分伦理层面的社会性）。但他论证的方向相反，突出的是统治者不要去人为破坏人的天性，而要对人的天性加以尊重和保护，或者通过修养工夫以回归天性。这种强调"反性"必要性与可能性的人性论，在道家，尤其是《庄子》和《淮南子》中很常见。这就和《黄帝四经》关注"动"之后的人性变化及对策的人性论路径完全不同。

汉代董仲舒从阴阳讲人性，天有阴、阳，人有性、情，由性而有仁，由情而有贪。同时，他又把人性分为上、中、下三品。这种人性论虽然没有赤裸裸地讲人性恶，但实际上也是为王教的必要性作铺垫的。董仲舒强调人为和教化的作用，在这方面，他更接近荀子。

就动静关系讲人性而言，从形式上看，唐代的李翱最为接近。他以水的动静为比喻，认为性善如清明的水，没有受到污染；而性恶如浑浊的水，善性被遮蔽了。所以，他鼓吹"复性"，即复归人善的本性。不用说，这只是形式上的相同，归根结底还是一种性善论。

如前所述，任何一种人性论其实都是为特定的政治思想服务的。比较上述的各种人性论，可以看出，从本质上讲，荀子的人性论和《黄帝四经》的"有害论"最为接近，它们都是从动态的立场考虑人性。正因为进入社会之后人性会引发各种问题，才需要相应的对策。所以，荀子和《黄帝四经》都侧重人性中不利于社会管理的一面，而不再强调与社会管理无关的方面。《黄帝四经》并没有讲人性就是"害"、有"有害论"就有"无害"论，不言而喻，"静"的状态是"无害"的，只不过《黄帝四经》没有加以展开。《黄帝四经》强调的是如何通过合理的行动将各种"有害"降到最低点，这和荀子试图通过礼乐教化、通过"王制"使社会的不稳定因素降到最低点，在论证思路、逻辑展开上是完全一致的。[②] 不过，荀子的最终目

---

① 王中江的《黄老学的法哲学原理、公共性和法律共同体理想——为什么是"道"和"法"的统治》已经将这个问题讲得非常透彻，可以参考。
② 前文提到，在用动静关系论人性上，《黄帝四经》和《礼记·乐记》、《史记·乐书》有接近之处，而《礼记·乐记》、《史记·乐书》和《荀子·乐论》可以归为一类，这是学界共识。因此，《黄帝四经》的人性论既接近《礼记·乐记》、《史记·乐书》，又接近《荀子》不是偶然的。

的在于改造人性；董仲舒也一样，把人性看作是一个完成的过程，《黄帝四经》显然没有这一思路。

总之，《黄帝四经》的人性论不同于强调复归清静本性的老庄道家理论，不同于利用自然人性为政治服务的法家理论，也不同于试图改造人性的儒家理论。从政治目的、逻辑展开看，可以说荀子的理论与之较为接近。

早期道家"统治术"的转变：
黄老学的"法治"与老子的"道政"

王中江[*]

引言 黄帝言与老子和黄老

单从"无为"这个名词来说，它是在《诗》中出现的；但如果说到"无为"的治理传统，它可能有悠久的起源，甚至可以追溯到遥远的黄帝之时。《周易·系辞下》记载说："黄帝、尧、舜垂衣裳而天下治，盖取诸乾坤。"根据这一说法，从遥远的黄帝开始，帝王们就依据天地之法采取了一种"垂衣裳"的良好治理。"垂衣裳而天下治"和《尚书·武成》篇说的"垂拱而天下治"的意思类似，它们都是说高明的黄帝由于采取了清静无扰的治理方式而达到了天下的太平。老子的"无为之治"有可能受到了这一传统的某种影响。[①] 他充分发展了这一政治智慧和治理方式，使"无为之治"成了道家政治哲学的根本原则，同它一致的其他治理原则和理念还有"柔弱"、"清静"、"不争"、"纯朴"、"功遂身退"、"以贱为本"、"以下为基""宽容"、"赤子之心"、"守中道"、"节俭"等。按照上述所说，从遥远的黄帝就开始采用类似于无为而治的"垂拱而治"的方式了。

依据《管子·任法》的记载，黄帝就采取过法治的治理模式。他建立了法度并保持其稳定性，从而建立了良好的秩序：

---

[*] 王中江，清华大学法学院凯原中国法治与义理研究中心研究员。
[①] 有关这一点，参见王中江《老子治道历史渊源：以"垂拱之治"与"无为而治"的关联为中心》，《中国哲学史》2002年第3期。

黄帝思想与中华引擎（一）

> 黄帝之治天下也，其民不引而来，不推而往，不使而成，不禁而止。故黄帝之治也，置法而不变，使民安其法者也。

按照一些相关记载，中国的先祖们早就采用了硬性的法律制度的治理。战国时期的法家是这一遗产的最重要的继承者和光大者；黄老学特别是《黄帝四经》或多或少地受到了传说中的黄帝的高明之治的影响，但它受到的影响更多的是来自法家。黄老学借助传统的遗产特别是法家的"法"建立了以自然法的道为基础的法治，对早期道家和早期法家实现了双重更新。

根据以上所说，老子、黄老学和法家的思想都有悠久的历史来源，它们可以追溯到遥远的上古时期和"三代"。诸子学正是在这一大传统中为适应新时代的需要而建立起来的。依据传世文献并结合新出土文献我们可以肯定，正是老子而不是别人奠定了早期道家政治思维的基础。[①] 但老子之后，他建立的这种政治思维是如何演变的呢？对此要作出恰当的说明和解释并不容易，它需要一种比较和变化的眼光。从比较和变化的眼光来看，它是向着两个不同的方向转变的。一个方向是老子的"无为"、"不言之教"、"小国寡民"等观念被引到了"不治之治"、"无政府主义"和"原始自然状态"的这一方向上，结果看上去消极而实际上并不消极的老子的"统治术"一转而变成了带有"幻想性"的美好乌托邦的"无治"逻辑。这主要是庄子的哲学和思想所代表的方向，同这一个方向形成巨大反差的另一个方向是：老子的"道治"、"无为之治"、"大国理念"等观念被引向了"法治"、"君逸臣劳"、"循名责实"等制度治理、官僚技术及效率最大化。老子比较抽象的以"道"为中心的"统治术"一转就成为具体的、可操作的"法治"治理和追求强大国家的目标。[②] 老子的政治思维在之后这两个不同方向上清晰可见的推演都是需要进一步加以探讨的课题。[③] 在

[①] 老子是不是早期道家哲学的创立者，在海外特别是在欧洲和日本的汉学界仍然受到怀疑并给出了否定性回答。参见〔英〕葛瑞汉（Angus C. Graham）《论道者：中国古代哲学论辩》，中国社会科学出版社，2003，第250～254页。参见〔日本〕池田知久《道家的新研究》，中州古籍出版社，2009，第2～12页。在原则上，对任何已有的问题都可以质疑和怀疑，但关键是我们用什么有力的证据去证明它。一个被先秦不少文献称道的东周时代人物——"老子"或"老聃"，而且这个人物的言论和思想在不少先秦的著作中又被称引和概述。如果说这些材料都不可靠，那就不是什么历史材料才算是可靠的问题，而是什么逻辑才是真正的逻辑的问题了。
[②] 本文所说的"统治术"包括了统治的原理和统治的方法两个方面。
[③] 参见〔美〕本杰明·史华兹（Ben Jamin I. Schwartz）《古代中国的思想世界》，程钢译，江苏人民出版社，2004，第195～269页。

早期道家"统治术"的转变：黄老学的"法治"与老子的"道政"

此，我们关注的是黄老学的"法治"与老子"道政"的关系。① 具体到这一方向上的转变，它又包括彼此相互联系的一些不同的方面和层次，需要一一将它们呈现出来，而这也是我们已有研究中关注不够的地方。

一 从"道"和"道生之"到"道法"和"道生法"

道家的统治术一开始就是同道家的本根论和根源论联系在一起的，或者说它原本就是建立在普遍的和根源性的大道的基础之上的，从老子到后来的演变都是如此。因此，探讨道家特别是老子和黄老学的统治术，首先就要考察它们的统治术的大道法或自然法的基础，考察老子之"道"的本性及它在黄老学中的演变。

对于异说众多的老子的道，总体上，我们可以从两个方面来理解：第一，"道"是万物的创生者和根源；② 第二，道是建立宇宙和万物良好状态及秩序的根本原则。在第一个方面上，老子是用道去解释万物的起源的。《老子》一书中有两个说法：一个是第42章的"道生一，一生二，三生万物"；一个是第51章的"道生之"（后是"德畜之，物形之，势成之"）。按照第一个说法，道不直接创造万物，它是先产生出"一"，经过"二"和"三"，最后才产生了"万物"，但道无疑是万物的总根源；根据第二个说法，道直接就产生了物，这正是它得到万物尊崇的原因（"是以万物莫不尊道而贵德"）。

在第二个方面上，老子是用道去说明它同它所创造的万物的关系的。老子以"道"这一概念为中心建立起来的政治哲学主要是以"道"为统治的普遍而又根本的尺度和原则来展开的。老子的普遍之道和根本之道，是从"道"这个词（原本是指人行走的路）中引申出来的。人从一个地方到另一个地方，到其他任何一个地方的最好方式是选择路，就像孔子说的（"孰能出不由户，行不由径"——《论语》）那样。其实，从天上到地上，万事万物都有它们要遵循的路径，正如天道、地道、人道甚至鬼道都各有其"道"那样。老子将人行走的"道"扩大到一切事物中，从中抽象出一切事物都

---

① "道政"相当于儒家的"德政"，它是以"道"为根本准则的统治和政治治理。
② 如老子有"道生之"（《老子》第51章）、"渊兮似万物之宗"（《老子》第4章）、"道者万物之奥"（《老子》第62章）等说法。

247

有"道"要遵循,最后将道普遍化为万物的根本法则。反过来说,这种根本的和普遍的道,对于万物、对于人事都是适用的。

作为老子的普遍之道,它由一些相互联系的重要法则、原则和尺度所组成。比如,其中非常重要的有"无为"和"柔弱"法则。老子的哲学有一个非常关键的论题,即道是万物的创造者,是万物的根源。它是如何对待它创造的万物呢?老子的基本认知是:道对万物既不主宰和控制,也不放任自流。按照老子的说法,"无为"和"柔弱"是"道"采取的对待万物的最好的方式。在老子的思想中,"无为"首先是属于道(其次是属于圣王的)的法则,它是道的根本活动方式。"无为"是《老子》一书也是老子思想的一个关键词,它有很多例子,虽然它被用在道的身上只有传世本《老子》第37章说的"道常无为而无不为"。这句话在帛书甲、乙本上都作"道恒无名",但不能据此就轻易认为这才是《老子》的原本并否认传世本。在郭店简《老子》中,这句话是作"道恒无为也"(汉简《老子》也作"道恒无为"),虽然它没有传世本的"无不为"。据此,"道恒无为"是原本的可能性最大。道的"无为"的法则和活动方式,用否定式说,就是道不干预和控制万物;用肯定式说,就是道让万物都能够按照它们自己的方式发展变化。

同"无为"类似,"柔弱"是老子提出的道对待万物的又一个重要方式,用老子的话说是"柔者,道之用"。这句话的意思是:柔弱是道对万物发挥作用的方式,我称之"道的弱作用力"。[①] 道的力量非常强大,它以柔弱的方式对待万物,就是避免对万物施加强势和强力的作用——这意味着道对万物的尊重。这正是老子称颂的"道"的伟大美德之根据,是道反过来又受到万物尊崇的原因:

> 道之尊,德之贵,夫莫之命而常自然。故道生之,德畜之;长之、育之、亭之、毒之、养之、覆之。生而不有,为而不恃,长而不宰,是谓玄德。(《老子》第51章)

老子这里所说的"莫之命而常自然",[②] 不是说道和德获得的尊崇和高贵不是

[①] 参见王中江《出土文献与先秦自然宇宙观重审》,《中国社会科学》2013年第3期,第78~81页。
[②] 河上公本和王弼本作"命",帛书乙本、汉简本、严遵本和傅奕本作"爵",但原本应是"命"而不是"爵"。郭店简(传世本第31章)也有类似的说法:"莫之命而常自均焉。"

早期道家"统治术"的转变：黄老学的"法治"与老子的"道政"

由谁来安排的而是道和德"恒常自然"的事,① 而是说道和德不命令万物是顺应万物的自化自成。② 这同郭店简《老子》甲组说的"民莫之命而自均焉"一致。比喻一下的话，道类似于一位资助一切事业的慈善家（"善贷且成"——《老子》第42章）,③ 他向万物施予各种美好的东西而从不求回报，他只创造而从不占有。这同《老子》第51章的思想一致。《老子》第34章也说：

> 大道泛兮，其可左右。万物恃之以生而不辞，功成不名有，衣养万物而不为主。常无欲，可名于小；万物归焉而不为主，可名为大。以其终不自为大，故能成其大。④

总之，"无为"、"柔弱"，还有"不争"（"水善利万物而不争，故几于道"）、"清静"（"天得一以清"、"清静以为天下正"）、"朴"（"朴散之为器"）、"无名"（"道隐无名"）等观念——它们既是老子之道作为保证万物秩序的普遍的和根本的原理，也是统治术的根源和基础。

老子创立的"道"特别是秩序和法则之道在老子之后的黄老学中是如何演变的呢？从整体上看，黄老学秉承了老子之道的一些重要方面，这其中既有道创造万物的宇宙生成论，也有道被视为保证万物秩序的根本原则和尺度。出土文献《黄帝四经》、《太一生水》、《恒先》和《凡物流形》等佚文让我们知道：老子之后的黄老学家们也热衷于探讨宇宙和万物的起源及生成，他们以不同方式丰富和扩展了老子的宇宙生成模式。同时，他们也将道作为宇宙万物秩序的保证者和建立人间秩序的根据和基础。《太一生水》还提出了"天道贵弱"的论断。此外，黄老学也扩展了老子的哲学，它引申

---

① 参见卢育三《老子释义》，天津古籍出版社，1995，第213页。参见许抗生《帛书老子注译与研究》，浙江人民出版社，1985，第25页。
② 参见陈鼓应注译《老子今注今译——马王堆汉墓出土帛书》，台北：商务印书馆，2003，第262~263页。参见李存山《老子》，中州古籍出版社，2004，第44~45页。
③ 有关郭店简本《老子》与这个说法的异同，参见王中江《汉简〈老子〉中的"异文"和"义旨"示例及考辨》，《湖北大学学报》2014年第1期，第60~61页。
④ 此外，老子的道还是公平和公正的法，老子用"天道"来说明了这一方面。按照老子的说法，天道没有私心和偏爱，它一直施予善者（"天道无亲，常与善人。"——《老子》第79章）；天道的法则与人间的方式不同。人间采取了一种不公正的做法，损害不足的人去增加已有很多的人；相反，天道则是减少已有很多的人去补充不足的人的。《老子》第77章说："天之道，其犹张弓与！高者抑之，下者举之；有余者损之，不足者补之。天之道，损有余而补不足。人之道则不然，损不足以奉有余。孰能有余以奉天下？"《老子》第81章说："天之道，利而不害。"

了老子提出的"一"的概念,把"一"和"太一"作为与"道"同格的最高概念。还有《恒先》,它将"恒"作为根源性的概念。① 这些概念与"道"一样,都成了黄老学构建宇宙万物和人间秩序的最高原则和依据。

　　黄老学对老子之道进行地更重要的转化是:它使道家的"道"同法家的"法"实现了联姻;它将"道"和"法"相提并论;它提出了"道生法"的论断,使"道"直观上就有了自然法的外观,使道成为人间法和成文法的根源和基础。② 依原则而论,老子并不反对制度和法律;他只是对"法令滋彰"提出了批评,认为这会产生"盗贼多有"的恶果。我们能够肯定的是:"律法"的概念在整体上是处在老子的视野之外的。就早期法家而言,它所说的法又都是指成文法,没有自然法的概念。黄老学将道家的道和法家的法融合起来也是对法家哲学的一个重要转化。黄老学在传承老子之道的根本原则的同时,又将道这一根本原则明确变成了"法则"和"大法"的概念,认为宇宙和万物的一切法度都是道创造的。

　　黄老学将"道"与"法"相提并论的做法引人注目。"道、法"相提并论的例子,如《黄帝四经·经法》的《道法》篇的篇名就是"道、法"连用;如《管子·法法》篇中的"宪律制度必法道……明王在上,道法行于国";如《慎子·大体》中的"守成理,因自然;祸福生乎道法,而不出乎爱恶;荣辱之责在乎己,而不在乎人";再比如《韩非子·饰邪》篇中的"而道法万全,智能多失。夫悬衡而知平,设规而知圆,万全之道也"等。③ 这些例子中的"道法"一般都是被分开而理解为"道"和"法",它们都将"道"与"法"相提并论,这是在黄老学中才出现的做法。从这种做法

---

① 有关这一点参阅王中江的《终极根源概念及其谱系:上博简〈恒先〉的"恒"探微》(待刊出)。

② 参见白奚《稷下学研究——中国古代的思想自由与百家争鸣》,生活·读书·新知三联书店,1998,第225~227页。参见胡家聪《稷下争鸣与黄老新学》,中国社会科学出版社,1998,第214~224、268~300页。

③ 《韩非子》这段话的上文是:"故先王以道为常,以法为本。本治者名尊,本乱者名绝。凡智能明通,有以则行,无以则止。故智能单道,不可传于人。"有关"道、法"相提并论的例子,在《荀子》一书中也出现了。《荀子·致士》:"无土则人不安居,无人则土不守,无道法则人不至,无君子则道不举。故土之与人也,道之与法也者,国家之本作也。君子也者,道法之总要也,不可少顷旷也。得之则治,失之则乱;得之则安,失之则危;得之则存,失之则亡,故有良法而乱者有之矣,有君子而乱者,自古及今,未尝闻也,传曰:'治生乎君子,乱生于小人。'此之谓也。"《荀子·正名》:"其民莫敢托为奇辞以乱正名,故壹于道法而谨于循令矣。如是,则其迹长矣。迹长功成,治之极也,是谨于守名约之功也。"

早期道家"统治术"的转变：黄老学的"法治"与老子的"道政"

中我们可以看出：老子的"道"的概念一方面被明确地引向了普遍的、根本的"法度"的方向，被引向了适应于一切事物的"自然法"的方向，"道"在直观上就具有了"法"的意义。道是根本法和普遍法，它表现在各种具体事物上，就成了各种具体事物的"理"，也就是具体事物的"法度"。道与法的这种关系，可以说是整体之道与局部之理的关系。《黄帝四经·名理》篇对道、神和度的关系有一个说明：

> 道者，神明之原也。神明者，处于度之内而见于度之外者也。处于度之内者，不言而信；见于度之外者，言而不可易也。处于度之内者，静而不可移也；见于度之外者，动而不可化也。

这段话中的"度"同《黄帝四经》中其他地方的"度"的用法一样，应该主要是指具体事物的"度"。这种"度"属于自然事物则是自然之度，如"四时之度"、"天度"（《四度》的"日月星辰之期，四时之度"、《论》的"适者，天度也"、《论约》的"四时有度，天地之理也。日月星辰有数，天地之纪也"等即是）；其属于社会人事中的则是人间之度，如"度量"、"法度"、"规定"（《道法》中的"斗石已具，尺寸已陈，则无所逃其神。故曰：度量已具，则治而制之矣……使民有恒度。变恒过度，以奇相御"、《君下》中的"法度者，正之至也。而以法度治者，不可乱也。而生法度者，不可乱也"、《六分》中的"其国强，主执度，臣循理者，其国霸昌"等即是）。这些度同道的关系就是整全之道与具体事物之度的关系。《道原》篇中有"一度不变，能适蚑蛲"、"抱道执度，天下可一也"的用法，这两处"度"可以理解为"道之度"，当然也可以像"道法"关系那样理解为具体的法度。

在黄老学中，道为具体事物赋予的能力和品质被称为"德"，道为具体事物赋予的"条理"和"分界"被称为"理"。对整全之道与具体事物之分理的这种关系，《韩非子·解老》篇有一个具体的说明，这是我们十分熟悉的：

> 道者，万物之所然也，万理之所稽也。理者，成物之文也；道者，万物之所以成也。故曰：道，理之者也。物有理，不可以相薄；物有理不可以相薄，故理之为物之制。万物各异理，而道尽稽万物之理，故不得不化。

万物各有不同的"理",它们都来源于"道",是整全的道在各种具体事物上的分化和表现。各种具体事物遵循道,主要就是遵循分布在各种具体事物上的理。在这一点上,《黄帝四经·论约》的说法比较典型:

> 四时有度,天地之理也。日月星辰有数,天地之纪也。三时成功,一时刑杀,天地之道也。四时而定,不爽不忒,常有法式……故执道者之观于天下也,必审观事之所始起,审其形名。形名已定,逆顺有位,死生有分,存亡兴坏有处,然后参之于天地之恒道,乃定祸福死生存亡兴坏之所在。是故万举不失理,论天下无遗策。故能立天子,置三公,而天下化之之谓有道。

既然所有的具体事物的"理"都源于道,那么事物合乎不合乎理,最终就是指合乎不合乎道。不合乎道,则同时又会失去自身的理:

> 物各[合于道者]谓之理。理之所在,谓之[顺]。物有不合于道者,谓之失理。失理之所在,谓之逆。逆顺各自命也,则存亡兴坏可知也。(《黄帝四经·论》)①

再如,《黄帝四经》还强调"恒",如说"天有恒"、"地有恒"和"人有恒"等。这里所说的"恒"也是指具体事物的恒常的法度。从"执道"到"万举不失理"和"守恒",这都是从根本之道再到具体事物的各种"理"("法度")。

从这里出发,我们再来看《黄帝四经》所说的"道生法"就比较容易理解了。一般将"道生法"解释为"道"产生"法令制度"或者"道"产生"人类社会的各项法度"。人类社会的法令、制度是载之于方册的各种法律条文,显然,它们是人类制定出来的,道怎么能产生它们呢?因此,这种解释肯定是不确切的。黄老学没有《周易·系辞上》中记载的"河出图,洛出书"那样的神秘设想,没有"道"启发先知并向他授书的神话故事。道作为根本法和自然法,它肯定不会直接为人类社会产生出具体的法

---

① 此段文有残缺,所补参见陈鼓应注译《黄帝四经今注今译——马王堆汉墓出土帛书》,台北:商务印书馆,2007,第130页。本文引用《黄帝四经》其他文本所补的地方,也参考了此书。

早期道家"统治术"的转变：黄老学的"法治"与老子的"道政"

律条文（"成文法"）。根据上述的"万物各异理"，"道生法"的确切含义应当是道为各种事物（不限于人类）创造了各种不同的尺度（法度）。① 如天有天"道"，地有地"道"，人有人"道"。这些不同事物的道也就是不同事物的理和法（准则）。因此，《道法》在"道生法"这句话之后的"法者，引得失以绳，而明曲直者也"的中"法"也应是一般性的、广义的、不同事物的理和法。

说"道生法"不是指"道"直接产生了人类社会的法律，同时又因为黄老学明确指出掌握了道的统治者就是法律的设立者。上述引文之后《道法》又说："故执道者，生法而弗敢犯也，法立而弗敢废也。□能自引以绳，然后见知天下而不惑矣。"据此，"执道者"就是人间社会的"生法者"和"法立者"。再如，《黄帝四经·经法》的《君正》和《论》也都指出人类的成文法是统治者设立的："而以法度治者，不可乱也。而生法度者，不可乱也"，"人主者……号令之所出也。"这同样是说"执道者"和"人主"是立法者。还有，《管子·法法》也说："圣人能生法，不能废法而治国。"据此，人类的"法"是圣人创立的。早期法家只承认成文法，它也没有为成文法寻找自然法的基础。与此不同，黄老学引进了道法，并认为统治者创立人间成文法则是依据普遍的道和各种事物的理。

二 从"无为"到"法治"

老子之道是整个宇宙万物的创造者，又是宇宙万物秩序的保障者。道保障宇宙和万物秩序的根本原则是"无为"和"弱作用力"，这也是它创造宇宙和万物之后继续发挥作用的根本活动方式。这样的原则和方式到了黄老学中被延伸到了既普遍又内在化为具体事物的"法度"这一方向上。这是早期道家从老子到黄老学的一个转变，同这一转变相协调的另一个转变是老子以"无为"和"柔弱"为中心的政道和治道被黄老学转变为以"法"为中心的"法治"。总体上看，我们将这一转变称之为从"无为"到"法治"

---

① 《鹖冠子·兵政》中说的"贤生圣，圣生道，道生法"，纯粹是从人自身出发来推论圣、道和法的，它同《黄帝四经·经法·道法》中说的"道生法"从根本之道再到法和人道不在一个层次上。

的过程。

同整体上相信天与人相统一的儒家类似，道家整体上相信道与物、道与人的统一。在老子那里，道的根本原则和活动方式对统治者治理国家和天下来说也是完全适用的。同人为自然立法的说法相反，这里是指道为人类立法。道为人类立法，就是将根本的、普遍的道运用到建立良好的社会政治生活和秩序中去。于是，道就成了具体的人类的政道和治道——这是广义的老子的人道的重要部分。道为人类立法，对于统治者来说，整体上就是抱道、执道、守道而治。在老子那里，"道"又是"一"。因此，"执道"就是"执一"和"守一"，如《老子》有"圣人抱一为天下式"（第22章）、"侯王得一以为天下贞"（第39章）等说法。"无为"是"道"活动的根本原则和方式，统治者学习"道"就是学习道的"无为"。《老子》第48章说："为学日益，为道日损。损之又损，以至于无为。无为而无不为。取天下常以无事，及其有事，不足以取天下。"这是从抽象的意义上说的"执道而治"，"治大国若烹小鲜"则是它的形象说法。"道"作为政道和治道的根源，它还有其他的根本原则，比如前述的"柔弱"、"朴"、"无名"和"不争"等。因此，执道和执一又是"执无为"、"执朴"和"执无名"等。郭店简《老子》甲组中有两段非常著名的话说：

道恒无名，朴虽微，天地弗敢臣，侯王如能守之，万物将自宾。
道恒无为也，侯王能守之，而万物将自化。①

按照这里所说，作为治理者的"侯王"，一是掌握和持守"道"的"无为"原则；一是掌握和持守道的"无名"和"朴"的原则。如果能够这样做，不只是人类，整个万物都将自成自化，都将宾服于它。在《老子》一书中，来自于"道"的"无为"主要用在统治者身上。统治者"执道"自然主要也是"执无为"，如《老子》第2章的"是以圣人处无为之事"、第3章的"为无为，则无不治"、第29章的"是以圣人无为，故无败；无执，故无失"等说法都是如此。《老子》第57章说的"故圣人云：我无为而民自化，我好静而民自正，我无事而民自富，我无欲而民自朴"，更是在统治者与人民的相互关系中来表现这一点的。

---

① 这两段话分别属于《老子》传世本的第32章和第37章。

早期道家"统治术"的转变：黄老学的"法治"与老子的"道政"

如同黄老学承继了老子的根本之道或道的根本原则那样，它也承继了老子的道为人类立法和以"道、一、无为"等为政治统治的根本原则的思想。在黄老学中，我们既看到了"执道、守道、执一、守一"等概念，也看到了"无为"、"清静"等概念。如《黄帝四经·道原》说："为一而不化，得道之本；握少以知多，得事之要；操正以正奇，前知大古，后能精明。抱道执度，天下可一也。观之大古，周其所以。索之未无，得之所以。"与此同时，黄老学还修正了老子的"无为而治"观念。其中之一是它提出了"君逸臣劳"和"君无为臣有为"的说法。① 最高统治者要做到无为，需要一套自上而下的官僚体系。君主减少自己的作为，推行无为；而他的臣僚和一级级的官吏则必须各负其责，充分履行好他们的角色。老子只是提出了无为统治的根本原则，并没有涉及行政体系如何运行才有效率的问题，虽然他使用了"忠臣"（"国家混乱，安有忠臣"）的概念。黄老学提出的"君逸臣劳"也许在美妙的说法背后暗藏着"虚君制"和限制君主权力的意图；但它强调的主要是君主的角色不同于它的臣僚，他只需做有限而又非常根本的事务，而应把大量的具体事务交给他的臣僚们去处理。君主要做的根本事务，在黄老学家看来，第一件是任命有不同能力的大臣（"任能授官"）；第二件是定期对他们进行考核（"循名责实"）。由此，君主既可以拥有和保持他的权力，同时又可避免陷入众多的事务中，能够清闲和安逸。

进一步讲，黄老学对老子道政的一个革命性转变是它将圣王的个人之治纳入到了"法治"的架构和体系之内，这是通过制度使君主能够做到"无为"。如果说将道与法结合起来使"道"成为宇宙和万物的根本大法，这是黄老学改造老子之道的一个显著特征；那么，将"无为"转变为一种"法治"则是它的又一个突出特征。

有关黄老学的法治理念，学界已经有许多研究。② 这里我概括地说明一

---

① 这一思想也反映在了荀子那里，他认为君主的宝座本来就具有享受性，如果他们都像大禹那样，像墨家学派的人那样，当君主就失去了应有的乐趣和享受。荀子说："故君人者，立隆政本朝而当，所使要百事者诚仁人也，则身佚而国治，功大而名美，上可以王，下可以霸。立隆正本朝而不当，所使要百事者非仁人也，则身劳而国乱，功废而名辱，社稷必危，是人君者之枢机也。故能当一人而天下取，失当一人而社稷危。不能当一人，而能当千百人者，说无之有也。既能当一人，则身有何劳而为？垂衣裳而天下定。"（《荀子·王霸》）
② 参见〔美〕高道蕴、高鸿钧等编《美国学者论中国法律传统》，中国政法大学出版社，1994，第212～254页。参见王中江《简帛文明与古代思想世界》，北京大学出版社，2011，第427～470页。

下黄老学为什么要不遗余力地主张和坚持法治的理念。第一，法治是最简要的治理，只有法治才能使作为最高统治者的一人"以简御繁、以一御多"。①第二，"法治"是普遍的治理，它之所以最简单、最容易，其中一个原因就是它能够适用于所有的人和事，它为人的言行提供了统一的标准。第三，法治是客观的治理，它可以最大限度地避免主观性，避免个人的情绪和个人偏好的影响，避免不公正性。第四，法治降低了对统治者能力的要求。个人的能力再大都是有限的，即使他想推行专制和一人之治他也做不到。第五，法治的治理符合人的自然倾向。

三 从"反智用道"到"弃智用法"

早期道家程度不同地都带有反智或排斥贤智的倾向，这样的倾向同样是从老子开始的，之后在庄子和黄老学中也各有表现。一般来说，才智和贤能都是人应该具备的良好的东西，就像儒家和墨家具有的"尚贤"和"尚智"倾向那样。虽然道家偏偏采取了相反的既不合情也不合理的十分奇特的做法，但这又绝不是用诸如荒诞或者愚昧主义就可以应对的，我们必须清楚它为什么要这样做。事实上，真正追究起来，这一问题又绝不像表面上看到的那样简单。这不仅是因为就老子、庄子和黄老学三者的反智来说彼此存在着很大的差别，而且因为三者为"智"留下了余地（如老子的"大智若愚"、"知常曰明"等），这还不包括三者恰恰又正是凭借着思想上的才智和洞见才使反智成为可能。这里，我们只讨论老子的反智和黄老学的反智。两者作为早期道家"统治术"的一部分，照样存在着一个从前者到后者的转变过程。

老子冒险"反智"的激进的和反常的做法，一定有他的理据。从老子

---

① 在老子那里，这是以根本的"道"和"一"来御多。到了黄老学，它在以"道"和"一"来御多之外，更又以统一的"法"去御多。司马谈、司马迁父子都认识到：道家不同于儒家，它不是"博而寡要，劳而少功"，而是"使人精神专一，动合无形，赡足万物。……应物变化，立俗施事，无所不宜"，"其术以虚无为本，以因循为用。无成势，无常形，故能究万物之情。不为物先，不为物后，故能为万物主"。《汉书・艺文志》论道家的特征整体时与此吻合，即其"知秉要执本，清虚以自守，卑弱以自持，此君人南面之术也"。可以说，《史记》和《汉书・艺文志》都准确地揭示了道家的"简省主义"治理。两书所说的道家更具体地说是黄老道家。两书虽然都没有提到道家的"法"和"法治"的概念，但其实它们说的道家能够使人精神专一的东西、能够使人"秉要执本"的东西，从原则上说就是根本的道，从具体的制度来说就是"法"。正是采取了"法治"，统治者才真正能够做到"无为而治"。

早期道家"统治术"的转变：黄老学的"法治"与老子的"道政"

反智的一些言论来看，他反智的理据：一是人"有了慧智"就会有"大伪"；二是统治者"尚贤"的话，就会引起争夺；三是国家之难治就是因为百姓的智慧太多；四是统治者以"智"去治国，就会导致国家的"贼害"。相反，老子认为不用智慧去治国，这是国家的"福祉"；断绝圣人和智慧，就能为百姓带来百倍的"利益"。因此，老子提出了"爱民治国，能无知乎"（《老子》第10章）、"古之善为道者，非以明民，将以愚之"（《老子》第65章）的惊人之论。智慧为什么会产生那些恶果，老子并没有为我们提供具体的解释和答案。根据老子提出的正面的治国理念，老子反对用智去治国。从根本上说，是因为它违背了"道"的根本标准和原则（"古之善为道者"）。道家的根本原则和标准是什么呢？它是老子为"道"赋予的我们上述已经谈到的那些东西——"无为、无名、柔弱、不争、纯朴"等意义。

老子主张"无为、纯朴、柔弱不争"，也是他用"烹饪"（"治大国若烹小鲜"）、"赤子"（"赤子之心"）、"愚人"（"愚人之心"）和"水"（"水善利万物而不争"）等具象或隐喻方式去表现要表现的东西。我们看看老子为我们展现的一幅"愚人像"和"婴儿状态"：

> 我独泊兮，其未兆；沌沌兮，如婴儿之未孩；累累兮，若无所归。众人皆有余，而我独若遗。我愚人之心也哉！俗人昭昭，我独昏昏。俗人察察，我独闷闷。众人皆有以，而我独顽且鄙。我独异于人，而贵食母。

这里的"贵食母"就是"贵用道"。用智能去治理国家有悖于道，具体来说就是有悖于"无为、无名、柔弱、纯朴"等原则。反过来我们可以说，用智去治理就是用"有为、有名、刚强、礼文"等去治理。①

据此，老子在政治上的"反智"主要是要用根本的"道"去治理。老子认定只有用"道"去治理才能造就出一个良好的秩序，否则就只能造成混乱和祸害，而"用智"就是它的主因。这同时也表明，说老子的"反智"是奉行愚民主义和专制主义是站不住脚的，更何况老子不是只要求对百姓"将以愚之"，统治者自己也要"自愚"，也不要"用智"，也要"无知"（"爱民治国，能无知乎"）。

---

① 老子的"反智"同他反对儒家用仁、义等伦理和道德价值去治理的"德治"是一脉相承的。

257

正如黄老学将老子的"道政"主要转变为"法治"那样，黄老学将老子的"用道反智"主要转变成了"弃智用法"——统治者必须用"法"而不是用个人的贤智去治理。这是黄老学家们的共识之一，如《管子·任法》篇说："圣君任法而不任智，任数而不任贤。"慎到被认为是黄老学中反智的代表性人物，《庄子·天下》篇概括他的思想说："不师知虑，不知前后，魏然而已矣。……夫无知之物，无建己之患，无用知之累，动静不离于理，是以终身无誉。故曰：至于若无知之物而已，无用贤圣。夫块不失道。"照这里所说，不用智就不会失去道和理。韩非认为圣人之道就是去排除智巧，因为用智巧难以维持持久统治："圣人之道，去智与巧。智巧不去，难以为常。"（《韩非子·扬权》）从慎到和韩非的说法看，他们同样也有老子的"反智用道"的一般性立场，但他们更具体的、更主要的立场是"弃智用法"。如《荀子·解蔽》说慎子是"以法为道"（"由法谓之道，尽数矣"），说他"蔽于法而不知贤"。韩非作为后期法家的中心代表人物，他对法治的信念更不用说。

在上述从老子的"无为"到黄老学的"法治"的转变中，我们简要地说明了黄老学主张法治的主要理据。（"简要"和"事半功倍"、普遍有效、客观稳定、统治者的有限性、合乎人情等）从"弃智用法"的角度说，这五个理据大都同时也是黄老弃智的理据。在黄老学看来，用智而不是用法去治理，就会产生许多不可克服的矛盾和恶果。

具体而言，一是产生了统治者才智的有限性与用智治理对才智无限需求的深刻矛盾：弃道术，舍度量，以求一人之识识天下，谁子之识能足焉（《慎子·佚文》，《荀子·王霸篇》注）；释法术而心治，尧不能正一国；去规矩而妄意度，奚仲不能成一轮；废尺寸而差短长，王尔不能半中。使中主守法术，拙匠守规矩尺寸，则万不失矣。君人者能去贤巧之所不能，守中拙之所万不失，则人力尽而功名立。（《韩非子·用人》）二是产生烦琐没有效率、失误和陷入困境的恶果。如韩非说："而道法万全，智能多失。夫悬衡而知平，设规而知圆，万全之道也。"（《韩非子·饰邪》）"是废常上贤则乱，舍法任智则危。"（《韩非子·忠孝》）三是产生治理没有客观性和稳定性的恶果。如《慎子·君人》说道："君人者，舍法而以身治，则诛赏予夺从君心出矣。然则受赏者虽当，望多无穷；受罚者虽当，望轻无已。君舍法而以心裁轻重，则同功殊赏，同罪殊罚矣，怨之所由生也。"

严格来说，黄老学的反智，主要是指反对统治者用独特的、个人的才智

早期道家"统治术"的转变：黄老学的"法治"与老子的"道政"

去取代"法治"。与老子有所不同，黄老学认为，统治者不用智而用法治去治理，反而能让他的臣民们充分发挥他们的聪明才智。如韩非所说："力不敌众，智不尽物。与其用一人，不如用一国。故智力敌而群物胜。揣中则私劳，不中则任过。下君尽己之能，中君尽人之力，上君尽人之智。"(《韩非子·八经》) 又说："明君之道，使智者尽其虑，而君因以断事，故君不躬于智；贤者敕其材，君因而任之，故君不躬于能；有功则君有其贤，有过则臣任其罪，故君不躬于名。是故不贤而为贤者师，不智而为智者正。臣有其劳，君有其成功，此之谓贤主之经也。"(《韩非子·君道》) 整个臣民才智的释放和运用则是无限的，它正好可以弥补统治者才智的不足。

四 从"无名"到"形名"

道家哲学以倡导一种可以叫作"无名主义"的理念和相应地非难儒家的人文礼乐和名号的做法而著称。就老子和庄子的倾向而言，这的确如此。虽然两者有程度上的差异，但若将这一说法延伸到黄老学上那就不完全适应了。事实上，这是黄老学改造老子哲学且不同于庄子哲学的又一个地方。早期道家在这一问题上的演变线路可以说是从老子的"无名主义"到黄老学的"形名论"。

老子的"无名主义"不能从看似矛盾的方面来认识。《老子》一书的五千言中就有很多概念和名号；老子一方面说最高的实体"不知其名"，另一方面又"字之曰道"；老子所说的"无名"同样是一种名号。如此等等，如果以逻辑的严格性来说，老子的"无名主义"也许陷入到了自相矛盾中。但我们要知道的是，说话者有时是用一种极端性的说法来强调一种东西。同样，老子也是用一种极端的"无名"来强调他对"名"的警惕和高度限制。老子的"无名主义"建立在最高的实体"道"的基础之上。按照老子的立场，终极根源性的"道"不是具体的事物，因此它也没有具体事物的那种名称，是"隐而无名"的。《老子》第32章有"道常无名"(简本作"道恒无名")的说法 (又见于第41章)，这句话的恰当解释是"道是恒常和无名"(而不是"道常常是无名的")。[①] 类似的说法还有"道无形无象、朴"等。《老子》第14章想象最高的实体说："视之不见名曰夷，听之不闻名曰

[①] 传世本第37章的"道常无为而无不为"，帛书本作"道隐无名"，郭店本作"道恒无为"。在这一点上，简本可从。

希，搏之不得名曰微。此三者，不可致诘，故混而为一。其上不皦，其下不昧。绳绳不可名，复归于无物。"《老子》第41章也有"大象无形"的说法。老子信奉"朴实"，认为道不仅"幽隐"、无形、无象，而且也是"朴"。老子的"道隐无名"思想对之后的道家的演变一直产生着影响，它成了道家的一种标志性言说"道"的手法。

老子的"无名主义"落实到社会和政治生活世界中，就要求统治者遵循"道"并实行"无名"、"不言"或"少言"的治理方式。《老子》第32章说明了侯王与道的无名的关系："道隐无名，朴虽小，天下莫能臣也。侯王若能守之，万物将自宾。"统治者遵循道的"无名"的彻底做法就是推行"不言之教"。《老子》第2章和第43章都提出了这一主张："是以圣人处无为之事，行不言之教"，"吾是以知无为之有益。不言之教，无为之益，天下希及之。"在变化多端的社会生活中，有人如果不遵循道，老子提出的纠正办法也是"无名"。他说："化而欲作，吾将镇之以无名之朴。无名之朴，夫亦将无欲。不欲以静，天下将自定。"(《老子》第37章）实际上，完全的"不言之教"是不可能的。因此，"无名主义"的最终结果就变成了"沉默寡言"和"少言"。同样，老子又提出了"希言"、"希声"的说法，反对"多言"，认为少说话是符合百姓的自然倾向的（"希言自然"），多言很快就会穷途末路（"多言数穷"）。[①] 对名的警惕和限制，使老子一方面主张"无名"、"不言"和"希言"；一方面又表现为对儒家人文、名号的批判和否定。这就是《老子》第19章和第37章说得非常激进的言论：

> 绝圣弃智，民利百倍；绝仁弃义，民复孝慈；绝巧弃利，盗贼无有。此三者，以为文不足，故令有所属：见素抱朴，少私寡欲。
>
> 夫礼者，忠信之薄而乱之首。前识者，道之华而愚之始。是以大丈夫处其厚不居其薄，处其实不居其华。故去彼取此。

老子的"无名主义"同他主张的"无为"、"清静"、"反智"（虽然他又主张"大智"）等在整体上是一致的。

对于老子的"无名主义"，黄老学接受了其形而上的方面，舍弃了其形

[①] 如《老子》第58章说："其政闷闷，其民淳淳；其政察察，其民缺缺。"

早期道家"统治术"的转变：黄老学的"法治"与老子的"道政"

而下的方面。在接受的方面，黄老学同样认为"道"是无形、无象、无名的。如《黄帝四经·观》篇描述形而上的本体时说：

> 混混[沌沌，窈窈冥冥]，为一囷，无晦无明，未有阴阳。阴阳未定，吾未有以名。《道原》篇描述道："恒无之初，迥同太虚。虚同为一，恒一而止。湿湿梦梦，未有明晦。神微周盈，精静不熙。古未有以。万物莫以。古无有刑（形），太迥无名……万物得之以生，百事得之以成。人皆以之，莫知其名。人皆用之，莫见其形。"

在老子那里，从形而上的"道"到形而下的"万物"这一生成过程，也是从无形、无象、无名的"道"到有形、有象和有名的"万物"的过程。[1]

既然具体的事物都有形象和名号，按说人类对待具体事物也应以明察"形名"来对待之。老子承认无名之道衍生出了有形之名，承认"始制有名"，但他对西周建制的人文、礼乐等名号的局限性和造成的问题估计得太严重了。因此，他采取了激进的"无名主义"的立场，在整体上不相信通过"正名"等方法能够抑制和改变名号产生的困境。在以道为治理的最高原则上，黄老学接受了老子之道的"无为"和"清静"的方面，而没有接受老子的"无名主义"。它不仅没有接受它，而且在整体上改变了老子的逻辑，割断了老子的从"道"的无名到"人间"的无名的连续性思维，将老子的"无名主义"改变为"形名主义"。如《黄帝四经·成法》说："吾闻天下成法，故曰不多，一言而止，循名复一，民无乱纪。"这种形名主义除了内在于老子的从形上到形下的逻辑之外，还如《黄帝四经·观》篇所说的"今始判为两，分为阴阳，离为四[时]"那样，同儒家、名家等的"名辩论"也有重要的关联。这就是司马谈、司马迁父子说道家"采儒墨之善，撮名法之要"的主要缘故吧！黄老学当然也不会有《老子》中更不会有《庄子》中那些对儒家人文的激进批判和否定。

黄老学的"形名论"因《黄帝四经》的发现而进一步得到了扩展。[2]

---

[1] 王弼的哲学把老子哲学中的这种"形上"与"形下"的两个世界以一些十分明确的二分概念表现了出来。

[2] 参见曹峰《〈黄帝四经〉所见"名"思想之研究》，转引自曹峰《楚地出土文献与先秦思想研究》，台湾书房出版有限公司，2010，第2~31页。

261

按照该论，只要是形而下的具体事物都自然甚至必然是有形、有名。如《黄帝四经·道法》说："虚无有，秋毫成之，必有形名。"按照《管子·心术上》的说法，世界上的"形和名"原本都是固有的："物固有形，形固有名。"这种原本就有的"名"，已经有了"唯名论"的意义了。如果说"形"来自事物本身，那么每一个事物的"名号"都是人类对事物命名的结果。《黄帝四经·称》篇指出了这一点："道无始而有应。其未来也，无之；其已来，如之。有物将来，其形先之。建以其形，名以其名。"这里的"建以其形"的"形"可以理解为"确定"。黄老学虽主要是以"形名"概念立论，但使用了"名实"概念："名实相应则定，名实不相应则争。"(《黄帝四经·论》) 在黄老学那里，类的名号相应于自然界中各种具体的有形事物和实在："夫天有［恒］干，地有恒常。合［此干］常，是以有晦有明，有阴有阳。夫地有山有泽，有黑有白，有美有恶。"(《黄帝四经·果童》)

除了那些表示自然事物的名号，黄老学还有相对于人事方面的各种不同的名号，有的因在建立社会秩序中的重要性而成了主要的名号。这些名号，有"道法"及基于此的成文法方面的，有来自软性的伦理和道德规范方面的，有来自行政官僚体系及社会成员自上而下的各种职分、名分方面的，有来自社会成员的分工方面的。我们可以分别看一下有关道法、成文法及伦理方面的名号，我们在《黄帝四经·姓争》中看到的主要有"法"、"极"、"故"、"常"、"当"和"德"等名号：

> 居则有法，动作循名，其事若易成，若夫人事则无常。过极失当，变故易常，德则无有。措刑不当，居则无法，动作爽名，是以戮受其刑。

我们在《黄帝四经·名理》中看到的是"理"、"是"、"非"、"法"、"虚静"、"终始"、"公私"等：

> 天下有事，必审其名。名［理者］，循名究理之所之，是必为福，非必为灾。是非有分，以法断之。虚静谨听，以法为符。审察名理终始，是谓究理。唯公无私，见知不惑，乃知奋起。

这两个文本中涉及的名号都具有普遍性的法则、法度和规范。

关于社会分工、官僚职分方面的名号又可以分为不同类型，其一是总体

早期道家"统治术"的转变：黄老学的"法治"与老子的"道政"

意义上的"名分"概念。这种类型的例子，如《黄帝四经·道原》说："分之以其分，而万民不争；授之以其名，而万物自定。"又如《黄帝四经·四度》说："美恶有名，逆顺有形，情伪有实，王公执［之］以为天下正……名功相孚，是故长久。名功不相孚，名进实退，是谓失道，其卒必［有］身咎。"这两个例子在总体上论说了"分"、"名"和"功名"。其二是具体的社会分工和社会地位方面的名号。以《黄帝四经·道法》为例，它说到的名号有男女的分工、贵贱、贤不肖等："天地有恒常，万民有恒事，贵贱有恒位，畜臣有恒道，使民有恒度……万民之恒事，男农、女工。贵贱之恒位，贤不肖不相放。畜臣之恒道，任能毋过其所长。使民之恒度，去私而立公。"这些名号既表示社会的不同分工，又表明社会的不同身份和等级。其三是行政科层方面的名号。这方面最基本的名号是"君臣"，如《黄帝四经·四度》说的那样："君臣当位谓之静，贤不肖当位谓之正……君臣不失其位，士不失其处，任能毋过其所长，去私而立公，人之稽也。"

以上这些不同名号都是黄老学"形名主义"的具体表现。对黄老学来说，"形名"、"名实"两者关系的确立，就等于确定了事物自身的秩序和统一性。在这种情况下，它本身就具有使事物对号入座、各就其位的自我确认能力。我们可以看一下《黄帝四经·道法》中的两段话："凡事无大小，物自为舍；逆顺死生，物自为名；名形已定，物自为正。""是故天下有事，无不自为形名声号矣。形名已立，声号已建，则无所逃迹匿正矣。"《黄帝四经·论》也表明了这一点："物自正也，名自名也，事自定也。"一般来说，形名与名实的自我统一和确认能力应该是人类特有的功能。人事中的名号自不用说，自然事物的形名和名实关系的统一也要通过人的行为来实现。从这种逻辑出发，统治者要做的事情就是奉行"清静"和"无为"的原则，让事物各自按照自己的"形名、名实"自行维持它们的统一和端正。对此，韩非明确地说：

> 用一之道，以名为首，名正物定，名倚物徒。故圣人执一以静，使名自命，令事自定。不见其采，下故素正。因而任之，使自事之；因而予之，彼将自举之；正与处之，使皆自定之。（《韩非子·扬权》）
>
> 道者，万物之始，是非之纪也。是以明君守始以知万物之源，治纪以知善败之端。故虚静以待，令名自命也，令事自定也。虚则知实之情，静则知动者正。有言者自为名，有事者自为形，形名参同，君乃无事焉，归之其情。（《韩非子·主道》）

但形名、名实不可能都自然而然或通过统治者的无为来达到统一。在这种情况下，统治者和管理者还要具体从事"循名责实"和"正名"的工作："欲知得失，请必审名察形。"（《黄帝四经·顺道》）黄老学区分了"名"的"正"与"奇"的问题。"正奇"在兵法中主要是指常规的对阵战法和非常规的奇袭、邀截等战法。对老子来说，治国要用一般的常规的方法，用兵则要用奇袭的方法（"以正治国，以奇用兵"）。不好的、怪异的行为和东西，表现在名号上就是"奇名"——它同"正名"是不相容的。如《黄帝四经·称》说："奇从奇，正从正，奇与正，恒不同廷"，《黄帝四经·前道》说："正名不奇，奇名不立。正道不殆，可后可始。"《管子》等也有与此一致的一些说法，如"正名自治，奇名自废"（《管子·白心》）、"名奇则乱"（《管子·枢言》）、"其名奇则天下乱"（《申子·大体》）。

既然名有正、奇之别，治理者在循名和正名的过程中就要辨别名的正和奇，用"正"去端正"奇"："彼必正人也，乃能操正以正奇，握一以知多，除民之所害，而持民之所宜。"（《黄帝四经·成法》）黄老学接受了老子用"正"的方法否定不正的"奇名"，认为治理者"正名"首先就是用普遍的、正确的名称去克服和排除各种不正当的"奇名"。《黄帝四经》又特别提出了审查"三名"的主张。"三名"即《论》篇中说的"一曰正名位而偃，二曰倚名废而乱，三曰强主灭而无名。三名察则事有应矣"。《论》又说："帝王者……执六柄以令天下，审三名以为万事[稽]，察逆顺以观于霸王危亡之理，知虚实动静之所为，达于名实相应，尽知情伪而不惑，然后帝王之道成。"

在黄老学那里，辨别正名、奇名，也就是辨别美恶、是非、曲直、情伪、终始、得失、逆顺、死生、祸福。如《黄帝四经·名理》所说：

> 故执道者之观于天下[也]，见正道循理，能举曲直，能举终始。故能循名究理。刑名出声，声实调合。[福]灾废立，如影之随形，如响之随声，如衡之不藏重与轻。

《论约》也说：

> 故执道者之观于天下也，必审观事之所始起，审其形名。形名已

早期道家"统治术"的转变：黄老学的"法治"与老子的"道政"

定，逆顺有位，死生有分，存亡兴坏有处。然后参之于天地之恒道，乃定祸福死生存亡兴坏之所在。

很明显，在经验和人事的世界中，黄老学转变了老子的"无名主义"。在宇宙和万物的根源意义上，它接受了道的无名；但在具体事物和人类社会中，它承接了老子的"始制有名"之说并将之发展为"有名主义"而没有接受老子的"不言"、"无名"之主张。

五　从"自然"到"人情"

老子道政的主旨是圣人遵循"道"的无为而实行无为之治，目的是让社会大众——百姓都能够按照他们自己的意愿进行选择并行动。这叫作百姓的"自然"，即自己造就自己。从道与万物的关系说，道对万物来说是无为的，万物对于道来说是自然的。"道法自然"的准确解释是"道遵循万物的自然（自己造就）"。具体到人类社会，那就是圣人对于百姓是无为的，百姓对于圣人来说是自然的。在老子的思想中，"无为"只是用来说明"圣人如何统治"的其中一个词（虽然它用例比较多）。除此之外，还有不少类似的词语，如"好静"、"无事"、"无欲"等。同样，"自然"也只是用来说明万物与百姓自身和自我活动的其中一个词（虽然它具有代表性）。除此之外，类似的词语有"自化"、"自正"、"自富"、"自朴"、"自均"、"自宾"等。[①]《老子》第57章分别用这两类相对应的词语十分清楚地表现了统治者推行道政与百姓实现自我的对应关系：

故圣人云："我无为而民自化，我好静而民自正，我无事而民自富，我无欲而民自朴。"[②]

[①] 许多研究老子的学者在讨论老子的"自然"的时候，忽略了与老子的"自然"实际上是近义词的许多词语，只是孤立地去说"自然"——这是一个严重的缺陷。
[②]《老子》第37章强调了道"无为、无名"和侯王遵循它与"万物自化、天下自定"的关系："道常无为而无不为。侯王若能守之，万物将自化。化而欲作，吾将镇之以无名之朴。无名之朴，夫亦将无欲。不欲以静，天下将自定。"

《老子》第 32 章强调了道的无名和侯王遵循它与"万物自宾、百姓自均"的关系:"道常无名,朴虽小,天下莫能臣也。侯王若能守之,万物将自宾。天地相合,以降甘露,民莫之令而自均。"《老子》第 58 章说的"其政闷闷,其民淳淳;其政察察,其民缺缺",也显示了统治者以"闷闷"与"淳淳"的良好关系及相反的统治者"察察"与百姓"缺缺"的恶的因果关系。

自然、自化、自富这些词语中的"自"字,已经显示出百姓的行为都是从"自身"、"自我"和"自己"发出的,但它仍然不足以说明百姓有如此行为的内在动力。这是因为"自然"的"自我"和"自己"主要是强调相对于统治者的无为,百姓能够自行其是并造就了他们自身,它主要不是用来说明百姓为什么要这样做的。这里也许隐含着百姓希望这样做和乐意这样做的动机,但事实上,至少老子没有明确说出来,更没有将它作为人的一种内在倾向特别是人的本性揭示出来。这恰恰是黄老学对老子思想的又一个转化和扩展。

黄老学传承了老子的"道无为与万物自然"这一宇宙观及"圣人无为与万物自然"这一政治思维,而且使之更加典型化。在黄老学中,道与万物的关系被设定为一与多的关系,圣人与百姓的关系也被设定为圣人执一以御多的问题。如《黄帝四经·成法》篇中的一段话很典型:

> 夫唯一不失,一以趣化,少以知多。夫远望四海,困极上下,四向相抱,各以其道。夫百言有本,千言有要,万[言]有总。万物之多,皆阅一孔。夫非正人也,孰能治此?彼必正人也,乃能操正以正奇,握一以知多,除民之所害,而持民之所宜。总凡守一,与天地同极,乃可知天地之祸福。

统治者执道、执一以知多、御多,它执的道和一的内容一方面主要是"无为"、"清静"等普遍的治理原则,如《黄帝四经·十大经·名刑》说:"形恒自定,是我愈静;事恒自施,是我无为。静壹不动,来自至,去自往。能一乎?能止乎?能毋有己,能自择而尊理乎?……万物群至。我无不能应。"另一方面,道和一在黄老学中又被具体化为普遍的"法度",又进一步被具体化为人类的成文法。统治者"执道、执法"无为,百姓自己就能造就自己。这方面新增加的词语有自事、自命、自清、自理、自壮、自

早期道家"统治术"的转变：黄老学的"法治"与老子的"道政"

试、自成、自施、自作、自喜等。

社会大众和百姓自己能够造就自己既以客观上统治者的无为和不干涉为条件，又以他们自身的内在根据和动力为出发点。这种内在根据和动力在黄老学看来就是"人情"，即人的本性。在先秦，道家确实不像儒家那样以"性"这个概念为中心对人的本性有许多讨论，不管是不同的儒者所说的人性是什么？是善还是恶？但是，不能说先秦的道家没有人性论，正如我们已经讨论到的那样，道家主要不是用"性"（《庄子》书有少量的"性"）而是用"德"去言说万物的本性和人的本性。黄老学更是提出了"人情"的概念，它说的"人情"，其实就是指人性。再就是，道家人士和黄老学者一般也不以善恶论人性，他们不认为人性是恶的，包括一般所说的韩非子的人性论。当然，他们一般也不用相对于"恶"的"善"去描述人性，虽然实际上在他们的心目中，人的德也好，人的情也好，它们都是良好的本性。正是因为如此，道家和黄老学强调人要操持他（她）的德，也应该满足他（她）的"自然倾向"。

同老子与庄子特别是庄子的"德"主要是指人的纯朴、天真等不同，黄老学认为"人情"主要是指"趋利避害"、"好生恶死"的自然倾向。如《管子·形势》说："民之情，莫不欲生而恶死，莫不欲利而恶害。"① 这种自然性情和倾向对于黄老学来说就是着眼于自己利益的"自为"，如《慎子·内篇》所说：

> 人莫不自为也，化而使之为我，则莫可得而用。是故先王不受禄者不臣，不厚禄者不与入。人不得其所以自为也，则上不取用焉。故用人之自为，不用人之为我，则莫不可得而用矣，此之谓因。（见《群书治要》本）②

---

① 《墨子·经上》也从"利害"的意义方面看待人的喜好与厌恶之情："利，所得而喜也；害，所得而恶也。"
② 《尹文子·圣人》篇载有田骈关于"自为"的说法："田子曰：人皆自为，而不能为人。故君人者之使人，使其自为用，而不使为我用。"《黄帝四经·称》有一段残缺的话，也讲到了"自为"："不受禄者，天子弗臣也；禄泊（薄）者，弗与犯难。故以人之自为□□□□□□□□。"陈鼓应补出所缺文字后，最后一句话就是"故以人之自为也，不以人之为我也"。（参见陈鼓应注译《黄帝四经今注今译——马王堆汉墓出土帛书》，台北：商务印书馆，2007，第437页。）

统治者应该如何对待人的趋利避害或者"自为"的自然性情呢？统治者如何做才是正当的和有效的呢？既然黄老学没有说人的这种自然性情是恶的，也没有提出什么理由说这种性情是需要改变的，而且人又愿意悖逆和改变他的性情，那么很简单的做法就是遵循和满足人的性情。事实上，黄老学确实是这样主张的。为此，它还提出了专门用于此的"因循"和"静因之道"的概念。《慎子》中有一篇的名称就是《因循》，对于"因"，它说道："天道因则大，化则细。因也者，因人之情也。"《韩非子·八经》中有《因情》篇，其中说："凡治天下，必因人情。"《管子·心述》提出了静因之道：

> 人之可杀，以其恶死也，其可不利，以其好利也。……其应也，非所设也，其动也，非所取也。过在自用，罪在变化。是故，有道之君，其处也，若无知。其应也，若偶之。静因之道也。

据此来说，统治者的"执道无为"和"清静无为"，就变成了去"因循"百姓的性情，让他们的偏好都能够实现和满足。法治的惩罚功能和奖赏功能正好能够适应人的趋利避害的自然性情。可以看出，黄老学不仅传承了老子的自己造就自己的"自然"，而且更进一步解释和说明了人们为什么要自己造就自己的内在根据和动力，解释和说明了法治与人性的统一性和适应性。

六 从"小国寡民"到"至世"

统治术不仅要设想如何去统治，而且往往也要设想统治所要达到的政治期望和目标，从老子的政治思考到黄老学都是如此。老子设想的最好的统治是"太上，下知有之"。统治者的无为使百姓都能够都按照自己的意愿进行选择和行动，使他们感觉到有一个统治者存在而这个统治者又离他们很远，他们所做的一切及其结果都是他们自己造就的而与统治者无关。说到老子的政治期望，我们通常首先想到的是他期望和设想的"小国寡民"社会："小国寡民，使有什伯之器而不用，使民重死而不远徙。虽有舟舆，无所乘之，虽有甲兵，无所陈之。使民复结绳而用之。甘其食，美其服，安其居，乐其俗。邻国相望，鸡犬之声相闻，民至老死，不相往来。"（《老子》第 80 章）

这一理想社会的整体特征是将物质文明和工具的使用降到最低点，将不

早期道家"统治术"的转变：黄老学的"法治"与老子的"道政"

同族群的交往降到最低点；但在这种社会中，人们依旧生活幸福、安居乐俗。《庄子·胠箧》篇引用了《老子》这一章的话，并将这种社会安排在了传说中的遥远的历史人物时代（"昔者容成氏、大庭氏、伯皇氏、中央氏、栗陆氏、骊畜氏、轩辕氏、赫胥氏、尊卢氏、祝融氏、伏羲氏、神农氏"），说这种"至治"的社会在他们生活的时代已经存在了。在《马蹄》篇中，为了抑制文明对人类造成的伤害，庄子为人类设想了一种更加原始的"至德之世"社会：

> 彼民有常性，织而衣，耕而食，是谓同德。一而不党，命曰天放。故至德之世，其行填填，其视颠颠。当是时也，山无蹊隧，泽无舟梁；万物群生，连属其乡；禽兽成群，草木遂长。是故禽兽可系羁而游，鸟鹊之巢可攀援而窥。夫至德之世，同与禽兽居，族与万物并。恶乎知君子小人哉！同乎无知，其德不离无欲，是谓素朴。素朴而民性得矣。

同老子的"小国寡民"社会及庄子的发展不同，老子还有"大国"的理念和期望（"治大国"、"大国者"）。他不仅提出了如何治理大国的形象性的说法（"若烹小鲜"），而且强调了大国如何对待小国的方法："大国者下流"、"大国以下小国"、"大国不过欲兼畜人"。（《老子》第61章）

黄老学对老子的"小国寡民"社会没有兴趣，它的兴趣是小国如何求生存和大国如何兼并，或者像韩非等热衷于富国强兵，而且他们也设想了"至治"的理想社会，如《韩非子·大体》篇（也收录在《慎子》中）所说的那样。

慎到和韩非都属于我们所说的黄老学或具有"黄老意"的代表人物。不管《大体》篇及其对理想秩序和生活的设想出自谁手，这都不影响我们说黄老学有一种向往良好秩序和生活的设想和期望。黄老学设想的良好秩序和共同体生活，具有一些引人入胜的特征。它相信有一种可期的、可欲的、治理得最好的秩序和生活，即它所说的"全大体者"、"至安之世"、"治之至"的理想状态。作为一种理想状态，它给我们描述了这种状态之下的一番美好景象。如"至安之世，法如朝露，纯朴不散，心无结怨，口无烦言。故车马不疲弊于远路，旌旗不乱乎大泽，万民不失命于寇戎，雄骏不创寿于旗幢；豪杰不著名于图书，不录功于盘盂，记年之牒空虚。故曰：利莫长乎简，福莫久于安"；又如"故大人寄形于天地而万物备，历心于山海而国家富。上无忿怒之毒，下无伏怨之患，上下交朴，以道为舍"。显然，黄老学的"至世"不同于老子的"小国寡民"，更不同于庄子的原始性的"至德之世"，它是用道、法律和道德等综合的力量和方法建立起来的理想化的共同体，它是以高度福祉和伟大功绩（"长利积，大功立，名成于前，德垂于后"）立足于当下并对未来产生深远影响的人间乐土。

结语　早期道家"统治术"的自我革新

追寻和比较早期道家统治术从老子的"德政"到黄老学的"法治"自我革新和转变之后，我们都看到了一些什么样的具体场景呢？让我们来概括一下吧！

第一，老子的"道生之"在黄老学那里产生了"道生法"的论断。由此来看，在这一条路线上，早期道家不仅认为道产生了万物，而且认为它还产生了事物的各种法度。与此相联系，"道"（还有"一"、"太一"）在老子那里具有一般所说的"最普遍的规律和法则"的意义，这样的规律和法则没有同"法律"制度结合起来并相提并论。到了黄老学，"道"和"一"在保持着根本规律和法则意义的同时，它开始同法律相提并论，出现了"道法"这样的用法，作为自然法的道成了人间法的基础和根据。

第二，老子的以无为和柔弱为主要特性的道首先是宇宙万物秩序的保障者。当它被运用在人类社会政治生活中之后，统治者的统治术主要就是学习道的无为和柔弱而建立"道政"。对于百姓和人民来说，这就是他们自我选择和行动的"自然"、"自化"和"自富"。这种"无为而治的道政"，到了黄老学，除了作为政治原理被传承外，统治者的"无为"就是通过普遍的法律来治理，通过客观化的非人格的制度来治理。

第三，老子的"反智用道"的治理是将治理建立在道，具体来说是无为、柔弱等基础之上的而不是用智去治理。为此，不仅百姓不要去用智巧，统治者也不要用智巧；到了黄老学，"反智用道"的治理主要是被改造为"弃智用法"的治理。黄老学的弃智主要是对统治者而言，对于臣民来说，黄老学恰恰想通过法治让他们最大限度地去展现自己的才智。

第四，老子以道的无名为中心的"无名主义"虽然在经验世界中产生了名，但在政治的运用中它又主张"希言"和"不言"之政，主张纯朴和单纯之政。到了黄老学，它承认道的实体的无名，承认朴散为器和经验世界

早期道家"统治术"的转变：黄老学的"法治"与老子的"道政"

中各种有形事物的名；但在政治治理中，它不像老子那样主张无名，相反，各种"形名"成了治理的主要方法。"循名"和"正名"成为统治者为政的主要工作之一。

第五，老子的赤子之心、婴儿的纯朴美德，对为政者和人民来说都是良好的品质。这样的思想在黄老学那里被一种人的趋利避害的自然人情所取代，被人的不同能力所取代。老子强调人们自我选择、自我追求的"自然"和"自富"，但他没有说明人们为什么要这样做。黄老学为它提供了人的内在基础和根据，提供了法律为什么适合人、人为什么能够被动员和治理的根据。这就是"趋利避害"的内在"人情"。于是，统治者的"无为而治"和"法治"就变成了因循人的性情而治；而不是去改变人的性情而治，更不是去改变人的能力而治。

第六，老子的"小国寡民"设想引人注目，但它在黄老学中没有引起反应。老子还有"大国"的概念，对此，他只是提出了在天下体系中大国如何对待小国和如何治理大国的看法，没有对大国提出更多的设想。到了黄老学，它设想了一个"治之至"的"至世"。这样的国家不是一个小国，而是一个大国——一个强大的国家。凡此种种，这就是早期道家在"统治术"上的一系列自我革新和转变的故事。

轩辕谱系与上古 "四方" 治法

杜文忠[*]

因黄帝是五帝之首，故《史记》中所说的"五帝"皆可谓"轩辕谱系"，他们共同构成了中国上古的帝王谱系。历史上中国"四方"治法的形成可追溯到轩辕黄帝时期，由"五帝"构成的轩辕谱系始终贯彻和继承着"德治"的思想：于内确立了针对"四方"的官制；于外形成了对"四方"进行分封的传统，采取巡狩、召会、朝贡、王会、流刑等针对"四方"的政治法律措施。"轩辕谱系"的治法奠定了中国古代法治的始基，也形成了中国古代边疆治法的雏形。

关于轩辕时期是否存在，今人多以为是传说。实际上，关于轩辕时期，中国古籍的记载并不少见。《史记》的开篇就是《五帝本纪》，"五帝"者，黄帝、颛顼、帝喾、帝尧、帝舜是也。

> 太史公曰："学者多称五帝，尚矣。然《尚书》独载尧以来，而百家言黄帝，其文不雅驯，荐绅先生难言之。孔子所传《宰予问五帝德》及《帝系姓》，儒者或不传。余尝西至空桐，北过涿鹿，东渐于海，南浮江淮矣，至长老皆各往往称黄帝、尧、舜之处，风教固殊焉。"

司马迁认为，《尚书》对黄帝、颛顼、帝喾不予记载，这也许是因为关于上古史的《尚书》缺亡的内容本来就较多；也许又是因诸子百家虽言黄帝，但又涉于神怪之故。但是，司马迁既尊重民俗、传说，又有实地调查的治学

---

[*] 杜文忠，西南民族大学法学院教授。

态度。为此,他实地考察了黄帝、尧、舜所经过的桐峒山、涿鹿,以至东海、江淮等地民风,听闻当地长老述说,见"黄帝、尧、舜之处,风教固殊焉"——这实则是相信了轩辕时代的存在。

> 顾弟弗深考,其所表见皆不虚。书缺有间矣,其轶乃时时见于他说。非好学深思,心知其意,固难为浅见寡闻道也。余并论次,择其言尤雅者,故著为本纪书首。

司马迁又说:"自黄帝至舜、禹皆同姓而异其国号。"因此,五帝的存在构成了中国上古帝王系谱,而五帝的治法则奠定了中国法治的始基,故上古中国古代"治边"之法的形成可追溯到轩辕时期。由于这一时期尚是部落联盟时代,所谓"治边之法"实是其治外之法,而治外之法亦形成了中国后世治边之法的传统。黄帝对"四方"的治法对中国古代法制影响深刻,为此,作者依据相关史料,从"四方"治理的角度对上古治法试作探究。

一 黄帝治法:对外族的态度

(一)"从而征之,平者去之"与"象刑"之用

黄帝之世是中国早期的氏族社会,这一时期,"中国"作为疆域之国,实是一种姓族国。《史记》言黄帝之功有"土德之瑞",实是"平疆立土"之意。《史记·五帝本纪》描述了这段历史,兹摘录于下:

> 轩辕之时,神农氏世衰。诸侯相侵伐,暴虐百姓,而神农氏弗能征。于是轩辕乃习用干戈,以征不享,诸侯咸来宾从。而蚩尤最为暴,莫能伐。炎帝欲侵陵诸侯,诸侯咸归轩辕。轩辕乃修德振兵,治五气,蓺五种,抚万民,度四方……。蚩尤作乱,不用帝命。于是黄帝乃征师诸侯,与蚩尤战于涿鹿之野,遂禽杀蚩尤。而诸侯咸尊轩辕为天子,代神农氏,是为黄帝。天下有不顺者,黄帝从而征之,平者去之……有土德之瑞,故号黄帝。

这里所说的"神农氏世衰。诸侯相侵伐,暴虐百姓,而神农氏弗能

273

征",即是说虽然"轩辕乃习用干戈",然而也是为了制止"诸侯相侵伐,暴虐百姓"。轩辕氏之征伐为"义伐",是为怀德之举。在此期间,最为显著者有两件。

一是"蚩尤最为暴,莫能伐。"既然没有氏族能够讨伐之,又"神农氏世衰",那么轩辕氏的讨伐就具有了"止暴"的合理性,于是才有:"轩辕乃习用干戈,以征不享,诸侯咸来宾从。"这时,虽然"诸侯咸来宾从",但是显然并没有消灭蚩尤,才有"蚩尤作乱,不用帝命"之说。此时,轩辕"修德振兵","乃征师诸侯,与蚩尤战于涿鹿之野,遂禽杀蚩尤"。于此,天下方才平定。在这个过程中,轩辕显示出了平定天下和治理天下的能力和德行——"治五气,蓺五种,抚万民,度四方"。在禽杀蚩尤后,"而诸侯咸尊轩辕为天子,代神农氏,是为黄帝。天下有不顺者,黄帝从而征之"。

二是"炎帝欲侵陵诸侯,诸侯咸归轩辕"。这说明在"神农氏世衰,诸侯相侵伐"之时,炎帝也属于作乱者之一,只是因为"诸侯咸归轩辕"才得以安定。

从《史记》对黄帝功绩的描述看,黄帝之功是"怀德征伐之功",故能够"抚万民,度四方",后世的史料几乎均以此为论。因此,《史记》说轩辕氏有"土德之瑞,故号黄帝"。说轩辕氏有"土德之瑞",显然是说明他的功绩主要在于他有"平疆立土"的"土德"。此外,黄帝对于疆域的治理还有管理上的大事功,这也是黄帝的"土德"之一。

这里有一些关于黄帝的故事,从中可以见其治法。由于神农氏之子孙"道德衰薄","诸侯相侵伐,暴虐百姓,而神农弗能征"。于是,轩辕(黄帝)才"习用干戈,以征不享,诸侯宾从,唯蚩尤不从";于是,"修德振兵",三战而杀之。"诸侯尊之为天子,代神农氏,是为黄帝。天下有不顺者,黄帝从而征之,平者去之。"

由此可见,天下之乱被认为是神农氏子孙"道德衰薄"的原因,而轩辕战胜蚩尤,则是"修德振兵"的结果。应当说,在这场规模宏大的部落联盟战争中,黄帝的所作所为彰显了"德"与"治"的意义,确立了"万国"秩序的统治模式。因此,吕思勉有云:"咸以炎、黄之际,为世运之一大变也。"[①] 就中国历史来看,这种世运之大变,体现在中国历史从九代炎

[①] 吕思勉:《先秦史》,上海古籍出版社,2005,第 54 页。

轩辕谱系与上古"四方"治法

帝"教而不诛"的时代进入到"诛而不怒"的黄帝、尧、舜时代,恰如《战国策·赵策》所言:"宓戏、神农,教而不诛,黄帝、尧、舜,诛而不怒。"

黄帝时期,虽无中央王朝之说,但中华文化以"三皇五帝"为中心以论天下。《史记》有云:"轩辕度四方",是说"四方"本已服轩辕之统治,轩辕"杀蚩尤"是因为蚩尤作乱而"不用帝命"。显然,这里的意思是说轩辕处于统治地位,蚩尤只是乱臣。轩辕杀蚩尤后,"诸侯咸尊轩辕为天子"而被称为"黄帝",是说轩辕成为天子,已拥有疆土,有"土德之瑞,故号黄帝"。

显然,当时不仅仅是蚩尤一家作乱,故《索隐》案:此经云"诸侯相侵伐,蚩尤最为暴",《孔子三朝记》中说"蚩尤,庶人之贪者"。[①] 蚩尤之贪者何?当是疆土也。蚩尤为暴,自有其实力。《管子》曰:"蚩尤受卢山之金而作五兵",是说蚩尤有军备优势之实。《正义·龙河鱼图》(下称《龙河鱼图》云:"蚩尤有兄弟八十一人,并兽身人语,铜头铁额,食沙石子,造兵仗刀戟大弩,威振天下,诛杀无道,不仁慈。"蚩尤虽然有军力,但"诛杀无道,不仁慈",此为蚩尤之暴也。蚩尤以暴,黄帝以仁,因此《龙河鱼图》才说:"黄帝以仁义不能禁止蚩尤,乃仰天而叹。"

中国古代"暴"和"仁"的观念,通过这次战争已有一对比。黄帝虽然难以单独凭借武力禁蚩尤之暴,但以"仁义"而聚众,"制伏蚩尤"。(《龙河鱼图》)鉴于天下疆土不宁,仍有作乱者,"黄帝遂画蚩尤形象以威天下,天下咸谓蚩尤不死,八方万邦皆为弭服"。(《龙河鱼图》)这是说黄帝借助蚩尤之暴威而服天下,可见当时仅仅凭借黄帝之仁德尚不足以平服天下而确立其中央地位。

从此,"天下有不顺者,黄帝从而征之,平者去之"。这里讲的"从而征之,平者去之",是黄帝治天下的政策。对于当时的不服从者,黄帝亲自征讨;而在征服之后就离去,并不直接统治,也没有建置之说。这可以理解为黄帝的仁义,也符合当时的政治惯习。以"仁义"为本兼以"刑杀"为威是中国上古已有之观念。

此外,"黄帝遂画蚩尤形象以威天下",则可能与古代"象刑"有关。

[①] 刘向《别录》中说:"孔子见鲁哀公问政,比三朝,退而为此记,故曰《三朝》,凡七篇,并入《大戴礼记》。"

古代法律有"悬灋象魏"之说。① 《吕刑》说苗民习蚩尤之恶，有"劓、刵、椓、黥"，此为五刑之始。又有"三皇无文，五帝画象"之说，② 《白虎通》："五帝画象者，其衣服象五刑也。犯墨者蒙巾，犯劓者赭其衣，犯髌者以墨蒙其髌处而画之，犯宫者屦杂扉，犯大辟者布衣无领。"又有《慎子》："有虞之诛，以幪巾。"《荀子》注作"画跪"。当墨，《荀子》注作"黥"。以草缨，《荀子》作"慅婴"，杨倞注："当为澡婴。"当劓，以菲屦《荀子》作"菲对屦"。当刖，以艾毕（冠上束草）当宫，布衣无领以当大辟，此有虞之诛也。

黄帝画蚩尤形象以威天下，这大概也是最早的法律治理方式之一。蚩尤是中国古代早期"五刑"制度的创造者，画蚩尤的形象以威天下，说明黄帝不仅需要蚩尤的军威，同时也需要蚩尤的刑威来制服"八方万邦"。

（二）"置左右大监"："监于万国"与"封建"之始

虽然是"从而征之，平者去之"，但是史料中还是提到了黄帝时期制度上的建设。《史记·五帝本纪》有一段文字说到了黄帝时期的官制："以师兵为营卫。官名皆以云命，为云师。置左右大监，监于万国，万国和。"这说明黄帝在中央开始"置左右大监，监于万国"，较之神农氏时代分散而没有行政隶属关系的治理已经有所进步，已经有了"中央"的观念。对于"诸侯"的治理也有了"行政"统属的做法，有专门的官员甚至机构对"八方万邦"疆土进行管理。官名皆以"云"命名，叫"云师"。《说文解字》的解释是："云，山川之气也。""云师"者，有统山川之气、天下同志的意思。"云师"显然是指中央官员。

马端临的《文献通考·封建考一》说黄帝开封建之制的理由同样是黄帝"置左右大监，监于万国。万国和，而鬼神山川封禅为多焉"。黄帝定天下、和万国后，设置左大监和右大监对"万国"分别进行统治管理。马端临认为是"若周召分陕也"，意思是其做法好比西周时期的周公、召公分治陕地。显然，在这里，马氏认为其做法乃是分封之始，因为"周召分陕"

---

① 《周礼》中《地官司徒·大司徒》有"县教象之灋（法）于象魏"；《夏官司马·大司马》有"县政象之灋（法）于象魏"；《秋官司寇·大司寇》有"县刑象之灋（法）于象魏"的记载。

② （清）沈家本：《历代刑法考》，张全民点校，中国检察出版社，2003，第4页。

是分封而治，而此举又是空前的，故"按：封建莫知其所从始也。三代以前事迹不可考"。"置左右大监"是后来监牧之制的开始，监牧非今天的中央行政官员，应当是分封的诸侯。当时的治法，除分封外，黄帝亦采取"封禅"之制为辅助控制，以体现"中央"的存在。所谓"封禅"，是说黄帝"而鬼神山川封禅为多焉"。

从文献记载的黄帝分封开始，到武王、周公定周之初，中国这一段漫长的历史中，"封建"是逐步形成的。瞿同祖先生认为在殷代中国就有了"封建基础"，但还"不曾以封建为中心组织"，而只是酝酿时期。"到了周代，才以政治的方式大行封建"，① 封建之制已经逐渐发展得十分成熟了。黄帝时期实行的上述封建显然没有以封建为中心来组织社会，也说不上是严格意义上的"封建政治"。一般认为，真正的封建政治始于周代。从历史渊源看，黄帝时期的封建之治对后来的治法也必然会产生深刻影响。

古代学者都倾向于认为封建之制的产生和长期存在是形势之使然。《文献通考·封建考一》引："苏黄门言：'武王、周公定周之初，封建可也，郡县亦可也。然圣人之心以公而不以私。封建，则世守其国家，而以天下之地与天下为公；郡县，则更易其守令，而以天下之权为一人之私。公私之分，而享国之久近存焉耳。'"这是说武王、周公之所以仍然实行封建之制，是"以天下之地与天下为公"，是因其德也。

苏黄门此论的具体理由是："商、周之初，上古诸侯棋布天下，植根深固，是以新故相续，势如犬牙，数世之后，皆为故国，不可复动，是则然矣。今以当时之事势推之，所谓古诸侯者，土地人民其存余几，亦不可废，不可动之也？"②

综上所述，苏黄门的意思是：武王、周公定周之初，以当时的情势，实行封建也可，实行郡县也可。之所以没有实行郡县，是因为上古之时，诸侯众多、棋布天下，自有其地。不仅如此，它们自有其风土习惯，也自有其血族利益。即使土地、人民稀少的诸侯，也不能轻易废除，这是因为武王、周公这样的圣贤不"以天下之权为一人之私"。之所以继续"封建"，是因为他们的圣德。但是，《文献通考》引柳子厚言，则另有一说："柳子厚言：'封建非圣人意也，势也。资以灭夏者，汤不得而废。资以灭商者，武王不

---

① 瞿同祖：《中国封建社会》，上海世纪出版集团，2005，第10页。
② 瞿同祖：《中国封建社会》，上海世纪出版集团，2005，第7080页。

得而废也。'"① 认为西周实行"封建",不是武王、周公这样的圣人的本意,而是因为当时的形势使然。所谓"势也",同样是指上述诸侯众多、棋布天下的客观形势。

中国的"封建"时间很长,诸侯众多,新故相续,自有其土地人民,自有其风俗习惯,难以"权归于一"。在这样的形势下,"封建"这种相对自治的方式是最佳的治法。在难以改变"封建"的情况下,相应的治世思想和治理模式必然是"协和万邦"。显然,"分封"在当时于诸侯是有利的,可以被看作是"仁义"之制。与"分封"之制相应的治世思想,则是《尚书·尧典》所说的"克明俊德,以亲九族,九族既睦;平章百姓,百姓昭明;协和万邦,黎民于变时雍"。这是要求天子须有德化的感召力、"协和"的思想及相应的制度。

"协和万邦"是古圣人的追求,是上古的政治传统。在这一思想的指导下,它能够区分"中央"与地方的政治形式是"分封而治"。若非如此,实行郡县、权归于一,"中央"与地方则必然利害相侵、天下不宁。即使是在"封建"之制下,分封不当也会出现利害相侵、诸侯不从的情况。如《朱子语录》曰:"设如夏时封建之国,至商革命之后不成。地多者,削其国以予少者,如此则彼不服,或以生乱。又如周王以原田予晋文,其民不服,至于伐之。盖世守其地,不肯从他人,若封王子弟,必有地方可封。"②

因此,天子如同"分户"之家长,他不仅需要"别籍异财",又要使之仍如一家,而且还需要有"家规",否则就做不到"协和万邦"。"协和万邦"首先需要明确诸侯疆域的界线和大小,如箕子在其封地朝鲜的"八条之法"之一:"其俗重山川,山川各有部分,不得妄相涉入。"③ 又如《周礼·大司徒》:"诸公之地,封疆方五百里,其食者半。诸侯之地,封疆方四百里,其食者参之一。诸伯之地,封疆方三百里,其食者参之一。诸子之地,封疆方二百里,其食者四之一。诸男之地,封疆方百里,其食者四之一。职方氏:'凡邦国,千里封公,以方五百里则四公,方四百里则六侯,方三百里则十一伯,方二百里则二十五子,方百里则百男,以周和天下。'"

---

① 瞿同祖:《中国封建社会》,上海世纪出版集团,2005,第7080页。
② (宋)马端临:《文献通考》(第11册),上海师范大学古籍研究所、华东师范大学古籍研究所点校,中华书局,2011,第7081页。
③ 陈寿:《三国志·魏书卷三十·濊传》,中国戏剧出版社,2007,第220页。

除此之外，天子还需有"克明俊德，以亲九族"的感召力；又需要有相应的制度法令以维护天子的"中央地位"和彰显天子的圣德。于是，有了巡狩、召会、朝觐、流宥之法；有了商汤问伊尹关于诸侯来贡献之事而作的《伊尹献令》；有了西周时期的"王会之制"和著名的"成王之会"，等等。

上古的这些治法与今天的"法律"不同，是上古"分封"的产物，其特点是因"分封"而得其"自治"。《逸周书·殷祝解》有所谓："故诸侯之治，政在诸侯之大夫，治与从。"① 这句话本有脱误，［汇校］"孙诒让云'故诸侯之治在政，大夫之治在与从'。② 即是说诸侯属独立行政之治。由于诸侯属于高度独立行政的单位，其国之文化新故相继，久之便有自己的特色了。因之，诸侯之治强化了"万国诸侯"的血族文化传统，并使其逐渐根深蒂固；又因诸侯之"自治"而使其长时期保持着"文化民族"的状态；因其是"文化民族政治"的状态而使其法律有了"文化法律"的风格，有了风俗之性、仪式之形。这正是其治世之法的特点和样式。

（三）黄帝"分封"对后世中国边疆治理的影响

中国古代的分封制度始于"三皇五帝"之时，这是古代的政治"传统"，至秦统一天下，亦出现过分封与郡县之争。汉以后虽然亦有分封，但都是分封与郡县并存，而以郡县为基本政治框架。因此，梁启超云："对于中国历史，下一总批评曰：'二千年来之政，秦政也，皆大盗也；二千年来之学，荀学也，皆乡愿也；惟大盗利用乡愿，惟乡愿工媚大盗。'"③

所谓"乡愿"是媚俗趋时之意；所谓"大盗"，是相对于"分封"而言，是说"秦政"以一统为念，有"家天下"的意思，而不似"分封"共有之意。但实际上，中国古代政治从来都是官僚制和分封制并存，往往是在畿内实行官僚制，在畿外实行分封制。只是秦朝政治实行了单一的官僚制，而出现了人们批评的"乡愿工媚大盗"的局面。具体来看，分封制对中国古代政治和法律有三个方面的影响。

一是分封制淡化了民族的概念。于秦时方有郡县，各诸侯国各治其边疆，虽有华夏之礼，但无部落血缘之别。中国人讲家族、讲血统，但更讲

---

① 黄怀信修订、李学勤审定《逸周书汇校集注》，上海古籍出版社，2007，第1046页。
② 黄怀信修订、李学勤审定《逸周书汇校集注》，上海古籍出版社，2007，第1046页。
③ 梁启超：《国学讲义》，杨佩昌、朱云凤整理，中国画报出版社，2010，第124页。

黄帝思想与中华引擎（一）

"道统"和"政统"。分封之制虽然有相对固定的政治地理和边界，但是，中国古代文化界线更深于民族界线。正如钱穆先生所说：

> 但这并不是说中国人对于自己文化自高自大，对外来文化深闭固拒。中国文化虽则由其独立创造，其四围虽则没有可以为他借镜或取法的相等文化供作参考，但中国人传统的文化观念，终是极为宏阔而适于世界性的，不局促于一民族或一国家。换言之，民族界线或国家疆域，妨害或阻隔不住中国人传统文化观念一种宏通的世界意味。①

中国先秦的分封制度不仅在地理上由内而外，如商朝的内服与外服；在文化上同样形成了内外渐次的格局，从文化和地理上形成了三个层次，一是中央直属区，二是臣服于中央的族国区域，三是保持对中央政府附属的区域，由此形成了"体国经野"的格局。这一格局到明、清而不变，其中臣服于中央的族国区域是我们所谓的"边疆"。因此，商代分封制度中有"边侯"一说，"边侯"就相当于"臣属中央政府的少数民族自治政权"。②"边侯"以外的附属国则是通过朝贡关系来维持的。无论是"边侯"还是附属族国，都没有血缘和种族上的歧视，而只有文化上的差别，不似西方"民族国家"的概念。其分封体制也不以血缘和种族为标准，而纯粹是以政治导向和文化导向为标准。因此，中国古代的分封制度不是一个封闭的体制，而是一种开放的制度。它有助于淡化民族的概念，进而扩张文化和政治的影响，这为中国中心文化和政治的扩展提供了一种制度性的传统。

二是古代"中央王朝"的治边手段是通过分封来进行的，如商王朝"赐封侯、牧与置奠是控制附属国族所谓三种最重要的手段"。③ 所谓"侯"，是"边侯"；所谓"牧"，也相当于边侯。在内称"牧"，在外称"侯"。所谓置"奠"，④ 又称为"多奠"，是在附属国族区域内通过垦田的

---

① 钱穆：《中国文化史导论》，九州出版社，2011，第141页。
② 宋镇豪主编《商代的地理与方国》，中国社会科学出版社，2010，第31页。
③ 宋镇豪主编《商代的地理与方国》，中国社会科学出版社，2010，第32页。
④ 在殷西诸"奠"中，武丁时期曾卜问是否在黄河北岸郊城、修武、沁阳之间的"目"地置"奠"。（《合集》7239正/1："令弹崇奠目"）黄河北岸修武以东地区当时叫作"宁"或者"泞"，至晚在武丁时期宁地以北就出现了一个奠。（《合集》4464反/1："奠来宁"）……河南省濮阳地区的"襄"。（《合集》3458反/1："……奠……在襄"）参见宋镇豪主编《商代的地理与方国》，中国社会科学出版社，2010，第56~57页。

形式使之转化成为商属地。"奠"与"甸"相通,这就是后来周代的"甸服"和"畿甸"。① 如此,分封制就有了开拓疆域的作用。但与依靠武力和官僚治理模式而开拓疆域相比,分封制少有"一统"之义而更多的是"自治"——它在这方面的效率是十分低下的。另外,这种间接的治理模式有助于保留各地风俗。长期的分封而治必然使得治边之责下被放于诸侯国,且多是由商代的"边侯"、"牧"和周代的"甸服"、"畿甸"这样的边疆国族来承担。在这种分封制的前提下,其畿内官僚法律制度对于边疆国族的影响自然十分微弱。

商代的"边侯"、"牧"和周代的"甸服"、"畿甸"本身就是"少数民族"或者是"非我族类",这些国族本是一个个自治体,不可能对附属国族区域的社会产生更多的影响。这使得中国古代政治长期存在"国法"与"风俗"并存的二元法文化形式。在内地和边疆之间,在国与家族之间逐渐形成了二元法律治理的问题。纵观中国历史,古代的国家立法、司法以及风俗方面也一直在二者之间寻求统一。这三个方面的问题数千年而不易,直到明、清也没有发生根本性的变化,这同样是官僚制和分封制并存的传统基因所致。在畿内实行的官僚制发展到后来就成为郡县、州郡、府县制度,它强化了"国家"的一面;因"分封"而形成的"体国经野"格局,则保持了"民间"和"化外"的自治形态和固有风俗。秦汉以后,随着国家力量的扩张,"化俗"成为一个突出的政治法律问题,到明、清时期不断强化推行国家法律,以至于出现土官制度、土司制度,最后进行了"改土归流"。

三是分封制在一定程度上也影响了各地风俗和制度。比如商末周初,商贵族箕子被周王朝分封于东夷之地,即今之朝鲜,箕子制"八条之法"而化东夷之俗,这一历史事件就影响了东夷文化。在当时的"四方"格局中,它促进了东夷文化的发展,形成了东夷文化以柔谨为风而"优于三方"的局面。《绎史》记《后汉书》:"昔武王封箕子于朝鲜,箕子教以礼义田蚕,又置八条之教,其人终不相盗,无门户之闭,妇人贞信,饮食以笾豆。"②

所谓"八条之教"实际是箕子为其封地制定的八条法律,故注云:"相杀以当时偿杀,相伤以谷偿,相盗者,男没入为其家奴,女为婢,欲自赎

---

① 宋镇豪主编《商代的地理与方国》,中国社会科学出版社,2010,第55页。
② (清)马骕:《绎史》,王利器整理,中华书局,2002,第340页。

281

者，人五十万，虽免为民，俗犹羞之，嫁娶无雠。"《后汉书》对于箕子"八条之教"的评价是：

> 昔箕子违衰殷之运，避地朝鲜，及施八条之约，使人知禁，遂乃邑无淫盗，门不夜扃，回顽薄之俗，就宽略之法，行数百千年，故东夷通以柔谨为风，异乎三方者也。①

《水经注》说："箕子教民以义田织信厚，约以八法，而下知禁，遂成礼俗。"② 当然，这只是分封制影响"四方"国族的个案，如前所述。总体上讲，在分封制的前提下，中央王朝的官僚法律制度对四方的影响十分微弱。

二　颛顼、高辛、尧、舜、禹之治法

（一）颛顼、高辛之治

《史记》云："黄帝崩，葬桥山。其孙昌意之子高阳立，是为帝颛顼也。"③ 黄帝驾崩之后，黄帝的孙子颛顼继续黄帝的事业。从《史记》对于颛顼的记载看，说他"静渊以有谋，疏通而知事；养材以任地，载时以象天，依鬼神以制义，治气以教化，絜诚以祭祀。北至于幽陵，南至于交趾，西至于流沙，东至于蟠木。动静之物，大小之神，日月所照，莫不砥属"。④ 显然，颛顼对天下的治理是很好的，说他"疏通而知事"、"养材以任地"、"治气以教化"，这是黄帝时期顺势而为、推崇教化的一贯治法。不仅如此，其统治的疆域已然不小。

颛顼死后，高辛继承，即是帝喾。"颛顼崩，而玄嚣之孙高辛立，是为帝喾。帝喾高辛者，黄帝之曾孙也。"⑤ 高辛之治，同样也有黄帝之遗风，说他"仁而威，惠而信，修身而天下服。取地之财而节用之，抚教万民而

---

① （清）马骕：《绎史》，王利器整理，中华书局，2002，第340页。
② （清）马骕：《绎史》，王利器整理，中华书局，2002，第340页。
③ （汉）司马迁撰《史记》，上海古籍出版社，2011，第7页。
④ （汉）司马迁撰《史记·五帝本纪第一》，上海古籍出版社，2011，第8~9页。
⑤ （汉）司马迁撰《史记·五帝本纪第一》，上海古籍出版社，2011，第9页。

利海之,历日月而迎送之,明鬼神而敬事之"。① 这同样是赞扬有加,特别提到了他的高尚德行:抚教万民而天下归服,是所谓"帝喾溉执中而遍天下,日月所照,风雨所至,莫不从服"。这些记载比较抽象,并没有说到当时的天下形势,也没有谈到有关的制度,尚不如说黄帝时具体,总的印象是"天下太平"。

到尧、舜时,关于制度方面的说法就比较多了。《史记》说:"帝喾崩,而挚代立。帝挚立,不善,而弟放勋立,是为帝尧。"② 尧继承了帝喾之位,尧同样继续着上述诸帝的"仁义"路线:"其仁如天,其知如神。就之如日,望之如云。富而不骄,贵而不舒。"③ 从尧开始,中国的历史仿佛就不再是传说了,因为在最早的历史典籍《尚书》中开始有了《尧典》。孔氏所作的《尚书序》说:"以其上古之书,谓尚书。百篇之义,世莫得闻。"④《史记》记载尧的做法是:"以亲九族。九族既睦,辨章百姓。百姓昭明,合和万国。"尧还考察舜,"乃使舜慎和五典,五典能从。乃遍入百官,百官时序。宾于四门,四门穆穆,诸侯远方宾客皆敬"。⑤ 意思是让舜推行五典(五常)德化,于是百姓"五典能从";于明堂四门负责四方朝见,于是"四门穆穆",使诸侯与远方宾客和谐相处。

这说明尧、舜之时,有一段时间是尧、舜同治。《舜典》有云:"舜生三十征,庸(试用),三十在位,五十载陟方(巡狩),乃死。"从舜开始摄政,"尧舜同治"的时间当有三十年之久。关于尧、舜时期的情况,《尧典》、《舜典》多有记载。

(二)"羲和之职"和"四岳八伯":尧、舜、禹时期的"四方"官制

上古法制简略,不可得而详知;三代官制,至周而尤详。尧之世,已于周边治官,有所任命,细考之,可归之曰"羲和之职"和"四岳八伯"。所谓"羲和之治",是指羲仲、羲叔、和仲、和叔分别掌管四方之治;所谓"四岳八伯",四岳者,分主四方诸侯者也。《周礼正义》曰:"四岳,四时

---

① (汉)司马迁撰《史记·五帝本纪第一》,上海古籍出版社,2011,第10页。
② (汉)司马迁撰《史记·五帝本纪第一》,上海古籍出版社,2011,第10页。
③ (汉)司马迁撰《史记·五帝本纪第一》,上海古籍出版社,2011,第11页。
④ (汉)孔安国传、(唐)孔颖达正义:《尚书正义》,上海古籍出版社,2007,第14页。
⑤ (汉)司马迁撰《史记》,上海古籍出版社,2011,第15页。

之官，主四岳之事。""主四岳者谓之四伯。至其死，分岳事，置八伯，皆王官。"① "其八伯，唯驩兜、共工、放齐，鲧四人而已，余四人无文可知。"②

首先，"羲和之职"，是指担任天文历法官职的羲氏与和氏。"唐尧之代，命羲、和钦若昊天，历象日月星辰，敬授人时。"③ 所谓"羲和"者，④ 是指羲氏与和氏两族。羲氏是颛顼时期司天官重的后代，和氏是颛顼时期司地官黎的后代。马融说："羲氏掌天官，和氏掌地官，四子掌四时。"他们担任的都是掌管天地四时这一"技术含量"很高的职务，所担任的职务都是子承父业的世袭之职。不仅如此，"羲和之职"尚有"羲和之治"。

所谓"羲和之治"，是指羲仲、羲叔、和仲、和叔分别治理、掌管四方。"分命羲仲宅嵎夷，曰旸谷，寅宾出日，平秩东作"，这是说尧任命羲仲管理东夷之地，为居治东方之官；"申命义叔宅南交，平秩南讹（化），敬致"，为居治南方之官；"分命和仲宅西方，曰昧谷，寅饯纳日，平秩西成"，为居治西方之官；"分命和叔宅朔方，曰幽都，平在朔易"，为居治北方之官。他们分别于东、南、西、北观察四方的天象运行规律，考订春分、秋分、夏至、仲冬，推定春、夏、秋、冬四时而成一年，由此"允厘百工，庶绩咸熙"，⑤ 并确定百官职务。

《吕刑》中提到的"绝地天通"也是针对"苗民"而言。所谓"绝地天通"，就是使人、神不扰，各得其序。"绝地天通"的故事背景是帝尧命重、黎处理苗民乱德之事，使人、神不扰。当时，"少昊氏之衰也，九黎乱德，家为巫史，民、神同位"。⑥ "三苗乱德，民、神杂扰，帝尧既诛苗民，

---

① 《文献通考·卷四十七·职官考一》。（宋）马端临：《文献通考》（第3册），上海师范大学古籍研究所、华东师范大学古籍研究所点校，中华书局，2011，第1353页。
② 《文献通考·卷四十七·职官考一》。（宋）马端临：《文献通考》（第3册），上海师范大学古籍研究所、华东师范大学古籍研究所点校，中华书局，2011，第1353页。
③ 《文献通考·卷四十七·职官考一》。（宋）马端临：《文献通考》（第3册），上海师范大学古籍研究所、华东师范大学古籍研究所点校，中华书局，2011，第1352页。
④ 在马伯乐于1942年撰写的一篇关于《尚书》的文章里，认为"羲和"原是一位女神的名字，即《山海经》中提到的"十日之母"，《尧典》的作者把这位富于神话性的角色变成了帝尧的四位男性官吏。美国学者艾兰认为，所谓"羲和"，可能是一个集团或部落的名字。神话里的"十日之母"，儿子众多，其中可能就包括了"四方"的守护神，上古之官名有神化权威也是自然。参见〔美〕艾兰《龟之谜：商代神话、祭祀、艺术和宇宙研究》，汪涛译，商务印书馆，2010，第111页。
⑤ （汉）孔安国传、（唐）孔颖达正义：《尚书正义》，上海古籍出版社，2007，第40页。
⑥ （汉）孔安国传、（唐）孔颖达正义：《尚书正义》，上海古籍出版社，2007，第775页。

乃命重、黎二氏，使绝天地相通，令民、神不杂。"① 帝尧"乃命重、黎绝地天通，罔有降格"。这里的"重"即是羲氏，"黎"即是和氏；重即羲也，黎即和也。羲是重之子孙，和是黎之子孙，尧任命羲、和两氏作为世掌天地四时之官，移风化俗，"使人、神不扰，各得其序，是谓绝地天通"。② 看来，当时羲氏、和氏的主要任务是以文教和刑法管理苗民事务，化同其风俗，正其人神纲纪，使其人、神不扰，各得其序。

其次，从对他们的职事的描述看，"羲仲"管理东夷，东夷之地被称为"旸谷"，是"日出于谷而天下明"的意思，"羲仲"敬导出日、始就耕作、指导务农；"羲叔"知南方春夏节气之交，是掌夏天之官，平序南方化育之事，敬行其教，以致其功；"和仲"主掌西方，昧谷者，曰西，日落而天冥，是为秋天之政，秋天万物生成，助成万物；"和叔"主掌北方，北方曰幽，四时变化聚于北方，"和叔"之职在于察其政以顺天常。此四人所居职事都与"四时历法"有关。太古之时，天道幽远，治历明时、化育万物为当时的要务。因此，古籍所载官职，自伏羲、炎黄、帝尧起大都为此类"治历明时"、掌管"天事"的职务。"四岳"之官首先是主"四时"，进而方才主"四岳"之民事。故《职官考》云："按：陶唐以前之官十治者，天事也。虞、夏以后之官十治者，民事也。"③

最后，"羲和"之说在先，"四岳"之说在后，都是指尧、舜之世掌管四方的官职。"四岳"之职"始于羲、和之时"，④ 被称为"四伯"（伯又称"方伯"）。尧以羲、和为六卿，这是说尧之时已有六卿之制。六卿之始，多为"羲和之治"，属于"内官"，故曰："内有百揆、四岳，外有州牧、侯伯。"⑤ 所谓"八伯"四"分岳事"，是在"四岳"（四伯）职分的基础上分出来的。以当时天下分九州而论，九州必有一为畿内，其余八为畿外。《周礼》有"千里之内为王畿，千里之外设方伯"之说。方伯居职于"中央"，负责治理其余八州，是为"八伯"，而当时的"地方官"

---

① （汉）孔安国传、（唐）孔颖达正义：《尚书正义》，上海古籍出版社，2007，第775页。
② （汉）孔安国传、（唐）孔颖达正义：《尚书正义》，上海古籍出版社，2007，第775页。
③ 《文献通考·卷四十七·职官考一》。（宋）马端临：《文献通考》（第3册），上海师范大学古籍研究所、华东师范大学古籍研究所点校，中华书局，2011，第1353页。
④ 《文献通考·卷四十七·职官考一》。（宋）马端临：《文献通考》（第3册），上海师范大学古籍研究所、华东师范大学古籍研究所点校，中华书局，2011，第1353页。
⑤ 《文献通考·卷四十七·职官考一》。（宋）马端临：《文献通考》（第3册），上海师范大学古籍研究所、华东师范大学古籍研究所点校，中华书局，2011，第1353页。

则是州牧、侯伯。从上述来看,中国古代官制最早多为"天官","四方"职事与天事也有直接的关系。最早管理"四方"的官职也多起源于天事官,他们具有天文地理知识,从主"四时"的天事之官发展成为主"四方"的民事之官。

此外,上文提到《文献通考·职官考一》所说的"驩兜、共工、放齐,鲧"这四个人,属于"八伯"之列,是掌四方之官。这同《尚书·舜典》中所说的"流共工于幽州,放驩兜于崇山,窜三苗于三危,殛鲧于羽山"中的共工、驩兜、鲧是否对应呢?如果是相同的人,那就是说共工、驩兜、鲧这几人犯罪后,被革官去职后流放到四方边远之地。《尚书·舜典》有:"钦哉,钦哉!惟刑之恤哉!流共工于幽州,放驩兜于崇山,窜三苗于三危,殛鲧于羽山,四罪而天下咸服。"舜辅助尧之时,有"流宥五刑"之说,是说驩兜、共工、鲧本当受"五刑"的处罚,舜宽宥了他们而处之以流放。"流共工于幽州"是说把共工流放到了北方,除了处罚的动机外,还有"以变北狄"的目的。

于是,舜归而言于帝,请流共工于幽陵。《史记》裴骃[集解]马融曰:"北裔也。"《史记》张守节[正义]:尚书及大戴礼皆作"幽州"。《括地志》云:"故龚城在檀州燕乐县界。故老传云舜流共工幽州,居此城。"《神异经》云:"西北荒有人焉,人面,朱佛,蛇身,人手足,而食五穀禽兽,顽愚,名曰共工。以变北狄。""放驩兜于崇山"则是有"以变南蛮"的意图,《史记》裴骃[集解]马融曰:"南裔也。"《史记》张守节[正义]《神异经》云:"南方荒中有人焉,人面鸟喙而有翼,两手足扶翼而行,食海中鱼,为人很恶,不畏风雨禽兽,犯死乃休,名曰驩兜也。以变南蛮。"同样,"窜三苗于三危"是为了"以变西戎";殛鲧于羽山,目的是"以变东夷"。《史记》裴骃[集解]马融曰:"殛,诛也。羽山,东裔也。"《史记》张守节[正义]:殛音纪力反。孔安国云:"殛,窜,放,流,皆诛也。"《括地志》云:"羽山在沂州临沂县界。"《神异经》云:"东方有人焉,人形而身多毛,自解水土,知通塞,为人自用,欲为欲息,皆云是鲧也。以变东夷",如此自然是"四罪而天下咸服"。

舜的建议和做法表现出了舜的才能和仁德。除了处罚"四凶"外,更有"化成天下"的意图。如果联系上述《文献通考》的说法,这是因为共工、驩兜、鲧本是敬导"四方"的官员。

（三）尧、舜时期：用流刑以变四裔

除上述治法外，舜的功绩更在于他在使用法律时的宽仁，而且把流刑的使用同对周边民族的教化结合了起来。《舜典》中称赞舜"濬哲文明"。所谓"文明"，中国古代的解释不同于现代。《逸周书》曰："道德博闻曰文，学勤好问曰文，慈惠爱民曰文，愍民惠礼曰文。锡民爵位曰文。"① ［疏］："经纬天地曰文，照临四方曰明"，意思是舜有深智，其功德照临四方。早在尧统治的时候，舜就在实行法度方面表现出了自己的仁德和才能。《左传》说舜臣尧、流四凶，"投诸四裔，以御魑魅"。② ［正义］："言四凶流四裔，各于四夷放共工等为中国之风俗也。"《史记》有：

> 于是舜归而言于帝，请流共工于幽陵，以变北狄；放驩兜于崇山，以变南蛮；迁三苗于三危，以变西戎；殛鲧于羽山，以变东夷；四罪而天下咸服。③

舜有仁义之德，用"流刑"来处理共工等"四凶"，其法甚为妥当。一则有惩罚之效，此自不必多言。二则"流宥五刑"，使得法律可以收拾人心、彰显仁义，故《尚书·舜典》中说："钦哉，钦哉！惟刑之恤哉！"舜以流放之刑而定天下，这一做法受到孔子的推崇："子谓韶，'尽美矣，又尽善也'。谓武，'尽美矣，未尽善也'。"④ 这是用舜乐"韶"和武王乐来比喻和评价舜和周武王的功绩。所谓"美"者，是指音乐之盛也；所谓"善"者，是指美之实也。程子曰："成汤放桀，惟有惭德，武王亦然，故未尽善。尧、舜、汤、武，其揆一也。征伐非其所欲，所遇之时然尔。"⑤ 孔子的意思是舜的做法达到了尽善尽美的程度，武王的讨伐是尽美而没有尽善。

三则将之流放到四裔之地可以移风易俗、同一教法，故有"四罪而天下咸服"之说。《史记》中提到，在舜的这一建议中，其关键词在于"变"

---

① 黄怀信修订、李学勤审定《逸周书汇校集注》，上海古籍出版社，2007，第635～637页。
② （春秋）左丘明撰《春秋左传集解》（上册），李梦生整理、杜预集解，凤凰出版社，2010，第270页。
③ （汉）司马迁撰《史记》，上海古籍出版社，2011，第20页。
④ 《论语·八佾第三》。（宋）朱熹：《四书章句集注》（卷二），中华书局，1983，第68～69页。
⑤ 《论语·八佾第三》。（宋）朱熹：《四书章句集注》（卷二），中华书局，1983，第68～69页。

字，即通过流放之法，以变北狄、南蛮、西戎、东夷。"三苗"在这里并不属于周边民族，因此才有"迁三苗于三危而以变西戎"之说。至于共工、驩兜、殛鲧更是属于"华夏"的范畴，同三苗一样，他们都是被处罚的对象，所受之刑当是流刑。对于这里所说的"变"，有两种解释：一是《史记》中裴骃［集解］徐广曰："变，一作'燮'。"司马贞［索隐］："变谓变其形及衣服，同于夷狄也。"徐广曰作"燮"。燮，和也，意思是说流放"四凶"的目的是让他们"同于夷狄也"。二是《史记》张守节［正义］言"四凶流四裔，各于四夷放共工等为中国之风俗也"。意思是说流放"四凶"，是为了让"四裔"同化于中国之风俗。整段话的立意，是在表明舜的"仁义"和"高明"。由此推测，其"仁义"之处在于只采取流刑来处理罪大恶极的"四凶"；其"高明"之处在于可以通过他们来向"四裔"传播华夏民族的文化，利用"四凶"来变"四裔"。如果这些记载是真实的，那么在尧、舜时期，就已经将"流"和"变"结合在一起，中国的治边之法就具有了教化周边民族的目的，而且已经有将内部的法律处罚和对周边民族的教化结合起来的思想了。

（四）尧、舜时的巡狩、召会、朝觐之法

首先，尧、舜、禹时期是中国古代社会的原生态时期，中国传统的基本国家制度和基本理念发蒙于此。尧之时，相关事迹不详，其统治应当是有效的，这从《舜典》中记载的尧死后的情形而可知。《舜典》云："二十有八载，帝乃殂落。百姓如丧考妣。三载，四海遏密八音。"① 这里"四海"是指周边各民族。《释地》云："九夷、八狄、七戎、六蛮，谓之四海"；"遏"，是"绝"的意思；"密"，是"静"的意思；"八音"，是指"金、石、丝、竹、匏、土、革、木"。"四夷绝音三年，则华夏可知。言盛德恩化，所及者远。"② 在尧去世之后，四夷民族能够绝音三年，由此可见尧有盛德。其恩化所及已经不仅只限于华夏之内，而是已远播于四方了。

其次，除所见的黄帝时期的"分封"、"封禅"之外，尧、舜时已见巡狩、召会、朝觐、流宥之法。尧、舜之时，分封、朝觐联系在一起，朝觐之法已成。如瞿同祖云："舜正月上日受终于文祖（尧文德之祖庙）。辑（敛）

---

① （汉）孔安国传、（唐）孔颖达正义：《尚书正义》，上海古籍出版社，2007，第94页。
② （汉）孔安国传、（唐）孔颖达正义：《尚书正义》，上海古籍出版社，2007，第94页。

五瑞（五玉），既月，乃日觐四岳、群牧，班（还）瑞于群后。"① 是说舜即位后收敛象征公、侯、伯、子、男五等爵位的"瑞"（玉璧），每天接受四岳和九州群牧官员的朝觐，并还"五瑞"于诸侯，与之正始，确立其合法性。"瑞"者，玉也。其乃权力之象征，收敛后又还"五瑞"于诸侯，实是重新分封之意——这是强调权力的来源。

在还"五瑞"于诸侯之后，舜开始整顿四方秩序，并确立法度。舜先是往东岳方向巡，"岁二月，东巡守至于岱宗，柴。望秩于山川"。这是东巡于东岳诸侯的地方，既以其秩次而燔柴祭天，也可以明示其等级。此次东巡，同时也是舜整顿山川的一次重要的立法活动："肆觐东后，协时月正日，同律度量衡，修五礼、五玉、三帛、二生一死，贽，如五器，卒乃复。"一齐四时节气、日月时间，同一律法，规齐度量衡；制定吉、凶、军、宾、嘉五种礼法制度；确定诸侯及其相应爵位者的地位和权力的象征物，即所谓执"五玉"（公、侯、伯、子、男）、"三帛"（诸侯世子执纁，公之孤执玄，附庸执黄）等级；同时确定卿（执羔）、大夫（执雁）、士（执雉）所执之物。

最后，舜还巡南岳、西岳、北岳。"五月，南巡守，至于南岳如岱礼。八月，西巡守，至于西岳，如初。十有一月朔巡守，至于北岳，如西礼。……五载一巡守。"② 可见，舜治理山川、方国十分勤劳，通过巡守、朝觐这样的方式制定和确立了早期的礼法秩序。此为巡狩之法的意义，也是巡狩之法的开始。故马氏按云："巡守朝觐之事见于虞唐舜典，故其所纪以为事始。"③

（五）舜、禹时的"刑、贡、抚"

关于舜、禹时的相关治法，我们可以概之为"刑、贡、抚"。《史记》云：

> 此二十二人咸成厥功：皋陶为大理，平……龙主宾客，远人至，十

---

① （宋）马端临：《文献通考》（第11册），上海师范大学古籍研究所、华东师范大学古籍研究所点校，中华书局，2011，第7077页。
② （宋）马端临：《文献通考》（第11册），上海师范大学古籍研究所、华东师范大学古籍研究所点校，中华书局，2011，第7078页。
③ （宋）马端临：《文献通考》（第11册），上海师范大学古籍研究所、华东师范大学古籍研究所点校，中华书局，2011，第7078页。

二牧行而九州莫敢辟违；唯禹之功为大……定九州，各以其职来贡，不失厥宜。方五千里，至于荒服。南抚交趾、北发，西戎、析枝、渠廋、氐、羌，北山戎、发、息慎，东长、鸟夷，四海之内咸戴帝舜之功。于是禹乃兴《九招》之乐，致异物，凤凰来翔。天下明德皆自虞帝始。①

舜、禹之时，刑罚仍用于当时之九州治理，而且可能九州皆同。其中"皋陶为大理，平"的意思是说舜时有一叫皋陶的人担任大理一职，行使司法权。《史记》张守节［正义］云："正平天下罪恶也。"说明此处于"天下"之治理，已经有了刑罚之威。不仅如此，相关的行政管理也已然有形，故"十二牧行而九州莫敢辟违"——意思是九州之民没有敢于辟违舜的十二牧官员的，此其一也。"定九州"并不意味着只有十二牧官员的管理，还有加以刑威而"莫敢辟违"，还"有各以其职来贡"——贡赋是九州的分内之事。由于禹之功而定九州，并且"已至于荒服"，因此还存在治边的问题。

从上述文字看，由于"已至于荒服"，舜相对于"荒服"的宗主地位在当时已经确立，其与"荒服"地区之间的制度性关系则主要是"贡"和"抚"，而与"刑"的手段无关。"皋陶"与"十二牧"的法律作用是使"九州莫敢辟违"，因此，"刑"在当时是用来安定九州之民的。然而，对于"四海"的"荒服"及其以外的地方，②则采取安抚的政策。③比如南方的"交趾、北发（北户，南方地名）"、西方的"西戎、析枝、渠廋、氐、羌"、北方的"山戎、发、息慎"、东方的"长（夷）、鸟夷"，④出现了"四海之内咸戴帝舜之功"的局面。

（六）禹时的"王会"之法

"王会"是中国上古王者治世的重要活动之一，是当时确立王朝合法性的基本形式，也是确立王朝与周边民族政治关系的基本形式。夏禹之时如

---

① （汉）司马迁撰《史记》，上海古籍出版社，2011，第29页。
② 《尔雅》云："九夷八狄七戎六蛮谓之四海。"
③ 《索隐》："此言帝舜之德皆抚及四方夷人，故先以'抚'字总之。"
④ 《索隐》今案：《大戴礼》亦云"长夷"，则长是夷号。又云"鲜支、渠搜"，则鲜支当次析枝也。鲜、析音相近。

此，商、周时也是如此。

"王会"之法早见于夏禹。《春秋》传曰："禹会诸侯于涂山，执玉帛者万国。"① 又有"夏后氏东渐于海，西被于流沙，南浮于江，而朔南暨声教，穷竖亥所步，莫不率俾，会群臣于涂山，执玉帛者万国。于是九州之内，作为五服"。②

足见禹之时已经有"王会"之制，不但通过此种方式体现"中央"的权威，而且规模盛大。那么何以有"万国"？根据前述，能执"五玉"者，不过公、侯、伯、子、男；能执"三帛"者，不过诸侯世子、公之孤、附庸而已。"附庸"亦是"中国"疆域以内。关于古代"分封"之制，《文献通考·封建考一》有"列爵惟五，分土惟三"的说法。所谓"列爵惟五"，是指爵位分五等（公、侯、伯、子、男），"列爵惟五，所以称其德"；所谓"分土惟三"，是指在"德异而功有所以同"的情况下，"公侯之地同于百里，子男之地同于五十里"，"分土惟三，所以等其功"。

《周书》中关于"服"的记载，在《武成》、《康诰》、《酒诰》、《召诰》、《康王之诰》中皆云诸侯之"服"只有侯、甸、男，周金文"令彝"中也是"侯、田（甸）、男"。有学者指出，所谓"五服"或"九服"不足征。③ 周朝时，百官臣僚属于"内服"，侯、甸、男属于外服，而所谓的"五若曰庶邦侯甸男卫"（《康王之诰》）中的"卫"则是指"附庸"——"卫者何？据我看必是附庸无疑"。④

因此，笔者认为，"五服"是依照"列爵惟五"而划分的，而侯、甸、男"三服"则是依照"分土惟三"来划分的。《文献通考》"封建考"认为："三等之地，正封也。五等之附庸，广封也。"⑤ "附庸"（卫服）是"广封"之地，不属于给诸侯的"正封"之地。因此，《周书》中有时没有将它列为"服"。如《酒诰》："越在外服，侯甸男邦伯。"（邦伯是诸侯之意）《召诰》："命庶殷侯甸男邦伯"。但是，《康诰》却提到了"采服"、

---

① （宋）马端临：《文献通考》（第11册），上海师范大学古籍研究所、华东师范大学古籍研究所点校，中华书局，2011，第7078页。
② 《晋书卷一十四·志第四·地理上》。
③ 瞿同祖：《中国封建社会》，上海世纪出版集团，2005，第56~57页。
④ 瞿同祖：《中国封建社会》，上海世纪出版集团，2005，第57页。
⑤ （宋）马端临：《文献通考》（第11册），上海师范大学古籍研究所、华东师范大学古籍研究所点校，中华书局，2011，第7095页。

"卫服",如《康诰》:"侯甸男邦采卫百工播民和。"此外,在《禹贡》和《国语》中有"五服"之说,在《周礼》和《逸周书》中有"九服"之说。"五服"之说是指侯、甸、绥(宾)、要(蛮夷)、荒(戎狄);"九服"之说是指侯、甸、男、采、卫、蛮、夷、镇、藩。对此二说尽管有异议,[①] 但是从"中国"的边缘界线看,其内外界线都是通过"采卫"(附庸)而加以区别。

根据《文献通考》的说法,"附庸"的治法,采取的是"至于广封,则欲上之政令,有所统而不烦。下之职贡,有所以附而不费。又非诸侯得以擅之也"。从这段文字中看出,"附庸"的治法可归之为"统而不烦"、"附而不费",这显然是十分松散的。但"附庸"又属于封疆的一部分:"是谓分土惟三,自是而外,则附庸也,山川也,土田也,虽未必皆其所有,皆在封疆之内矣。今夫颛臾,昔者先王以为东蒙主,且在邦域之中矣,此附庸在封疆之证也。"[②] 且"附庸"亦是执"三帛"者之一,说明"附庸"亦属"中国"的诸侯之列。"自是而外,则附庸也",表明"附庸"有中国之"边缘"的含义。加上"附庸"在内,以"中国"而有万国,禹会诸侯时有"执玉帛者万国"参加,且此前有尧、舜"协和万邦"之说,其所指是确有万数吗?史籍对此多有讨论,在此不赘议,不过这恐怕大多是指地处"中国"边缘的"附庸"。既然是地处"正封"之边,"附庸"的数量自然也很多。

三 简短的结语

从以上轩辕帝系对中国上古的"四方"采取的治法分析来看,在那个权威初定、部落散居、种落杂多、交通不便的部落联盟时代是不可能形成中央集权的。因此,"德"是那个时代最有力的统治武器。由"五帝"构成的轩辕谱系顺应了这样的时势,且一直贯彻和继承了轩辕黄帝的"德治"思想,于内确立了"四方"官制,于外形成了分封,同时采用巡狩、召会、朝觐的具有"宪法"性质的治法,又采用了刑(包括流刑)、朝贡、王会这

[①] 瞿同祖认为"五服或九服足征皆后人附会臆造之说"。参见瞿同祖《中国封建社会》,上海世纪出版集团,2005,第56页。
[②] 同上注,第7094页。

样一些针对边地的法律措施。这些政治思想、政治制度、法律措施的特点是以"仁德"为义理,表现为"诛而不怒",不以力服人,而是以德服人;不专注于法律,而是重视教化;不专以上凌下,而是采用礼制分封。这些都奠定了中国古代政治法律的"德治"雏形,同时也在政治法律思想乃至具体措施上奠定了后来中国古代治理"四方"的义理和格局。

论"德"的意义

——兼谈黄帝的"德"

张茂泽[*]

人们都知道中国文化重视道德,如孔子说"为政以德,譬如北辰,居其所而众星共之";又如老子《道德经》,分《道》、《德》两部分,反映了老子的世界观、修养论、社会政治思想等。近代以来,我们受欧美文化的影响,用他们的思维方式和理论来解读中国文化成为时尚。比如,用亚里士多德《尼各马可伦理学》所谓的伦理道德如智慧、宽容、勇敢等德行解读我国古代的道德。一方面,这种理解使我国古人所谓道德的伦理性质得到了发掘和丰富,为现代伦理学的发展提供了丰富的思想材料和历史渊源;另一方面,以狭义的伦理道德诠释广义的、代表人性的道德。其中非伦理道德的内容,如认识(如《老子》的"知常曰明"、《中庸》的"好学近乎知")、审美(如《孟子》的"充实之谓美")、社会生产生活(如黄帝的德)等,则被忽略甚至无视。有时甚至会产生误解,如把儒家以德治国的政治思想理解为泛道德主义,并由此进行批判并予以否定,认为儒家讲道德治国就是不要法治,就是不重视经济生产等。

我国古人所谓道德,真的只有伦理道德的意思吗?本文以黄帝的德等历史事实为例说明:我国古人所谓道德,其实指人性,指人的综合修养,即人性修养,涉及生产生活、科技发明、国家治理、制度建设等各个方面,绝非只是与认识、审美等并列而相对独立的伦理道德。其意义要比伦理道德的意义要广泛而深刻得多。

---

[*] 张茂泽,西北大学中国思想文化研究所教授。

论"德"的意义

一 从文字学和思想史看"德"的一般意义

文字是文明的记录，文字意义是文明内容的反映。从"德"的文字意义、"德"在我国思想史上的相应内容可以了解"德"的一般意义。这些内容反映了我国先贤对"德"的一般看法，可为今人理解"道德"的意义时作参考。

首先，"德"指生命力本身，或指与生命力相关的系列物。《庄子·天地》："物得以生谓之德。"《淮南子·天文》："日冬至，则北斗中绳，阴气极，阳气萌，故曰冬至为德。"高诱注："德，始生也。"告子说，"生之谓性"，又说"食色，性也"，和自然生命相关，或者说是自然生命表现出的本能冲动、需要、欲望及其满足，都是人性——主要是人的生命性，即生物性，或更准确地说是动物性的内涵。儒家最重要的"仁、义、道、德"几个德目都有"生命"的含义，如"仁"有生命种子的含义，故出现了杏仁、桃仁等词语。在生命意义上，我国古人所谓的"德"有二义：一指事物得以产生的根据，尤其指生命力的源泉，在哲学上称之为"气"，如生命元气；二指事物开始产生时的萌芽，如树种子，其实就是指生命力或生命元气的表征。故总括起来，大约可以说，德就是指生命力本身。

其次，"德"指事物的本质，也指事物的运动规律，尤其指人的本质或人性，以及人生道理、社会规范、历史规律。《庄子·马蹄》："彼民有常性，织而衣，耕而食，是谓同德。"郭象注："夫民之德，小异而大同。"又《天地》："玄古之君天下，无为也，天德而已矣。"成玄英疏："玄古圣君无为而治天下，自然之德而已矣。"《新书·道德说》："六德六美，德之所以生阴阳天地人与万物也。"《韩诗外传》卷五："至精而妙乎天地之间者，德也。"事物的运动规律无不是事物本质的时间展示而已。在事物本质的意义上，德当然可以指称人性。如《庄子》"民有常性"，即谓之"同德"。

最后，德也是人性修养的综合称谓。《广雅·释诂三》："德，得也。"《礼记·乐记》："礼乐皆得谓之有德。德者，得也。"《礼记·乡饮酒义》："德也者，得于身也。"张载说："循天下之理之谓道，得天下之理之谓德。"道德无不是人们认识、掌握"天下之理"，并体现到人的言行活动中，成为人们言行活动的准则和规范。其实，早在此前的文献中，德已经有人性综合修养的含义。如《尚书·仲虺之诰》："德日新。"《微子》："德垂后裔。"《左传》僖公二十五年："德以治民。"《左传》文公十八年："德以处事。"

295

《论语·述而》："德之不修，学之不讲，是吾忧也。"《墨子·节用上》："是故用财不费，民德不劳，其兴利多矣。"《孟子·梁惠王上》："德如何则可以王矣？"《礼记·乐记》："德盛而教尊。"《文王世子》："德成而教尊。"《乐记》："德者，性之端也。"《大学》："德润身。"《中庸》："德为圣人。"一个人德高望重、德高才劭、德才兼备，在古代会受到广泛推崇；只有在"德"指人性综合修养的意义上，才可以这样理解。也正是在这个意义上，德也指有德的人，如高僧大德。《尚书》："皇天无亲，惟德是辅。"孔《传》："惟有道者则佑之。"《周礼·夏官·司士》："以德诏爵。"郑玄注："德谓贤者。"柳宗元《天对》："惟德登帝。"

从人类文明角度看，道德与个人、社会的关系大体上应是这样的：德的物质基础和表现是"织而衣，耕而食"的那种生产活动；德的心理基础和表现在西周以后曾指宗法血缘基础上的自然感情，如爱亲敬长之类；德的规范依据和表现则是亲亲、尊尊、贤贤等礼仪制度和真理；德的现实评价标准和主体则在民心民意；而德的本原或逻辑依据、德的最高标准、德的理想，则是道。一个人闻"道"、得"道"，能自觉实现人性，并在物质文明、制度文明和精神文明建设中表现出来；既促进社会生产生活发展、推动人类文明史进步、嘉惠同仁，又造福社会、福佑子孙，就可谓有德。

我国古人很重视道德，但并没有从概念、命题、系统等方面抽象讨论道德的意义，建立起道德学体系。我国古代关于道德的思想学说在表达形式上不够系统，但在思想内容实质上是有系统的。比如，其中朴素的辩证思维就一以贯之、一脉相承，这表现为：我国古人多从文明史发展进程中展示德的意义和价值。故我们今天有必要不仅从概念辨析上，而且尤其应结合中华文明史进程概括、确定"德"的意义。

二　从《史记·五帝本纪》看黄帝的"德"

从中华文明史发展进程看，正史记载的我国最早有"德"的人当为黄帝。从黄帝的"德"开始，历史地讨论"德"的意义，是一条可以接受的思路。司马迁编写《史记·五帝本纪》，中华文明的开端被正史记录，五千多年从未中断的自然发展历程由此拉开帷幕。后来，黄帝文化和中华文明的发展联系密切，成为中国文化的有机组成部分，在维护国家统一、推动中华民族形成和发展、保障中华文明持续不断进步等方面发挥了重要作用。

论"德"的意义

司马迁这样描述黄帝:"黄帝者,少典之子,姓公孙,名曰轩辕。生而神灵,弱而能言,幼而徇齐,长而敦敏,成而聪明。轩辕之时,神农氏世衰。诸侯相侵伐,暴虐百姓,而神农氏弗能征。于是轩辕乃习用干戈,以征不享,诸侯咸来宾从。而蚩尤最为暴,莫能伐。炎帝欲侵陵诸侯,诸侯咸归轩辕。轩辕乃修德振兵,治五气,艺五种,抚万民,度四方,教熊罴貔貅䝙虎,以与炎帝战于阪泉之野。三战然后得其志。蚩尤作乱,不用帝命,于是黄帝乃征师诸侯,与蚩尤战于涿鹿之野,遂擒杀蚩尤。而诸侯咸尊轩辕为天子,代神农氏,是为黄帝。天下有不顺者,黄帝从而征之,平者去之。披山通道,未尝宁居。东至于海,登丸山,及岱宗;西至于空桐,登鸡头;南至于江,登熊湘;北逐荤粥,合符釜山,而邑于涿鹿之阿。迁徙往来无常处,以师兵为营卫。官名皆以云命,为云师。置左右大监,监于万国。万国和,而鬼神山川封禅与为多焉。获宝鼎,迎日推策。举风后、力牧、常先、大鸿以治民。顺天地之纪,幽明之占,死生之说,存亡之难。时播百谷草木,淳化鸟兽虫蛾,旁罗日月星辰,水波土石金玉,劳勤心力耳目,节用水火材物。有土德之瑞,故号黄帝。黄帝二十五子,其得姓者十四人。黄帝居轩辕之丘,而娶于西陵之女,是为嫘祖。嫘祖为黄帝正妃,生二子,其后皆有天下。其一曰玄嚣,是为青阳,青阳降居江水;其二曰昌意,降居若水。昌意娶蜀山氏女,曰昌仆,生高阳,高阳有圣德焉。黄帝崩,葬桥山。其孙昌意之子高阳立,是为帝颛顼也。"

其中,最重要的是说黄帝"修德振兵"。黄帝修了什么德?司马迁全文描述的内容,当可视为黄帝所修之德的内容。

概括的说,黄帝站在中华大地上,创造人类文明,带领华夏先民走出野蛮时代、跨入文明社会门槛,不仅造福当时民众,而且福荫子孙后代。黄帝事业宏伟、福德深厚。他的德是造福民众的福德,他的业是创造文明的伟业。他的福德通过他的文明伟业表现出来,他的文明伟业得到了他的福德的有力支持。后来,儒家经典《大学》提出"明明德",并与亲民等修、齐、治、平事业相联系,不能说这与黄帝的福德、伟业毫无关系。

具体看,黄帝的德业包括以下几个方面。

第一,发展生产(发展农业,发明劳动工具,掌握、积累天文历法等农学知识),改进民生(生活用具),造福民众。

第二,展开军事行动,除暴安良,救民于水火,保卫和平,维护公平。

第三,足迹遍中原,建立统一国家,创建国家制度,设官管理,维护社会稳定。

297

第四，创造文字、音乐、舞蹈等，发展文化，奠定了中华文明基础。

第五，一生"未尝宁居"，勤政爱民，成为后来治国者的榜样。

第六，黄帝的子孙繁衍为中华民族，黄帝创造的文明发展为中华文明，黄帝本人也成为中华民族和中华文明的精神标识，福佑中华民族成为全球人口最多的民族共同体，福佑中华文明成为唯一没有中断自然发展进程的人类文明。轩辕黄帝带领先民认识、改造洪荒世界，大力创造文明，为后来中华文明的繁荣昌盛打下了坚实基础。黄帝时代的先人们用自己的智慧与双手，向人类未知的领域挺进，成功地解决了人类在文明初创时期严峻的生存和发展问题。在黄帝带领下，中华文明从容地迈出了第一大步，为中华文明光辉灿烂的发展奠定了牢固基础。

三 从《史记·周本纪》看周人的"德"

根据司马迁《史记》记载，黄帝之后，"德"的意义体现得比较充分的时代是周代。在司马迁看来，周人兴起，"德"起了巨大作用。春秋战国时期，儒学兴起，关于德的思想学说系统化。这开启而且主导了中国以道德为重心的优秀文化传统，故从这两个方面分别讨论"德"的意义合情合理。

司马迁《史记·周本纪》记载，周人先祖后稷，名弃。"弃为儿时，屹如巨人之志。其游戏，好种树麻、菽，麻、菽美。及为成人，遂好耕农，相地之宜，宜谷者稼穑焉，民皆法则之。帝尧闻之，举弃为农师，天下得其利，有功。帝舜曰：弃，黎民始饥，尔后稷播时百谷。封弃于邰，号曰后稷，别姓姬氏。后稷之兴，在陶唐、虞夏之际，皆有令德。"后稷的"令德"是什么呢？从上述材料可见，主要是发展了生产、改善了人们生活，受到众人效法，"天下得其利"。

司马迁《史记·周本纪》又载："公刘虽在戎狄之间，复修后稷之业，务耕种，行地宜，自漆、沮度渭，取材用。行者有资，居者有畜积，民赖其庆。百姓怀之，多徙而保归焉。周道之兴自此始，故诗人歌乐思其德。"当时，"诗人歌乐"而思的公刘之"德"是什么呢？无非是继承后稷事业，推广、发展农业耕种，以至于出现了剩余产品——"行者有资，居者有畜积"，故"其德"得到了当时诗人的歌颂和缅怀。

司马迁《史记·周本纪》还载："古公亶父复修后稷、公刘之业，积德行义，国人皆戴之。薰育戎狄攻之，欲得财物，予之。已复攻，欲得地与民。民皆怒，欲战。古公曰：有民立君，将以利之。今戎狄所为攻战，以吾地与民。民之在我，与其在彼，何异。民欲以我故战，杀人父子而君之，予不忍为。乃与私属遂去豳，度漆、沮，逾梁山，止于岐下。豳人举国扶老携弱，尽复归古公于岐下。及他旁国闻古公仁，亦多归之。于是古公乃贬戎狄之俗，而营筑城郭室屋，而邑别居之。作五官有司。民皆歌乐之，颂其德。"

古公亶父的德是什么？想必是传承后稷、公刘的优秀传统，继续推广、发展农业生产；在此基础上"积德行义"，具有"民立君，将以利之"的民众主体意识，有君应为民服务的意识；"贬戎狄之俗"，即改进民风，化野蛮为文明；"营筑城郭室屋，而邑别居之"，即创立定居城市和民居，发展居住文化，改善住宿条件；"作五官有司"，即建立政治制度，加强管理。

总的来看，后稷、公刘、古公亶父等周人先祖，他们共同的德是什么？一言以蔽之，是"化天为人、化人为己、化己为文"的文明建设而已。文明创造、文明建设是德的表现，德则是文明的核心内容。就"德"的这一意义言，发展生产、改善人民生活是基础；民众主体、为民服务的意识是指导；不斤斤计较于个人或本族的得失利害而仁爱天下，解决人民群众最关心的问题、造福民众是原则和宗旨；创建制度、加强管理，则是国家发展的创造性活动。

治国者要做到这样才可称有德，当然要德才兼备才行。在德才兼备修养里，有德者必有力，有力者未必有德。因为德是本质、基础，才是表现出来的结果；才能是必要条件，福德是最终目的。

四　从王国维《殷周制度论》看周人的"德"

现代学者王国维在《殷周制度论》中尝言："中国政治与文化之变革，莫剧于殷、周之际。"据他看，与殷商王朝相比，周王朝的最大变化在于：西周初年，以文王、武王和周公为代表，确立了"安国家、定民人"之"万世治安大计"，即礼治兴起、道德地位提高。王国维发现，周人之所以重视道德，和其宗法血缘纽带密切相关。嫡长子继承制，由嫡长子而有宗法、丧服等制度，进而产生了"封建子弟制度"、"君天子臣诸侯制度"。这些加上"庙数"和"同姓不婚"制，就成了"周之所以纲纪天下"的根本制度。此根本制度的宗旨是"在纳上下于道德，而合天子、诸侯、卿、大夫、士、庶民以成一道德之团体"。王国维断定："周公制作之本意，实在于此。"尊尊、亲亲,即建立此种制度的基础和着眼点,乃是针对祖先、子孙、昆弟等家人而言;贤贤则是在尊尊、亲亲制度下,对官员的基本要求。因为"天子、诸侯世,而天子、诸侯之卿大夫、士皆不世。盖天子、诸侯者,有土之君也;有土之君,不传子,不立嫡,则无以弭天下之争。卿大夫、士者,图事之臣也;不任贤,无以治天下之事"。

周代"礼不下庶人",那么周人的制度典礼是否"但为天子、诸侯、卿、大夫、士设,而不为民设",与民众无关呢?王国维说,其实并非如此。其一,"凡有天子、诸侯、卿、大夫、士者,以为民也,有制度典礼以治。天子、诸侯、卿、大夫、士,使有恩以相洽,有义以相分,而国家之基定,争夺之祸泯焉。民之所求者,莫先于此矣"。民众所追求的,就是在国家内部,治国者不要争权夺利、尔虞我诈;对外,不要互相侵夺,不把民众当成侵夺工具,而应该同心同德、相互和平相处、用心治国,成为民众的引领者、全社会的典范。其二,国家治乱,端赖治国者是否有德、民风是否变好。故国家"非徒政治之枢机,亦道德之枢机也","使天子、诸侯、大夫、士各奉其制度典礼,以亲亲、尊尊、贤贤,明男女之别于上,而民风化于下,此之谓治;反是,则谓之乱"。典礼制度就是为社会安宁、民众福祉而立的。虽然"礼不下庶人",但"礼"的性质和功能作用都着眼于庶人。国家,尤其是治国者,乃是民众道德修养、社会道德教化的关键所在;而一个国家道德建设是否好,正是国家治乱的分水岭。这表现在两个方面,一方面,典礼制度是道德的表现工具,它实际是为道德而设。"周制刑之意,亦本于德治、礼治之大经;其所以致太平与刑措者,盖可睹矣。"周人的法治只是德治或礼治的延伸,而非脱离德治或礼治的光秃秃的法治。这些都是以德治国的要义所在。另一方面,道德不只是治国者专有,民众也有其道德,故"制度典礼之专及大夫、士以上者,亦未始不为民而设也"。道德本身就有民众性,包含民心、民意在内。

就周代治国者的道德修养言,重视"庶民",可谓治国者有德的标识。王国维说:"是故天子、诸侯、卿、大夫、士者,民之表也;制度典礼者,道德之器也。周人为政之精髓实存于经。此非无征之说也,以经证之。礼经言治之迹者,但言天子、诸侯、卿、大夫、士,而《尚书》言治之意者,则惟言庶民。《康诰》以下九篇,周之经纶天下之道胥在焉,其书皆以民为言。《召诰》一篇,言之尤为反覆详尽,曰命,曰天,曰民,曰德,四者一以贯之。其言曰:天亦哀于四方民,其眷命用懋。王其疾敬德!又曰:今天其命哲，命吉凶，命历年。知今我初服，宅新邑，肆惟王其疾敬德。王其德之用，祈天永命。又曰：欲王以小民受天永命。且其所谓德者，又非徒仁民之谓，必天子自纳于德而使民则之，故曰：其惟王勿以小民淫用非彝。又曰：其惟王位在德元，小民乃惟刑用于天下，越王显。充此言以治天下，可云至治之极轨，自来言政治者未能有高焉者也。古之圣人亦岂无一姓福祚之念存于其心，然深知夫一姓之福祚与万姓之福祚是一非二，又知一姓万姓之福祚与其道德是一非二，故其所以祈天永命者，乃在德与民二字。此篇乃召公之言，则史佚书之以诰天下，文、武、周公所以治天下之精义大法胥在于此。"

故以德治国要求治国者一方面要有德，另一方面要保民。联系《尚书》里的"天视自我民视，天听自我民听"，天意借助民心、民意表现出来，而不应由天子等治国者所垄断，则敬天与保民相互联系、不可分割。甚至可以说，敬天必然保民，保民也必然敬天。天与民的有机统一，从天命神授发展到现在的人民当家做主的民主制度，在时间上经历了几千年；但在逻辑上，在古人的头脑里，其实只有一线之隔，并非如某些人想象的那样泾渭分明、不可过渡。在一定程度上，说周人天命观里隐含着一些朴素的民主思想因素，或说周人重"民"思想里掺杂了天命思想在内，皆不为过。前者正是后来儒家政治思想着意发掘、发展之处。

王国维又说："夫商之季世，纪纲之废、道德之隳极矣。"在周人看来，商人不仅无德，而且有罪。他们"罔顾于天"（《多士》），或"大淫图天之命"（《多方》），皆为不敬天，此乃其罪之一；不尊尊而用"妇言"，其罪二；不亲亲而"昏弃厥遗王父母弟"，不亲亲仁爱而"暴虐于百姓"（《牧誓》），其罪三。违道悖德，可谓无德至极。

所以，王国维得出结论说："夫商道尚鬼，乃至窃神祇之牺牲，卿士浊乱于上，而法令隳废于下，举国上下，惟奸宄敌仇之是务；固不待孟津之会、牧野之誓，而其亡已决矣。而周自大王以后，世载其德，自西土邦君，御事小子，皆克用文王教，至于庶民，亦聪听祖考之彝训。是殷、周之兴亡，乃有德与无德之兴亡；故克殷之后，尤兢兢以德治为务。《召诰》曰：我不可不监于有夏，亦不可不监于有殷。我不敢知，曰：有夏受天命，惟有历年。我不敢知，曰：不其延，惟不敬厥德，乃早坠厥命。我不敢知，曰：有殷受天命，惟有历年。我不敢知，曰：不其延，惟不敬厥德，乃早坠厥命。周之君臣，于其嗣服之初反复教戒也如是……欲知周公之圣，与周之所以王，必于是乎观之矣！"

从表面上看，王国维所论的周人的德是指宗法血缘关系和礼仪，其实不然。在宗法社会，固然有宗法道德，但难道只有宗法社会才有道德吗？故我们只能将王国维的论述理解为：周人所谓道德，被深深地打上了宗法烙印。典礼制度只是"道德之器械"，宗法只是周人道德产生的土壤和表现形式，而非道德的本质内涵。周人德的内容，应该综合《尚书》、《史记》以及王国维等的研究成果而得见，同时还应考虑到它对黄帝德的意义的继承和发展关系。

如此，我们可以说，周人的德传承了黄帝德的主要内容，而又增加了宗法血缘基础上的典礼制度。故司马迁称后稷发明农业、解决周人的生存问题为"有令德"，称公刘、古公等继承后稷事业，继续发展农业，受到世人歌颂，其德无不与发展生产而造福民众有关。社会历史发展的决定性因素——社会生产力已经加入到"德"的意义框架之中，并丰富和充实了德的内涵。

由此可以说，离开社会生产生活而孤立存在的德，让人抽象难懂；甚至它是否是真德，颇令人生疑。一个人有德，绝不是自言自语，而是要表现到行为活动中，体现到为人处世中，让他人获得实实在在的实惠。只有这样，才能在他人、社会、后人那里流行传承。一位治国者是有德还是无德，是德高还是德低，在根本上是由他领导人民发展生产、改进制度、创造文明、造福人民的成就的高低来判定，也由他恩德所及的那些民众是否心服口服来评判。真正的德，有其外在标识，即既可以在有德者那里发现其德才兼备的修养，也可以从他周围人群中、在受其德惠的民众处发现感恩戴德的心情。

五 "德"的理论化和人格展示

孔子可谓是我国古代道德修养的楷模，故被后人尊为圣人，司马迁更谓之为"至圣"（《史记·孔子世家》），即圣人的极致、标准、典型，是圣人中的圣人。孔子何以被尊为圣人，并超越先秦时期的其他圣人而在后世得到普遍公认？在孔子那里，德既是表达人性内容的抽象概念，有普遍意义，又现实化为一种人人可知、可行、可求的理想人格，有生动的说服力和强大的感染力。

从德作为抽象概念或理念来说，孔子的"德"论集此前"德"论之大成，而又明确定位为人的本性、人的言行活动规范、人的修养理想等。他把德和道、仁、义等结合起来讨论人性的内涵，丰富了人性内容，建立起了能包容后来儒家各派倾向在内的人性论体系。他又将德的先验性和经验性结合起来讨论，既说"天生德于予"，又说"德不孤必有邻"；还说"性相近也，习相远也"、"德之不修，学之不讲，是吾忧也"；既强调德的先验性、普遍性，也不忽视德的后天经验修养的实践意义。

另外，"德"这种理想人格贯穿于孔子孜孜不倦追求"天下有道"的一生中，遍及孔子的学习、教育、学术、知行、社会政治活动中。德作为人的生命力，在孔子那里得到了鲜活展示。作为抽象概念的"德"，被孔子的圣人人格活化了。德作为人性的核心内涵，不仅全面体现在孔子的人生中，而且也在孔子的儒学思想里得到了全面而系统的论述。经过孔子儒学思想的讨论，一个人是否有德，成为儒学的核心问题；"德"概念也成为儒学思想体系的核心范畴，开创了中国哲学史、中国思想史的优秀传统。儒学在占据主导地位后，深远地影响到社会各个领域，这也使德进一步成为中国人为人处世的出发点、准则、方法和理想，成为中国文化的精髓、中华文明的核心内涵，成为中国人之所以为中国人的灵魂。

我国古代以道德为本的优秀传统，与马克思人学是一致的。马克思人学的要点在于实现人美好的本性，即自由、全面、发展等共产主义道德。这需要提高每个社会成员的素养和能力，以发展社会生产力、改进社会制度，逐步克服人性异化和美德遗失，以便实现共产主义理想。在共产主义社会里，国家解体、法律消亡，完全依靠人们的道德自觉和道德自律。共产主义社会是道德真正实现的社会，也接近古代国人向往的大同社会。在实现共产主义社会的征途中，历史进步的主要标志便是道德的进步。共产主义道德是人性实现表现出来的最高道德，这时，人们认识和把握的"天下之理"越来越多，修养越来越高，能力越来越强，生产越来越发展，生活水平越来越提高，社会越来越和谐有序，人性越来越得到确证和实现，人越来越有条件成为真正的、理想的人。

关于设立轩辕纪年（XY）的建议[*]

廖凯原　张其成[**]

一　理由

1. 目前我国采用的公元纪年是以耶稣诞生之年作为元年的纪年方法，这种纪年方法把西方纪年标准当成了普遍的标准，不符合中华民族的历史文化传统。公元纪年的历史并不很长，在8世纪以后才开始被西欧基督教国家采用，公元纪年成为世界主流也是欧洲殖民的结果。我国从辛亥革命后的次年（1912）起采用公历纪年，当时的中华民国政府采用公历作为国历，但纪年仍采用民国纪年法。1949年9月27日，中国人民政治协商会议第一届全体会议通过，将西历和西元作为历法和纪元。从世界各国的纪年和纪元情况看，除公元纪元外还有很多纪元方法，如伊斯兰教纪元、佛教纪元、犹太教纪元以及希腊纪元、日本纪元等。我国的台湾地区至今仍采用民国纪元。

2. 公元纪年不符合中华民族悠久的历法传统。我国有悠久的纪年历史和纪年方法。先秦两汉文献记载了轩辕黄帝考订的历法。《文子·精诚》和《淮南子·览冥训》记载："昔黄帝之治天下……正律历之数。"《史记·历书》说："盖黄帝考定星历，建立五行，起消息，正闰馀。"《汉书·律历志》记载了先秦古六历，即黄帝历、颛顼历、夏历、殷历、周历、鲁历。我国在相当长的历史时期内使用的"干支纪元法"据说是从黄

---

[*] 本文原为提交给2015年召开的全国政协第十二届三次会议的提案。
[**] 廖凯原为清华大学法学院凯原中国法治与义理研究中心主任，张其成为该中心研究员。

帝开始的。《世本》说:"容成作历,大桡作甲子",容成、大桡二人是黄帝的大臣。《尚书正义》解释说:"盖自黄帝以来,始用甲子纪日,每六十日而甲子一周。"古六历不仅在史书上有记载,考古文物也有实证。1972年山东省临沂市出土的银雀山汉简就详细记载了颛顼历。天干地支纪元法最晚在夏商时期就已经存在,考古发现商朝后期帝王——帝乙时的一块甲骨上,刻有完整的六十甲子日历。中国古代每个朝代都要"立正朔"。夏朝时以冬至月为正月,商朝推后一月,周朝又推后一月。汉朝订立太初历,太初历是我国古代第一部比较完整的汉族历法,也是当时世界上最先进的历法。以后,每朝虽然仍会立正朔,但民间不再改变,始终以正月为新年,但子月仍然维持在十一月。可见,中国是世界上最早发明历法的国家之一,早在公元前2000多年时就有了自己的历法。

3. 设立轩辕纪年可以唤醒国人的民族意识、民族精神,增强民族自信心和自豪感,提升民族凝聚力和向心力。轩辕纪年的实施有利于保护中华民族的文化传统,有利于海峡两岸的统一,有利于实现复兴中华文化文明的中国梦。从文化精神层面上看,一个国家走上现代化的历程,必然要有自己的民族精神作为凝聚力。一个民族没有文化精神,将无法走好现代化的道路,也不可能成为一个自尊、自信的强国。假如所有的精神全然是外国的,必将失去民族的尊严,必将被排斥于世界民族之林外。一种民族文化精神的形成,一定离不开原点。轩辕黄帝是中华民族的人文始祖,用轩辕纪年的目的是增强中华民族和中华精神的认同感和凝聚力,不是为了抵制外来文化——这反而有利于与其他民族、其他文化和谐共生、包容并蓄。

4. 黄帝历法——干支纪年有几千年的历史,"黄帝纪年"也在清朝末期被提出并开始实施。清末革命派就主张使用黄帝纪元。清光绪二十九年(1903),刘师培在《国民日报》发表"黄帝纪年论",反对年号制,同时也反对康有为等变法派主张的孔子纪年。刘师培主张把黄帝诞生的那一年作为纪元元年。可是,黄帝的生卒年月在文献上没有明确的记载,所以宋教仁主张把黄帝即位的癸亥年作为纪元元年。以中国同盟会机关报《民报》为首的革命派的杂志根据晋人皇甫谧《帝王世纪》推断出了黄帝纪元并开始使用。武昌起义后,湖北军政府采用黄帝纪元,各省政府也跟着使用。孙中山先生就任中华民国临时大总统后,宣布将黄帝纪元四六零九年岁次辛亥十一月十三日作为中华民国元年1月1日。

此后，国家虽也使用西方的格里高利历（公历，以下简称格里历），但黄帝纪元作为传统华夏历法的纪年方法，民间仍在使用。

二　建议

1. 用轩辕（XY）纪年代替公元纪年，在公元纪年的基础上加上2697年即可。由于黄帝纪年可能与之前涉及年份和日期计数的做法相混淆，因此建议采纳清华大学法学院凯原中国法治与义理研究中心所提出的有关轩辕纪年的提议。轩辕纪年是以轩辕黄帝即位后创制历法的年份甲子年为元年的纪年方式，是根据黄帝历和天干地支以及《帝王世纪》、《皇极经世》推算出来的。轩辕元年应为干支纪年开始的甲子年，公元前2697年刚好是甲子年。轩辕纪元＝公元纪元＋2697年，如公元1912年（民国元年）是轩辕4609年，公元2015年是轩辕纪年4712年。

2. 将轩辕纪年（XY）嵌入格里历，以表明中国历史的传承性和国际合作性。轩辕纪年只改变纪年数，不改变格里历的月份和日期。格里历是罗马教皇格里高利十三世批准颁行的由意大利医生Aloysius Lilius提出的历法，也是世界上多数国家采用的历法。格里历的内容比较简洁，便于记忆，而且精度较高，与天时符合较好，因此逐步为各国政府所采用。为了便于与国际社会交流，也为了避免引起不必要的混乱，所以除纪年数字改变外，其他均按照格里历。例如，2015年3月3日即是轩辕纪年4712XY（2015AD，即公元2015年）3月3日。因此，我们可以在格里历之上嵌入轩辕纪年，以纪念我们的始祖轩辕和其他共同创立者的丰功伟绩，即在4712年前的1XY（2697BC，即公元前2697年）建立了现代中华文化共同体。对任何发生在1XY轩辕统治之前的事件，我们可以用轩辕前纪年（BXY）表示。举例来说，轩辕生于20BXY（2717BC）；上海和长三角地区的良渚文化大约是处于2603—1603BXY（5300—4300BC），于4633XY（1936AD）被发现；而长江流域下游的河姆渡文化则约处于4303—2303BXY（7000—5000BC），于4670XY（1973AD）首次被发现。

3. 建立健全轩辕历法阴阳合历体系。历史上的"黄帝历"是一种阴阳合历，相传是轩辕创立并为皇帝家族使用的黄历（皇历），也是一种能同时显示公历、农历和干支历的历法。现在，人们以为农历就是阴历的想法是错误的，农历实际上是阴阳合历。阴阳合历既考虑到了太阳的运动又考虑到了月亮的圆缺变化运动；既体现了地球绕太阳公转的周期，又体现了月球绕地球运转的周期，采用太阳回归年和朔望月平均值为基本周期，用二十四节气和置闰的办法调和日月运行之间的差异。轩辕历法应该保留阴阳合历的特点，同时显示阳历、阴历、干支历，以及二十四节气、传统节日、传统习俗。

关于设立中华父亲节、母亲节的建议[*]

廖凯原　张其成[**]

当代中国最大的危机是信仰危机！要解决信仰危机，实现中华民族伟大复兴的中国梦，就必须追本溯源，重塑中华民族的精神信仰；要从源头上找到一个全球华人共同信仰的代表形象，找到一个能把全球华人凝聚在一起的精神标识、一个令全球华人高度认同的中华文明代表性符号。那么，"黄帝"无疑是排在第一位的。

时代在向我们发出轩辕召唤！以轩辕黄帝为中华共识——一个分裂的中华民族无法立足，一个统一的中华民族方能自立自强。因此，我们必须团结一致、追本溯源。恢复黄帝纪年也好，设立父亲节、母亲节也好，都不是没事找事，更不是为了与西方对抗，而是为了重塑中华民族的精神信仰、凝聚全球华人的力量，促进两岸和平统一，促进世界和平发展，实现中华民族的伟大复兴！

一　设立中华父亲节、母亲节的理由

1. 中国人的父亲节、母亲节不应按西方国家设定的日期来过，我们应当设立符合自己的文化传统的父亲节和母亲节。世界上许多国家都有父亲节和母亲节，这是子女尊敬父母、热爱双亲的富有人情意味的节日。美国、加拿大、澳大利亚等国家将每年6月的第三个星期日定为父亲节，将每年5月的第二个星期日定为母亲节。由于我国官方尚未设立正式的父亲节和母亲

---

[*] 本文原为提交给2016年召开的全国政协第十二届四次会议的提案，现略有删节。
[**] 廖凯原为清华大学法学院凯原中国法治与义理研究中心主任，张其成为该中心研究员。

节，目前我国民间也按这两个日期来过父亲节和母亲节。此外，父亲节、母亲节的日期往往在宗教或历史上具有重大意义。例如意大利、哥斯达黎加和克罗地亚遵循罗马教会传统，在圣约瑟日庆祝父亲节；玻利维亚的母亲节日期则是为了纪念在克罗尼娜之役中为了国家自由而奋战的女性。我们的孝道文化有几千年的历史，"百善孝为先"，我们应该过符合中华民族文化传统的父亲节和母亲节。这也是中华文化自立、自强的表现。

2. 黄帝和嫘祖是中华民族的人文始祖，也是中华文化的代表性符号。我们自称为"炎黄子孙"，"炎"即炎帝神农氏，"黄"即黄帝轩辕氏。炎黄二帝为中华始祖。据最早记载炎黄史料的《国语·晋语》载："昔少典娶于有蟜氏，生黄帝、炎帝。黄帝以姬水成，炎帝以姜水成。成而异德，故黄帝为姬，炎帝为姜。二帝用师以相济也，异德之故也。"他们是两个血缘关系相近的部落的首领。后来，两个部落展开阪泉之战，黄帝打败了炎帝，两个部落渐渐融合成华夏族，开创了中华文明。

据《史记》记载，五帝之首为黄帝。黄帝之元妃嫘祖发明了植桑养蚕、缫丝制衣技术，史称"嫘祖始蚕"。她育有玄嚣、昌意二子，功高日月、德被华夏，和黄帝一道开创了中华男耕女织的农耕文明，是东方女性文化的光辉典范，被称为"人文女祖"。所以，嫘祖是中华儿女的母亲。以黄帝为中华民族的伟大父亲，以嫘祖为中华民族的伟大母亲具有广泛的文化认同感。

从文化精神层面上看，一个国家走上现代化的历程，必然要有自己的民族精神作为凝聚力。习总书记指出："思想文化是一个国家、一个民族的灵魂。"一个民族没有文化精神，将无法走好现代化的道路，也不可能成为一个自尊、自信的强国。假如所有的精神全然是外国的，必将失去民族的尊严，必将被排斥于世界民族之林外。一种民族文化精神的形成，一定离不开原点。轩辕黄帝是中华民族的人文始祖，设立中国国家仪式体系的目的是增强中华民族和中华精神的认同感（即在这个世上身为中国人的本位论）和国家建设的凝聚力。这并不是为了抵制外来文化，而是为了与其他民族、其他文化和谐共生、包容并蓄。

二 设立中华父亲节、母亲节的建议

1. 以黄帝生日即阴历三月三为父亲节。"二月二，龙抬头；三月三，生轩辕。"战国时的《竹书纪年》说黄帝"居有熊"；战国时的《世本》以及汉代的《史记·五帝本纪》、《大戴礼记》都说黄帝"居轩辕之丘"。《历代帝都》一书所载："黄帝生于新郑寿丘，即有熊。"《一统志》说："轩辕丘在开封府新郑县。"即认为黄帝出生在今河南省郑州市下辖的新郑市。新郑始祖山（古称具茨山）轩辕庙北边，有历代名人登山拜祖、颂扬黄帝的石刻碑群。传说，历代名人和百姓于每年三月三登山拜祖，延续至今。近年来，每年"三月三，拜黄帝"已成为中华民族寻根拜祖的活动。因此，宜选择阴历三月三黄帝生日这天作为父亲节。

2. 以嫘祖与黄帝成婚的日子即阴历六月六为母亲节。本应选择嫘祖生日为母亲节，然而由于对嫘祖的生日及其出生地的争议较大，故不建议采纳。嫘祖生日有阴历正月十五、二月初十、三月初六、三月十五等说法；出生地更是多达十几种说法，如河南省西平县、四川省盐亭县、湖北省宜昌市、山西省夏县等。嫘祖与黄帝成婚的日子基本无争议。在新郑市始祖山上有座嫘祖庙，据当地习俗，农历六月初六是黄帝和嫘祖成亲的日子，每年这一天当地民众都要举办隆重的庆典活动，以纪念这位人文女祖的大功大德。如今，新郑市每年都要在六月六日举办"嫘祖文化节"，以示对先祖的敬祀。中原大地流传着"六月六，闺女给娘掂块肉"的民谣。我国一些地区，如晋南地区将六月六日称为"回娘家节"。此外，"六"在《易经》中代表"阴"，坤卦六爻皆记为"六"，坤卦代表大地，代表母亲。可见，以"六"作为母亲，完全符合中国文化的象数思维方式。为免引起争议，故而选择嫘祖与黄帝成婚的日子"六月六"为母亲节。

3. 将父亲节、母亲节设为国家法定节假日，各放假一天，以使国人尽孝道。中华民族是一个重孝的民族，孝道文化源远流长。《孝经》载："夫孝，德之本也，教之所由生也。"又"孝、悌、忠、信、礼、义、廉、耻"，孝为八德之首，足见中华优秀传统文化对"孝"的重视。如果父亲节、母亲节各放假一天，可以提醒身为子女的人们应该担负起孝敬双亲的义务，也能让孩子们有时间尽量回到父母身边行孝、尽孝。设立中国父亲节、母亲节是对中国优秀传统文化的创新性发展，不仅能提高全民对中华传统文化的重视，而且能促进以个人品德、家庭美德、职业道德、社会公德为主的社会主义道德体系建设。

图书在版编目(CIP)数据

黄帝思想与中华引擎.一/廖凯原主编.--北京：
社会科学文献出版社，2017.7
（轩辕黄帝研究）
ISBN 978-7-5201-0809-6

Ⅰ.①黄… Ⅱ.①廖… Ⅲ.①法制史-研究-中国-
古代　Ⅳ.①D929.2

中国版本图书馆CIP数据核字（2017）第084405号

轩辕黄帝研究
黄帝思想与中华引擎（一）

主　　编／廖凯原
执行主编／张少瑜

出 版 人／谢寿光
项目统筹／芮素平
责任编辑／李　晨　郭瑞萍　梁祚涛

出　　版／社会科学文献出版社·社会政法分社（010）59367156
　　　　　地址：北京市北三环中路甲29号院华龙大厦　邮编：100029
　　　　　网址：www.ssap.com.cn
发　　行／市场营销中心（010）59367081　59367018
印　　装／三河市东方印刷有限公司
规　　格／开　本：787mm×1092mm　1/16
　　　　　印　张：20.5　插　页：0.75　字　数：346千字
版　　次／2017年7月第1版　2017年7月第1次印刷
书　　号／ISBN 978-7-5201-0809-6
定　　价／98.00元

本书如有印装质量问题，请与读者服务中心（010-59367028）联系

版权所有 翻印必究